Зубахин Вадим Ви

АНГЛИЙСКАЯ ПРАКТИКА С АЗОВ

ENGLISH PRACTICE FOR SPEAKERS OF RUSSIAN

Проверенная **У**чебная **М**етодика **А**втозапоминания

Audio tracks: http://vadim-zubakhin.lppbooks.com/1english_practice/

Language Practice Publishing

Зубахин В.В.

Английская практика с азов. Учебник английского языка для уровней Начальный и Средний 1. – Д.: Англ. практ., 2009. – 560 стр.

ISBN 978-966-1529-04-4

В развлекательной форме в «Английской практике» даются юмористичные примеры из жизненных ситуаций при поиске работы, во время учёбы, на отдыхе, при знакомстве с новыми людьми. Поскольку изучение иностранного языка является непростой задачей, то автор «Английской практики» старается поддерживать интерес к изучению при помощи интересных сюжетов с юмористическими развязками. Правило, которого придерживается автор – «Обучение не должно быть монотонным или скучным». В учебнике применён комплекс методик – Проверенная Учебная Методика Автозапоминания, интенсивная разговорная практика, часто задаваемые вопросы по применению изложенного материала. Основная из них – Проверенная Учебная Методика Автозапоминания (ПУМА) использует природную способность человека к запоминанию слов, которые многократно и планомерно повторяются в учебнике по мере продвижения от простого к сложному.

Комплектация: Учебный комплект «Английская практика с азов» состоит из книги, аудио-диска и компакт-диска для компьютера.

ISBN 978-966-1529-04-4

Посвящается Валентине Скультэ, чей учебник вдохновил меня на написание этой книги.

Благодарности

Я очень благодарен тем людям, которые помогают мне готовить эту книгу. Многие мои ученики разных возрастов согласились протестировать книгу и выразить свои мнения и пожелания. Я также очень благодарен своему другу Дэннису Гирону, преподавателю английского языка Алексу Ноташу и преподавателю Кембриджского университета доктору лингвистики Брайану Куперу за техническую редакцию и рекомендации по грамматике и стилю.

Оглавление

Введение

Спасибо, что заинтересовались книгой «Английская практика с азов». Мы ежедневно работаем над тем, чтобы сделать её интереснее и эффективнее.

Цель этой книги

Учебник «Английская практика с азов» предназначен для тех, кому английский язык требуется для практического применения на среднем уровне – для несложного устного общения, чтения, составления электронных писем и других простых документов, для сдачи тестов на сертификат KET или на другой сертификат такого-же уровня.

Уровень

По классификации Британского Совета в Украине, состоящей из шести основных уровней английского языка, эта книга предназначена для первых двух – Elementary (Начальный) и Pre-intermediate (Средний 1).
По классификации Кембриджского университета – это уровень для сертификата KET.
По классификации Европейского Совета – уровни A1 и A2.
По классификации IELTS – уровень 4.0.
По классификации TOEFL – уровень 250-300.
Подробнее смотрите в таблице соответствия уровней английского языка в различных классификациях.

Организация книги

Учебный комплект «Английская практика с азов» состоит из книги, аудио-диска в формате MP3 и компьютерного компакт-диска с тренировочными модулями. На аудио-диске озвучены основные разделы книги. Книга состоит из 29 глав. Первые 12 глав составляют курс Начального уровня, главы с 13 по 29 – уровень Средний 1. В начале книги находится контрольный список готовности разделов. С его помощью вы сможете следить за своим прогрессом. Каждая глава содержит:

- два-три правила без лишних грамматических терминов с примерами
- перевод новых слов с транскрипцией. Каждая глава Начального уровня, кроме вводной, имеет не более 29 новых слов
- собственно текст, каждое предложение которого составлено исключительно с применением слов и правил объяснённых в текущей и в предыдущих главах
- контрольный перевод текста
- вопросы к тексту с вариантами ответов
- упражнения для закрепления правил

- музыкальную паузу, состоящую из фрагмента популярной песни
- Часто Задаваемые Вопросы
- в заключение поговорки, слова мудрости, шутки

Стиль и методы

В развлекательной форме в «Английской практике» даются юмористичные примеры из жизненных ситуаций при поиске работы, во время учёбы, на отдыхе, при знакомстве с новыми людьми. Поскольку изучение иностранного языка является непростой задачей, то автор «Английской практики» старается поддерживать интерес к изучению при помощи интересных сюжетов с юмористическими развязками. Правило, которого придерживается автор – «Обучение может быть каким угодно, но только не монотонным и не скучным». Может показаться неправдоподобным, но все невероятные ситуации, описанные в книге, произошли с реальными людьми!

В учебнике применён комплекс методик – Проверенная Учебная Методика Автозапоминания, интенсивная разговорная практика, часто задаваемые вопросы по применению изложенного материала. Основная из них – Проверенная Учебная Методика Автозапоминания (ПУМА) – по своей сути довольно проста. Она использует природную способность человека к запоминанию слов, которые многократно и планомерно повторяются в учебнике по мере продвижения от простого к сложному. Методика ПУМА требует от создателя точного планирования при составлении собственных авторских текстов, поскольку для этой цели не годятся бессвязные отрывки из разных книг, которые применяются почти во всех учебниках английского языка. Составление таких авторских текстов является трудоёмкой и сложной работой, требующей от автора развитого воображения и значительной затраты времени. Тот факт, что автор сочиняет каждую строчку учебника, используя только слова и правила пройденные в предыдущих главах, является ещё одной причиной, почему методика ПУМА является эффективной и заслуживает высокого доверия.

Вид английского языка

Так как разница между британским и американским вариантом языка довольно незначительна, то часто для сравнения даются оба варианта слов. Также объяснены те немногие грамматические различия, которые в основном встречаются в разговорном языке.

Правильность

Эта книга основана на определениях и объяснениях дающихся в учебниках Рэймонда Мёрфи и Майкла Свэна. Так как эти два преподавателя считаются в Европе, США и других странах общепризнанными профессионалами в преподавании английского языка, то информация дающаяся в книге может считаться современной и достоверной.

Объём

Эта книга охватывает английский язык в том объёме, в котором он может применяться на уровне Начальный и Средний1 (сертификат KET). Упрощены некоторые правила и определения, которые в своём полном виде могут быть сложны для этих уровней.

Таблица соответствия уровней английского языка в различных классификациях.

Британский Совет Общие уровни английского языка		**Британский Совет уровни для бизнеса**	**Система уровней Совета Европы**	**Кембридж ESOL, основные экзамены**	**Кембридж ESOL, экзамены для бизнеса**	**IELTS**
1	**Beginners**		A1			1
2						2
3	**Elementary (начальный)**					3
4			A2	**KET**		
5	**Pre-intermediate (средний 1)**	BE 5				
6		BE 6				4
7	Intermediate (средний 2)	BE 7	B1			IELTS Courses 5
8		BE 8		PET	BEC Preliminary	
9	Upper intermediate (средний 3)	BE 9	B2			IELTS Courses 6
10		BE 10				
11		BE 11				
12		BECVan		FCE	BEC Vantage	
G Adv 1	Advanced (продвину-тый)	BE Adv 1	C1			IELTS Courses 7
G Adv 2		BE Adv 2				
CAE 1		BEC H 1				
CAE 2		BEC H 2		CAE	BEC Higher	
CPE	Proficiency (мастер)		C2	CPE		8

Планирование

Для того чтобы работа с книгой была интереснее и эффективнее, желательно распланировать время и методы. Продуманный план может обеспечить вам непринуждённое обучение и высокую результативность. Например, если вы хотите позаниматься один час, то план занятия может включать виды деятельности показанные в диаграмме ниже.

Диаграмма видов деятельности и их длительности

Как известно, отдых – это смена деятельности. Поэтому, чтобы излишне не уставать, занимайтесь одним видом не дольше, чем у вас есть желание это делать. Затем перейдите к тому, что вам интереснее в данный момент. Вы можете изменять очерёдность и длительность любого из видов деятельности, а также их количество. Также желательно соблюдать некоторую логическую последовательность. Например, после чтения новых слов надо прочитать текст. Чтобы разнообразить занятие, можно прочитать и прослушать песню, поговорки, шутки, просмотреть видеоурок по текущей главе, перевести письменно русский проверочный текст на английский язык и тому подобное. Желательно ограничивать каждый вид до 10-30 минут. Занятия могут быть короткими – от 45 до 90 минут, но они должны быть частыми – ежедневно или через день. Если вы занимаетесь с преподавателем или репетитором, то он (она) должны уметь пользоваться таким подходом к занятию. Обговаривайте это условие заранее. Преподавателям также рекомендуется использовать соответствующий планировщик. Чтобы не тратить время на планирование каждого занятия, можно пользоваться приведёнными ниже планировщиками глав и диалоговых игр.

Планировщик глав

В планировщике глав объясняется, как использовать каждую главу книги. Применяя его, вы сможете использовать учебник эффективнее. Каждая глава рассчитана на 60-120 минут.

повторение предыдущей главы

I. Прослушайте с компакт-диска текст предыдущей главы, переводя каждое предложение на русский язык вслух. Если вы занимаетесь с кем-либо, то текст читает ваш партнёр или репетитор, а вы переводите вслух. Затем поменяйтесь ролями
II. Ответьте устно на вопросы, следующие после текста предыдущей главы. Партнёр или преподавтель задаёт вопросы, а Вы отвечаете, выбирая правильный вариант. Затем поменяйтесь ролями.

использование новой главы

I. Внимательно прочитайте правила

II. Прослушайте слова текста с компакт-диска, одновременно читая их и повторяя каждое слово
III. Прослушайте текст, повторяя каждое предложение. Затем самостоятельно прочитайте и переведите предложение за предложением. Используйте проверочный перевод, только в крайнем случае
IV. Сделайте упражнения, сверяясь с соответствующим правилом
V. Прослушайте текст песни, одновременно читая его. Затем прослушайте песню.
VI. Остальные разделы главы можно делать по мере интереса

Планировщик диалоговых игр

Диалоговые игры – это ключевая составляющая для умения правильно вести разговор на английском языке. Диалоговые игры – это также прекрасная возможность быстро научиться разговаривать. Задавая вопросы и отвечая на них, вы учитесь:

- воспринимать на слух разговорную речь
- понимать смысл вопросов
- строить свои ответы, используя слова из вопроса
- правильно задавать вопросы
- и наконец, вы учитесь общаться на английском языке!

Название игры	**Использовать с главами**
Guess a thing! Угадай предмет! (в единственном числе) Правила игры даются в главе 3	3, 4, 5, 6, 14 и другими

Truth or lie? Правда или ложь? Правила игры даются в главе 4	4, 5, 6, 7, 14, 15 и другими
Guess things! Угадай предметы! (во множественном числе) Правила игры даются в главе 5	5, 6, 7, 8, 14, 15, 16 и другими
Guess a place! Угадай место! Правила игры даются в главе 6	6, 7, 8, 9, 15, 16, 17 и другими
Guess a character or a person! Угадай персонаж или человека! Правила игры даются в главе 7	7, 8, 9, 10, 16, 17, 18 и другими
Simon says.. Саймон говорит.. Правила игры даются в главе 8	8, 9, 10, 11, 17, 18, 19 и другими
Find a thing! Найди предмет! Правила игры даются в главе 9	9, 10, 11, 12, 18, 19, 20 и другими
Word association! Словарные ассоциации! Правила игры даются в главе 10	10, 11, 12, 13, 19, 20, 21 и другими
Remember things! Вспомни предметы! Правила игры даются в главе 11	11, 12, 13, 14, 20, 21, 22 и другими
Draw with closed eyes! Нарисуй с закрытыми глазами! Правила игры даются в главе 12	12, 13, 14, 15, 21, 22, 23 и другими
Change letters! Замени буквы! Правила игры даются в главе 13	13, 14, 15, 16, 22, 23, 24 и другими

Guess a profession! Угадай профессию! Правила игры даются в главе 18	18, 19, 20, 21, 22, 23, 24, 25 и другими
Guess an action! Угадай действие! Правила игры даются в главе 25	25, 26, 27, 28, 29 и другими
What thing have I moved? Какой предмет я передвинул? Правила игры даются в главе 26	26, 27, 28, 29 и другими

Контрольный список готовности разделов

Условные обозначения:
- – прошёл, О – повторил через 2 недели, √ – закрепил через месяц

Глава	*Правила*	*Слова*	*Текст*	*Упражнения*	*Песня*	*Аудирование и вопросы*
Elementary level course *Курс начального уровня*						
1.						
2.						
3.						
4.						
5.						
6.						
7.						
8.						
9.						
10.						
11.						
12.						
Pre-intermediate level course *Курс уровня Средний 1*						
13.						
14.						
15.						
16.						
17.						
18.						
19.						
20.						

Глава	*Правила*	*Слова*	*Текст*	*Упражнения*	*Песня*	*Аудирование и вопросы*
21.						
22.						
23.						
24.						
25.						
26.						
27.						
28.						
29.						

Заметки

……………………………………………………………………………………

……………………………………………………………………………………

……………………………………………………………………………………

……………………………………………………………………………………

……………………………………………………………………………………

……………………………………………………………………………………

……………………………………………………………………………………

……………………………………………………………………………………

Курс начального уровня
Elementary level course

Буквы алфавита

Если многие букв вам знакомы, то остальные можно сейчас не заучивать. Применение транскрипции можно посмотреть в третьей главе в разделе ***Часто задаваемые вопросы***.

Печатная	Пропись	Название	Звучание в открытых слогах с примерами	Звучание в закрытых слогах с примерами
A a	A a	*эй*	*эй* - lake [leik]	*э* - black [blæk] *a* - park [pɑːk]
B b	B b	*би*	*б* - black [blæk]	
C c	C c	*си*	*c* перед *i, e, y* – police [pə'liːs] *к* с остальными буквами - cat [kæt]	
D d	D d	*ди*	*д* - dog [dɔg]	
E e	E e	*и*	*и* - he [hiː]	*э* - bed [bed]
F f	F f	*эф*	*ф* - four [fɔː]	
G g	G g	*дьжи*	*дьж* – wage [weidʒ] *г* - dog [dɔg]	
H h	H h	*эйч*	*х* - high [hai] , удваивает предыдущий гласный - Oh! [əu]	
I i	I i	*ай*	*ай* - like [laik]	*и* - big [big]
J j	J j	*дьжэй*	*дьж* - job [dzob]	
K k	K k	*кей*	*к* - like [laik]	
L l	L l	*эл*	*л* - like [laik]	
M m	M m	*эм*	*м* – my [mai]	
N n	N n	*эн*	*н* - not [nɔt]	

Печатная	Пропись	Название	Звучание в открытых слогах с примерами	Звучание в закрытых слогах с примерами
O o	O o	*оу*	*оу* - go [gəu] *у* – book [buk]	*о* - not [nɔt]
P p	P p	*пи*	*п* - park [pɑːk]	
Q q	Q q	*кью*	*ку* – queen [kwiːn]	
R r	R r	*ар*	нераскатистый *р* – dream [driːm] , удваивает предыдущий гласный - park [pɑːk]	
S s	S s	*эс*	*с* - street [striːt] *з* в конце слов после гласных и звонких согласных - beds [bedz]	
T t	T t	*ти*	*т* - not [nɔt]	
U u	U u	*ю*	*ю* - student ['stjuːdnt] *у* - put [put]	*а* – but [bʌt]
V v	V v	*ви*	*в* - have [hæv]	
W w	W w	*дабл-ю*	*уи* - we [wi]	
X x	X x	*экс*	*кс* - box [bɔks]	
Y y	Y y	*уай*	*ай* - my [mai]	*и,* в конце слов всегда *и* – mystery ['mistəri]
Z z	Z z	*зэд*	*з* - zoo [zuː]	

Буквосочетания

Буквосочетание ck произносится *к*. Например: black [blæk].

Буквосочетание ch произносится *ч*. Например: much [mʌtʃ].

Буквосочетание ng даёт носовой *н.* Например: morning ['mɔːniŋ].

Буквосочетание ph произносится *ф*. Оно встречается в словах позаимствованных из греческого языка.
Например: photograph ['fəutəgraːf] - *фотография*

Буквосочетание oo произносится *у*. Например: room [ruːm]

Буквосочетание sh передаёт звук *ш*, который надо произносить мягко. Например: shop [ʃɔp].

Буквосочетание th имеет два варианта произношения, которое надо проверять по транскрипции. В некоторых словах th произносится как *з* [ð], а в некоторых как *с* [θ]. В обоих случаях звук должен быть не звонкий, а приглушённый. Если при произношении вы дотронетесь кончиком языка к верхним зубам, то получите требуемый звук. Например: that [ðæt], thank [θæŋk].

Определения

Так как часто временем называют и грамматическое время и время, когда происходит действие (настоящее, прошедшее или будущее), то, во избежание путаницы, грамматическое время в этом учебнике будет далее называться аспектом.

Существительное обозначает живые и неживые предметы – *человек, кот, стол, магазин* и абстрактные предметы – *желание, дружба, время* и так далее. К ним можно задать вопрос кто? или что?

Прилагательное обозначает свойство предмета и отвечает на вопросы какой? или чей? Например: *новый, синий, быстрый* и так далее.

Глагол обозначает действие – *идти*, *читать, говорить* и так далее.

Местоимение указывает на кого-либо или что-либо – *я, мы, ты, вы, он, она, они, этот, те, мой, твой, тот, тебе, мне, этому* и так далее.

Наречие отвечает на вопросы со словом *как.* Например: как далеко? – *близко*, как высоко? – *низко*, как? – *старательно, быстро, постепенно* и так далее.

Вспомогательные глаголы служат для образования вопросов, отрицаний и в некоторых других случаях. Эти глаголы как правило не переводятся.

Chapter 1
Глава 1

Mark has a dog
У Марка есть собака

Для непринуждённого и результативного обучения пользуйтесь планировщиком, расположенным в начале книги.

1

Порядок слов в простом утвердительном предложении

В отличие от русских, в английских предложениях должен быть определенный порядок слов. Сейчас мы познакомимся с местом подлежащего и сказуемого в простом утвердительном предложении. Для тех, кто забыл: подлежащее - это главный член предложения обозначающий лицо или предмет выполняющий действие, а сказуемое - это то действие, которое выполняет подлежащее. Утвердительное предложение - это предложение, которое сообщает о каком-либо факте и не имеет отрицательных слов, таких как *не, нет, никогда, никакой* и т.п. Сравним несколько утвердительных предложений:

Наташа и её подруга читают журналы в парке.
Журналы Наташа и её подруга читают в парке.
В парке Наташа и её подруга читают журналы.

В этих предложениях слова стоят в разном порядке. Это типично для русского языка. В английском же утвердительном предложении на первом месте должно стоять подлежащее, на втором - сказуемое, а затем все остальные слова. В приведённых примерах подлежащее - *Наташа и её подруга,* а сказуемое - *читают.* И подлежащее, и сказуемое могут состоять из нескольких слов. Таким образом, на английском языке это предложение должно иметь такой вид:

Наташа и её подруга читают журналы в парке.
Natasha and her friend read magazines in the park.

2

Множественное число существительных

Существительные отвечают на вопросы *кто? что?* Множественное число английских существительных образуется просто - в конце слова добавляется -s или -es. Например:

friend - *друг* friends - *друзья*
dress - *платье* dresses - *платья*

Окончание -es добавляется после шипящих и свистящих звуков. Это является естественным для произношения, ведь тяжело произнести букву *с* после другой *с* или после звуков *з, ч, ш* и *щ*. Например, слово dress произносится *дрэс* и если попытаться добавить -s и произнести две буквы *с* в конце - *дрэсс,* то так не получится. Зато легко произнести *дрэсиз*, добавив к слову -es: dresses.

Если существительное оканчивается на -y, то -y изменяется на -i и прибавляется -es. Окончание слова получает вид -ies. Например:

baby - *малыш* babies - *малыши*
lady - *леди* ladies - *леди во множественном числе*

Однако если перед –y стоит гласная, то просто прибавляется -s. Например:

boy - *мальчик* boys - *мальчики*
day - *день* days - *дни*

Если же существительное оканчивается на *-f* или *-fe*, то они изменяются на *-ves*. Например:

shelf - *полка* shelves - *полки*
wife - *жена* wives - *жёны*

Вот наиболее часто встречающиеся исключения из этого правила:

man - *мужчина, человек* men - *мужчины, люди*
woman - *женщина* women - *женщины*
child - *ребёнок* children - *дети*
foot - *нога* feet - *ноги*
tooth - *зуб* teeth - *зубы*
mouse - *мышь* mice - *мыши*
fish - *рыба* fish - *рыбы*

Слова

Сейчас прослушайте слова текста, одновременно читая их и повторяя каждое слово. Затем прочитайте все слова вслух заново и их перевод. Настоятельно рекомендуется использовать этот метод со всеми новыми словами.

1. a - неопределённый артикль, не переводится
2. and [ænd] - *и; а*
3. bed [bed] - *кровать*
4. beds [bedz] - *кровати*
5. big [big] - *большой*
6. bike [baik] - *велосипед, байк*
7. black [blæk] - *чёрный*
8. blue [bluː] - *синий*
9. book [buk] - *книга*
10. cat [kæt] - *кошка, кот*
11. Dennis ['denis] - *Деннис (имя)*
12. dog [dɔg] - *собака, пёс*
13. dream [driːm] - *мечта; сон, видеть во сне*
14. eye [ai] - *глаз*
15. eyes [aiz] - *глаза*
16. four [fɔː] - *четыре*
17. green [griːn] - *зелёный*
18. has [hæz] - *имеет* (глагол have получает вид has в 3 лице ед. числа - *он, она, оно*) He has a book. - У *него есть книга.*
19. have [hæv] – *иметь*
20. he [hiː] – *он*
21. his [hiz] - *его* (отвечая на вопрос *чей?*); his bed - *его кровать*
22. hotel [həu'tel] – *гостиница*
23. hotels [həu'telz] – *гостиницы*

24. I [ai] - *я* (всегда пишется с большой буквы)
25. Joseph ['dʒəuzif] – *Джозеф*
26. little [litl] - *маленький*
27. many ['meni] - *много*
28. Mark [mɑːrk] - *Марк (имя)*
29. my [mai] - *мой, моя, моё*
30. new [njuː] - *новый*
31. nice [nais] - *милый, красивый, хороший*
32. nose [nəuz] - *нос*
33. not [nɔt] - *не*
34. notebook ['nəutbuk] - *блокнот, тетрадь*
35. notebooks ['nəutbuks] - *блокноты, тетради*
36. one [wʌn] - *один*
37. park [pɑːk] - *парк*
38. parks [pɑːks] - *парки*
39. pen [pen] - *авторучка*
40. pens [pens] - *авторучки*
41. room [ruːm] - *комната*
42. rooms [ruːmz] - *комнаты*
43. shop [ʃɔp] - *магазин*
44. shops [ʃɔps] - *магазины*
45. Sydney ['sidni] - *Сидней* (город в Австралии)
46. star [stɑː] - *звезда*
47. street [striːt] - *улица*
48. streets [striːts] - *улицы*
49. student ['stjuːd(ə)nt] – *студент*
50. students ['stjuːd(ə)nts] - *студенты*
51. table ['teibl] - *стол; таблица*
52. tables ['teibls] - *столы; таблицы*
53. text [tekst] - *текст*
54. that [ðæt] - *тот*
55. these [ðiːz] - *эти*
56. they [ðei] - *они*
57. this [ðiz] - *этот, эта, это*
58. those [ðəuz] - *те*
59. too [tuː] - *тоже, также* (в конце предложений)
60. window ['windəu] - *окно*
61. windows ['windəuz] – *окна*
62. word [wəːd] - *слово*
63. words [wəːdz] - *слова*

Текст

Прослушайте текст с прилагаемого диска, одновременно читая его про себя. Затем прочитайте текст самостоятельно вслух и переведите. Это можно делать предложение за предложением или абзац за абзацем. Чтение вслух является неотъемлемой частью, поскольку английские предложения, при этом, закрепляются в памяти. Используйте русский вариант текста, который следует после английского, лишь в том случае если не можете понять прочитанное. Настоятельно рекомендуется использовать этот метод со всеми текстами.

Mark has a dog

This student has a book. He has a pen too.

Sydney has many streets and parks.

a notebook and a pen

This street has new hotels and shops.

This hotel has four stars. This hotel has many nice big rooms.

That room has many windows. And these rooms have not many windows.

a dog

These rooms have four beds. And those rooms have one bed.

That room has not many tables. And those rooms have many big tables.

This street has not hotels. That big shop has many windows.

These students have notebooks. They have pens too.

Mark has one little black notebook. Dennis has four new green notebooks.

a little street

This student has a bike. He has a new blue bike.

Joseph has a bike too. He has a nice black bike.

Dennis has a dream. I have a dream too.

I have not a dog. I have a cat. My cat has nice green eyes.

Mark has not a cat. He has a dog. His dog has a little black nose.

У Марка есть собака

Этот студент имеет книгу. Он имеет ручку также.
Сидней имеет много улиц и парков.
Эта улица имеет новые гостиницы и магазины.
Эта гостиница имеет четыре звезды. Эта гостиница имеет много хороших больших комнат.
Та комната имеет много окон. А эти комнаты не имеют много окон.
Эти комнаты имеют четыре кровати. А те комнаты имеют одну кровать.
Та комната не имеет много столов. А те комнаты имеют много больших столов.
Эта улица не имеет гостиниц. Тот большой магазин не имеет много окон.
Эти студенты имеют тетради. Они имеют ручки также.
Марк имеет одну маленькую чёрную тетрадь. Деннис имеет четыре новых зелёных тетради.
Этот студент имеет велосипед. Он имеет новый синий велосипед.
Джозеф имеет велосипед тоже. Он имеет красивый чёрный велосипед.
У Денниса есть мечта. У меня есть мечта тоже.
У меня нет собаки. У меня есть кошка. У моей кошки красивые зелёные глаза.
У Марка нет кошки. У него есть собака. У его собаки маленький чёрный нос.

a window

Закрепление правил

Для закрепления правил этой главы сделайте упражнения письменно. Ключи к упражнениям даются в конце книги.

Упражнение 1 к правилу 2

Примените для единственного числа либо this - *этот, эта, это* либо that - *тот, та, то* по желанию. Примените для множественного числа по желанию либо these - *эти* либо those - *те*. Переведите письменно, как показано в примерах.

a)	books	these books	g)	dog	……………
	книги	эти книги		……………	……………
b)	pen	that pen	h)	h) bikes	……………
	ручка	та ручка		……………	……………
c)	park	this ………	i)	i) eyes	……………

	парк	этот ………		……………	……………
d)	shops	those ………..	j)	j) star	……………
	магазины	те …………...		……………	……………
e)	streets	………………	k)	k) rooms	……………
	……………	………………		……………	……………
f)	notebook	………………	l)	l) window	……………
	……………	………………		…………	……………

Упражнение 2 к правилу 2

Измените число существительного и переведите письменно. Обратите внимание на исключения из правила о множественном числе.

a)	this book	these books	g)	these parks	………………
	эта книга	эти книги		…………	………………
b)	those pens	that pen	h)	this child	………………
	те ручки	та ручка		…………	………………
c)	these streets	this …..………	i)	these stars	………………
	эти улицы	эта …………		…………	………………
d)	those shops	……………	j)	that dog	………………
	…………	……………		…………	………………
e)	that woman	……………	k)	those cats	………………
	……………	……………		…………	………………

f)	this bike	……………	l)	this bed	………………
	……………	……………		…………	………………

Упражнение 3 к правилу 1

Используя группы слов, составьте утвердительные предложения. При этом поставьте в правильном порядке подлежащее и сказуемое - подлежащее на первое место, а сказуемое - на второе. Слово, выделенное жирным шрифтом, употребите в качестве подлежащего. Помните, что и подлежащее и сказуемое могут состоять из нескольких слов. Переведите письменно.

a)	has, a bike, **this student**	a)	This student has a bike. У этого студента есть велосипед.
b)	**this student,** a notebook, has	b)	This student has a ……………………… У этого студента есть ………………
c)	a dog, has, **Mark**	c)	Mark has …………………………… Марк имеет ……………………………
d)	big rooms, **that hotel,** has	d)	That hotel ………………………….. Эта гостиница …………………………
e)	a pen, have, **I**	e)	……………………………………… ………………………………………
f)	has, **he**, a dog	f)	……………………………………… ………………………………………
g)	many parks, **Sydney**, has	g)	……………………………………… ………………………………………

h) a cat, has, **Dennis**	h) ....

Упражнение 4 к правилам 1 и 2

Переведите на английский язык. Помните, что a применяется только с исчиляемыми существительными в единственном числе.

a)	У меня есть книга. (Я имею книгу.)	I have a book.
b)	У него есть собака. (Он имеет собаку.)	He has a dog.
c)	У меня есть ручки. (Я имею ручки.)	I have ....
d)	У него есть кошка.	He ....
e)	У Марка есть кошка.	....
f)	У Денниса есть мечта.	....
g)	У Джозефа есть велосипед.	....
h)	У тех студентов есть тетради.	....
i)	Та комната имеет много окон.	....
j)	Сидней имеет много парков.	....

Музыкальная пауза

Boney M
Calendar song
Календарная песня

January, February, March,	*Январь, февраль, март,*
April, May, June, July	*апрель, май, июнь, июль*
August, September, October,	*Август, сентябрь, октябрь,*
November, December	*ноябрь, декабрь*

Frequently Asked Questions (FAQ)
Часто Задаваемые Вопросы

❓ В правиле 1 говорится о простом утвердительном предложении. Что значит простое?

🔑 Простое – это значит простой аспект (Simple Tense). Его называют, также, неопределённым аспектом (Indefinite Tense). Так как часто временем называют и грамматическое время и время, когда происходит действие (настоящее, прошедшее или будущее), то, во избежание путаницы, грамматическое время в этом учебнике будет далее называться аспектом. Первые двадцать четыре главы даются в простом аспекте. В английском существует три основных аспекта:

- простой (неопределённый) аспект или Simple (Indefinite) Tense
- продолженный аспект - Continuous Tense
- совершенный аспект - Perfect Tense

Объяснение аспектов и их сочетаний будут даваться далее.

❓ В правиле 1 объясняется место подлежащего и сказуемого в предложении. Ставятся ли в определённом порядке второстепенные члены предложения?

🔑 Все остальные слова предложения (второстепенные члены) ставятся в таком порядке: дополнение *что?*, обстоятельство места *где?*, обстоятельство времени *когда?*. Для запоминания лучше использовать формулу Что? Где? Когда? (правило 40)

❓ Какие типы предложений есть в английском языке?

🔑 Имеется четыре основных типа предложений:

- Утвердительные - в которых что-либо сообщается без отрицания
  I have a book. – *У меня есть книга.*
- Отрицательные - в которых что-либо отрицается
  I have not a book. – *У меня нет книги.*
- Вопросительные - в которых о чём-либо спрашивают
  Have you a book? – *У Вас есть книга?*
- Повелительные - в которых что-либо велят или просят
  Take a book. – *Возьмите книгу.*

❓ Оба слова dictionary и vocabulary означают *словарь*?

🔑 Dictionary ['dikʃ(ə)n(ə)ri] – это словарь в виде книги. Vocabulary [və'kæbjuləri] – это запас слов ученика. Например, ваш vocabulary – это слова, дающиеся перед каждым текстом этой книги. Они также даются в конце учебника в англо-русском и русско-английском разделе.

❓ Прилагается ли к этой книге компакт-диск?

🔑 Учебный комплект «Английская практика с азов» состоит из книги и компакт-диска. Компакт-диск может не поставляться с книгой. В таком случае его можно получить бесплатно, заказав на веб-странице www.vadim-zubakhin.donetsk.ua.

Words of wisdom *Слова мудрости*	Proverbs and sayings *Пословицы и поговорки*
The best way to learn is to begin. *Лучший метод обучения – это начать.*	Live and learn. *Живи и учись. Век живи - век учись.*

Пользователи компьютера могут пройти занятия с автором книги в режиме on-line, а также использовать видеоуроки и другие ресурсы, имеющиеся на вебстранице «Английской практики».

Chapter 2
Глава 2

They live in Sydney
Они живут в Сиднее

Для непринуждённого и результативного обучения пользуйтесь планировщиком, расположенным в начале книги.

Глагол *to be*

Глагол to be переводится *есть, быть, находиться, являться.* Этот глагол имеет формы am, is, are. Например:

I am a student.	*Я студент. (буквальный перевод: Я* ***есть*** *студент.)*
I am in the room.	*Я в комнате (буквальный перевод: Я* ***есть*** *в комнате.)*
This pen is new.	*Эта ручка новая. (буквальный перевод: Эта ручка* ***есть*** *новая.)*
These pens are black.	*Эти ручки чёрные. (буквальный перевод: Эти ручки* ***есть*** *чёрные.)*
These pens are on the table.	*Эти ручки на столе. (буквальный перевод: Эти ручки* ***есть*** *на столе.)*

Как видно из этих примеров, в английском языке, когда говорится о свойстве или местонахождении предмета, надо обязательно применять to be. Хотя в русском в таких случаях мы не применяем глагол *есть.*

Форма am применяется только с I. Например:

I am a student. - *Я студент. (буквальный перевод: Я* ***есть*** *студент)*

Форма is применяется только с he - *он*, she - *она*, it - *оно* (в единственном числе в третьем лице). Например:

Mark is a student. - *Марк студент. (буквальный перевод: Марк* ***есть*** *студент)*

Форма are применяется только во множественном числе (we – мы, they - они) и с местоимением *you - ты/вы/Вы*. Например:

They are students. - *Они студенты. (буквальный перевод: Они* ***есть*** *студенты)*

You are a student. - *Ты студент. (буквальный перевод: Ты есть студент)*

Непривычно произносить слово *есть* в таких предложениях. Существует определённая разница между тем, как мы говорим на русском языке и как говорят на английском. Эту разницу необходимо знать и учитывать её при переводе с русского на английский язык, иначе Вас могут не понять. Перевод же с английского языка на русский обычно намного проще. Надо помнить, что в английских утвердительных, вопросительных и отрицательных предложениях всегда должно быть подлежащее и сказуемое. Если при переводе на английский, в русском предложении отсутствует сказуемое, то это, скорее всего, глагол to be. Например:

Комната __ *большая.* - The room is big.

Я __ *студент.* - I am a student.

4

Артикли *a, the*

Английские артикли уточняют, о каком именно предмете идёт речь. В русском языке нет подобных частей речи, и применяются схожие по смыслу слова - *какой-нибудь, этот* и т.п.

Неопределённый артикль a условно можно перевести *какой-то, некоторый, один*. Этот артикль применяется перед исчисляемыми существительными в единственном числе, о которых речь идёт впервые. Например:

I have a bike. - *Я имею велосипед. (собеседнику впервые сообщается о предмете)*

Если следующее после неопределённого артикля слово начинается на гласную букву, то артикль a получает форму an. Например:

an apple - *яблоко*
an old big book - *старая большая книга*

Как видно из второго примера, если перед существительным стоят прилагательные, то артикль ставится перед ними.

Когда об исчисляемом предмете в единственном числе говорится впервые, то употребляется неопределённый артикль a. Но во втором и последующих предложениях об этом же предмете надо употреблять определённый артикль the. Он произносится [ðə] перед согласными и [ði] перед гласными (применение транскрипции объясняется в ***Часто задаваемых вопросах*** третьей главы). Например:

I have a bike. - *Я имею велосипед. (собеседнику впервые сообщается о предмете)*
The bike is new. - *Велосипед новый. (информация об уже названном предмете)*
The bike is green. - *Велосипед зелёный. (информация об уже названном предмете)*

Когда впервые говорится о нескольких предметах, то в первом предложении никакой артикль не ставится, а в последующих предложениях употребляется the. Например:

I have new notebooks. - *У меня новые тетради.*
The notebooks are blue. - *Тетради синие.*

Если предмет является единственным в своём роде или в данной ситуации, то и в первом предложении употребляется the. Например:

The sun is a star. - *Солнце - это звезда. (солнце только одно)*
Open the window. - *Откройте окно. (если окно - единственное в комнате)*
Open a window. - *Откройте окно. (если в комнате имеется несколько окон)*

Артикли не употребляются в следующих случаях:

а) с притяжательными местоимениями - my book, our book, your book, his book, her book, its book, their book
б) с указательными местоимениями - this book, these books, that book, those books
в) перед названиями большинства стран и в некоторых других случаях, которые будут описаны ниже

Words

1. am [əm] - *есть, являться, находиться* (применяется с I и на русский язык обычно не переводится); I am a student. - *Я (есть) студент.*
2. American [ə'merikən] - *американец, американский*
3. an [æn] - неопределённый артикль, не переводится
4. are [ɑː] - *есть, быть, находиться* (применяется с you, we, they и на русский язык обычно не переводится); We are students. - *Мы (есть) студенты.*
5. Australia [ɔs'treiliə] - *Австралия*
6. Australian [ɔs'treiliən] - *австралиец, австралийский*
7. big [big] – *большой*
8. brother ['brʌðə] – *брат*
9. buy [bai] - *покупать*
10. city ['siti] - *крупный город*
11. from [frɔm] - *из, с, от*
12. hungry ['hʌŋgri] - *голодный*
13. in [in] - *в*
14. is [iz] - *есть, являться, находиться* (применяется с he, she, it и на русский язык обычно не переводится) She is a student. - *Она (есть) студентка.*
15. Linda ['lində] - *Линда* (имя)
16. live [liv] - *жить*
17. mother ['mʌðə] - *мать, мама*
18. now [nau] - *сейчас*
19. sandwich ['sæn(d)witʃ] - *сэндвич, бутерброд*
20. she [ʃiː] - *она*
21. sister ['sistə] - *сестра*
22. supermarket ['supəˌmɑːkit] – *супермаркет*
23. the [ðə] - определённый артикль, не переводится

24. two [tu:] - *два*
25. Ukraine [ju:'krein] – *Украина*
26. Ukrainian [ju:'kreiniən] - *украинец (ка), украинский*
27. USA - *США* (всегда с the)
He is in the USA. - *Он находится в США.*
28. we [wi] – *мы*
29. you [ju] - *ты, Вы, вы*

They live in Sydney

Sydney is a big city. Sydney is in Australia.

This is Mark. Mark is a student. He is in Sydney now. Mark is from Ukraine. He is Ukrainian. Mark has a mother, a father, a brother and a sister. They live in Ukraine.

Sydney

This is Dennis. Dennis is a student too. He is from the USA. He is American. Dennis has a mother, a father and two sisters. They live in America.

Mark and Dennis are in a supermarket now. They are hungry. They buy sandwiches.

This is Linda. Linda is Australian. Linda lives in Sydney too. She is not a student.

I am a student. I am from Ukraine. I am in Sydney now. I am not hungry.

a sandwich

You are a student. You are American. You are not in the USA now. You are in Australia.
We are students. We are in Australia now.
This is a bike. The bike is blue. The bike is not new.
This is a dog. The dog is black. The dog is not big.
These are shops. The shops are not big. They are little.
That shop has many windows. Those shops have not many windows.

That cat is in the room. Those cats are not in the room.

Они живут в Сиднее

Сидней есть большой город. Сидней находится в Австралии.
Это есть Марк. Марк есть студент. Он находится сейчас в Сиднее. Марк есть из Украины.
Он есть украинец. Марк имеет мать, отца, брата и сестру. Они живут в Украине.
Это есть Деннис. Деннис есть студент тоже. Он есть из США. Он есть американец.
Деннис имеет мать, отца и двух сестёр. Они живут в Америке.
Марк и Деннис находятся сейчас в супермаркете.
Они есть голодны. Они покупают сэндвичи.
Это есть Линда. Линда есть австралийка. Линда живёт в Сиднее тоже. Она есть не студентка.
Я студент. Я из Украины. Я сейчас в Сиднее. Я не голоден.
Ты студент. Ты американец. Ты сейчас не в США. Ты в Австралии.
Мы студенты. Мы сейчас в Австралии.
Это есть велосипед. Велосипед есть синий. Велосипед есть не новый.
Это есть собака. Собака есть чёрная. Собака есть не большая.
Это есть магазины. Магазины есть не большие. Они есть маленькие.
Тот магазин имеет много окон. Те магазины имеют не много окон.
Та кошка находится в комнате. Те кошки находятся не в комнате.

a cat

Закрепление правил

Упражнение 5 к правилу 3

Исправьте предложения, вставив правильно am, is или are согласно правилу о глаголе to be. Переведите каждое слово - так, как показано в примере. Обратите внимание, что в английских предложениях употребляется глагол *есть*, когда говорится о свойстве или расположении предмета.

a) I is a student.	a) I am a student. Я есть студент.
b) I are in Sydney.	b) I am in Sydney. Я есть в Сиднее.
c) You is Australian.	c) You are Australian. Ты есть австралиец.

d)	You is not a student.	d)	....
e)	You am in a supermarket.	e)	....
f)	I is in the room.	f)	....
g)	He are not in the room.	g)	....
h)	He are in a shop.	h)	....
i)	She am a student.	i)	....
j)	She are in Sydney.	j)	....
k)	They is from Ukraine.	k)	....
l)	They is in Sydney now.	l)	....
m)	We am not Americans.	m)	....
n)	We is in the room.	n)	....

....

Упражнение 6 к правилу 3

Исправьте предложения, употребив сказуемое am после I , are - после you и во множественном, is - в единственном числе. Помните, что сказуемое в утвердительных предложениях ставится после подлежащего, а подлежащее стоит на первом месте. Переведите по смыслу - так, как показано в примере.

a) They hungry.	a) They are hungry. Они голодные.
b) This Mark.	b) This is Mark. Это Марк.
c) Mark a student.	c) Mark is a student. ....
d) Sydney in Australia.	d) ....
e) Sydney a big city.	e) ....
f) Mark and Dennis students.	f) ....
g) They in a supermarket now.	g) ....
h) This Linda.	h) ....
i) Linda Australian.	i) ....

			....
j)	She not a student.	j)	....
			....
k)	I a student.	k)	....
			....
l)	I Ukrainian	l)	....
			....
m)	I in Sydney now.	m)	....
			....
n)	You a student.	n)	....
			....
o)	You American.	o)	....
			....
p)	You in Australia now.	p)	....
			....

Упражнение 7 к правилу 4

Вставьте артикли и переведите на русский язык. Говоря о предмете впервые, надо употреблять в единственном числе a, и не употреблять никакой артикль во множественном числе. Во втором же и последующих предложениях об этих предметах в любом числе употребляется the. Не забывайте, что the условно можно перевести *этот*.

a)	I have book. Book is new.	a)	I have **a** book. У меня есть книга. **The** book is new. (Эта) книга новая.

b)	These are pens. Pens are red.	b)	These are pens. Это авторучки. **The** pens are red. (Эти) авторучки красные.
c)	She has dog. Dog is big.	c)	....
d)	This is student. Student is in café.	d)	....
e)	These are shops. Shops are big.	e)	....
f)	This is bike. Bike is blue.	f)	....
g)	I have cat. Cat is little.	g)	....

Упражнение 8 к правилу 4

Переведите предложения на английский язык, правильно употребив артикли.

a)	Это собака. Собака чёрная.	a)	This is a dog. The dog is black.
b)	Это новые магазины. Магазины не большие.	b)	These are new shops. The shops are not big.
c)	У него есть тетрадь. Тетрадь красная.	c)	....
d)	У неё есть кошка. Кошка большая.	d)	....

....

e) Это велосипед. Велосипед чёрный. e) ....

....

f) Это парк. Парк большой. f) ....

....

Музыкальная пауза

Louis Armstorng

What a wonderful world

Какой удивительный мир

I see trees of green, red roses too	*Я вижу зелень деревьев, красные розы тоже*
I see them bloom for me and you	*Я вижу, как они цветут для меня и тебя*
And I think to myself, what a wonderful world	*И я думаю себе, какой удивительный мир*
I see skies of blue, clouds of white	*Я вижу синеву небес, белизну облаков*
The bright blessed days, and dark sacred nights	*Яркие благословленные дни, и тёмные божественные ночи*
And I think to myself, what a wonderful world	*И я думаю себе, какой удивительный мир*
The colors of the rainbow	*Цвета радуги*
Are so pretty in the sky	*Такие красивые в небе*
They are also on the faces	*Они также на лицах*
Of people going by	*Людей проходящих мимо*
I see friends shaking hands	*Я вижу друзей, пожимающих*

	руки
Saying, "How do you do?"	*Говорящих, «Здравствуй!»*
They're really saying, "I love you."	*Они в действительности говорят, «Я люблю тебя.»*
I hear babies cry, and I watch them grow	*Я слышу как кричат малыши, и вижу как они растут*
They'll learn much more than I'll ever know	*Они узнают намного больше, чем я когда-либо узнаю*
And I think to myself, what a wonderful world	*И я думаю себе, какой удивительный мир*
I think to myself, what a wonderful world	*И я думаю себе, какой удивительный мир*

Frequently Asked Questions (FAQ)
Часто Задаваемые Вопросы

? Что такое исчисляемые существительные?

Исчисляемые существительные - это те, которые можно посчитать поштучно. Сравните:

исчисляемые	неисчисляемые
a book - *книга*	water - *вода*
a cup - *чашка*	salt - *соль*
a dog - *собака*	friendship - *дружба*
a student - *студент*	love - *любовь*

? Можно ли не применять a и the?

A и the надо применять всегда, кроме случаев указанных в правиле об артиклях. Впрочем вас смогут понять и без артиклей. Хотя также поймут, что вы слабоваты в английском.

? Почему одни и те же гласные буквы в разных словах произносятся по разному? Ведь в русском языке такого нет.

Произношение английских гласных букв зависит от слога. Слоги, которые заканчиваются на гласную, называются открытыми. Гласные буквы в таких слогах произносятся так же, как в алфавите. Слоги заканчивающиеся на согласную являются закрытыми. Гласные буквы в таких слогах произносятся кратко.

Например:

открытые	закрытые
table ['teibl] - *стол*	cat [kæt] - *кошка*
bike [baik] - *велосипед*	big [big] - *большой*

В русском языке есть также подобные особенности. Например мы пишем *молоко*, а произносим *малако*. Вот ещё примеры:

написание	произношение
Это его книга.	*Эта ево книга.*
Почему она улыбается.	*Пачему ана улыбаеца.*
Мне нравится ходить в клуб.	*Мне нравица хадить ф клуп.*

? Читается ли буква е в конце слов?

Буква е в конце слова не читается, поэтому её называют немой. Она показывает, что слог открытый и поэтому гласная в этом слоге произносится как в алфавите.

Words of wisdom
Слова мудрости

Genius is 1% inspiration and 99% perspiration. *Гений – это 1% вдохновения и 99% пота.*

Proverbs and sayings
Пословицы и поговорки

Storm in a cup.
Буря в стакане.

Пользователи компьютера могут пройти занятия с автором книги в режиме on-line, а также использовать видеоуроки и другие ресурсы, имеющиеся на вебстранице «Английской практики».
Добро пожаловать на www.vadim-zubakhin.donetsk.ua

Chapter 3
Глава 3

Are they Australians?
Они австралийцы?

Для непринуждённого и результативного обучения пользуйтесь планировщиком, расположенным в начале книги.

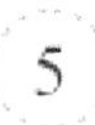

Построение вопросов и отрицаний с *to have* и *to be*

В русском языке вопросы образуются с помощью интонации - голос повышается на каком-либо слове. Сравним:

Это его ↓ книга. (утверждение)

Это его ↑ книга? (вопрос)

Как видно из примеров предложения абсолютно одинаковы по составу слов. Лишь вопросительный знак или интонация голоса в разговоре отличает вопросительное предложение от утвердительного. В английском же языке интонация не имеет такого большого значения. Вопросы с глаголами to have и to be образуются с помощью перестановки слов - сказуемое ставится перед подлежащим. Сравним утвердительные и вопросительные предложения:

утвердительные	вопросительные
You have a pen. *У тебя есть ручка.*	Have you a pen? *У тебя есть ручка?*
He has a bike. *У него есть велосипед.*	Has he a bike? *У него есть велосипед?*
You are a student. *Ты студент.*	Are you a student? *Ты студент?*
He is in Sydney. *Он в Сиднее.*	Is he in Sydney? *Он в Сиднее?*

Если имеется вопросительное слово, то оно, как и в русском языке, ставится в самом начале. Например:

What book have you? *Какая книга у тебя?*
What book has he? *Какая книга у него?*
Where is his book? *Где его книга?*
Where is he? *Где он?*

Из первого и второго примера видно, что вместо одного вопросительного слова может использоваться группа слов. Эта группа называется вопросительной группой, и она также ставится вся полностью в самом начале. Например:

What books and notebooks has he? - *Какие книги и тетради имеет он?*

Отрицания с глаголом to be образуются с помощью слова not, которое ставится после глагола. Например:

He is not a student. - *Он не студент.*
I am not in the hotel. - *Я не в гостинице.*

Отрицания с глаголом to have образуются с помощью слова not - *нет* или no - *ни один, никакой*, которое ставится после глагола. Например:

I have not this book. - *У меня нет этой книги.*
I have no book. - *У меня нет никакой книги. (никаких книг)*

6

Английские прилагательные не изменяются ни в роде, ни в числе. Сравним английские и русские прилагательные:

I have a black notebook. - *У меня чёрная тетрадь.*
I have black notebooks. - *У меня чёрные тетради.*
This man is tall. - *Этот мужчина высокий.*
This woman is tall too. - *Эта женщина высокая тоже*

7

Местоимение *it*

Местоимения he - *он* и she - *она* применяются только к людям. Они могут применяться также к животным, пол которых известен. Ко всем остальным предметам применяется it. Например:

This is a book. It is on the table. - *Это книга. Она на столе.*
This is a bike. It is blue. - *Это велосипед. Он синий.*

Местоимение they - *они* применяют во всех случаях. Например:

They are students. – *Они студенты.*
I have books. They are new. – *У меня есть книги. Они новые.*

Words

1. all [ɔːl] - *все, всё*
2. am [əm] - *есть, являться, находиться* (применяется только со словом I - *я*, на русский язык обычно не переводится); I am a student. - *Я (есть) студент.*
3. animal ['ænim(ə)l] - *животное*
4. at [æt] - *у, около, в*
5. boy [bɔi] - *мальчик*
6. café ['kæfei] - *кафе*
7. CD player [ˌsiː'diːˌpleiə] - *проигрыватель дисков*
8. English ['iŋgliʃ] - *английский язык, английский* (всегда с большой буквы)

9. her [hɜː] - *её* (отвечая на вопрос *чей?*); her book - *её книга*
10. house [haus] - *дом*
11. how [hau] - *как*
12. it [it] - *оно* (используется для обозначения всех предметов кроме людей)
13. man [mæn] - *мужчина*
14. map [mæp] - *карта*
15. no [nəu] - *нет*
16. old [əuld] - *старый*
17. on [ɔn] - *на*
18. our ['auə] - *наш*
19. Russia ['rʌʃə] - *Россия*
20. Russian ['rʌʃ(ə)n] - *россиянин (ка), российский*
21. where [(h)wɛə] - *где*
22. woman ['wumən] – *женщина*
23. yes [jes] – *да*
24. you [ju] - *ты, Вы, вы*

Are they Australians?

–I am a boy. I am in the room.
–Are you Australian?
–No, I am not. I am Ukrainian.
–Are you a student?
–Yes, I am. I am a student.

a table

–This is a woman. The woman is in the room too.
–Is she American?
–No, she is not. She is Australian.
–Is she a student?
–No, she is not. She is not a student.

–This is a man. He is at the table.
–Is he Australian?
–Yes, he is. He is Australian.

a park

–These are students. They are in the park.
–Are they all Australians?
–No, they are not. They are Australians, Ukrainians and Americans.

–This is a table. It is big.

–Is it new?
–Yes, it is. It is new.

–This is a cat. It is in the room.
–Is it black?
–Yes, it is. It is black and nice.

a book

–These are bikes. They are at the house.
–Are they black?
–Yes, they are. They are black.

–Have you a notebook?
–Yes, I have.
–How many notebooks have you?
–I have two notebooks.

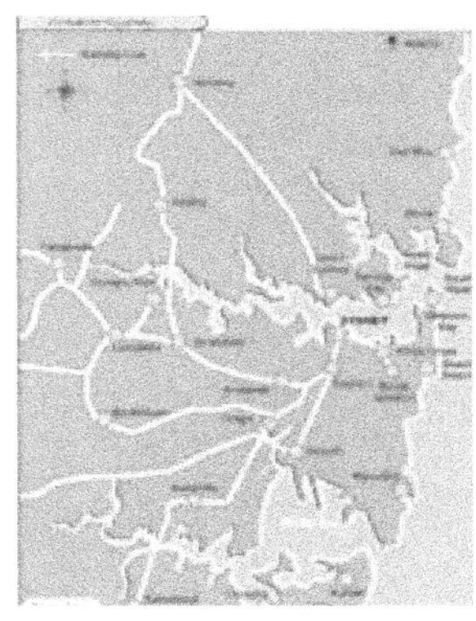
a map

–Has he a pen?
–Yes, he has.
–How many pens has he?
–He has one pen.

–Has she a bike?
–Yes, she has.
–Is her bike blue?
–No, it is not. Her bike is not blue. It is green.

–Have you an English book?
–No, I have not. I have not an English book. I have no book.

–Has she a cat?
–No, she has not. She has not a cat. She has no animal.

–Have you a CD player?
–No, we have not. We have not a CD player. We have no player.

–Where is our map?
–Our map is in the room.

– Is it on the table?
– Yes, it is.

– Where are the boys?
– They are in the café.
– Where are the bikes?
– They are at the café.
– Where is Dennis?
– He is in the café too.

Есть они австралийцы?

– *Я есть мальчик. Я есть в комнате.*
– *Есть ты австралиец?*
– *Нет. Я есть украинец.*
– *Есть ты студент?*
– *Да. Я студент.*

– *Это женщина. Женщина в комнате тоже.*
– *Она американка?*
– *Нет. Она австралийка.*
– *Она студентка?*
– *Нет. Она не студентка.*

– *Это человек. Он за столом.*
– *Он австралиец?*
– *Да. Он австралиец.*

– *Это студенты. Они в парке.*
– *Они все австралийцы?*
– *Нет. Это австралийцы, украинцы и американцы.*

a house

– *Это стол. Он большой.*
– *Он новый?*
– *Да. Он новый.*

– *Это кошка. Она в комнате.*
– *Она чёрная?*
– *Да. Она чёрная и красивая.*

– *Это велосипеды. Они возле дома.*
– *Они чёрные?*
– *Да. Они чёрные.*

– *Имеешь ли ты тетрадь?*
– *Да.*
– *Сколько тетрадей имеешь ты?*
– *Я имею две тетради.*

– *Имеет ли он ручку?*
– *Да.*

– *Сколько ручек имеет он?*
– *Он имеет одну ручку.*

– *Имеет ли она велосипед?*
– *Да.*
– *Её велосипед синий?*
– *Нет. Её велосипед не синий. Он зелёный.*

– *Имеешь ли ты английскую книгу?*
– *Нет. У меня нет английской книги. У меня нет никакой книги.*

– *Имеет ли она кошку?*
– *Нет. Она не имеет кошку. Она не имеет никаких животных.*

– *Имеете ли вы CD-плеер?*
– *Нет, мы не имеем. Мы не имеем CD-плеер. Мы не имеем никакого плеера.*

– *Где наша карта?*
– *Наша карта в комнате.*
– *Она на столе?*
– *Да.*

– *Где мальчики?*
– *Они в кафе.*
– *Где велосипеды?*
– *Они возле кафе.*
– *Где Деннис?*
– *Он в кафе тоже.*

Развитие разговорных навыков

Ответьте на вопросы к тексту

Вопросы	**Варианты ответов**
a) Are you a boy or a girl?	a) I am a boy (a man). I am a girl (a woman).
b) Are you Ukrainian or American?	b) I am not American. I am Ukrainian. I am Russian.
c) Are you in Ukraine or in Australia?	c) I am not in Australia. I am in Ukraine. I am in Russia.
d) Where are you now?	d) I am in the room. I am in the garden.
e) Have you a friend?	e) I have no friend. I have many friends. I have a girlfriend. I have a

			boyfriend.
f)	Is he (she) Ukrainian or Australian?	f)	He is not Australian. He is Ukrainian. She is Russian.
g)	Is he (she) in Ukraine or in America?	g)	He is in America now. She is in Ukraine. She is not in America.
h)	Where is he (she) now?	h)	He is in the garden. She is at college.
i)	Have you a pen?	i)	I have a pen. I have no pen. I have two pens.
j)	Where is it?	j)	It is on the table. It is in the book.
k)	Is it new or old?	k)	It is not old. It is new.
l)	How many pens have you?	l)	I have one pen. I have no pen. I have many pens.
m)	How many books have you?	m)	I have one book. I have no book. I have many books.
n)	How many friends have you?	n)	I have two friends. I have no friend. I have many friends.

Time to play!
Время поиграть!

Guess a thing!
Угадай предмет!

Эта игра самая простая и для неё достаточно правил и слов из глав 1-3. Один из участников загадывает предмет, находящийся в комнате, а другой, задавая вопросы о свойствах этого предмета, пытается его угадать. Первым загадывает предмет ученик. Репетитор задаёт вопросы. Перед началом игры надо вспомнить

почему в утвердительных предложениях говорят it is, а в вопросительных is it (правило 5). Пример игры:

– Is it in the room?	– *Он в комнате?*
– Yes, it is.	– *Да.*
– Is it on that table?	– *Он на том столе?*
– No, it is not.	– *Нет.*
– Is it on this table?	– *Он на этом столе?*
– Yes, it is.	– *Да.*
– Is it big or small?	– *Он большой или маленький?*
– It is small.	– *Он маленький.*
– How small is it?	– *Насколько маленький?*
– So small. (показать размер)	– *Вот такой.*
– Is it red? (green, blue, black)	– *Он красный? (зелёный, синий, чёрный)*
– It is blue.	– *Он синий.*
– Is it that notebook?	– *Это та тетрадь?*
– No, it is not.	– *Нет.*
– Is it this book?	– *Эта книга?*
– No, it is not.	– *Нет.*
– Is it made of paper (plastic, metal, wood, stone, glass)?	– *Он сделан из бумаги? (пластмассы, металла, дерева, камня, стекла)*
– No, it is not.	– *Нет.*
– What is it made of?	– *Из чего он сделан?*
– It is made of plastic.	– *Он сделан из пластмассы.*
– Can you use it?	– *Вы можете пользоваться им?*
– Yes, I can.	– *Да.*
– How can you use it?	– *Как Вы можете его использовать?*
– I can write with it.	– *Я могу им писать.*
– Is it this pen?	– *Это эта ручка?*
– Yes, it is.	– *Да.*

Закрепление правил

Упражнение 9 к правилу 5

Измените утвердительные предложения на вопросительные, поменяв местами подлежащее и сказуемое. Переведите.

a) This is a dog.
Это собака.

a) Is this a dog?
Это собака?

b) The dog is black.
Собака чёрная.

b) Is the dog black?
Собака чёрная?

c) These shops are big.
Эти магазины ....

c) Are these shops …………?
Эти магазины ……………

d) He has a bike.
………………………………

d) Has he ……………………
………………………………

e) The bike is blue.
………………………………

e) ………………………………
………………………………

f) Mark is a student.
………………………………

f) ………………………………
………………………………

g) He is in Sydney.
………………………………

g) ………………………………
………………………………

h) Sydney is a big city.
………………………………

h) ………………………………
………………………………

i) Sydney is in Australia.
………………………………

i) ………………………………
………………………………

j) Linda is Australian.

j) ………………………………

……………………………… ………………………………

Упражнение 10 к правилу 5
Переведите на английский язык.

a) Велосипеды синие?	a) Are the bikes blue?
b) У него есть велосипед?	b) Has he a bike?
c) Магазин большой?	c) Is the shop big?
d) У Линды есть тетрадь?	d) Has Linda ……………………..
e) Это собака?	e) …………………………………
f) У Марка есть ручка?	f) …………………………………
g) Сидней маленький город?	g) ………………………………… …………………………………
h) У Линды есть книга?	h) …………………………………
i) Сидней в Австралии?	i) …………………………………
j) Они голодные?	j) …………………………………

Упражнение 11 к правилу 5
Измените утвердительные предложения на отрицательные, поставив not после сказуемого. Переведите.

a) This is a book. Это книга.	a) This is not a book. Это не книга.
b) These bikes are black. Эти велосипеды чёрные.	b) These bikes are not black. Эти велосипеды не чёрные.
c) He has a bike. У него есть велосипед.	c) He has not a bike. У него нет велосипеда.
d) These shops are big. Эти магазины	d) These shops are …………… Эти магазины ……………..

e)	This bike is blue.	e)	....
	....		....
f)	Mark has a book.	f)	....
	....		....
g)	He is in Sydney.	g)	....
	....		....
h)	Sydney is a big city.	h)	....
	....		....
i)	They have pens.	i)	....
	....		....
j)	Linda has a dream.	j)	....
	....		....

Упражнение 12 к правилу 5
Переведите на английский язык.

a)	У меня нет ручки.	a)	I have not a pen.
b)	Она не в Автсралии.	b)	She is not in Australia.
c)	У этих студентов нет книг.	c)	These students have not ....
d)	Эта собака не большая.	d)	....
e)	Эта комната не имеет окон.	e)	....

f) Сидней не маленький город.	f) …………………………………….. ……………………………………..
g) Линда не украинка.	g) ……………………………………..
h) Она не студентка.	h) ……………………………………..
i) Марк не автралиец.	i) ……………………………………..
j) У него нет тетради.	j) ……………………………………..

Упражнение 13 к правилу 6

Переведите на английский язык, используя приведенные ниже прилагательные. Не забывайте, что прилагательные не изменяются ни в роде ни в числе.

~~big~~ new little ~~red~~ blue ~~nice~~ hungry black nice green

a) Это окно большое.	a) This window is big.
b) У него милая сестра.	b) He has a nice ……………………...
c) У неё красная ручка.	c) She has a red ……………………..
d) Эти велосипеды синие.	d) These bikes are ……………………
e) Эта собака маленькая.	e) This dog …………………………..
f) Эта гостиница новая.	f) ………………………………….
g) У неё зелёные глаза.	g) ………………………………….
h) У студентов чёрные	h) ………………………………….

тетради. ....

i) Я голодна. i) ....

j) Этот город красивый. j) ....

Упражнение 14 к правилу 7
Переведите на английский язык..

a)	Это собака. Она большая.	a)	This is a dog. It is big.
b)	Это магазин. Он не новый.	b)	This is a shop. It is not new.
c)	Это ручка. Она чёрная.	c)	This is a pen. ....
d)	Это велосипед. Он красный.	d)	....
e)	Сидней в Австралии. Это большой город.	e)	....
f)	Это комната. Она не маленькая.	f)	....
g)	Это кот. Он голоден.	g)	....

Музыкальная пауза

Laid Back

Sunshine Reggae

Рэгги солнечного света

Gimme, gimme, gimme just a little smile,	*Дай мне, дай мне, дай мне лишь маленькую улыбку,*
That's all I ask you	*Это всё, что я прошу тебя*
Gimme, gimme, gimme just a little smile,	*Дай мне, дай мне, дай мне лишь маленькую улыбку,*
We got a message for you.	*У нас есть новость для тебя*
Sunshine, sunshine reggae,	*Рэгги солнечного света,*
Don't worry, don't hurry, take it easy.	*Не беспокойся, не спеши, смотри проще*
Sunshine, sunshine reggae	*Рэгги солнечного света,*
Let the good vibes get along stronger.	*Позволь добрым чувствам стать сильнее*
Gimme, gimme, gimme just a little smile,	*Дай мне, дай мне, дай мне лишь маленькую улыбку,*
That's all I ask you - is that too much?	*Это всё, что я прошу тебя - это слишком много?*
Gimme, gimme, gimme just a little smile,	*Дай мне, дай мне, дай мне лишь маленькую улыбку,*
We got a message for you.	*У нас есть новость для тебя*
Join the sunshine, sunshine reggae,	*Присоединяйся к рэгги солнечного света,*
Let the good vibes get along stronger.	*Позволь добрым чувствам стать сильнее*
Sunshine, sunshine reggae,	*Рэгги солнечного света,*
Don't worry, don't hurry, take it easy.	*Не беспокойся, не спеши, смотри проще*
Sunshine, sunshine reggae,	*Рэгги солнечного света,*
Let the good vibes get along stronger, get along stronger.	*Позволь добрым чувствам стать сильнее*

Frequently Asked Questions (FAQ)
Часто Задаваемые Вопросы

? Обязательно ли надо учить транскрипцию?

Транскрипция даётся в словарях в квадратных скобках. Она показывает, как в точности произносится английское слово. Так как произношение английских слов часто не совпадает с их написанием, то транскрипция является удобным способом узнать, как правильно произносится слово. Читать её легко, потому что большинство знаков транскрипции произносятся так же, как и латинские буквы в школьных предметах. Например:

Kiev ['ki:ev , 'ki:ef] - *Киев*

Долгота гласного обозначается двоеточием. Например [a:] – долгий а.
Ударение обозначается знаком ['], который ставится перед ударным слогом. Например:

Donetsk [dɔ'netsk] - *Донецк*
Ukraine [ju:'krein] – *Украина*

Согласные:

[b] - б [f] - ф [g] - г [k] - к [m] - м

[p] - п [s] - с [v] - в [z] - з [j] - й

Гласные:

[a] - а [e] - э [i] - и [o] - безударный о как в слове *пора* [u] - безударный у как в слове *скупой*

Новые знаки, которые надо выучить

Согласные:

[r] - р без рычания	[ʒ] - мягкий ж	[ʃ] - мягкий ш
[h] - безголосый выдох	[w] - у (губы дудочкой)	[ŋ] - носовой н
[θ] - незвонкий с (кончик	[ð] - незвонкий з	

языка между зубами)	(кончик языка между зубами)

Гласные:

[ʌ] и [ə] - неясный безударный звук, как а в слове *комната*

[æ] - звук средний между а и э

[ɔ] – открытый о

[ɛ] - долгий э

Если знак транскрипции стоит в круглых скобках, то это значит, что соответствующий звук может и не произноситься. Например:

student ['stjuːd(ə)nt] – *студент*

В многосложных словах может быть второе менее интенсивное ударение. Оно обозначается с помощью знака [ˌ]. Например:

newspaper ['njuːsˌpeipə] - *газета*

? В школе учили, что тетрадь - это copy-book, а здесь тетрадь - это notebook.

Copy-book ['kɔpibuk] - это тетрадь для переписывания (копирования) из учебника в младших классах. Notebook ['nəutbuk] - это конспект или тетрадь для занятий.

? Как написать имя по-английски?

Ниже даётся таблица соответствий русских и английских букв:

а	б	в	г	д	е	ё	ж	з	и	й	к	л	м	н	о
a	b	v	g	d	e	e	zh	z	i	i	k	l	m	n	o

п	р	с	т	у	ф	х	ц	ч	ш	щ	ъ	ы	ь	э	ю	я
p	r	s	t	u	f	kh	ts	ch	sh	shch	"	y	'	e	yu	ya

Например Екатерина Светлова пишется Ekaterina Svetlova или Katya Svetlova. Можно использовать и английский эквивалент этого имени - Catherine Svetlova или Kate Svetlova.

? Есть ли грамматический род у предметов в английском языке?

Предметы в английском языке не имеют рода. Поэтому he [hiː] *он* и she [ʃiː] *она* применяют только с людьми или с животными пол которых известен говорящему. Во всех остальных случаю применяют it [it] *оно*. На русский язык мы переводим привычным для русского языка родом. Например:

I have a book. It is new. – *У меня есть книга. Она новая.*
The rabbit is a small animal. It is not dangerous. – *Кролик – это маленькое животное. Он не опасен.*

Words of wisdom
Слова мудрости

Live, Love, Laugh, and be happy. *Живи, люби, смейся и будь счастлив.*

Proverbs and sayings
Пословицы и поговорки

Like teacher, like pupil.
Каков учитель, таков и ученик.
My house is my castle.
Мой дом - моя крепость.

Пользователи компьютера могут пройти занятия с автором книги в режиме on-line, а также использовать видеоуроки и другие ресурсы, имеющиеся на вебстранице «Английской практики».
Добро пожаловать на www.vadim-zubakhin.donetsk.ua

Chapter 4
Глава 4

Can you help, please?
Вы можете помочь?

Для непринуждённого и результативного обучения пользуйтесь планировщиком, расположенным в начале книги.

8

Модальные глаголы *can, may, must* обозначают не действие, а отношение к нему, например возможность или необходимость выполнить какое-либо действие сейчас или в будущем времени:

Can – значит *уметь, иметь возможность.* Например:

I can read. - *Я умею читать.*

Мы также используем can:

когда просим кого-либо сделать что-либо. Например:

Can you open the window? - *Не могли бы Вы открыть окно?*

когда просим разрешения сделать что-либо. Например:

Can I take the pen? - *Можно я возьму ручку?*

Мы используем Can I have ..? , когда хотим получить или купить что-либо. Например:

Can I have some tea? - *Можно немного чаю?*

Must - означает необходимость или важность сделать что-либо в настоящем или будущем времени и переводится *должен, необходимо* или *нужно*. Например:

I must go. - *Я должен идти. (Мне нужно идти)*

May - означает возможность совершения какого-либо действия в настоящем или будущем времени. Например:

He may read tomorrow. - *Он, возможно, будет читать завтра.*
We may go to the park. - *Наверное, мы пойдём в парк.*

May be значит *может быть*. Например:

He may be in the park now. *– Он может быть в парке сейчас.*

Вопросы с can, may, must образуются с помощью перестановки - глагол ставится перед подлежащим. При помощи may и can спрашивают разрешения. Например:

May I take this bike? - *Могу я взять этот велосипед?*
Can Sam read? - *Умеет ли Сэм читать?*
Must this student study? - *Должен ли этот студент учиться?*

Отрицания с can, may, must образуются с помощью not, которое ставится после глагола. При этом только cannot пишется слитно. Например:

I cannot play tennis. - *Я не могу играть в теннис.*
Sam may not go to the park. - *Сэм, наверное, не пойдёт в парк.*

Запрет выражается с помощью must not - *нельзя*. При вежливом отказе применяют may not или cannot. Например:

May he take this book? - *Можно ему взять эту книгу?*
He must not take this book. – *Ему нельзя брать эту книгу.*
He may not take this book. – *Ему не надо брать эту книгу.*

Если нет необходимости выполнять какое-либо действие, то применяется need not, а не must not. Например:

I need not go to the bank. - *Мне не обязательно идти в банк.*

Неопределённая форма глагола (инфинитив) отвечает на вопросы *что делать? что сделать?* и имеет частицу to. В словаре глаголы стоят в этой форме. Таким образом эта форма является стартовой и от неё образуются другие формы глагола. Например:

I want to play tennis. - *Я хочу играть в теннис.*
I want to go to the park. - *Я хочу пойти в парк.*
We learn to read. - *Мы учимся читать.*

Во втором примере имеется два слова to, первое из которых является частью инфинитива to go, а второе - предлогом, указывающим направление.
После модальных глаголов can, may, must инфинитив теряет частицу to. Например:

She can play tennis. - *Она умеет играть в теннис.*
I must go to the bank. - *Я должен идти в банк.*

Words

1. address [ə'dres] - *адрес; адресовать*
2. bank [bæŋk] – *банк*
   piggy bank - *копилка*
3. but [bət] - *но; кроме*
4. can [kən] - *уметь, мочь*
   I can read. - *Я могу читать.*
5. cannot ['kænɔt] - *не уметь, не мочь;* She cannot read. - *Она не умеет читать.*
6. for [fə] - *для*
7. give [giv] - *дать, давать*
8. go [gəu] - *идти (удаляться); ехать*

9. help [help] - *помощь; помогать*
10. learn [lə:n] – *учить(ся); познавать*
11. may [mei] - *возможно; можно*
    I may go to the bank. - *Я, возможно, пойду в банк.*
    May I help you? - *Можно я помогу вам?*
12. me [mi:] - *мне, меня*
13. must [məst] – *выражает необходимость*
    I must go. - *Я должен идти.*
14. or [ɔ:] - *или*
15. place [pleis] - *место; помещать*
16. play [plei] - *играть*
17. please [pli:z] - *пожалуйста; радовать*
18. read [ri:d] - *читать*
19. sit [sit] - *сидеть*
20. speak [spi:k] - *говорить, разговаривать*
21. take [teik] - *брать, взять*
22. thank [θæŋk] - *благодарить*
    Thank you. - *спасибо, благодарю вас*
23. to [tə] - *к, в, на*
    I go to the bank. - *Я иду в банк.*
24. work [wə:k] - *работа; работать*
25. write [rait] - *писать*

Can you help, please?

–Can you help me, please?
–Yes, I can.
–I cannot write the address in English. Can you write it for me?
–Yes, I can.
–Thank you.

a bed

–Can you play tennis?
–No, I cannot. But I can learn. Can you help me to learn?
–Yes, I can. I can help you to learn to play tennis.
–Thank you.

–Can you speak English?
–I can speak and read English but I cannot write.
–Can you speak Ukrainian or Russian?
–I can speak, read and write Ukrainian and Russian.
–Can Linda speak Russian too?

–No, she cannot. She is Australian.
–Can they speak English? Yes, they can a little. They are students and they learn English.
–This boy cannot speak English.

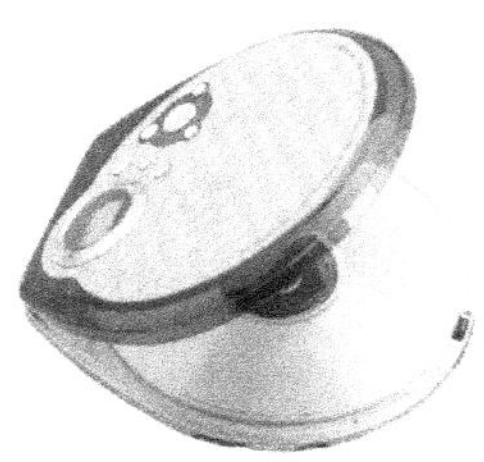
a CD player

–Where are they?
–They play tennis now.
–May we play too?
–Yes, we may.

–Where is Mark?
–He may be at the café.

–Sit at this table, please.
–Thank you. May I place my books on that table?
–Yes, you may.

–May Dennis sit at her table?
–Yes, he may.

a piggy bank

–May I sit on her bed?
–No, you must not.
–May Linda take his CD player?
–No. She must not take his CD player.

–May they take her map?
–No, they may not.

You must not sit on her bed.
She must not take his CD player.
They must not take these notebooks.

a notebook

–I must go to the bank.
–Must you go now?
–Yes, I must.

–Must you learn Russian?
–I need not learn Russian. I must learn English.

–Must she go to the bank?
–No. She need not go to the bank.

–May I take this bike?
–No, you must not take this bike.
–May we place these notebooks on her bed?
–No. You must not place the notebooks on her bed.

Пожалуйста, Вы можете помочь?

– *Пожалуйста, Вы можете мне помочь?*
– *Да.*
– *Я не могу написать адрес по-английски. Вы можете написать его для меня?*
– *Да.*
– *Спасибо.*

– *Ты умеешь играть в теннис?*
– *Нет, не умею. Но я могу научиться. Ты можешь помочь мне научиться?*
– *Да. Я могу помочь тебе научиться играть в теннис.*
– *Спасибо.*

– *Ты говоришь по-английски?*
– *Я умею говорить и читать, но не умею писать.*
– *Ты владеешь украинским или русским?*
– *Я умею говорить, читать и писать по-украински и по-русски.*
– *Линда тоже умеет говорить по-русски?*
– *Нет, не умеет. Она австралийка.*
– *Умеют они говорить по-английски? Да, умеют немного. Они студенты и учат английский.*
– *Этот мальчик не умеет говорить по-английски.*

– *Где они?*
– *Они играют сейчас в теннис.*
– *Мы можем тоже поиграть?*
– *Да, мы можем поиграть.*

– *Где Марк?*
– *Он, возможно, в кафе.*

– *Садитесь за этот стол, пожалуйста.*
– *Спасибо. Можно я положу свои книги на тот стол?*
– *Да.*

– *Можно Деннису сесть за её стол?*
– *Да.*

– *Можно мне сесть на её кровать?*
– *Нет, нельзя.*
– *Можно Линде взять его CD-плеер?*
– *Нет. Ей нельзя брать его CD-плеер.*

– *Можно им взять её карту?*

– *Нет, не надо.*

Тебе нельзя садиться на её кровать.
Ей нельзя брать его CD-плеер.
Им нельзя брать эти тетради.

– *Я должен идти в банк.*
– *Должен ли ты идти сейчас?*
– *Да.*

– *Ты должен изучать русский язык?*
– *Мне не надо изучать русский. Я должен изучать английский.*

– *Должна ли она идти в банк?*
– *Нет. Ей не обязательно идти в банк.*

– *Можно мне взять этот велосипед?*
– *Нет, тебе нельзя брать этот велосипед.*
– *Можно нам положить эти тетради на её кровать?*
– *Нет. Вам нельзя положить тетради на её кровать.*

Развитие разговорных навыков
Ответьте на вопросы к тексту

Вопросы	**Варианты ответов**
a) Can you play tennis?	a) Yes, I can. No, I cannot. I can play tennis a little. I can play tennis very well.
b) Can you read English?	b) Yes, I can. No, I cannot. I can read English a little. I can read English very well.
c) Can you Ukrainian or Russian?	c) Yes, I can. No, I cannot. I can Ukrainian a little. I can Ukrainian very well.
d) Can you speak English?	d) Yes, I can. No, I cannot. I can speak English a little. I can speak English very well.
e) May I take the pen?	e) Yes, please. No, you must not take the pen.
f) May I take the	f) Yes, you may. No, you must not take the

book?	book.
g) May I place my pen on the table?	g) Yes, you may. No, you must not.
h) Must you learn Russian?	h) Yes, I must. No, I need not.
i) Must you learn English now?	i) Yes, I must. No, I need not.
j) Must you go to a bank now?	j) Yes, I must. No, I need not.

Time to play!

Время поиграть!

Поиграйте в следующие диалоговые игры:

☺ Guess a thing! Угадай предмет! (в единственном числе) Правила игры даются в главе 3

Truth or lie?
Правда или ложь?

Эта игра несложна и для неё достаточно правил и слов из глав 1-4. Один из участников делает какое-либо утверждение, а другой пытается угадать правдиво или вымышлено это утверждение. Вопросы участники задают по очереди. Пример игры:

–I have a big black dog. Is it truth or lie?	– *У меня есть большая чёрная собака. Это правда или ложь?*
–It is lie. либо It is truth.	– *Это правда.* либо *Это ложь.*
–I have a little cat. Is it truth or lie?	– *У меня есть маленькая кошка. Это правда или ложь?*
–It is lie. либо It is truth.	– *Это правда.* либо *Это ложь.*
–I can play tennis. Is it truth	– *Я умею играть в теннис. Это*

or lie?	*правда или ложь?*
– It is lie. либо It is truth.	– *Это правда.* либо *Это ложь.*
– I can play computer. Is it truth or lie?	– *Я умею играть на компьютере. Это правда или ложь?*
– It is lie. либо It is truth.	– *Это правда.* либо *Это ложь.*
– I must play football. Is it truth or lie?	– *Я должен играть в футбол. Это правда или ложь?*
– It is lie. либо It is truth.	– *Это правда.* либо *Это ложь.*
– I must go to the bank now. Is it truth or lie?	– *Я должен идти сейчас в банк. Это правда или ложь?*
– It is lie. либо It is truth.	– *Это правда.* либо *Это ложь.*
– I must not go to the café. Is it truth or lie?	– *Мне нельзя ходить в кафе. Это правда или ложь?*
– It is lie. либо It is truth.	– *Это правда.* либо *Это ложь.*
– I must not play on the computer. Is it truth or lie?	– *Мне нельзя играть на компьютере. Это правда или ложь?*
– It is lie. либо It is truth.	– *Это правда.* либо *Это ложь.*
– I need not learn Russian. Is it truth or lie?	– *Мне не обязательно учить русский язык. Это правда или ложь?*
– It is lie. либо It is truth.	– *Это правда.* либо *Это ложь.*
– I need not read books. Is it truth or lie?	– *Мне не обязательно читать книги. Это правда или ложь?*
– It is lie. либо It is truth.	– *Это правда.* либо *Это ложь.*

Закрепление правил

Упражнение 15 к правилу 8

Измените утвердительные предложения на вопросительные, поставив сказуемое перед подлежащим. Переведите на русский язык.

a) She can help. Она может помочь.	a) Can she help? Может ли она помочь?

b)	We must learn English. Мы должны учить английский.	b)	Must we learn English? Должны ли мы учить английский?
c)	They can play tennis. …………………….....	c)	Can …………………………… ………………………………
d)	You can write English. …………………….....	d)	……………………………… ………………………………
e)	He can read. …………………….....	e)	……………………………… ………………………………
f)	I must go to the bank. …………………….....	f)	……………………………… ………………………………
g)	I must take the notebooks. ………….. …………………….....	g)	……………………………… ………………………………
h)	He can place the book on her bed. ………….. …………………….....	h)	……………………………… ………………………………
i)	She must go to the hotel. ………………... …………………….....	i)	……………………………… ………………………………
j)	You must learn English. …………………….....	j)	……………………………… ………………………………

Упражнение 16 к правилу 8

Измените утвердительные предложения на отрицательные, поставив not после сказуемого. Помните, что must not выражает запрет, а need not – отсутствие необходимости.

a) She can help.	a) She cannot help.
b) We must learn English.	b) We need not learn English.
c) They can play tennis.	c) They cannot ....
d) You can write English.	d) ....
e) I can read English.	e) ....
f) She must go to the bank.	f) ....
g) You must take the notebooks.	g) ....
h) He can place the book on her bed.	h) ....
i) She must go to the hotel.	i) ....
j) You must learn English.	j) ....

Упражнение 17 к правилу 8
Переведите на английский язык.

a) Он не может помочь.	a) He cannot help.

b) Должны ли мы учить английский?	b) Must we learn English?
c) Я могу играть в теннис.	c) I can ………………………….... ………………………………………
d) Она умеет говорить по-английски	d) ……………………………………… ………………………………………
e) Они умеют читать по-английски.	e) ……………………………………… ………………………………………
f) Им не обязательно идти в банк.	f) ……………………………………… ………………………………………
g) Ему не обязательно брать книги.	g) ……………………………………… ………………………………………
h) Ты можешь положить книги на её кровать.	h) ……………………………………… ………………………………………
i) Он должен идти в гостиницу.	i) ……………………………………… ………………………………………
j) Мы можем идти в кафе.	j) ……………………………………… ………………………………………
k) Тебе нельзя брать эти книги.	k) ……………………………………… ………………………………………
l) Мне сейчас нельзя уходить.	l) ……………………………………… ………………………………………

Упражнение 18 к правилу 8

Переведите на английский язык. Помните, что когда спрашивают разрешение, то применяют may или can по желанию.

a) Могу я взять эту ручку? a) May I take this pen?

b) Можно нам пойти в кафе? b) May we ....
....

c) Можно ему идти в гостиницу? c) ....
....

d) Могу я почитать эту книгу? d) ....
....

e) Могу я положить книги на кровать? e) ....
....

Упражнение 19 к правилу 8

Переведите на английский язык. Не забывайте, что местоположение и свойства предмета обозначается с помощью глагола be.

a) Он, наверное, читает. a) He may read.

b) Они может быть в кафе. b) They may be in ....

c) Она может быть в гостинице. c) She ....
....

d) Они, наверное, учатся. d) ....
....

e) Книга может быть e) ....

	на столе.		....
f)	Эта гостиница, наверное, новая.	f)	....

Упражнение 20 к правилу 9
Переведите на английский язык.

a)	Я хочу играть в теннис.	a)	I want to play tennis.
b)	Мы хотим пойти в кафе.	b)	We want to go to a cafe.
c)	Они учатся писать.	c)	They learn to ....
d)	Она умеет говорить по-английски.	d)	She can speak ....
e)	Ты учишься читать по-английски.	e)	....
f)	Я учусь говорить по-английски.	f)	....
g)	Он должен идти в банк.	g)	....
h)	Она может читать эту книгу.	h)	....

Музыкальная пауза

Pat Boone

Sunday

Воскресенье

I'm blue every Monday	*Я грустный каждый понедельник,*
Thinking over Sunday	*Думая о воскресенье*
That one day when I'm with you	*Том единственном дне, когда я с тобой*
It seems that I sigh all day Tuesday	*Кажется, я вздыхаю весь день во вторник,*
I cry all day Wednesday	*Я плачу весь день в среду*
Oh my, how I long for you	*О, как я стремлюсь к тебе*
And then comes Thursday,	*А потом наступает четверг,*
Gee, it's long and it never goes by	*Эх, он длинный и всё не проходит*
Friday makes me feel like I'm gonna die	*Пятница заставляет чувствовать себя так, будто я умираю*
But after payday is my fun day,	*Но после зарплаты - мой радостный день,*
I shine all day Sunday	*Я сияю весь день в воскресенье*
That one day when I'm with you	*Этот единственный день, когда я с тобой*

Frequently Asked Questions (FAQ)

Часто Задаваемые Вопросы

❓ Почему в этой книге почти не применяются сокращения так, как это делается в школьных учебниках?

🔑 Часто с грустью приходится наблюдать, как школьники и студенты безуспешно пытаются расшифровать сокращения в школьных и других учебниках. В этом учебнике сокращения даются в самых последних главах – лишь тогда, когда ученик уже достаточно хорошо знает полную форму.

? На какой слог падает ударение в английских словах?

Ударение в слове - это золотой ключик к произношению и пониманию английских слов. Ударная буква произносится четко, в то время, как неударные произносятся неясно - как вторая и третья *а* в слове *к**о**мната*. Говорящие на английском прислушиваются к ударным, а не к безударным буквам. Используя правильное ударение в словах, можно значительно улучшить произношение и понимание. Если вы занимаетесь с репетитором, то попросите его делать аудирование каждого текста - репетитор читает вслух, а вы переводите услышанное. Аудирование делается предложение за предложением. Первый шаг - это услышать и понять ударение. После этого вы уже без труда сможете его использовать. Ударение в большинстве двухсложных слов падает на первую гласную корня, например w**i**ndow. В трехсложных словах ударение падает на первый слог, причем ударная гласная произносится кратко, например f**a**mily. Вот распространенные безударные приставки:

be-, de-, pre-, re-, se-, for-, mis-, per-, pro-, under-, например beg**i**n.

Ударение можно узнать из транскрипции. Оно падает на гласную букву, стоящую после знака ['].

Words of wisdom

Слова мудрости

Do what you can, with what you have, where you are. *Делай что можешь, с тем что имеешь, там где находишься. Используй то, что под рукой.*

Proverbs and sayings

Пословицы и поговорки

A bargain is a bargain.

Сделка есть сделка. Уговор дороже денег.

No news is good news

Отсутствие новостей - хорошая новость.

A math joke

Математическая шутка

Teacher: What is two and two?
Pupil: Four.
Teacher: That is a good answer.
Pupil: Good? It is perfect!

Учитель: Сколько будет два и два?
Ученик: Четыре.
Учитель: Это хороший ответ.
Ученик: Хороший? Он превосходен!

Пользователи компьютера могут пройти занятия с автором книги в режиме on-line, а также использовать видеоуроки и другие ресурсы, имеющиеся на вебстранице «Английской практики».
Добро пожаловать на www.vadim-zubakhin.donetsk.ua

Chapter 5
Глава 5

Mark lives in Australia now
Марк живёт теперь в Австралии

Для непринуждённого и результативного обучения пользуйтесь планировщиком, расположенным в начале книги.

Настоящий простой аспект (Present Simple Tense) употребляется для повторяющихся действий, то есть проходящих иногда, редко, часто, регулярно, всегда, никогда, время от времени и т.д. В простом утвердительном предложении применяется словарная форма глагола - та форма, в которой глагол стоит в словаре. Лишь в третьем лице единственного числа глаголы получают окончание -s или -es. Третье лицо единственного числа это - he - *он,* she - *она,* it - *оно.* Давайте сравним:

I go to the bank. - *Я хожу в банк.*
He goes to the bank. - *Он ходит в банк.*
Linda goes to the park. - *Линда ходит в парк.*

They live in Sydney. - *Они живут в Сиднее.*
She lives in Sydney. - *Она живёт в Сиднее.*
Mark lives in Australia now. - *Марк живёт сейчас в Австралии.*

Модальные глаголы can, may, must не получают -s / -es, а глагол have получает форму has. Например:

She can read English. *- Она умеет читать по-английски.*
He has six notebooks. *- Он имеет шесть тетрадей.*

11

Обороты there is и there are применяются для сообщения о наличии или отсутствии какого-либо предмета в определённом месте, о котором собеседнику ещё ничего не известно. Эти обороты всегда стоят в начале предложения и переводятся словами *есть, имеется* или *находится*. Оборот there is применяется для предметов в единственном числе, а there are - во множественном. В конце предложения с этим оборотом обязательно указывается место, в котором находится или отсутствует предмет. Например:

There is an English book on the table. It is blue. *- На столе английская книга. (дословно: Имеется английская книга на столе) Она синяя.*
There are five tables in the room. They are new. *- В комнате пять столов. (дословно: Есть пять столов в комнате) Они новые.*

Как видно из этих примеров, обороты there is и there are применяются только в первом предложении, где сообщается о наличии или отсутствии предметов. Во втором и последующих предложениях об этих же предметах эти обороты уже не употребляются.
Если во множественном числе не указывается точное количество, то обычно применяют some – *несколько, немного*. Например:

There are some girls in the room. They are students. *- В комнате несколько девушек. (дословно: Есть несколько девушек в комнате) Они студентки.*

Отсутствие обозначается с помощью отрицательных слов no - *ни одного (для обозначения полного отсутствия),* или not - *не,* которые надо ставить сразу после оборота there is и there are. Например:

There is no book on the table. - *На столе нет ни одной книги.*
There are not many hotels in this street. - *На этой улице не много гостиниц.*

Вопрос с этими оборотами образуется с помощью перестановки - is или are ставятся перед there. В таких вопросах часто употребляется any - *какой-нибудь, какие-нибудь*. Any обычно не переводится. Например:

Are there any cups on the table? Yes, there are. - *Есть ли чашки на столе? Да.*
Is there a pen on the table? Yes, there is. - *Есть ли ручка на столе? Да.*
Are there any students in the room? No, there are not. - *Есть ли студенты в комнате? Нет.*
Is there a cat on the bed? No, there is not. - *Есть ли кошка на кровати? Нет.*

Words

1. any ['eni] - *какой-нибудь, сколько-нибудь; любой*
2. breakfast ['brekfəst] - *завтрак;* have breakfast - *завтракать*
3. chair [tʃɛə] - *стул*
4. drink [driŋk] - *пить; напиток*
5. eat [iːt] - *есть, кушать*
6. eight [eit] - *восемь*
7. farm [faːm] - *ферма*
8. five [faiv] - *пять*
9. furniture ['fəːnitʃə] - *мебель*
10. girl [gəːl] - *девочка, девушка*
11. good [gud] - *хороший*
12. like [laik] - *нравиться, любить*
13. listen ['lis(ə)n] - *слушать* I listen to music. - *Я слушаю музыку.*
14. music ['mjuːzik] - *музыка*
15. need [niːd] - *надо, нужно; нуждаться; нужда*
16. newspaper ['njuːsˌpeipə] - *газета*
17. people ['piːpl] - *люди*
18. seven ['sev(ə)n] - *семь*
19. six [siks] - *шесть*
20. some [sʌm] - *несколько, немного*
21. square [skwɛə] - *площадь; квадрат*
22. tea [tiː] – *чай*
23. there [ðɛə] - *там; туда*
24. three [θriː] - *три*

25. want [wɔnt] - *хотеть, желать*

26. well [wel] - *хорошо*

Mark lives in Australia now

Linda reads English well. I read English too. The students go to the park. She goes to the park too.

Australia

We live in Sydney. Dennis lives in Sydney now too. His father and mother live in the USA.

Mark lives in Australia now. His father and mother live in Ukraine.

The students play tennis. Dennis plays well. Mark plays not well.

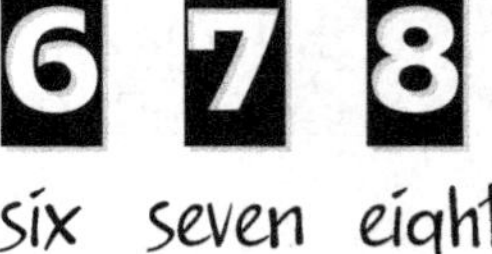

We drink tea. Linda drinks green tea. Joseph drinks black tea. I drink black tea too.

I listen to music. Sarah listens to music too. She likes to listen to good music.

I need six notebooks. Joseph needs seven notebooks. Linda needs eight notebooks.

Sarah wants to drink. I want to drink too. Dennis wants to eat.

Ukraine

There is a newspaper on the table.
Dennis takes it and reads. He likes to read newspapers.

There is some furniture in the room.
There are six tables and six chairs there.

There are three girls in the room. They eat breakfast.
Sarah eats bread and drinks tea. She likes green tea.

there is some furniture in the room

There are some books on the table.
They are not new. They are old.

Is there a bank in this street? Yes, there is. There are five banks in this street. The banks are not big.

Are there people in the square? Yes, there are. There are some people in the square.

some people

Are there bikes at the café? Yes, there are. There are four bikes at the café. They are not new.

Is there a hotel in this street? No, there is not. There are no hotels in this street.

Are there any big shops in that street? No, there are not. There are no big shops in that street.

Are there any farms in Australia? Yes, there are. There are many farms in Australia.

Is there any furniture in that room? Yes, there is. There are four tables and some chairs there.

Марк теперь живёт в Австралии

Линда читает по-английски хорошо. Я читаю по-английски тоже.
Студенты идут в парк. Она идёт в парк тоже.

Мы живём в Сиднее.
Деннис сейчас тоже живёт в Сиднее. Его мать и отец живут в США.
Марк сейчас живёт в Австралии. Его мать и отец живут в Украине.

Студенты играют в теннис. Деннис играет хорошо.
Марк играет не хорошо.

Мы пьём чай. Линда пьёт зелёный чай.
Джозеф пьёт чёрный чай. Я пью чёрный чай тоже.

Я слушаю музыку. Сара слушает музыку тоже.
Она любит послушать хорошую музыку.

a chair

Мне нужно шесть тетрадей. Джозефу надо семь тетрадей. Линде необходимо восемь тетрадей.

Сара хочет пить. Я тоже хочу пить. Деннис хочет есть.

На столе есть газета. Деннис берёт её и читает. Он любит читать газеты.

bread

В комнате есть немного мебели. Там шесть столов и шесть стульев.

В комнате три девушки. Они едят завтрак. Сара ест хлеб и пьёт чай. Она любит зелёный чай.

На столе есть несколько книг. Они не новые. Они старые.

Есть ли банк на этой улице? Да. На этой улице пять банков. Эти банки не большие.

Есть ли люди на площади? Да. На площади есть несколько людей.

the USA

Есть ли велосипеды возле кафе? Да. Возле кафе четыре велосипеда. Они не новые.

Есть ли на этой улице гостиница? Нет. На этой улице нет гостиниц.

Есть ли большие магазины на этой улице? Нет. На этой улице нет больших магазинов.

Есть ли фермы в Австралии? Да. В Австралии много ферм.

Есть ли мебель в той комнате? Да. Там есть четыре стола и несколько стульев.

Развитие разговорных навыков

Ответьте на вопросы к тексту

Вопросы	Варианты ответов
a) Is there a book on the table?	a) There is no book on the table. There is a book on the table. There are two books on the table.
b) Is there a dog in the room?	b) There is no dog in the room. There is a dog in the room. There are two dogs in

	the room.
c) Is there a cat under the table?	c) There is no cat under the table. There is a cat under the table. There are two cats under the table.
d) Are there newspapers in the room?	d) There are no newspapers in the room. There is one newspaper in the room. There are two newspapers in the room.
e) How many windows are there in the room?	e) There are no windows in the room. There is one window in the room. There are two windows in the room.
f) How many pens are there in the room?	f) There are no pens in the room. There is one pen in the room. There are two pens in the room.
g) Is there an English book in the room?	g) There is no English book in the room. There is one English book in the room. There are two English books in the room.
h) Where is the English book?	h) It is on the table. The English book is on the window.
i) Is the English book new or old?	i) It is new. The English book is not new.
j) How many English books have you?	j) I have one. I have no English book. I have many English books.

Time to play!

Время поиграть!

Поиграйте в следующие диалоговые игры:

☺ Guess a thing! Угадай предмет! (в единственном числе) Правила игры даются в главе 3

☺ Truth or lie? Правда или ложь? Правила игры даются в главе 4

Guess things!
Угадай предметы!

Эта игра уже вам знакома. Однако предмет надо загадывать не в единственном, а во множественном числе. Один из участников загадывает какой-либо воображаемый или реальный предмет во множественном числе (гостиницы, кошки, чашки и т.д.), а другой участник, задавая вопросы о свойствах этого предмета, пытается его угадать. Первым загадывает предмет ученик. Репетитор задаёт вопросы. Перед началом игры надо вспомнить, что с предметами в единственном числе применяется is, а во множественном are (правило 3). Пример игры:

–Are they in this room?	– *Они в этой комнате?*
–Yes, they are.	– *Да.*
–Are they on this table?	– *Они на этом столе?*
–No, they are not.	– *Нет.*
–Are they under this table?	– *Они под этим столом?*
–Yes, they are.	– *Да.*
–Are they big or small?	– *Они большие или маленькие?*
–They are small.	– *Они маленькие.*
–How small are they?	– *Насколько они маленькие?*
–So small. (показать размер)	– *Вот такие.*
–Are they red? (green, blue, black)	– *Он красные? (зелёный, синий, чёрный)*
–No, they are not. They are green.	– *Нет. Они зелёные.*
–Are they cats?	– *Это кошки?*
–No, they are not. Cats cannot be green.	– *Нет. Кошки не могут быть зелёными.*
–Are they bags?	– *Это сумки?*
–Yes, they are.	– *Да.*

Закрепление правил

Упражнение 21 к правилу 10

Слева Марк написал то, что он делает. Напишите справа его действия. Переведите на русский язык.

a) I play tennis. Я играю в теннис.	a) He plays tennis. Он играет в теннис.
b) I learn to read English. Я учусь читать по-английски.	b) He learns to read English. Он учится читать по-английски.
c) I have a CD player. Я имею ……………	c) He has a .... Он имеет ………………………
d) I can speak English. ………………………	d) He can …………………………… …………………………………
e) I go to the park. ………………………	e) He ………………………… …………………………………
f) I help Linda. ………………………	f) ………………………………… …………………………………
g) I read a book. ………………………	g) ………………………………… …………………………………
h) I have a bike. ………………………	h) ………………………………… …………………………………

Упражнение 22 к правилу 11

Измените утвердительные предложения на вопросительные. Переведите на английский язык.

a) There are many farms in Australia. Есть много ферм в Австралии.	a) Are there many farms in Australia? Много ли ферм в Австралии?
b) There is a hotel in this street. Есть гостиница на этой улице.	b) Is there a hotel in this street? Есть ли гостиница на этой улице?
c) There are some people in the park. Есть несколько людей в	c) Are there any .... Есть ли ....
d) There is a bike at the cafe.	d) ....
e) There is a bank in this street.	e) ....
f) There are some books on the table.	f) ....
g) There is some furniture in the room.	g) ....
h) There are two girls in the room.	h) ....

Упражнение 23 к правилу 11
Переведите на английский язык.

a) Возле кафе есть велосипед.	a) There is a bike at the cafe.
b) На столе нет никаких книг.	b) There are no books on the table.
c) Есть ли люди в парке?	c) Are there people in the park?
d) В Сиднее есть много гостиниц.	d) ....
e) В комнате нет столов.	e) ....
f) Есть ли на этой улице магазин?	f) ....
g) В этой комнате есть мебель.	g) ....
h) На столе нет тетрадей.	h) ....

Музыкальная пауза

Scorpions

White dove

Белый голубь

A place without name	*Место без названия*
Under a burning sky	*Под палящим небом*
There's not milk and honey here	*Нет молока и мёда здесь*
In the land of God	*В стране Бога*
Someone holds a sign, it says	*Кто-то держит плакат, он гласит*
"We are human too"	*«Мы люди тоже»*
And while the sun goes down	*И когда солнце опускается*
The world goes by	*Мир проходит мимо*
White dove, fly with the wind	*Белый голубь лети с ветром*
Take our hope under your wings	*Возьми нашу надежду под свои крылья*
For the world to know	*Чтобы мир узнал*
That hope will not die	*Что надежда не умрёт*
When the children cry	*Когда дети плачут*
Waves big like a house	*Волны большие как дом*
They're stranded on a piece of wood	*Они стоят на куске дерева (на плоту)*
To leave it all behind	*Чтобы оставить всё позади*
To start again	*Чтобы начать заново*
But... instead of a new life	*Но.. вместо новой жизни*
All they find is a door, that it's closed	*Всё, что они находят - это дверь, и что она закрыта*
And keep looking for	*И продолжают искать*
A place called hope	*Место называемое Надежда*
White dove, fly with the wind	*Белый голубь лети с ветром*
Take our hope under your wings	*Возьми нашу надежду под свои крылья*
For the world to know	*Чтобы мир узнал*
That hope will not die	*Что надежда не умрёт*
When the children cry	*Когда дети плачут*
Can anyone tell me why	*Может ли кто-нибудь сказать мне почему*

The children of the world *Дети мира*
Have to pay this price *Должны платить эту цену?*

Frequently Asked Questions (FAQ)
Часто Задаваемые Вопросы

? Сколько времени надо заниматься английским языком?

Заниматься надо регулярно. Три раза в неделю по одному часу лучше, чем четыре часа один раз в неделю. Лучший способ - полчаса или час каждый день и по возможности с репетитором.

? Можно ли в ответ на *спасибо* сказать please?

В ответ на *спасибо* говорят you are welcome или my pleasure, а не please. Please [pliːz] *пожалуйста* употребляется только в просьбах и в вопросах.

? Как правильно сказать I can read well или I can well read?

Если главным смыслом предложения является выражение качества или свойства какого-либо действия или предмета, то слова выражающие эти качества или свойства (хорошо, плохо, часто, новый) ставят в конце предложения. Например:

She plays tennis badly. – *Она плохо играет в теннис.*

He listens to music often. – *Он часто слушает музыку.*

I can read well. – *Я умею хорошо читать.*

? Можно ли предложение *ты нравишься мне* перевести you like me?

You like me значит *ты любишь меня (я тебе нравлюсь)*. Здесь происходит путаница по причине противоположной направленности действия. Русское слово *нравиться* имеет возвратную направленность на того, кто испытывает это чувство. Английское же слово like имеет переходную направленность, как и русское слово *люблю*. Поэтому проще сопоставлять like с *люблю.* Однако like, как и слово *нравиться,* обозначает чувство меньшей интенсивности. Like можно перевести *немного люблю*. Love используется в значении *сильно люблю*. Сравним:

Я немного люблю тебя. – I like you.
Я очень люблю тебя. – I love you.
Он немного любит эту машину. – He likes this car.
Он очень любит эту машину. – He loves this car.

? Можно ли слово tea [tiː] – *чай* произнести *ти* или надо *тии*?

Если русское слово *имеет* произнести *имет*, то понять нас будет не просто. Мы также говорим *скамеек,* а не *скамек, линеек,* а не *линек, ячеек,* а не *ячек.* Также и английские долгие гласные должны произноситься как двойной или долгий звук. Долгота обозначается в транскрипции знаком [ː]. Гласная обычно является долгой если после неё стоит другая гласная или r или h. Поэтому tea [tiː] произносят *тии.*

Words of wisdom

Слова мудрости

Peace is not a season, it is a way of life. *Мир – это не сезон, - это способ жизни.*

Proverbs and sayings

Пословицы и поговорки

All is well that ends well.
Всё хорошо, что хорошо кончается.

A joke

Шутка

Teacher: How many planets are there in the solar system?

Учитель: Сколько планет в солнечной системе?

Pupil: I think all of them.

Ученик: Я думаю все из них.

Пользователи компьютера могут пройти занятия с автором книги в режиме on-line, а также использовать видеоуроки и другие ресурсы, имеющиеся на вебстранице «Английской практики».
Добро пожаловать на www.vadim-zubakhin.donetsk.ua

Chapter 6
Глава 6

Mark has many friends
У Марка много друзей

Для непринуждённого и результативного обучения пользуйтесь планировщиком, расположенным в начале книги.

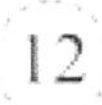

Притяжательный падеж *-‘s* и предлог *of*

В английском языке имеется всего два падежа - общий и притяжательный. Слова в притяжательном падеже отвечают на вопрос *whose? - чей? чья? чьё? чьи?* Все остальные слова имеют общий падеж и стоят в словарной форме, то есть как в словаре. Притяжательный падеж показывает, что кому-то что-то принадлежит. Он образуется с помощью окончания -‘s. Например:

Whose book is on the table? *- Чья книга на столе?*
It is Mark’s book. *- Это Марка книга.*
Where is the student’s pen? *- Где ручка студента?*
The student’s pen is on the table. *- Ручка студента на столе.*

Если существительное стоит во множественном числе и уже имеет окончание -s множественного числа, то прибавляется только апостроф «’». Например:

Whose bikes are at the café? - *Чьи велосипеды возле кафе?*
They are students' bikes. - *Это велосипеды студентов.*

Если же существительное во множественном числе оканчивается не на -s, то прибавляется -'s. Эти существительные даются в правиле 2. Например:

Whose cups are on the table? - *Чьи чашки на столе?*
These are children's cups. - *Это чашки детей.*
The children's cups are new. - *Чашки детей новые.*

Грамматически правильным является только вариант, когда слово получающее -'s или апостроф, стоит перед определяемым им словом - так, как это показано в примерах выше. Хотя в разговорной речи и художественной литературе эти слова иногда меняют местами. Например:

"I must take owl Harry Potter's," said Ron. - *«Я должен взять сову Гарри Поттера,» сказал Рон.*

Когда показывают принадлежность к неживым предметам, то притяжательный падеж образуется с помощью предлога *of*. Например:

The rooms of the hotel are big. - *Комнаты гостиницы большие.*
The window of this room is clean. - *Окно этой комнаты чистое.*

13

Much - little, many - few, a lot of

Для обозначения количества неисчисляемых предметов (которые нельзя посчитать поштучно) употребляются much - *много* и little - *мало*. Например:

Is there much metal in the truck? - *В грузовике много металла?*
There is little water in the cup. - *В чашке мало воды.*

Для обозначения же исчисляемых предметов употребляются many - *много* и few - *мало*. Например:

> I have many pens. - *У меня много авторучек.*
> There are few students in the room. - *В комнате мало студентов.*

В утвердительных предложениях для исчисляемых и для неисчисляемых предметов также часто употребляется a lot of - *много.* Much в утвердительных предложениях обычно не употребляется и вместо него применяют a lot of. Например:

> There is a lot of water in the cup. - *В чашке много воды.*
> There are a lot of CD players in this shop. - *В этом магазине много CD-плееров.*
> I have a lot of work. – *У меня много работы.*

A little переводится *немного,* а a few - *несколько.* Сравните:

I have a few friends in this city. – *У меня есть несколько друзей в этом городе.*	I have few friends in this city. - *У меня мало друзей в этом городе.*
There is a little water in the cup. - *В чашке есть немного воды.*	There is little water in the cup. - *В чашке мало воды.*

Much обычно не применяют в утвердительных предложениях. Вместо much используют a lot.

Words

1. agency ['eidʒənsi] – *агентство*
2. as well [æzwel] - *также, тоже*
3. car [kaː] - *легковой автомобиль*
4. CD [ˌsiː'diː] - *компакт-диск*
5. clean [kliːn] - *чистый; чистить*
6. coffee ['kɔfi] - *кофе*
7. come [kʌm] - *идти, приходить* (приближаться к кому-либо или к чему-либо)
8. computer [kəm'pjuːtə] – *компьютер*
9. cooker ['kukə] - *кухонная плита*

10. dad [dæd] - *папа*
11. Dennis's - *Денниса* (отвечая на вопрос *чей?*)
12. door [dɔː] - *дверь*
13. free [friː] - *свободный; бесплатно; бесплатный*
14. friend [frend] - *друг*
15. George [dʒɔːdʒ] - *Джордж* (имя)
16. into ['intə] - *вовнутрь*
17. job [dʒɔb] - *работа*
job agency – *агентство по трудоустройству*
18. Joseph's - *Джозефа* (отвечая на вопрос чей?); Joseph's book - *книга Джозефа*
19. know [nəu] - *знать*
20. man's - *мужчины* (отвечая на вопрос *чей?*)
21. Mark's - *Марка* (отвечая на вопрос *чей?*)
22. Mary ['mεəri] - *Мэри* (имя)
23. mother's - *мамин* (отвечая на вопрос *чей?*)
24. much [mʌtʃ] - *много* (применяется для неисчисляемых предметов)
25. of [ɔv] - показывает принадлежность; The door of the house. - *Дверь дома.*
26. woman's - *женщины* (отвечая на вопрос *чей?*)
27. under ['ʌndə] - *под, ниже*

Mark has many friends

Mark has many friends. Mark's friends come to the café. They like to drink coffee. Mark's friends drink a lot of coffee.

dad's car is clean

Dennis's dad has a car. The dad's car is clean but old. Dennis's dad drives a lot. He has a good job and he has a lot of work now.

a computer

Joseph has a lot of CDs. Joseph's CDs are on his bed. Joseph's CD player is on his bed as well.

Mark reads Australian newspapers. There are many newspapers on the table in Mark's room.

Mary has a cat and a dog. Mary's cat is in the room under the bed. Mary's dog is in the room as well.

There is a man in this car. This man has a map. The man's map is big. This man drives a lot.

I am a student. I have a lot of free time.
I go to a job agency. I need a good job.
Dennis and Mark have a little free time. They go to the job agency as well. Dennis has a computer. The agency may give Dennis a good job.

Linda has a new cooker. Linda's cooker is good and clean. She cooks breakfast for her children. Mary and Joseph are Linda's children. Linda's children drink a lot of tea. The mother drinks a little coffee. Mary's mother can speak very few Russian words. She speaks Russian very little.
Linda has a job. She has little free time.

Mark can speak English little. Mark knows very few English words. I know a lot of English words. I can speak English a little. This woman knows many English words. She can speak English well.

a cooker

George works at a job agency. This job agency is in Sydney. George has a car. George's car is in the street. George has a lot of work. He must go to the agency. He drives there. George comes into the agency. There are a lot of students there. They need jobs. George's job is to help the students.

There is a car at the hotel. The doors of this car are not clean. Many students live in this hotel. The rooms of the hotel are little but clean. This is Mark's room. The window of the room is big and clean.

Марк имеет много друзей.

Марк имеет много друзей. Друзья Марка ходят в кафе.
Они любят пить кофе. Друзья Марка пьют много кофе.

Папа Денниса имеет автомобиль. Папин автомобиль чистый, но старый.
Папа Денниса ездит много. Он имеет хорошую должность и у него сейчас много работы.

Джозеф имеет много дисков. Диски Джозефа на его кровати.
Сиди-плеер Джозефа тоже на его кровати.

Марк читает Австралийские газеты. На столе в комнате Марка много газет.

a big room

Мэри имеет кошку и собаку. Кошка Мэри в комнате под кроватью. Собака Мэри тоже в комнате.

В этом автомобиле есть человек. Этот человек имеет карту. Карта этого человека большая. Этот человек ездит много.

Я студент. Я имею много свободного времени. Я иду в агентство по трудоустройству. Мне нужна хорошая работа. У Денниса и Марка есть немного свободного времени. Они тоже идут в агентство по труду. Деннис имеет компьютер. Агентство может дать Деннису хорошую работу.

Линда имеет новую кухонную плиту. Плита Линды хорошая и чистая. Она готовит завтрак для своих детей. Мэри и Джозеф - дети Линды. Дети Линды пьют много чая. Мама пьёт немного кофе. Мама Мэри может сказать очень мало русских слов. Она говорит по-русски очень мало. Линда имеет работу. У неё мало свободного времени.

Марк может говорить по-английски мало. Марк знает мало английских слов Я знаю много английских слов. Я могу говорить по-английски немного. Эта женщина знает много английских слов. Она может говорить по-английски хорошо.

Джордж работает в агентстве по трудоустройству. Это агентство по трудоустройству находится в Сиднее. Джордж имеет машину. Машина Джорджа на улице. У Джорджа много работы. Он должен ехать в агентство. Он едет туда. Джордж входит в агентство. Там много студентов. Им нужна работа. Работа Джорджа - помогать студентам.

Возле гостиницы стоит машина. Дверцы машины не чистые. Много студентов живёт в этой гостинице. Комнаты гостиницы маленькие, но чистые. Это комната Марка. Окно комнаты большое и чистое.

Развитие разговорных навыков
Ответьте на вопросы к тексту

Вопросы	Варианты ответов
a) Where are Mark's friends?	a) They are at the cafe. They are at college. They are in the park.
b) What has Dennis's dad? *Что имеет папа Денниса?*	b) Dennis's dad has a car. He has a big house.

c) Where are Joseph's CDs?	c) Joseph's CDs are on the bed.
d) Are there newspapers in Mark's room?	d) There are many newspapers there. There are no newspapers there
e) Can Mark read them?	e) Yes, he can. No, he cannot.
f) Where is Mary's cat?	f) It is in the room. Mary's cat is under the bed.
g) What has Dennis? *Что имеет Деннис?*	g) He has a computer. He has a dog.
h) What has Linda? *Что имеет Линда?*	h) She has a cooker. She has a bike.
i) Can Linda cook?	i) She can cook well. She cannot cook.
j) Where is George?	j) He is at the job agency. He is in the park.
k) Are there students at the job agency?	k) There are many students there. There are no students there.
l) Are the rooms of the hotel big?	l) No, they are not. They are little. They are very big.

Time to play!

Время поиграть!

Поиграйте в следующие диалоговые игры:

☺ Guess a thing! Угадай предмет! (в единственном числе) Правила игры даются в главе 3

☺ Truth or lie? Правда или ложь? Правила игры даются в главе 4

☺ Guess things! Угадай предметы! (во множественном числе) Правила игры даются в главе 5

Guess a place!
Угадай место!

Эта игра довольно простая и для неё достаточно правил и слов из глав 1-6. Один из участников загадывает какое-либо место (комната, школа, улица, библиотека, стадион, магазин, спальня и т.д.), а другой пытается угадать это место, задавая вопросы о наличии каких-либо предметов в этом месте. Перед началом игры надо вспомнить, что обороты there is и there are применяются для сообщения о наличии или отсутствии какого-либо предмета в конкретном месте, о котором собеседнику ещё ничего не известно. (правило 11). Примеры игры:

1

–Is there a table in this place?	*–Есть ли там стол?*
–There are many tables there.	*–Там имеется много столов.*
–Are there books on tables?	*–Есть ли на столах книги?*
–No, there are not.	*–Нет.*
–What are there on tables?	*–Что есть на столах?*
–There are cups on tables.	*–На столах есть чашки.*
–Is it a café?	*–Это кафе?*
–Yes, it is.	*–Да.*

2

–Are there people in this place?	*–Есть ли в этом месте люди?*
–Yes, there are.	*–Да, есть.*
–Are there cars there?	*–Есть ли там автомобили?*
–No, there are not.	*–Нет.*
–Is there a table there?	*–Есть ли там стол?*
–No, there is not.	*–Нет.*
–Are there books there?	*–Есть ли там книги?*
–Some people may have books.	*–У некоторых людей могут быть книги.*
–Is it a room?	*–Это помещение?*
–No, it is not.	*–Нет.*
–Is it a street?	*–Это улица?*

– No, it is not.	– *Нет.*
– Can you help me?	– *Вы можете помочь мне? (дать подсказку)*
– Yes, I can. There are many children there.	– *Да, могу. Там много детей.*
– Is it a park?	– *Это парк?*
– Yes, it is.	– *Да.*

Закрепление правил

Упражнение 24 к правилу 12
Ответьте на вопросы. Переведите на русский язык.

a) Whose book is this? Чья это книга?	a) (Mark) This is Mark's book. Это книга Марка.
b) Whose bikes are these? Чьи это велосипеды?	b) (the students) These are the students' bikes. Это велосипеды студентов.
c) Whose friends are they? ……………….	c) (Linda) They are Linda's ……… ....
d) Whose dad has a car?	d) (Dennis) Dennis's dad has a …… ....
e) Whose cat is this?	e) (Dennis) ....
f) Whose mother is Linda?	f) (Mary) ....
g) Whose rooms are	g) (the students) ....

	those?		....
h)	Whose CD player is on the bed?	h)	(Joseph) ....

Упражнение 25 к правилу 12

Составьте предложения с притяжательным падежом, используя слова в скобках. Переведите на русский язык. Помните, что подлежащее может состоять из нескольких слов.

a)	(the colour, this bike, is, nice)	a)	The colour of this bike is nice. У этого велосипеда красивый цвет.
b)	(this, is, Joseph, pen)	b)	This is Joseph's pen. Это ручка Джозефа.
c)	(the windows, the room, are, big)	c)	The windows of the room ....
d)	(that, is, Mary, mother)	d)	That is ....
e)	(those, are, the students, notebooks)	e)	....
f)	(they, are, Mark, CDs)	f)	....
g)	(are, they, the students, books?)	g)	....
h)	(they, are, Linda, children)	h)	....

Упражнение 26 к правилу 13
Переведите на английский язык.

a) У Марка много друзей.	a) Mark has many friends.
b) У Джозефа много времени?	b) Has Joseph much time?
c) У Денниса мало книг.	c) Dennis has few ....
d) У Джорджа мало работы.	d) ....
e) Марк умеет немного говорить по-английски.	e) ....
f) У студентов мало времени.	f) ....
g) У Мэри много чая.	g) ....
h) У них много тетрадей.	h) ....

Музыкальная пауза

Ottawan

Hands up

Подними руки

Hands up, baby, hands up	*Подними руки, бэби, подними руки*

Gimme your heart, gimme, gimme your heart gimme, gimme	*Дай мне своё сердце, дай мне, дай мне своё сердце дай мне, дай мне*
Hands up, baby, hands up	*Подними руки, бэби, подними руки*
Gimme your heart, gimme, gimme your heart gimme, gimme	*Дай мне своё сердце, дай мне, дай мне своё сердце дай мне, дай мне*
All your love, all your love	*Всю свою любовь, всю свою любовь*
Angel face, I love your smile	*Ангельское лицо, я обожаю твою улыбку*
Love your ways, I like your style	*Обожаю твои привычки, обожаю твой стиль*
What can I do, to get closer to you?	*Что я могу сделать, чтобы стать ближе тебе?*
Don't think twice or count to ten	*Не думай дважды и не считай до десяти*
Don't take advise, don't ask me when	*Не слушай советов, не спрашивай меня когда*
Just come my way, simply kiss me and say	*Просто подойди ко мне, просто поцелуй меня и скажи*
Hands up, baby, hands up	*Подними руки, бэби, подними руки*
Gimme your heart, gimme, gimme your heart gimme, gimme	*Дай мне своё сердце, дай мне, дай мне своё сердце дай мне, дай мне*
Hands up, baby, hands up	*Подними руки, бэби, подними руки*
Gimme your heart, gimme, gimme your heart gimme, gimme	*Дай мне своё сердце, дай мне, дай мне своё сердце дай мне, дай мне*
All your love, all your love	*Всю свою любовь, всю свою любовь*
With you head up in the sky	*С высоко поднятой головой*
Every day you're walking by	*Каждый день ты проходишь мимо*
Why don't you never start looking at me?	*Почему ты никогда не посмотришь на меня*
Stop that game, don't waste your time	*Брось эту игру, не теряй своё время*
For all your dreams are	*Потому что все твои мечты совпадают с моими*

matching mine	
No use to play hide and seek for a week	*Нет смысла играть в прятки неделю*
Hands up, baby, hands up	*Подними руки, бэби, подними руки*
Gimme your heart, gimme, gimme your heart gimme, gimme	*Дай мне своё сердце, дай мне, дай мне своё сердце дай мне, дай мне*
Hands up, baby, hands up	*Подними руки, бэби, подними руки*
Gimme your heart, gimme, gimme your heart gimme, gimme	*Дай мне своё сердце, дай мне, дай мне своё сердце дай мне, дай мне*
All your love, all your love	*Всю свою любовь, всю свою любовь*
Let me be your Romeo, your wonder boy	*Позволь мне быть твоим Ромео, твоим чудесным парнем*
And your super champ	*И твоим суперчемпионом*
Let me take you to the milky way	*Позволь мне унести тебя к Млечному пути*
On a holiday, on a holiday	*На каникулы, на каникулы*
Follow me, why don't you follow me?	*Делай как я, почему ты не делаешь как я?*
Just come my way simply kiss me and say...	*Просто подойди ко мне, просто поцелуй меня и скажи..*

Frequently Asked Questions (FAQ)
Часто Задаваемые Вопросы

❓ Оба слова go и come означают *идти*?

🔑 Go [gəu] значит *уходить, удаляться, идти, ехать*. Come [kʌm] значит *приходить, приближаться.* Например:

Easy come - easy go. – *Что легко приходит – то легко уходит.*

❓ Что значит в песне gimme?

🔑 Gimme – это разговорная сокращённая форма от give me – *дай мне*.

❓ Как по-английски *фамилия*, *имя*, *отчество*?

🔑 *Имя* - name, first name, personal name, individual name; *фамилия* - name, surname, last name, second name, family name; *отчество* - patronymic, middle name.

❓ Как лучше заниматься английским - в группе или в паре с репетитором?

🔑 Вот мнение одного из учащихся и автор полностью с ним согласен:
«Лучше заниматься с репетитором. Я, к сожалению, понял это на своем горьком опыте, проучившись сначала на одних курсах, а потом еще на более дорогих... Эффект минимальный. Конечно, я немного и подхалтуривал - не делал некоторые домашние задания и т.д., но в общем занимался нормально. Да и курсы, особенно вторые (самые дорогие, кстати, в моем городе) были качественные. Преподавательница старалась, занимались мы по каким-то новейшим красочным учебникам, причем не по одному, а сразу по нескольким за одно занятие, пели песни, разговаривали (в основном между собой!) и т.д. Но толку не было не только у меня, но и у остальных членов моей группы. Я пришел к выводу, что групповые курсы просто неэффективная форма изучения английского. Гораздо более эффективно заниматься самостоятельно. А если хочется выучить быстро, то найдите умелого репетитора. Я как раз сейчас занимаюсь с репетитором. И, что бы вы думали - совсем другое дело. Причем берет он за час столько же, сколько на курсах я платил за полтора, занимаясь в группе из 12 человек.»

❓ Важно ли чтобы репетитор имел профильное образование?

🔑 В Великобритании, например, работа преподавателя оплачивается высоко и существует большой конкурс на такие рабочие места. Поэтому там из 100 молодых специалистов окончивших ВУЗы и желающих преподавать лишь 60 получают эту работу. Отбирают лучших из лучших и, в основном по личным качествам, которыми должен обладать преподаватель. Главные из них – умение найти общий язык с учениками и поддерживать у них на высоком уровне интерес к предмету. Конечно, нельзя по аналогии сказать, что у нас преподавателями из-за низкой зарплаты работают худшие из худших. Хотя иногда видна некоторая тенденция. Когда учителя не любят учеников, и те, в свою очередь, не любят таких учителей, то не появляется никакого интереса к предмету. Таких преподавателей не увольняют, потому что найти нового сложно. Поэтому выбирая репетитора надо обращать внимание главным образом не на профиль образования, а на его личные качества, умение расположить к себе, желание использовать разные методы, в том числе и применённые в этом учебнике. Желателен также хотя бы небольшой опыт практического применения. Впрочем если ученик слишком ленив, то, возможно, подойдёт и репетитор со склонностями инквизитора.

Words of wisdom
Слова мудрости

Here is a dollar, go buy yourself a clean shirt. *Вот доллар, пойди купи себе чистую рубашку.*

Proverbs and sayings
Пословицы и поговорки

All work and no play makes Jack a dull boy. *Нескончаемая работа без развлечения делает Джека скучным малым. Умей дело делать - умей и позабавиться. Мешай дело с бездельем, проживешь век с весельем.*

A joke
Шутка

Son: I cannot go to school today.
Father: Why not?
Son: I feel bad.
Father: Where?
Son: In school!

Сын: Я не могу сегодня идти в школу.
Папа: Почему нет?
Сын: Я чувствую себя плохо.
Папа: Где?
Сын: В школе!

Пользователи компьютера могут пройти занятия с автором книги в режиме on-line, а также использовать видеоуроки и другие ресурсы, имеющиеся на вебстранице «Английской практики».
Добро пожаловать на www.vadim-zubakhin.donetsk.ua

Chapter 7
Глава 7

Joseph buys a bike
Джозеф покупает велосипед

Для непринуждённого и результативного обучения пользуйтесь планировщиком, расположенным в начале книги.

Определяющее и определяемое слово

Существительное, стоящее перед другим существительным, является его определением и часто переводится как прилагательное. Например:

I have a metal pen. - *Я имею металлическую авторучку.*
Linda is in a bike shop. - *Линда в магазине велосипедов.*

Если определяющее и определяемое слово поменять местами, то изменится и смысл. Сравним:

This is a game computer. - *Это игровой компьютер.*
This is a computer game. - *Это компьютерная игра.*

15

Названия профессий и инструментов часто образуются от соответствующих глаголов с помощью -er или -or. Например:

He drives a taxi. He is a driver. *- Он водит такси. Он - таксист.*
They build a house. They are builders. *- Они строят дом. Они - строители.*
I teach the students. I am a teacher. *- Я обучаю студентов. Я - учитель.*
I have a printer. I can print documents. *- Я имею принтер. Я могу печатать документы.*
Linda has a cooker. She can cook. *- Линда имеет кухонную плиту. Она может готовить еду.*
The rotors are big. They rotate. *- Роторы большие. Они вращаются.*
The decorators work well. They decorate the room. *- Декораторы работают хорошо. Они украшают комнату.*

Words

1. bath [baːθ] *– ванна*
2. bathroom ['baːθruːm] - *ванная комната*
3. bathroom table - *ванный столик*
4. bus [bʌs] - *автобус*
5. by [bai] *– на (транспорте)*
   go by bus - *ехать на автобусе*
6. centre ['sentə] - *центр*
   city centre - *центр города*
7. face [feis] - *лицо*
8. firm [fəːm] - *фирма; крепкий*
9. home [həum] - *дом*
10. kitchen ['kitʃin] - *кухня*
11. make [meik] - *делать*
    tea-maker - *чаеварка, машина для приготовления чая*
12. morning ['mɔːniŋ] - *утро*
13. office ['ɔfis] - *офис*
14. one by one - *один за другим*
15. queue [kjuː] - *очередь*
16. ride [raid] - *ездить верхом на лошади, велосипеде, метле и т.п.*
17. snack [snæk] - *лёгкая еда*

18. so [səu] - *так; поэтому*
19. sport [spɔːt] - *спорт*
sport shop - *спортивный магазин,* sport bike - *спортивный велосипед*
20. Sunday ['sʌndei, 'sʌndi] – *воскресенье;* Sunday breakfast - *воскресный завтрак*
21. then [ðen] - *потом, после этого; тогда*
22. time [taim] - *время; раз*
two times - *два раза*
23. today [tə'dei] - *сегодня*
24. wash [wɔʃ] – *умывать(-ся), мыть(-ся), стирать*
25. washer ['wɔʃə] - *стиральная машина*
26. with [wið] - *с*
27. worker ['wəːkə] - *рабочий*

Joseph buys a bike

It is Sunday morning. Joseph goes to the bathroom. The bathroom is not big. There is a bath, a washer and a bathroom table there. Joseph washes his face. Then he goes to the kitchen. There is a tea-maker on the kitchen table. Joseph eats his breakfast. Joseph's Sunday breakfast is not big. Then he makes some tea with the tea-maker and drinks it. He wants to go to a sport shop today. Joseph goes into the street. He takes bus seven. It takes Joseph a little time to go to the shop by bus.

a bathroom

a bus

Joseph goes into the sport shop. He wants to buy a new sport bike. There are a lot of sport bikes there. They are black, blue and green. Joseph likes blue bikes. He wants to buy a blue one. There is a queue in the shop. It takes Joseph a lot of time to buy the bike. Then he goes to the street and rides the bike. He rides to the city centre. Then he rides from the city centre to the city park. It is so nice to ride a new sport bike!

a bike

It is Sunday morning but George is in his office. He has a lot of work today. There is a queue to George's office. There are many students and workers in the queue. They need a job. They go one by one into George's room. They speak with George. Then he gives addresses of firms.

city park

It is snack time now. George makes some coffee with the coffee maker. He eats his snack and drinks some coffee. There is no queue to his office now. George can go home. He goes into the street. It is so nice today! George goes home. He takes his children and goes to the city park. They have a nice time there.

Джозеф покупает велосипед

Воскресное утро. Джозеф идёт в ванную. Ванная комната не велика. Там есть ванна, стиральная машина и ванный столик. Джозеф умывается. Затем он идёт на кухню. На кухонном столе стоит чаеварка. Джозеф завтракает. Воскресный завтрак Джозефа не велик. Затем он готовит чай с помощью чаеварки и пьёт его. Сегодня он хочет пойти в спортивный магазин. Джозеф выходит на улицу. Он садится в седьмой автобус. Поездка на автобусе в магазин занимает некоторое время.

Джозеф входит в спортивный магазин. Он хочет купить новый спортивный велосипед. Там есть множество спортивных байков. Они чёрные, синие и зелёные. Джозефу нравятся синие байки. Он хочет купить синий. В магазине очередь. Покупка байка занимает у Джозефа много времени. Потом он выходит на улицу и едет на байке. Он едет в центр города. Затем из центра города он едет в городской парк. Это так здорово ехать на новом спортивном байке!

the city centre

Воскресное утро, но Джордж в своём офисе. У него сегодня много работы. В офис Джорджа стоит очередь. В очереди много студентов и рабочих. Им нужна работа. Они заходят один за другим в офис Джорджа. Они разговаривают с Джорджем. Затем он даёт адреса фирм.

Вот время обеденного перерыва. Джордж готовит кофе при помощи кофеварки. Он ест свою еду и пьёт кофе. Сейчас в его офис нет очереди. Джордж может идти домой. Он выходит на улицу. Сегодня так хорошо! Джордж идёт домой. Он берёт своих детей и идёт в городской парк. Они прекрасно проводят там время.

Развитие разговорных навыков
Ответьте на вопросы к тексту

Вопросы	Варианты ответов
a) What day is it?	a) It is Sunday. It is Monday.
b) Is Joseph's bathroom big?	b) It is big. It is not big.
c) What is there in the bathroom?	c) There are bath, washer and bathroom table there. There is a bike there.
d) Is Joseph's breakfast big?	d) Yes, it is. No, it is not big.
e) Are there sport bikes in the sport shop?	e) Yes, there are. No, there are not.
f) Is it nice to ride a new sport bike?	f) Yes, it is. No, it is not.
g) Where is George on Sunday morning?	g) He is in his office. George is in a cafe.
h) Is there a queue to George's office?	h) No, there is not. Yes, there is.

Time to play!

Время поиграть!

Поиграйте в следующие диалоговые игры:

☺ Truth or lie? Правда или ложь? Правила игры даются в главе 4

☺ Guess things! Угадай предметы! (во множественном числе) Правила игры даются в главе 5

☺ Guess a place! Угадай место! Правила игры даются в главе 6

Guess a character or a person!
Угадай персонаж или человека!

Для этой игры достаточно правил и слов из глав 1-7. Целью этой игры является угадать персонаж или реального человека. Персонаж может быть из книги, фильма или мультфильма. И персонаж и человек должны быть общеизвестными. Пример игры:

1

–Is it a real person?	*– Это настоящий человек?*
–No, it is not. It is a character.	*– Нет. Это персонаж.*
–Is this character from a book?	*– Этот персонаж из книги?*
–It is from a book and from a film.	*– Он из книги и из фильма.*
–Is it a man or a woman?	*– Это мужчина или женщина?*
–It is a girl.	*– Это девочка.*
–Has she a mother and a father?	*– У неё есть мама и папа?*
–Yes, she has. But the mother is bad.	*–Да. Но мама плохая.*
–Why is she bad?	*–Почему она плохая?*
–She makes the girl do a lot of work.	*– Она заставляет девочку делать много работы.*
–Has the girl a sister or a brother?	*– Имеет ли девочка сестру или брата?*
–Yes, she has. She has two sisters.	*–Да. У неё есть две сестры.*
–Are they good or bad?	*– Они хорошие или плохие?*
–They are bad too.	*– Они тоже плохие.*
–Why are they bad?	*–Почему они плохие?*
–They never help the girl.	*– Они никогда не помогают девочке.*
–Who helps the girl?	*–Кто же помогает девочке?*
–Mice help the girl.	*– Мыши помогают девочке.*
–Can she sing and dance?	*– Умеет ли она петь и танцевать?*
–Yes, she can.	*–Да.*

– Has she an aunt?	– *Есть ли у неё тётя?*
– Yes, she has. The girl's aunt is a very good woman. She is a magician.	– *Да. Тётя девочки очень хорошая женщина. Она волшебница.*
– Is this girl Cinderella?	– *Эта девочка Золушка?*
– Yes, she is!	– *Да!*

2

– Is it a real person or a character?	– *Это настоящий человек или персонаж?*
– It is a real person.	– *Это настоящий человек.*
– Is it a man or a woman?	– *Это мужчина или женщина?*
– It is a man.	– *Это мужчина.*
– What is his profession?	– *Какая его профессия?*
– He is a poet.	– *Он поэт.*
– Is he Ukrainian, Russian or English?	– *Он украинец, русский или англичанин?*
– He is Russian.	– *Он русский.*
– Can you name his poems?	– *Можете ли Вы назвать его поэмы?*
– Yes, I can. His poems are "A golden fish", "Ruslan and Ludmila".	– *Да. Его поэмы – это «Золотая рыбка», «Руслан и Людмила».*
– Is he Pushkin?	– *Это Пушкин?*
– Yes!	– *Да!*

Закрепление правил

Упражнение 27 к правилу 14
Переведите на английский язык.

a) Марк в книжном магазине.	a) Mark is in a book shop.
b) На столе металлическая ручка.	b) There is a metal ....
c) Я в центре города.	c) I am in the ....
d) Джозеф в магазине велосипедов.	d) ....
e) Студенты в городском парке.	e) ....
f) Мой воскресный завтрак не большой.	f) ....
g) На столе кофеварка.	g) ....
h) У Джозефа есть спортивный велосипед.	h) ....

Упражнение 28 к правилу 15

Определите профессию человека или название предмета по его виду деятельности.

a) She speaks on TV.	a) She is a speaker.
b) He plans the work.	b) He is a planner.
c) They build houses.	c) They are ....

d) He drives a taxi. d) ....

e) It prints documents. e) ....

f) They decorate rooms. f) ....

g) She rides. g) ....

h) He teaches students. h) ....

i) She writes books. i) ....

j) They play tennis. j) ....

k) It makes coffee. k) ....

l) It plays CDs. l) ....

Музыкальная пауза

Chris Rea

Josephine

Жозефина

There's rain on my window, but I'm thinking of you	*Дождь за моим окном, но я думаю о тебе*
Tears on my pillow, but I will come through	*Слезы на моей подушке, но я пройду через это*
Josephine, I'll send you all my love,	*Жозефина, я пошлю тебе всю свою любовь*
And every single step I take, I'll take for you	*И каждый шаг, который я делаю, я сделаю для тебя*
Josephine, I'll send you all	*Жозефина, я пошлю тебе всю*

my love,	*свою любовь*
Josephine, I'll send you all my love	*Жозефина, я пошлю тебе всю свою любовь*
Now there's a storm on my radar, but I can still fly	*Сейчас шторм на моем радаре, но я могу еще лететь*
But you are the reason for the blue in my sky	*Но ты та причина, что мое небо синее*
Josephine, I'll send you all my love,	*Жозефина, я пошлю тебе всю свою любовь*
Josephine	*Жозефина*
Life without meaning, I was walking away	*Жизнь без смысла, я удалялся прочь*
In the coldest of winters the night becomes day	*В самую холодную из зим ночь становится днем*
Josephine, I'll send you all my love	*Жозефина, я пошлю тебе всю свою любовь*
And every single step I take, I'll take for you	*И каждый шаг, который я делаю, я сделаю для тебя*

Frequently Asked Questions (FAQ)
Часто Задаваемые Вопросы

? Почему в предложении George goes home – *Джордж идёт домой* не стоит to перед home? Ведь направление движения передаётся с помощью to, не так ли?

! Да, это так. Слово home [həum] *дом* является исключением и to [tuː] перед ним не ставится.

? Home это то же самое, что и house?

! House [haus] - это здание, а home [həum] - это место, где ты живёшь. Например:

> This tent is my home for the holiday. - *Эта палатка - мой дом на каникулах.*

? Go и ride имеют одинаковое значение?

Ride [raid] – ехать верхом: на лошади, на велосипеде, на метле и так далее. Go [gəu] – ехать на остальных видах транспорта или идти пешком. Ride применяется без предлога, а go требует предлога by [bai]. Исключение: go on foot – *идти пешком.* Например:

He often rides a bike. – *Он часто ездит на велосипеде.*
I believe that she rides a broomstick at nights. – *Я полагаю, что она по ночам летает на метле.*
He sometimes goes to shop on foot. – *Он иногда ходит в магазин пешком.*
She goes to work by bus. – *Она ездит на работу на автобусе.*

Words of wisdom
Слова мудрости

Earth laughs in flowers. *Земля смеётся цветами.*

Proverbs and sayings
Пословицы и поговорки

All that glitters is not gold.
Не всякая блестка – золото. Не всё то золото, что блестит.

A joke

Шутка

Teacher: Herman, name two pronouns.
Pupil: Who, me?
Teacher: Correct!

Учитель: Герман, назови два местоимения.
Ученик: Кто, я?
Учитель: Правильно!

Пользователи компьютера могут пройти занятия с автором книги в режиме on-line, а также использовать видеоуроки и другие ресурсы, имеющиеся на вебстранице «Английской практики».
Добро пожаловать на www.vadim-zubakhin.donetsk.ua

Chapter 8
Глава 8

Linda wants to buy a newer film
Линда хочет купить более новый фильм

Для непринуждённого и результативного обучения пользуйтесь планировщиком, расположенным в начале книги.

Степени сравнения с использованием *-er* и *-est*

Степени сравнения односложных прилагательных и тех двусложных, которые заканчиваются на -y образуются с помощью суффиксов -er и -est. При этом конечная -y переходит в -i:

Положительная	Сравнительная	Превосходная
cold - *холодный*	colder - *холоднее*	the coldest - *самый холодный*
big - *большой*	bigger - *больший*	the biggest - *самый большой*
easy - *лёгкий (не сложный)*	easier - *легче*	the easiest - *самый лёгкий*

Как видно из примеров выше, прилагательные в превосходной степени всегда получают артикль the. Это происходит, потому что предмет или предметы, обладающие каким-либо свойством в наибольшей степени, не имеют себе равных. Например:

She is tall. - *Она высокая.*
I am taller. - *Я выше.*
He is the tallest. - *Он самый высокий.*

My lesson is easy. - *Мой урок лёгкий.*
His lesson is easier. - *Его урок легче.*
Her lesson is the easiest. - *Её урок самый лёгкий.*

Степени сравнения с использованием *more* и *the most*

Все остальные прилагательные, то есть имеющие 2 и более слогов, образуют степени сравнения с помощью слов more - *более* и the most - *самый, наиболее.*

Положительная	beautiful - *красивый*	interesting - *интересный*
Сравнительная	more beautiful - *красивее*	more interesting - *интереснее*
Превосходная	the most beautiful - *самый красивый*	the most interesting - *самый интересный*

Например:

Sarah is a beautiful girl. - *Сара - красивая девушка.*
Lora is more beautiful than Sarah. - *Лора красивее чем Сара.*
Lisa is the most beautiful girl. - *Лиза - самая красивая девушка.*

Исключения из правила:

Положительная	Сравнительная	Превосходная
good - *хороший* well - *хорошо*	better - *лучше*	the best - *наилучший, лучше всех*

bad - *плохой*	worse - *хуже*	the worst - *наихудший, самый плохой*
much - *много* many -	more - *больше, более*	the most - *наиболее, больше всего, самый*
little - *мало, маленький*	less - *меньше, меньший*	the least - *меньше всего, наименьший*
far - *далеко*	further - *дальше*	the furthest - *самый дальний*

Уменьшительные степени сравнения образуются с помощью less - *менее* и the least - *наименее*. Например:

> His work is hard. - *Его работа трудная.*
> My work is less hard than his work. - *Моя работа менее трудная чем его. (Моя работа не такая трудная как его.)*
> Her work is the least hard. - *Её работа наименее трудная (самая нетрудная).*

Сравнительная степень наречий образуется так же, как и у прилагательных. Например:

> I work well. - *Я работаю хорошо.*
> He works better than me. - *Он работает лучше, чем я.*
> She works the best. - *Она работает лучше всех.*

Words

1. about [ə'baut] - *о, об, про; приблизительно*
2. adventure [əd'ventʃə] – *приключение*
3. ask [a:sk] - *спросить; просить*
4. away [ə'wei] – *прочь,* go away – *уходить прочь, отходить*
5. box [bɔks] – *коробка, ящик*
6. cup [kʌp] - *чашка*
7. DVD – *(цифровой) видеодиск*
8. favorite ['feiv(ə)rit] – *любимый*
9. fifteen [ˌfif'ti:n] – *пятнадцать*
10. film [film] - *фильм; фотоплёнка*
11. friendly ['frendli] – *дружелюбный*
12. hand [hænd] - *рука; вручать, давать, передавать*
13. hour [auə] – *час*
14. interesting ['intrəstiŋ] – *интересный*
15. long [lɔŋ] - *длинный*
16. more [mɔ:] – *более; больше*
17. most [məust] - *самый*
18. say [sei] - *сказать*

19. shop assistant ['ʃɔpəˌsistənt] - *продавец магазина*
20. show [ʃəu] - *показывать; показ, шоу*
21. than [ðən] - *чем*
George is older than Linda. - *Джордж старше чем Линда.*
22. that [ðət] - *что* (союз)
I know that this book is interesting. - *Я знаю, что эта книга интересная.*
23. twenty ['twenti] - *двадцать*
24. videocassette [ˌvidiəukə'set] – *видеокассета*
25. video-shop [ˌvidiəu'ʃɔp] – *видеомагазин*
26. young [jʌŋ] - *молодой*

Linda wants to buy a new DVD

Joseph and Mary are Linda's children. Mary is the youngest child. She is five years old. Joseph is fifteen years older than Mary. He is twenty. Mary is much younger than Joseph.

Linda's kitchen

Mary, Linda and Joseph are in the kitchen. They drink tea. Mary's cup is big. Linda's cup is bigger. Joseph's cup is the biggest.

a cup

Linda has a lot of videocassettes and DVDs with interesting films. She wants to buy a newer film. She goes to a video-shop. There are many boxes with videocassettes and DVDs there. She asks a shop assistant to help her. The shop assistant hands Linda some cassettes. Linda wants to know more about these films but the shop assistant goes away. There is one more shop assistant in the shop and she is friendlier. She asks Linda about her favorite films. Linda likes romantic films and adventure films. The film "Titanic" is her most favorite film. The shop assistant shows Linda a cassette with the newest Hollywood film "The Mexican Friend". It is about romantic adventures of a man and a young woman in Mexico. She shows Linda a DVD with the film "The Firm" as well. The shop assistant says that the film "The Firm" is one of the most interesting films. And it is one of the longest films as well. It is more than three hours long. Linda likes longer films. She says that "Titanic" is the most interesting and the longest film that she has. Linda buys a DVD with the film "The Firm". She thanks the shop assistant and goes.

Линда хочет купить новый видеодиск

Джозеф и Мэри - дети Линды. Мэри - самый младший ребёнок. Ей пять лет. Джозеф на пятнадцать лет старше Мэри. Ему двадцать лет. Мэри намного младше Джозефа.

Мэри, Линда и Джозеф на кухне. Они пьют чай. Чашка Мэри большая. Чашка Линды больше. Чашка Джозефа самая большая.

У Линды много видеокассет и DVD с интересными фильмами. Она хочет купить более новый фильм. Она идёт в видеомагазин. Там много коробок с видеокассетами и DVD. Она просит продавца помочь ей. Продавец даёт Линде какие-то кассеты. Линда хочет узнать побольше об этих фильмах, но продавец отходит. В магазине есть ещё одна продавщица, и она более дружелюбная. Она спрашивает Линду о её любимых фильмах. Линде нравятся романтические и приключенческие фильмы. Фильм «Титаник» - это её самый любимый фильм. Продавщица показывает Линде кассету с самым новым голливудским фильмом «Мексиканский друг». Он о романтических приключениях мужчины и молодой женщины в Мексике. Она также показывает Линде DVD с фильмом «Фирма». Продавщица говорит, что фильм «Фирма» - это один из самых интересных фильмов. И это также один из самых длинных фильмов. Он длится более трёх часов. Линде нравятся фильмы подлиннее. Она говорит, что «Титаник» - это самый интересный и самый длинный фильм, который у неё есть. Линда покупает DVD с фильмом «Фирма». Она благодарит продавщицу и уходит.

a videocassette

Развитие разговорных навыков

Ответьте на вопросы к тексту

Вопросы	**Варианты ответов**
a) How many children has Linda?	a) She has two children - a boy and a girl.
b) What are the children's names?	b) The boy's name is Joseph and the girl's name is Mary.
c) Is Mary older than Joseph?	c) No, she is not. Mary is younger than him.

d) Where are they?	d) They are in the kitchen. They are in a shop.
e) Is Linda's cup the biggest?	e) No, it is not. Joseph's cup is the biggest. Mary's cup is the smallest.
f) Has Linda DVDs?	f) She has many DVDs. Linda has no DVD.
g) Are the shop assistants friendly?	g) They are friendly. One of them is friendly.
h) What is Linda's most favorite film?	h) Her most favorite film is "Spiderman". Her most favorite film is "Titanic".
i) Is the film "The Firm" long?	i) Yes, it is. No, it is very short.

Time to play!

Время поиграть!

Поиграйте в следующие диалоговые игры:

☺ Guess things! Угадай предметы! (во множественном числе) Правила игры даются в главе 5

☺ Guess a place! Угадай место! Правила игры даются в главе 6

☺ Guess a character or a person! Угадай персонаж или человека! Правила игры даются в главе 7

Simon says..
Саймон говорит..

Для этой игры достаточно правил и слов из глав 1-8. Это игра на внимание. Один из участников может задавать вопросы другому участнику или просить его сделать что-либо. Однако в начале каждого вопроса или каждой просьбы надо говорить *Simon says*. Если эта фраза не сказана, то другому участнику нельзя отвечать на вопросы или выполнять просьбы. Если же он из-за невнимательности это сделает, то он проигрывает и к нему переходит очередь задавать вопросы. Пример игры:

1

– Simon says, are you a student?	– *Саймон говорит, ты студент?*
– Yes, I am.	– *Да.*
– Simon says, are you American?	– *Саймон говорит, ты американец?*
– No, I am not.	– *Нет.*
– Simon says, is your name Ron?	– *Саймон говорит, твоё имя Рон?*
– No, it is not. My name is…	– *Нет. Меня зовут…*
– Simon says, have you a mother and a father?	– *Саймон говорит, у тебя есть мама и папа?*
– Yes, I have.	– *Да.*
– Where is the mother now?	– *Где сейчас мама?*
– She is at work.	– *Она на работе.*
– And I am the winner!	– *И я победитель!*

2

– Simon says, what is this?	– *Саймон говорит, что это?*
– This is a book.	– *Это книга.*
– Simon says, can you read it?	– *Саймон говорит, ты можешь её почитать?*
– Yes, I can.	– *Да, могу.*
– Simon says, must you read it now?	– *Саймон говорит, ты сейчас должен читать?*
– No, I need not.	– *Нет.*
– Simon says, can you run and jump?	– *Саймон говорит, ты умеешь бегать и прыгать?*
– Yes, I can.	– *Да.*
– Can you play tennis?	– *Ты умеешь играть в теннис?*

– Yes, I can.	– *Да.*
– And I am the winner!	– *И я победитель!*

3

– Simon says, take this book.	– *Саймон говорит, возьми эту книгу?*
– Here you are.	– *Пожалуйста.*
– Simon says, open it.	– *Саймон говорит, открой её.*
– Here you are.	– *Пожалуйста.*
– Simon says, read it aloud.	– *Саймон говорит, почитай её вслух.*
– Mark is from Ukraine...	– *Марк из Украины...*
– Thank you. Now Simon says, close the book.	– *Спасибо. Теперь, Саймон говорит, закрой книгу.*
– Here you are.	– *Пожалуйста.*
– Put it on the table	– *Положи её на стол.*
– Here you are.	– *Пожалуйста.*
– And I am the winner!	– *И я победитель!*

Закрепление правил

Упражнение 29 к правилам 16 и 17
Переведите на английский язык.

a) Эта комната больше.	a) This room is bigger.
b) Мэри моложе, чем Джозеф.	b) Mary is younger than Joseph.
c) Она самый младший ребёнок.	c) She is the youngest ....
d) Та гостиница больше.	d) ....

e) Этот велосипед новее.	e) ....
f) Тот велосипед самый новый.	f) ....
g) Эта книга интереснее.	g) ....
h) Тот фильм самый интересный.	h) ....
i) Этот чай лучший.	i) ....
j) Он играет в теннис хуже.	j) ....
k) Эта кошка красивее.	k) ....
l) Та гостиница менее красивая.	l) ....
m) Эта работа наименее тяжёлая.	m) ....
n) Этот кофе хуже.	n) ....
o) У него меньше работы.	o) ....

Музыкальная пауза

Melanie C

I Turn to You

Я поворачиваюсь к тебе

When the world is darker than I can understand	Когда мир темнее, чем я могу это понять
When nothing turns out the way I planned	Когда ничего не получается так, как я запланировала
When the sky turns gray and there's no end in sight	Когда небо становится серым и конца не видно
When I can't sleep through the lonely night	Когда я не могу спать одинокой ночью
I turn to you	Я поворачиваюсь к тебе
Like a flower leaning toward the sun	Как цветок, льнущий к солнцу
I turn to you	Я поворачиваюсь к тебе
Because you're the only one	Потому что ты только один
Who can turn me around when I'm upside down	Кто может поднять меня, когда я поникла
I turn to you	Я поворачиваюсь к тебе
When my insides are wrecked with anxiety	Когда моя душа разбита беспокойством
You have the touch that will quiet me	У тебя прикосновение, которое успокоит меня
You lift my spirit	Ты поднимаешь мой дух
You melt the ice	Ты растапливаешь лёд
When I need inspiration	Когда мне надо вдохновение
When I need advice	Когда мне нужен совет
I turn to you	Я поворачиваюсь к тебе
Like a flower leaning toward the sun	Как цветок, льнущий к солнцу

I turn to you	*Я поворачиваюсь к тебе*
Because you're the only one	*Потому что ты только один*
Who can turn me around	*Кто может поднять меня, когда*
when I'm upside down	*я поникла*
I turn to you	*Я поворачиваюсь к тебе*

Frequently Asked Questions (FAQ)
Часто Задаваемые Вопросы

? The shop assistant says **that** the film "The firm" is one of the most interesting films. *Продавщица говорит,* ***что*** *фильм «Фирма» - это один из самых интересных фильмов.*
Почему не ставится запятая перед that так, как она ставится в русском предложении перед *что*?

Запятые в английском языке ставятся при перечислении либо, когда автор хочет сделать паузу в предложении. (правило 25)

? Почему в названии фильма "The Firm" оба слова написаны с большой буквы?

Все слова в названиях, имеющие четыре и более буквы, пишутся с прописной (большой) буквы.

? Что значит в песне can't, you're, you‘ve, I'm?

Это сокращения, которые обычно употребляются в разговорной речи: can't - cannot, you're – you are, you‘ve – you have, I'm – I am. В этом учебнике сокращения применяются лишь в последних главах. Это сделано для того, чтобы можно было вначале понять и хорошо запомнить полную форму – ведь сокращения различных глаголов часто совпадают. Например:

> He's invited his friends. = He has invited his friends. – *Он пригласил своих друзей.*
> He's invited by his friends. = He is invited by his friends. – *Его пригласили его друзья.*

Words of wisdom
Слова мудрости

Kites rise highest against the wind, not with it. *Воздушные змеи поднимаются выше против ветра, а не по ветру.*

The journey is more important than the destination. *Путешествие важнее, чем место назначения.*

Proverbs and sayings
Пословицы и поговорки

Actions speak louder than words. *Поступки говорят громче, чем слова. Не по словам судят, а по делам.*

A joke

Teacher: Why are you late?
Pupil: Sorry, I overslept.
Teacher: You mean you need to sleep at home too?!

Шутка

Учитель: Почему ты опоздал?
Ученик: Извините, я проспал.
Учитель: Ты имеешь ввиду тебе надо спать также и дома?

Пользователи компьютера могут пройти занятия с автором книги в режиме on-line, а также использовать видеоуроки и другие ресурсы, имеющиеся на вебстранице «Английской практики».
Добро пожаловать на www.vadim-zubakhin.donetsk.ua

Chapter 9
Глава 9

Dennis listens to Ukrainian songs
Деннис слушает украинские песни

Для непринуждённого и результативного обучения пользуйтесь планировщиком, расположенным в начале книги.

18

Предлоги места уточняют местонахождение предмета и его местоположение по отношению к другим предметам:

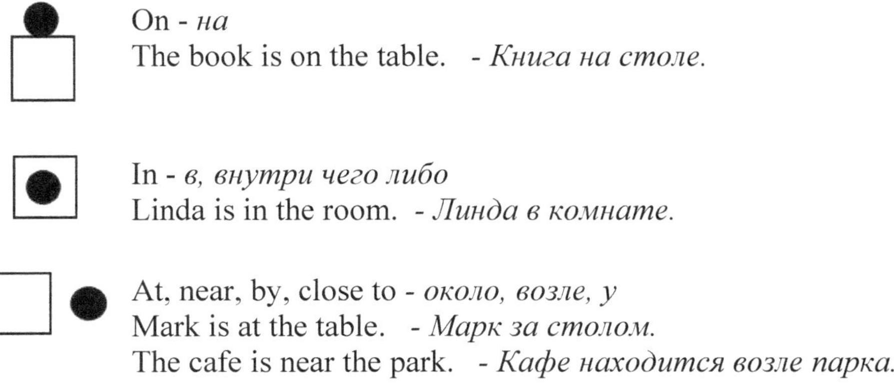

On - *на*
The book is on the table. - *Книга на столе.*

In - *в, внутри чего либо*
Linda is in the room. - *Линда в комнате.*

At, near, by, close to - *около, возле, у*
Mark is at the table. - *Марк за столом.*
The cafe is near the park. - *Кафе находится возле парка.*

Under - *под*
My bag is under the table. - *Моя сумка под столом.*

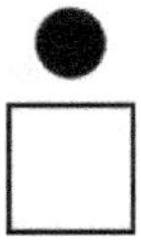

Above, over - *над*
There is a lamp over the table. - *Над столом лампа.*

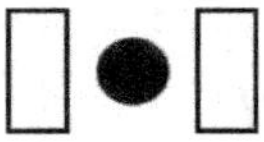

Between - *между*
The hotel is between cafe and the park. - *Гостиница между кафе и парком.*

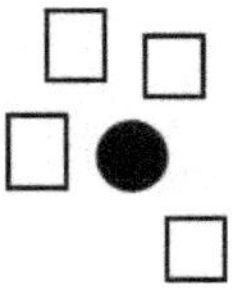

Among - *среди*
There are two Americans among these students. - *Среди этих студентов есть два американца.*

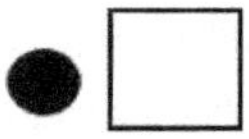

On (to) the left - *налево, слева*
The hotel is on the left. - *Гостиница слева.*

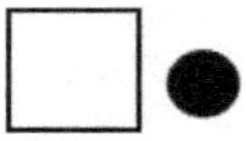

On (to) the right - *направо, справа*
The furniture shop is on the right. - *Мебельный магазин справа.*

Behind - *позади, за*
The job agency is behind the hotel. - *Агентство по трудоустройству находится позади гостиницы.*

In front of - *перед*
The park is in front of the hotel. - *Парк расположен перед гостиницей.*

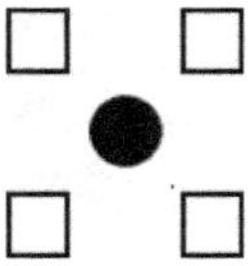

In the middle of - *в центре, в середине*
There is a table in the middle of the room. - *В центре комнаты расположен стол.*

Применение предлогов в английском языке иногда не совпадает с применением в русском. Например:

The bird is in the tree. *- Птица на дереве.*

Предлог *in* переводится *в*, поэтому дословный перевод этого примера *Птица в дереве.* Можно сказать, что по-английски говорится неверно. Ведь птица не внутри дерева или ствола. Но англо-говорящий может ответить, что мы говорим по-русски, - *Птица на дереве,* а это значит, что она сверху на дереве - то есть на верхушке. Это говорит о том, что говорящие на разных языках иногда применяют в одинаковых ситуациях разные предлоги. Поэтому, при переводе, надо правильно подбирать соответствующий предлог и запоминать, какие английские предлоги употребляются в таких случаях несовпадения. Вот примеры несовпадения в часто употребляемых словосочетаниях:

in the kitchen *- на кухне*
in this street *- на этой улице*
in the sky *- на небе*
in a photograph *- на фотографии*
in a picture *- на картинке*

Местонахождение не точно внутри, а в каком-либо месте вообще, обозначается с помощью at:

at home *- дома*
at work *- на работе*
at school *- в школе*
at college *- в колледже*
at the station *- на станции*
at the airport *- в аэропорту*
at the doctor's *- у врача*
at Linda's *- у Линды дома*
at his friend's *- дома у его друга*
at a concert *- на концерте*
at a party *- на вечеринке*

Остальные предлоги пространства будут даваться в последующих главах. Предлоги можно найти в конце учебника в русско-английском или в англо-русском словаре.

19

Конверсия - это свойство некоторых слов употребляться в неизменённом виде в качестве двух или более частей речи - чаще всего в качестве существительного и глагола. Сравним:

I work now. - *Я сейчас работаю.*

My work is good. - *Моя работа хороша.*

В первом примере *work - работать*, а во втором примере *work - работа.*

Ещё примеры:

an eye - *глаз,* to eye - *разглядывать*

a question - *вопрос,* to question - *опрашивать*

surprise - *удивление,* to surprise – *удивлять*

name – *имя,* to name - *называть*

Words

1. Angela ['ændʒelæ] – *Энжела, Анжела (имя)*
2. bag [bæg] - *сумка*
3. because [bi'kɔz] - *потому что*
4. before [bi'fɔː] - *перед, прежде*
5. begin [bi'gin] - *начинать*
6. bread [bred] - *хлеб*
7. butter ['bʌtə] - *масло; намазывать маслом*
8. call [kɔːl] - *звать; звонить по телефону; телефонный звонок; посещать; посещение*
   call centre - *переговорный пункт*
9. Carol ['kær(ə)l] – *Кэрол (имя)*
10. day [dei] - *день*
11. dorms [dɔːmz] - *общежитие*
12. every ['evri] - *каждый*
13. family ['fæm(ə)li] - *семья*
14. hat [hæt] - *шляпа*
15. head [hed] - *голова; глава; направляться*
16. jump [dʒʌmp] - *прыгать; прыжок*
17. minute ['minit] - *минута*
18. name [neim] – *имя, название; называть*
19. near [niə] - *возле, рядом*
20. out of order - *неисправен*
21. phrase [freiz] - *фраза*
22. run [rʌn] - *бежать; бег*
23. simple ['simpl] - *простой*
24. sing [siŋ] - *петь*
25. singer ['siŋə] - *певец, певица*
26. Spain [spein] – *Испания*
27. telephone ['telifəun] - *телефон; звонить по тел., всегда с артиклем the*
28. to be ashamed - *стыдиться*
    He is ashamed. - *ему стыдно*
29. very ['veri] - *очень; самый*

Dennis listens to Ukrainian songs

Carol is a student. She is twenty years old. Carol is from Spain. She lives in the student dorms. She is a very nice girl. Carol has a blue dress on. There is a hat on her head.

Carol wants to telephone her family today. She heads to the call centre because her telephone is out of order. The call centre is in front of the café. Carol calls her family. She speaks with her mother and father. The call takes her about five minutes. Then she calls her friend Angela. This call takes her about three minutes.

a telephone

Mark likes sport. He runs every morning in the park near the dorms. He runs today too. He jumps as well. His jumps are very long. Dennis and Joseph run and jump with Mark. Joseph's jumps are longer. Dennis's jumps are the longest. He jumps best of all. Then Mark and Dennis run to the dorms and Joseph runs home.

sportsmen run well

Mark has his breakfast in his room. He takes bread and butter. He makes some coffee with the coffee-maker. Then he butters the bread and eats.

Mark lives in the dorms in Sydney. His room is near Dennis's room. Mark's room is not big. It is clean because Mark cleans it every day. There is a table, a bed, some chairs and some more furniture in his room. Mark's books and notebooks are on the table. His bag is under the table. The chairs are at the table. Mark takes some CDs in his hand and heads to Dennis's because Dennis wants to listen to Ukrainian music. Dennis is in his room at the table. His cat is under the table. There is some bread before the cat. The cat eats the bread. Mark hands the CDs to Dennis. There is the best

a bag

Ukrainian music on the CDs. Dennis wants to know the names of the Ukrainian singers as well. Mark names his favorite singers. He names Okean Elzy, Green Gray, Anny Lorak and Taisiya Povalyi. These names are new to Dennis. He listens to the CDs and then begins to sing the Ukrainian songs! He likes these songs very much. Dennis asks Mark to write the words of the songs. Mark writes the words of the best Ukrainian songs for Dennis. Dennis says that he wants to learn the words of some songs and asks Mark to help. Mark helps Dennis to learn the Ukrainian words. It takes a lot of time because Mark cannot speak English well. Mark is ashamed. He cannot say some simple phrases! Then Mark goes to his room and learns English.

a CD

Деннис слушает украинские песни

Кэрол студентка. Ей двадцать лет. Кэрол из Испании. Она живёт в студенческом общежитии. Она очень милая девушка. Кэрол носит голубое платье. На её голове шляпка.

Кэрол хочет сегодня позвонить своей семье. Она направляется на переговорный пункт, потому что её телефон не исправен. Переговорный пункт находится перед кафе. Кэрол звонит своей семье. Она разговаривает со своими мамой и папой. Телефонный звонок занимает у неё около пяти минут. Затем она звонит своей подруге Анжеле. Этот телефонный звонок занимает у неё около трёх минут.

Марк любит спорт. Он бегает каждое утро в парке возле общежития. Сегодня он тоже бегает. Он также прыгает. Его прыжки очень длинные. Деннис и Джозеф бегают и прыгают с Марком. Прыжки Джозефа длиннее. Прыжки Денниса самые длинные. Он прыгает лучше всех. Потом Марк и Деннис бегут в общежитие, а Джозеф бежит домой.

Марк завтракает в своей комнате. Он берёт хлеб и масло. Он готовит кофе при помощи кофеварки. Потом он намазывает хлеб маслом и ест.

Марк живёт в общежитии в Сиднее. Его комната возле комнаты Денниса. Комната Марка не велика. Она чиста, потому что Марк убирает её каждый день. В комнате стол, кровать, несколько стульев и ещё немного другой мебели. Тетради и книги Марка на столе. Его сумка под столом. Стулья возле стола. Марк берёт в руку несколько компакт-дисков и идёт к Деннису, потому что Деннис хочет послушать украинскую музыку. Деннис в своей комнате за столом. Его кот под столом. Перед котом лежит немного хлеба. Кот ест хлеб. Марк даёт компакт-диски Деннису. На этих компакт-дисках лучшая украинская музыка. Деннис также хочет узнать имена украинских певцов. Марк называет своих любимых певцов. Он называет «Океан Эльзы», «Грин грэй», Анни Лорак и Таисию Повалий. Эти имена новы для Денниса. Он слушает компакт-диски и потом начинает напевать украинские песни! Ему очень нравятся эти песни. Деннис просит Марка написать слова песен. Марк записывает слова лучших украинских песен для Денниса. Деннис говорит, что он хочет

many CDs

выучить слова некоторых украинских песен и просит Марка помочь. Марк помогает Деннису учить украинские слова. Это занимает много времени, потому что Марк не умеет хорошо говорить по-английски. Марку стыдно. Он не может сказать некоторые простые фразы! Потом Марк идёт в свою комнату и учит английский.

Развитие разговорных навыков
Ответьте на вопросы к тексту

Вопросы	Варианты ответов
a) Is Carol a shop assistant?	a) Yes, she is. No, she is a student.
b) Is she five years old?	b) No, she is not. Carol is six years old. She is twenty years old. Yes, she is.
c) Is Carol from Ukraine?	c) Yes, she is. No, she is not. She is from Spain. She is from America.
d) Is Mark's room clean?	d) Yes, it is. No, it is not.
e) Where is Dennis's cat?	e) It is under the table. Dennis's cat is on the table.
f) Is Okean Elzy an American group?	f) No, it is not. It is an Australian group. No, it is not. It is a Ukrainian group.
g) Are the names of Ukrainian singers new to Dennis?	g) No, he knows them. Yes, they are new to him.
h) Can Mark speak English well?	h) Yes, he can. No, he cannot. He cannot speak English well.
i) Can Mark say simple English phrases?	i) He can say all simple phrases. He can say some simple phrases.

Time to play!

Время поиграть!

Поиграйте в следующие диалоговые игры:

☺ Guess a place! Угадай место! Правила игры даются в главе 6

☺ Guess a character or a person! Угадай персонаж или человека! Правила игры даются в главе 7

☺ Simon says.. Саймон говорит.. Правила игры даются в главе 8

Find a thing!

Найди предмет!

Для этой игры достаточно правил и слов из глав 1-9. Цель игры – найти спрятанный предмет. Один из участников должен выйти из комнаты или закрыть глаза. Другой участник прячет какой-нибудь предмет. Затем первый участник задаёт вопросы с предлогами места. Пример игры:

1

– Is it in the room?	– *Он в комнате?*
– Yes, it is.	– *Да.*
– Is it on the table?	– *Он на столе?*
– Yes, it is.	– *Да.*
– Is it between these books?	– *Он между книгами?*
– No, it is not.	– *Нет.*
– Is it under this thing?	– *Он под этим предметом?*
– No, it is not.	– *Нет.*
– Is it behind this box?	– *Он за этой коробкой?*
– Yes, it is.	– *Да.*
– Is it this pen cap?	– *Это этот колпачок от ручки?*
– Yes, it is!	– *Да!*

2

– Is it in the room?	– *Он в комнате?*
– Yes, it is.	– *Да.*
– Is it in the middle of the room?	– *Он в середине комнаты?*
– No, it is not.	– *Нет.*

– Is it among those toys?	– *Он среди тех игрушек?*
– Yes, it is.	– *Да.*
– Is it behind that box?	– *Он сзади той коробки?*
– No, it is not.	– *Нет.*
– Is it in this box?	– *Он в этой коробке?*
– Yes, it is.	– *Да.*
– Is it this ball?	– *Этот мяч?*
– No, it is not.	– *Нет.*
– Is it this toy car?	– *Эта игрушечная машина?*
– Yes, it is!	– *Да!*

Закрепление правил

Упражнение 30 к правилу 18
Переведите на английский язык.

a) Возле кафе есть велосипед.	a) There is a bike at the cafe.
b) На столе две книги.	b) There are two books ....
c) Есть ли люди в парке?	c) Are there people ....
d) Под столом кошка.	d) ....
e) Над столом лампа.	e) ....
f) Между гостиницей и кафе есть магазин.	f) ....
g) Среди этих студентов есть один украинец.	g) ....

h) Слева находится парк.	h)	....
i) Справа находится гостиница.	i)	....
j) Позади этого кафе находится спортивный магазин.	j)	....
k) Перед кафе находится магазин.	k)	....
l) В центре комнаты находится стол.	l)	....

Музыкальная пауза

Chicago
If you leave me now
Если ты покидаешь меня сейчас

If you leave me now, You take away the biggest part of me.	*Если ты покидаешь меня сейчас, Ты отнимаешь большую часть меня.*
Ooo oh, baby, please don't go.	*Ооо о, бэби, пожалуйста, не уходи*
If you leave me now, you'll take away the very heart of me.	*Если ты покинешь меня сейчас, Ты отнимешь само моё сердце*
Ooo oh, baby, please don't go.	*Ооо о, бэби, пожалуйста, не уходи*
Ooo, oh, I just want you to	*Ооо о, я лишь хочу, чтобы ты*

stay.	*осталась.*
A love like ours is love that's hard to find.	*Такая любовь как наша - это любовь, которую трудно найти.*
How could we let it slip away?	*Как мы можем позволить ей ускользнуть?*
We've come too far to leave it all behind.	*Мы прошли слишком много, чтобы бросить всё это позади.*
How could we end it all this way?	*Как мы можем закончить это всё вот так?*
When tomorrow comes and we both regret the things we said today.	*Когда завтра наступит, и мы оба пожалеем о вещах, которые сказали сегодня.*

Frequently Asked Questions (FAQ)
Часто Задаваемые Вопросы

? Как правильно учить правила?

Правила надо читать каждый день 10-20 минут. Читать можно без заучивания, но вдумчиво. Прочитывая, таким образом, каждый день по 2-4 правила, вы через три-четыре месяца будете помнить их все.

? Ooo, oh, I just want you to stay. - *Ооо о, я лишь хочу, чтобы ты осталась.* В русском переводе есть слово *чтобы*. А где это слово в английском предложении?

Вместо *чтобы* обычно употребляется инфинитив с to. Например:

> I want to go to shop **to buy** some tea. – *Я хочу пойти в магазин,* ***чтобы купить*** *чая.*
> I want you **to go** to shop with me. – *Я хочу,* ***чтобы*** *ты* ***пошла*** *в магазин со мной.*
> **To read** English you need to know some words. – ***Чтобы читать*** *по-английски, Вам нужно знать несколько английских слов.*

Имеется также эквивалент in order в предложениях такого рода:
Чтобы *купить новый фильм, нужно пойти в магазин.* - **In order** to buy a new film, you must go to a video-shop.

Что значит в песне don't и you'll?

Это разговорные сокращения do not и you will. (правило 54)

Words of wisdom
Слова мудрости

It takes both the sun and the rain to make a beautiful rainbow. *И солнце и дождь нужны для прекрасной радуги.*

Proverbs and sayings
Пословицы и поговорки

As the call, so the echo.
Как окликнешь, так и откликнется.
Как аукнется, так и откликнется.

Good clothes open all doors.
Хорошая одежда открывает все двери.
Встречают по одежке.

A Joke

Шутка

Teacher: Your spelling is much better. Only five mistakes that time.

Pupil: Thank you.

Teacher: Now let us go on to the next word.

Учитель: Твоё правописание намного лучше. На этот раз только пять ошибок.

Ученик: Спасибо.

Учитель: Теперь давай перейдём к следующему слову.

Пользователи компьютера могут пройти занятия с автором книги в режиме on-line, а также использовать видеоуроки и другие ресурсы, имеющиеся на вебстранице «Английской практики».
Добро пожаловать на www.vadim-zubakhin.donetsk.ua

Chapter 10
Глава 10

Dennis buys textbooks on design
Деннис покупает учебники по дизайну

Для непринуждённого и результативного обучения пользуйтесь планировщиком, расположенным в начале книги.

20

Косвенный (объектный) падеж личных местоимений

Личные местоимения *I - я, we - мы, you - ты/вы/Вы, he - он, she - она, it - оно, they - они* могут иметь общий (именительный), притяжательный (родительный) и косвенный (объектный) падеж.

Общий падеж (именительный) *кто? что?*	Притяжательный падеж (родительный) *чей?*	Косвенный/объектный падеж (все остальные падежи русского языка)
I - *я*	my - *мой*	me - *меня, мне, мной, со мной и т.д.*
we - *мы*	our - *наш*	us - *нас, нам, нами, с нами и т.д.*

you - *ты/вы/Вы*	your - *твой/ваш/ваш*	you - *тебя/вас/Вас, тебе/вам/Вам, с тобой/с вами/с Вами и т.д.*
he - *он*	his - *его*	him - *его, ему, им, с ним и т.д.*
she - *она*	her - *её*	her - *её, ей, ею, с ней и т.д.*
it - *оно*	its - *его*	it - *его, ему, им, с ним и т.д.*
they - *они*	their - *их*	them - *их, им, ими, с ними и т.д.*

Как видно из таблицы, косвенный падеж применяется в тех случаях, когда личные местоимения в соответствующем русском предложении стоят в любом падеже кроме именительного и родительного. Например:

I know her. - *Я знаю её.*
He asks them. - *Он спрашивает их.*
I play tennis with him. - *Я играю в теннис с ним.*
Help me! - *Помоги мне!*
They go with us to the park. - *Они идут с нами в парк.*

Косвенный падеж применяется:

а) после предлогов to, from, with и т.д.
б) после глаголов know - *знать*, see - *видеть*, take - *брать/взять* и других требующих в русском языке винительного падежа
в) после глаголов give - *давать*, say - *говорить*, show - *показывать* и других требующих в русском языке дательного падежа

Например:

Go with me! - *Пошли со мной!*
I have an e-mail from him. - *У меня есть электронное письмо от него.*
She knows us. - *Она знает нас.*
He loves her. - *Он любит её.*

I call her every day. - *Я звоню ей каждый день.*
They show us the city. - *Они показывают нам город.*
Please, give me a cup. - *Дайте мне чашку, пожалуйста.*

21

Some* и *any являются неопределёнными местоимениями и чаще всего указывают на неопределённое количество. Они переводятся на русский язык с неисчисляемыми предметами *немного, сколько-нибудь*, а с исчисляемыми *несколько, какие-то*. *Some* обычно употребляется в утвердительных предложениях, а *any* - в вопросительных и отрицательных. Например:

I have some books. - *У меня есть несколько книг.*
There is some water in the cup. - *В чашке есть немного воды.*
Are there any chairs in the room? - *Есть ли стулья в комнате?*
He has not any CDs. - *У него нет дисков.*

Из двух последних примеров видно, что any и some могут не переводиться на русский язык.
Some нужно использовать, также, в вопросах, где просят или предлагают что-либо. Например:

Can I have some water? - *Можно мне (немного) воды?*
Can you give me some tea? - *Не могли бы Вы дать мне (немного) чая?*

Any в утвердительных предложениях значит *любой*. Например:

You can take any book. - *Вы можете взять любую книгу.*
Any student of our group can speak English. - *Любой студент нашей группы может говорить по-английски.*

Words

1. any ['eni] - *несколько, немного; любой*
2. bye [bai] - *Пока! (прощаясь)*
3. choose [tʃu:z] - *выбирать*

4. college ['kɔlidʒ] - *колледж*
5. cost [kɔst] - *стоить; стоимость*
6. design [di'zain] – *план, дизайн*
7. dollar ['dɔlə] - *доллар*
8. explain [ik'splein] – *объяснять*
9. fine [fain] - *изящный, прекрасный*
10. hello ['he'ləu] - *здравствуйте, привет*
11. him [him] - *его, ему, им (косвенный падеж)*
12. kind [kaind] - *тип , вид, разновидность; добрый*
13. language ['læŋgwidʒ] - *язык (разговорный)*
14. lesson ['les(ə)n] - *урок*
15. look [luk] - *смотреть; вид*
16. native ['neitiv] - *родной; уроженец*
17. nearby [ˌniəbai] – *поблизости, рядом; ближайший*
18. next [nekst] - *ближайший; следующий*
19. only ['əunli] - *только; единственный*
20. pay [pei] - *платить*
21. picture ['piktʃə] - *картина, фотография*
22. program ['prəugrʌm] – *программа*
23. really ['riəli] - *действительно, на самом деле*
24. Saturday ['sætədei] - *суббота (дни недели всегда пишутся с большой буквы)*
25. see [siː] - *видеть*
26. study ['stʌdi] – *учить(-ся) в ВУЗе, изучение*
27. textbook ['tekstbuk] - *учебник*
28. them [ðem] - *их, им, ими (косвенный падеж)*

Dennis buys textbooks on design

Dennis is American and English is his native language. He studies design at college in Sydney.

It is Saturday today and Dennis has a lot of free time. He wants to buy some books on design. He goes to the nearby book shop. They may have some textbooks on design. He comes into the shop and looks at the tables with books. A woman comes to Dennis. She is a shop assistant.

dollars

"Hello. Can I help you?" the shop assistant asks him.

"Hello," Dennis says, "I study design at

college. I need some textbooks. Have you any textbooks on design?" Dennis asks her.

"What kind of design? We have some textbooks on furniture design, car design, sport design, internet design," she explains to him.

"Can you show me some textbooks on furniture design and internet design?" Dennis says to her.

"You can choose the books from the next tables. Look at them. This is a book by Italian furniture designer Palatino. This designer explains the design of Italian furniture. He explains the furniture design of Europe and the USA as well. There are some fine pictures there," the shop assistant explains.

"I see there are some lessons in the book too. This book is really fine. How much is it?" Dennis asks her.

"It costs 52 dollars. And with the book you have a CD. There is a computer program for furniture design on the CD," the shop assistant says to him.

"I really like it," Dennis says.

"You can see some textbooks on internet design there," the woman explains to him, "This book is about the computer program Microsoft Office. And these books are about the computer program Flash. Look at this red book. It is about Flash and it has some interesting lessons. Choose, please."

"How much is this red book?" Dennis asks her.

"This book, with two CDs, costs only 43 dollars," the shop assistant says to him.

"I want to buy this book by Palatino about furniture design and this red book about Flash. How much must I pay for them?" Dennis asks.

"You need to pay 95 dollars for these two books," the shop assistant says to him.

Dennis pays. Then he takes the books and the CDs.

"Bye," the shop assistant says to him.

"Bye," Dennis says to her and goes into the street.

Деннис покупает учебник по дизайну

Деннис американец и английский его родной язык. Он изучает дизайн в колледже в Сиднее.

Сегодня суббота и у Денниса много свободного времени. Он хочет купить несколько книг. Он идёт в ближайший книжный магазин. У них могут быть учебники по дизайну. Он входит в магазин и смотрит на столы с книгами. К Деннису подходит женщина. Она - продавщица.

«Здравствуйте. Могу я Вам помочь?» спрашивает продавщица.

«Здравствуйте, « говорит Деннис, «Я изучаю дизайн в колледже. Мне нужно несколько учебников. Есть ли у вас какие-либо учебники по дизайну?» спрашивает её Деннис.

«Какого рода дизайн? У нас есть учебники по мебельному дизайну, автомобильному дизайну, спортивному дизайну, по дизайну для Интернета, « объясняет она ему.

«Не могли бы Вы показать учебники по мебельному дизайну и дизайну для Интернета?» говорит ей Деннис.

«Вы можете выбрать книги с ближайшего стола. Взгляните на них. Это книга итальянского мебельного дизайнера Палатино. Этот дизайнер объясняет дизайн итальянской мебели. Он также объясняет мебельный дизайн Европы и США. Здесь есть также изящные изображения, « объясняет продавщица.

«Я вижу, в книге есть также несколько уроков. Эта книга действительно хороша. Сколько она стоит?» спрашивает её Деннис.

«Она стоит 52 доллара. И Вы также получаете с книгой компакт-диск. На компакт-диске компьютерная программа для дизайна мебели, « говорит ему продавщица.

«Она мне действительно нравится, « говорит Деннис.

«Здесь Вы можете посмотреть учебники по дизайну для Интернета, « объясняет ему женщина, «Эта книга о компьютерной программе «Майкрософт Офис». А эти книги о компьютерной программе «Флэш». Взгляните на эту красную книгу. Она о «Флэш» и в ней есть несколько интересных уроков. Выбирайте пожалуйста.»

«Сколько стоит эта красная книга?» спрашивает её Деннис.

«Эта книга с двумя компакт-дисками стоит только 43 доллара, « говорит ему продавщица.

«Я хочу купить книгу Палатино о мебельном дизайне и эту красную книгу о «Флэш». Сколько я должен уплатить за них?» спрашивает Деннис.

«За эти две книги Вам надо заплатить 95 долларов, « говорит ему продавщица.

Деннис расплачивается. Затем он берёт книги и компакт-диски.

«До свидания, « говорит ему продавщица.

«До свидания, « говорит ей Деннис и выходит на улицу.

Развитие разговорных навыков

Ответьте на вопросы к тексту

Вопросы	Варианты ответов
a) Is Dennis American or Ukrainian?	a) He is Ukrainian. He is Russian. He is American.
b) What is Dennis's native language?	b) His native language is Ukrainian. Dennis's native language is

English.

c) Has Dennis free time on Saturday? c) Yes, he has. No, he has not. He has a little free time. He has a lot of free time.

d) Are there books on design in the book shop? d) There are many textbooks on design. There are no books on design.

e) Are there pictures in the books? e) Yes, there are. No, there are not.

f) How much is the textbook on furniture design? f) It costs 32 dollars with CD. It costs 2 dollars.

g) How much must Dennis pay for two books with CDs? g) The books are free. He need not pay. He must pay 55 dollars.

Time to play!

Время поиграть!

Поиграйте в следующие диалоговые игры:

☺ Guess a character or a person! Угадай персонаж или человека! Правила игры даются в главе 7

☺ Simon says.. Саймон говорит.. Правила игры даются в главе 8

☺ Find a thing! Найди предмет! Правила игры даются в главе 9

Word association!

Словарные ассоциации!

В этой игре нужно подбирать близкие по ситуации слова – то есть ассоциировать слова друг с другом. Один участник называет первое слово. Другой называет следующее слово, которое должно быть каким-либо образом связано с первым. Это и есть образование ассоциации. Каждую ассоциацию нельзя применять более одного раза за игру. Участники могут попросить объяснить ассоциацию. Пример игры:

– A cat.	– *Кот.*
– A bed.	– *Кровать.*
– Why a bed?	– *Почему кровать?*
– Because a cat can sleep on a bed.	– *Потому что кот может спать на кровати.*
– OK. Then a girl.	– *Понятно. Тогда девочка.*
– Why a girl?	– *Почему девочка?*
– Because it is a girl's bed.	– *Потому что это кровать девочки.*
– OK. A book. A girl can read a book.	– *Хорошо. Книга. Девочка может читать книгу.*
– Now I. A table.	– *Теперь я. Стол.*
– A cup.	– *Чашка.*
– Tea.	– *Чай.*
And so on…	*И так далее…*

Закрепление правил

Упражнение 31 к правилу 20

Переведите на английский язык.

a) Этот велосипед хороший. Я хочу купить его.	a) This bike is good. I want to buy it.
b) Книги на столе. Можешь взять их.	b) The books are on the table. You can take them.
c) Покажите мне этот компакт-диск, пожалуйста.	c) Show me this CD, please.
d) Ты можешь спросить её об этой компьютерной	d) You can ask her ....

программе.

e)	Я знаю его.	e)	I know ....
f)	Она спрашивает меня о тебе.	f)	She asks ....
g)	Я хочу поиграть с ней в теннис.	g)	I want ....
h)	Дайте ему ручку, пожалуйста.	h)	Give ....
i)	Позвони мне сегодня.	i)	Telephone ....
j)	Он любит её.	j)	....
k)	Линда играет с нами в теннис.	k)	....
l)	Я знаю вас.	l)	....

Упражнение 32 к правилу 21
Переведите на английский язык.

a)	Возле кафе несколько велосипедов.	a)	There are some bikes at the cafe.
b)	Я хочу купить несколько компакт-дисков.	b)	I want to buy some CDs.
c)	Есть ли в коробке чай?	c)	Is there any tea ....
d)	У меня нет тетрадей.	d)	I have not ....
e)	Есть ли у вас книги о компьютере?	e)	Have you ....

f) Можно немного воды? f) Can I have ....

g) Ты можешь взять любую видеокассету. g) You ....
....

h) Любой студент знает это. h) ....

Музыкальная пауза

Elvis Presley

Surrender

Сдайся

When we kiss my heart's on fire	*Когда мы целуемся, моё сердце в огне*
Burning with a strange desire	*Горит от незнакомого желания*
And I know, each time I kiss you	*И я знаю, каждый раз целуя тебя*
That your heart's on fire too	*Что твоё сердце в огне тоже*

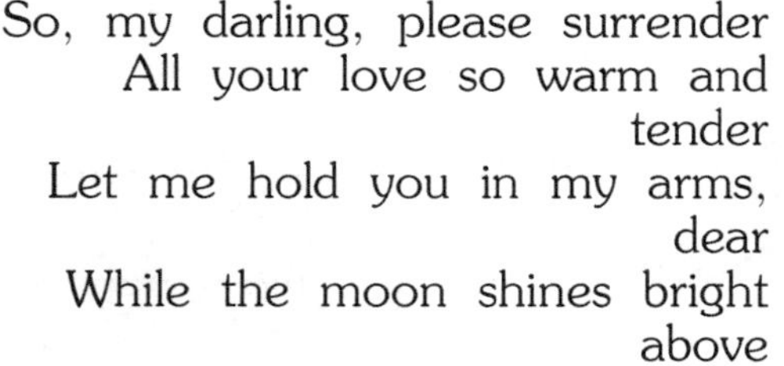

So, my darling, please surrender	*Поэтому, моя дорогая, отдай*
All your love so warm and tender	*Всю свою любовь такую горячую и нежную*
Let me hold you in my arms, dear	*Разреши мне держать тебя в своих руках, милая*
While the moon shines bright above	*Когда луна сияет ярко вверху*

All the stars will tell the story	*Все звёзды расскажут историю*

Of our love and all its glory	*О нашей любви и всём её великолепии*
Let us take this night of magic	*Давай возьмём эту ночь волшебства*
And make it a night of love	*И сделаем её ночью любви*
Won't you please surrender to me	*Дай, пожалуйста, мне*
Your lips, your arms, your heart, dear	*Свои губы, свои руки, своё сердце дорогая*
Be mine forever	*Будь моей навсегда*
Be mine tonight	*Будь моей сегодня ночью*

Frequently Asked Questions (FAQ)
Часто Задаваемые Вопросы

? You - это *ты* или *Вы*?

You [juː] говорят во всех случаях – и родственникам, и друзьям, и старшим по возрасту, и так далее. You всегда применяется с are, то есть в буквальном переводе you – значит *Вы*. Например:

> You are in Sydney. – это предложение в зависимости от того, с кем мы говорим, может иметь несколько значений: *1. Ты в Сиднее. 2. Вы в Сиднее. (уважительное обращение к одному человеку) 3. Вы в Сиднее. (обращение к нескольким людям)*

? Что значит в песне heart's?

Heart's в этой строке значит heart is (правило 54 о сокращениях).

? Won't you please surrender to me your lips.. - *Дай, пожалуйста, мне свои губы..*
Почему у этого предложения такой перевод, ведь здесь нет слова give – *дай*? И почему не переведено Won't?

Surrender [sə'rendə] значит *сдаваться, уступать*. Won't [wəunt] – это сокращение от словосочетания will not, которое имеет два значения *не будешь* и *не хочешь*. При дословном переводе получится: *Не уступишь ли ты мне свои губы…* То есть при переводе нужно изменять некоторые слова так, чтобы точнее передать смысл текста и привести предложения в привычный для русского языка вид. В этом и заключается искусство перевода – подобрать, при необходимости, другие слова или не переводить некоторые из них, не искажая при этом смысл предложения.

? Look и see имеют одно и то же значение?

Look [luk] значит *смотреть*, а see [siː] - *видеть*. Например:

I look but I do not see. – *Я смотрю, но не вижу.*

Для просмотра фильмов, телепрограмм и других зрелищ применяется watch [wɔtʃ]. Например:

I may watch a film in the evening. – *Я, возможно, буду смотреть фильм вечером.*

Words of wisdom

Слова мудрости

People are lonely because they build walls instead of bridges.

Люди одиноки потому что они строят стены вместо мостов.

Proverbs and sayings

Пословицы и поговорки

At the ends of the earth.

На краю света. У чёрта на куличках.

Jokes

Шутки

Any book with George Washington's writing is worth thousands of dollars. Any book with my writing is worth two weeks of detention.

Любая книга с надписями Джорджа Вашингтона стоит тысячи долларов. Любая книга с моими надписями стоит двух недель дополнительных занятий.

"Please hush," says the librarian to a group of noisy children, "The people around you cannot read."
"Really?" asks one little girl, "Then why are they here?"

«Пожалуйста тихо,» говорит библиотекарь группе шумных детей, «Люди вокруг вас не могут читать.»
«Действительно?» спрашивает одна маленькая девочка, «Тогда почему они здесь?»

Пользователи компьютера могут пройти занятия с автором книги в режиме on-line, а также использовать видеоуроки и другие ресурсы, имеющиеся на вебстранице «Английской практики».
Добро пожаловать на www.vadim-zubakhin.donetsk.ua

Chapter 11
Глава 11

Mark wants to earn some money
Марк хочет заработать немного денег

Для непринуждённого и результативного обучения пользуйтесь планировщиком, расположенным в начале книги.

22

Повелительные предложения выражают просьбу или приказ. В английском языке они образуются так же, как и в русском - на первое месте ставится глагол, перед которым может стоять имя или you - *ты/вы/Вы*. На русский язык такие предложения переводят обращаясь на ты или на вы/Вы в соответствии с общепринятыми нормами. Например:

Read this book, please. - *Пожалуйста, читай эту книгу.*
Come into the room, please. - *Входите в комнату, пожалуйста.*
Linda, call me today, please. - *Линда, позвони мне сегодня, пожалуйста.*
You take this big cup and you children take these small cups. *- Ты бери эту большую чашку, а вы дети берите эти маленькие чашки.*

23

С помощью -ly от многих прилагательных могут образовываться наречия. Для тех, кто забыл - прилагательные отвечают на вопрос *какой? какая? какое? какие?*. Наречия отвечают на вопрос *как?* и на другие вопросы содержащие слово *как? – как скоро?, как быстро?* и т.п. Например:

bad - *плохой* → badly - *плохо*

This film is bad. - *Этот фильм плохой.*
He plays tennis badly. - *Он играет в теннис плохо.*

nice - *красивый, милый* → nicely - *красиво, мило*

She has a nice hat. - *У неё красивая шляпка.*
She sings nicely. - *Она поёт мило.*

real - *действительный, настоящий* → really - *действительно, по настоящему*

This is not real gold. - *Это не настоящее золото.*
I really love her. - *Я действительно люблю её.*

Часто употребляемые исключения:

good - *хороший* → well - *хорошо*
fast - *быстрый* → fast - *быстро*
hard - *твёрдый, тяжёлый, напряжённый* → hard - *твёрдо, тяжело, напряжённо*
late - *поздний* → late - *поздно*

Многие слова заканчивающиеся на *-ly*, могут употребляться и в качестве наречий и в качестве прилагательных. Многие из них образуются от существительных. Например:

friend - *друг* → friendly - *дружеский, по-дружески, дружелюбно*

This woman is very friendly. - *Эта женщина очень дружелюбная.*
That shop-assistant speaks friendly. - *Тот продавец разговаривает дружелюбно.*

day - *день* → daily - *ежедневный, ежедневно*

> Mark reads newspapers daily. - *Марк читает газеты ежедневно.*
> Dennis cleans his room weekly. - *Деннис убирает свою комнату еженедельно.*

time - *время* → timely - *своевременный, своевременно*

> Your help is very timely. Thanks. – *Ваша помощь очень своевременна. Спасибо.*
> You must come to college timely. - *Вы должны приходить в колледж своевременно.*

Words

1. after ['a:ftə] – *после*
2. answer ['a:n(t)sə] - *ответ; отвечать*
3. as [əz] - *как; в качестве; так как; когда*
4. box [bɔks] – *коробка, ящик*
5. better ['betə] - *лучше*
6. day [dei] - *день*
   daily ['deili] - *ежедневно*
7. earn [ə:n] - *зарабатывать, получать прибыль*
8. energy ['enədʒi] - *энергия*
9. finish ['finiʃ] - *окончание; заканчивать*
10. hard [ha:d] - *тяжёлый, трудный; твёрдый*
11. hour [auə] - *час*
    hourly ['auəli] - *ежечасно*
12. list [list] - *список; вносить в список*
13. load [ləud] - *грузить*
    loader ['ləudə] - *грузчик*
14. note [nəut] – *записка; записать*
15. number ['nʌmbə] - *номер; нумеровать*
16. o'clock [ə'klɔk] – *время на часах*
    It is two o'clock. - *Два часа.*
17. OK [əu'kei] - *всё в порядке, хорошо*
18. one more – *ещё один*
19. part [pa:t] – *часть; разлучать(-ся), разделять(-ся)*
20. per [pə:] - *в, за;* I earn 10 dollars per hour. - *Я зарабатываю 10 дол. в час.*
21. personnel department - *отдел кадров (отдел персонала)*
22. quickly ['kwikli] - *быстро*
23. rapid ['ræpid] - *быстрый*
24. that is why - *вот почему*
25. to be continued - *продолжение следует*
26. transport [træn'spɔ:t] - *транспорт; транспортный; транспортировать*
27. truck [trʌk] - *грузовик*

28. understand [ˌʌndə'stænd] – *понимать*
29. usual ['juːʒ(ə)l] - *обычный*
usually ['juːʒ(ə)li]- *обычно*
30. why [(h)wai] – *почему, зачем*

Mark wants to earn some money (part 1)

Mark has free time daily after college. He wants to earn some money. He heads to a job agency. They give him the address of a transport firm. The transport firm Rapid needs a loader. This work is really hard. But they pay 11 dollars per hour. Mark wants to take this job. So he goes to the office of the transport firm.

"Hello. I have a note for you from a job agency," Mark says to a woman in the personnel department of the firm. He gives her the note.

"Hello," the woman says, "My name is Virginia Court. I am the head of the personnel department. What is your name?"

a hard work

"My name is Mark Kravchenko," Mark says.

"Are you Australian?" Virginia asks.

"No. I am Ukrainian," Mark answers.

"Can you speak and read English well?" she asks.

"Yes, I can" he says.

"How old are you, Mark?" she asks.

"I am twenty years old," Mark answers.

"You want to work at the transport firm as a loader. Why as a loader?" the head of the personnel department asks him.

Mark is ashamed to say that he cannot have a better job because he cannot speak English well. So he says: "I want to earn 11 dollars per hour."

"Well-well," Virginia says, "Our transport firm usually has not much loading work. But now we really need one more loader. Can you load quickly boxes with 20 kilograms of load?"

"Yes, I can. I have a lot of energy," Mark answers.

a track

"We need a loader daily for three hours. Can you work from four to seven o'clock?" she asks.

"Yes, my lessons finish at one o'clock," the student answers to her.

"When can you begin the work?" the head of the personnel department asks him.

"I can begin now," Mark answers.

"Well. Look at this loading list. There are some names of firms and shops in the list," Virginia explains, "Every firm and shop has some numbers. They are numbers of the boxes. And these are numbers of the trucks where you must load these boxes. The trucks come and go hourly. So you need to work quickly. OK?"

"OK," Mark answers, not understanding Virginia well.

"Now take this loading list and go to the loading door number three," the head of the personnel department says to Mark. Mark takes the loading list and goes to work.

(to be continued)

Марк хочет заработать денег (часть 1)

У Марка есть свободное время ежедневно после колледжа. Он хочет заработать денег. Он направляется в агентство по трудоустройству. Ему дают адрес транспортной фирмы. Транспортной фирме «Рапид» нужен грузчик. Эта работа действительно тяжёлая. Но они платят 11 долларов в час. Марк хочет получить эту работу. Так он идёт в офис транспортной фирмы.

«Здравствуйте. У меня есть для Вас записка от агентства по трудоустройству,» говорит Марк женщине в отделе кадров этой фирмы. Он даёт ей записку.

«Здравствуйте,» говорит женщина, «Меня зовут Виржиния Корт. Я руководитель отдела кадров. Как Ваше имя?»

«Меня зовут Марк Кравченко,» говорит Марк.

«Вы австралиец?» спрашивает Виржиния.

«Нет. Я украинец,» отвечает Марк.

«Можете ли Вы хорошо говорить и читать по-английски?» спрашивает она.

«Да,» говорит он.

«Марк, сколько тебе лет?» спрашивает она.

«Мне двадцать лет,» отвечает Марк.

«Ты хочешь работать в транспортной фирме грузчиком. Почему грузчиком?» спрашивает его руководитель отдела кадров.

Марку стыдно сказать, что он не может получить лучшую работу, потому что не владеет английским хорошо. Поэтому он говорит: «Я хочу зарабатывать 11 долларов в час.»

«Так-так,» говорит Вирджиния, «На нашей транспортной фирме обычно не много погрузочной работы. Однако сейчас нам действительно нужен ещё один грузчик. Можешь ли ты быстро грузить ящики с 20 килограммами груза?»

«Да. У меня много энергии,» отвечает Марк.

«Нам нужен грузчик ежедневно на три часа. Можешь ли ты работать с четырёх до семи часов?» спрашивает она.

«Да, мои занятия заканчиваются в час,» отвечает ей студент.

«Когда ты можешь начать работу?» спрашивает его руководитель отдела кадров.

«Я могу начать сейчас,» отвечает Марк.

«Ну что же. Посмотри на этот погрузочный список. В списке названия нескольких фирм и магазинов,» объясняет Вирджиния, «Каждая фирма и магазин имеют несколько номеров. Это - номера ящиков. А это номера грузовиков, куда ты должен погрузить эти ящики. Грузовики приезжают и уезжают каждый час. Так что тебе надо работать быстро. Понятно?»

«Понятно,» отвечает Марк не очень хорошо понимая Вирджинию.

«Теперь бери этот погрузочный лист и иди к погрузочной двери номер три,» говорит Марку руководитель отдела кадров. Марк берёт погрузочный лист и идёт работать.

(продолжение следует)

Развитие разговорных навыков

Ответьте на вопросы к тексту

Вопросы	Варианты ответов
a) Is the job of loader hard?	a) Yes, it is. No, it is not.
b) What is the name of the head of the personnel department?	b) Her name is Doris Burch. Her name is Virginia Court.
c) Why cannot Mark have a better job?	c) Because he has not a bike. Because he cannot speak English well.
d) Has the transport firm Rapid much loading work?	d) They usually have very a lot of loading work. They usually have not much loading work.
e) Can mark load boxes with 20 kilograms of load?	e) No, he cannot. Yes, he can. He has a lot of energy.

f) Can Mark work from four to seven o'clock?
f) No, he cannot. Yes, he can.

g) What is there in the loading list?
g) There are some names of firms and shops. There are some names of Ukrainian songs.

h) Where must Mark go?
h) He must go to the loading door number three. He must go to the park.

i) Can Mark understand Virginia?
i) He cannot understand her well.
He can understand her very well.

Time to play!

Время поиграть!

Поиграйте в следующие диалоговые игры:

☺ Simon says.. Саймон говорит.. Правила игры даются в главе 8

☺ Find a thing! Найди предмет! Правила игры даются в главе 9

☺ Word association! Словарные ассоциации! Правила игры даются в главе 10

Remember things!

Вспомни предметы!

Один участник показывает другому картинку с несколькими подписанными предметами на 20 секунд. Затем второй участник должен вспомнить их. Пример игры:

Set 1
a computer
a pen
glasses
a book
a telephone
a letter
a keyboard
a computer mouse
a diskette
a hand
a happy face
a sad face
a bomb
a flag
an airplane
a clock
Set 2
an ambulance
a web
tools
houses
a beach
an eye
an ear
a bed
a heart
a bike
a spider
a video camera

a lock

a mouth

a radio

a joystick

Закрепление правил

Упражнение 33 к правилу 22
Переведите на английский язык.

a) Возьми этот велосипед.	a) Take this bike.
b) Почитай мне эту книгу.	b) Read me ....
c) Покажите нам этот компакт-диск, пожалуйста.	c) Show ....
d) Спроси её об этой компьютерной программе.	d) ....
e) Иди к ней.	e) ....
f) Поиграй со мной в теннис.	f) ....
g) Дай ему ручку, пожалуйста.	g) ....
h) Позвони мне сегодня.	h) ....
i) Приходи сегодня ко мне.	i) ....
j) Помоги мне.	j) ....

k) Дай мне ручку, пожалуйста. | k) ....
....

Упражнение 34 к правилу 23
Переведите на английский язык, образуя наречия и прилагательные от слов приведенных в скобках.

a) Она играет в теннис хорошо. | a) (good) She plays tennis well.

b) Он очень дружелюбный. | b) (friend) He is very ....

c) Я учу английский ежедневно. | c) (day) I learn English ....

d) Они должны приходить своевременно. | d) (time) They must ....
....

e) Она, действительно, из Украины? | e) (real) Is she …........................
....

f) Деннис играет в теннис хорошо. Он хороший игрок. | f) (well, good) ....
....

Музыкальная пауза

Frank Sinatra

Love And Marriage

Любовь и супружество

Love and marriage, love and marriage	*Любовь и супружество, любовь и супружество*

Go together like a horse and carriage	*Идут вместе как лошадь и карета*
This I tell you brother	*Это я говорю тебе брат*
You can't have one without the other	*Ты не можешь иметь одно без другого*
Love and marriage, love and marriage	*Любовь и супружество, любовь и супружество*
It's an institute you can't disparage	*Это основа, которую нельзя недооценивать*
Ask the local gentry	*Спроси местных джентльменов*
And they will say it's elementary	*И они скажут тебе, что это элементарно*
Try, try, try to separate them	*Попробуй, попробуй, попробуй разъединить их -*
It's an illusion	*Это иллюзия*
Try, try, try, and you will only come	*Попробуй, попробуй, попробуй и ты только придёшь*
To this conclusion	*К этому же заключению*
Love and marriage, love and marriage	*Любовь и супружество, любовь и супружество*
They go together like a horse and carriage	*Они идут вместе как лошадь и карета*
Dad was told by mother	*Папе сказала мама*
You can't have one without the other	*Ты не можешь иметь одно без другого*
No, sir!	*Нет, сэр!*

Frequently Asked Questions (FAQ)
Часто Задаваемые Вопросы

? You want to work at the transport firm as a loader. – *Вы хотите работать в транспортной фирме грузчиком.*
Почему as a loader переводится *грузчиком*?

Так как в английском языке практически нет падежей (правило 12), то их роль выполняют предлоги или другие слова (правило 18, 27). Мы говорим: *Он работает кем? чем? (грузчиком, поваром, менеджером, врачом)* В английском в таких случаях употребляется слово as [æz] - как. Например:

He works as a driver. – *Он работает водителем.* В дословном переводе *Он работает как водитель.*

I work as a postman. – *Я работаю почтальоном.* В дословном переводе *Я работаю как почтальон.*

Mark is ashamed to say that he cannot have a better job because he **cannot speak English** well. - *Марку стыдно сказать, что он не может получить лучшую работу, потому что* ***не владеет*** *хорошо английским.*
Почему cannot speak English переведено *не владеет английским*? И почему в английском предложении нет запятых?

При переводе надо подбирать наиболее привычный для русского языка эквивалент, который может правильно передать смысл. В правиле 25 говорится о применении запятых.

Dad was told by mother - *Папе сказала мама*
Что значит was told?

В этом предложении применён пассив (страдательный залог, правило 50).

Какое из приветствий когда лучше употреблять: Hello. Hi. How do you do?

How do you do *как поживаете* применяется при первой встрече и знакомстве. На такое приветствие также отвечают How do you do. Hello *здравствуйте* – это самая распространённая форма приветствия подходящая для большинства ситуаций. Hi *привет* больше подходит для неформальной обстановки – с друзьями и знакомыми.

Words of wisdom
Слова мудрости

A friend is a gift you give yourself. *Друг – это подарок, который ты даришь себе.*

Proverbs and sayings
Пословицы и поговорки

"Easy to use" is easy to say.
Легко сказать «легко использовать».

Jokes
Шутки

Teacher: Fred, your story about a dog is exactly like your brother's.

Учитель: Фред, твоя история про собаку в точности как у твоего брата.

Fred: Of course. It is the same dog.

Фред: Конечно. Это та же собака.

Teacher: If 1+1=2 and 2+2=4, what is 4+4?

Учитель: Если 1+1=2 и 2+2=4, то сколько 4+4?

Pupil: That is not fair! Your tasks are easy and you give us the hard one!

Ученик: Это не справедливо! Ваши примеры лёгкие, а нам Вы даёте трудный!

Пользователи компьютера могут пройти занятия с автором книги в режиме on-line, а также использовать видеоуроки и другие ресурсы, имеющиеся на вебстранице «Английской практики».
Добро пожаловать на www.vadim-zubakhin.donetsk.ua

Chapter 12
Глава 12

Mark wants to earn some money (part 2)
Марк хочет заработать немного денег (часть 2)

Для непринуждённого и результативного обучения пользуйтесь планировщиком, расположенным в начале книги.

24

Причастие 1 образуется от глагола с помощью -ing. Для тех, кто забыл - глаголы обозначают действия. Например:

инфинитив	**причастие 1**
read - *читать*	read + ing = reading - *читающий, читая*
understand - *понимать*	understand + ing = understanding - *понимающий, понимая*
dance - *танцевать*	dance + ing = dancing - *танцующий, танцуя*
speak - *разговаривать*	speak + ing = speaking - *разговаривающий, разговаривая*

Carol knows this reading man. - *Кэрол знает этого читающего человека.*
This dancing girl is Australian. - *Эта танцующая девочка - австралийка.*
I read an English book understanding it not very well. - *Я читаю английскую книгу, не очень хорошо её понимая.*
Mark chooses books speaking with the shop assistant. - *Марк выбирает книги, разговаривая с продавцом.*

25

Знаки препинания

В английском языке нет такой сложной системы знаков препинания, какая есть в русском. Запятые применяются, в основном, при перечислении либо, когда автор хочет сделать небольшую паузу. При перечислении надо ставить запятую также перед and, если перечисляемые предметы даются подробно, а не одним словом. Например:

Mark chooses a book, then goes to the shop assistant. - *Марк выбирает книгу, затем идёт к продавцу.*
I have one pen, two notebooks, three books and a CD player. - *У меня есть одна ручка, две тетради, три книги и сиди-плеер.*
She likes playing guitar, and talking about music styles. – *Она любит играть на гитаре и беседовать о музыкальных стилях.*

26

Повелительные отрицательные предложения образуются с помощью do not. Сравним:

Read the book. - *Читай книгу.*
Do not read the book. - *Не читай книгу.*

Come to me. - *Приходи ко мне.*
Do not come to me. - *Не приходи ко мне.*

Take this cup. - *Возьми эту чашку.*
Do not take this cup. - *Не бери эту чашку.*

Words

1. back [bæk] - *назад, обратно; задняя часть, спина*
   come back - *возвращаться*
2. bad [bæd] - *плохой*
3. bring [briŋ] - *привозить; приносить;* bringing ['briŋiŋ] - *привозя; принося*
4. correct [kə'rekt] - *правильный; исправлять;* correctly [kə'rektli] – *правильно,верно;* incorrectly [inkə'rektli] – *неправильно, неверно*
5. drive [draiv] - *водить (автомобиль и т.п.)*
   driver ['draivə] - *водитель*
6. get up - *вставать, подниматься*
7. glad [glæd] - *рад*
8. hate [heit] - *ненавидеть*
9. here [hiə] – *здесь, сюда, вот*
10. instead of - *вместо*
    instead of you - *вместо тебя*
11. meet [mi:t] - *встречать, встречаться*
12. mom [mɔm] - *мама*
13. Monday ['mʌndei] - *понедельник*
14. Mr. ['mistə] - *мистер* (обращение к мужчине; эквивалент слова *господин*)
    Mr. Kite - *господин Кайт*
15. reason ['ri:z(ə)n] - *причина, повод*
16. son [sʌn] - *сын*
17. sorry ['sɔri] - *сожалеющий*
    I am sorry. - *Я сожалею.*
18. teacher ['ti:tʃə] - *учитель, преподаватель*
19. their [ðeə] - *их*
20. walk [wɔ:k] - *идти (пешком), прогулка, дорожка*
21. your [jə] - *твой, ваш, Ваш*

Mark wants to earn some money (part 2)

There are many trucks at the loading door number three. They come back bringing back their loads. The head of the personnel department and the head of the firm come there. They come to Mark. Mark loads boxes in a truck. He works quickly.

"Hey, Mark! Please, come here," Virginia calls him, "This is the head of the firm, Mr. Profit."

"I am glad to meet you," Mark says coming to them.

"I too," Mr. Profit answers, "Where is your loading list?"

"It is here," Mark gives him the loading list.

"Well-well," Mr. Profit says looking in the list, "Look at these trucks. They come back bringing back their loads because you load the boxes incorrectly. The boxes with books go to a furniture shop instead of the book shop, the boxes with videocassettes and DVDs go to a café instead of the video shop, and the boxes with sandwiches go to a video shop instead of the café! It is bad work! Sorry but you cannot work at our firm," Mr. Profit says and walks back to the office.

boxes

Mark cannot load boxes correctly because he can read and understand very few English words. Virginia looks at him. Mark is ashamed.

"Mark, you can learn English better and then come again. OK?" Virginia says.

"OK," Mark answers, "Bye Virginia."

"Bye Mark," Virginia answers.

Mark walks home. He wants to learn English better now and then take a new job.

It is time to go to college

Monday morning a mother comes into the room to wake up her son.

"Get up, it is seven o'clock. It is time to go to college!"

"But why, Mom? I don't want to go."

"Name me two reasons why you don't want to go," the mother says to the son.

"The students hate me for one and the teachers hate me too!"

"Oh, they are not reasons not to go to college. Get up!"

"OK. Name me two reasons why I must go to college," he says to his mother.

"Well, for one, you are 55 years old. And for two, you are the head of the college! Get up now!"

a morning

Марк хочет заработать немного денег (часть 2)

Возле погрузочной двери номер три - много грузовиков. Они возвращаются назад, привозя обратно свои грузы. Руководитель отдела кадров и руководитель фирмы приходят туда. Они подходят к Марку. Марк грузит ящики в грузовик. Он работает быстро.

«Эй, Марк! Подойди сюда, пожалуйста,» зовёт его Вирджиния, «Это руководитель фирмы мистер Профит.»

«Рад с Вами познакомиться,» говорит Марк подходя к ним.

«Я тоже,» отвечает мистер Профит, «Где твой погрузочный список?»

«Вот он,» Марк даёт ему погрузочный список.

«Так-так,» говорит мистер Профит глядя в список, «Посмотри на эти грузовики. Они возвращаются, привозя обратно свои грузы, потому что ты грузишь ящики не правильно. Ящики с книгами едут в мебельный магазин вместо книжного магазина, ящики с видеокассетами и DVD едут в кафе вместо видеомагазина, а коробки с бутербродами едут в видеомагазин вместо кафе! Это плохая работа! Мне жаль, но ты не сможешь работать на нашей фирме,» говорит мистер Профит и идёт обратно в офис.

Марк не может грузить ящики правильно, потому что он может прочитать и понять очень мало английских слов. Вирджиния смотрит на него. Марку становится стыдно.

«Марк, ты можешь выучить английский лучше и затем прийти снова. Хорошо?» говорит Вирджиния.

«Хорошо,» отвечает Марк, «До свидания Вирджиния.»

«До свидания Марк,» отвечает Вирджиния.

Марк идёт домой. Он хочет теперь выучить английский лучше и получить потом новую работу.

Пора идти в колледж

В понедельник утром мама заходит в комнату разбудить своего сына.

«Вставай, семь часов. Пора идти в колледж!»

«Но почему, мама? Я не хочу идти.»

«Назови мне две причины почему ты не хочешь идти,» говорит мама сыну.

«Студенты ненавидят меня - раз, и учителя ненавидят меня тоже!»

«Ах, это не причины не идти в колледж. Вставай!»

«Ладно. Назови мне две причины почему я должен идти в колледж,» говорит он своей маме.

«Ну, во-первых, тебе 55 лет. А во-вторых, ты руководитель колледжа! Вставай сейчас же!»

Развитие разговорных навыков

Ответьте на вопросы к тексту

Вопросы	Варианты ответов
a) What is there at the loading door number three?	a) There are some bikes at the loading door three. There are many trucks there.
b) What is the name of the head of the firm?	b) His name is Mr. Hobbit. His name is Mr. Profit.
c) Why cannot Mark load boxes correctly?	c) Because he can understand very few English words. Because he cannot work rapidly.
d) Is Mark ashamed?	d) Yes, he is. No. The head of the firm is ashamed.
e) Is seven o'clock in the morning time to go to bed?	e) Yes, it is. No, it is time to get up.
f) What are the reasons not to go to the college?	f) The son wants to sleep. The students and the teachers hate the son.
g) What are the mother's reasons?	g) Her son is the head of the college. Her son must not sleep long.

Time to play!

Время поиграть!

Поиграйте в следующие диалоговые игры:

☺ Find a thing! Найди предмет! Правила игры даются в главе 9

☺ Word association! Словарные ассоциации! Правила в главе 10

☺ Remember things! Вспомни предметы! Правила в главе 11

Draw with closed eyes!

Нарисуй с закрытыми глазами!

Один участник с завязанными глазами рисует несколько предметов. Затем второй участник смотрит на рисунок и угадывает эти предметы. Пример игры:

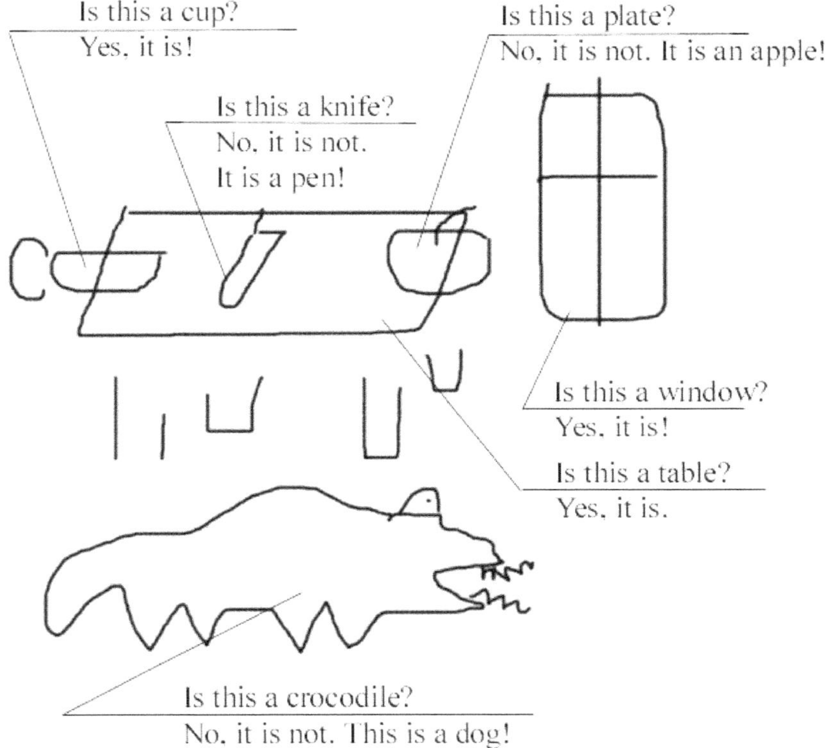

Закрепление правил

Упражнение 35 к правилу 24
Переведите на английский язык.

a) Этот читающий человек - мой друг.	a) This reading man is my friend.
b) Линда ходит на работу,	b) Linda walks to work speaking on

разговаривая по телефону.	the telephone.
c) Я знаю этих пишущих студентов.	c) I know these ....
d) Он пишет, сидя на стуле.	d) He writes ....
e) Посмотри на эту прыгающую девочку.	e) Look at ....
f) Марк разговаривает с Деннисом, не очень хорошо понимая его.	f) ....
g) Они пьют чай, разговаривая.	g) ....

Упражнение 36 к правилу 25

Поставьте запятые там, где по вашему мнению, надо сделать небольшую паузу, либо при перечислении. Не руководствуйтесь, по-привычке, строгими правилами русского языка. Переведите на русский язык.

a) Mark walks to Dennis then he walks to a book shop.	a) Марк идёт к Деннису, потом он идёт в книжный магазин.
b) Linda walks speaking on the telephone.	b) Линда идёт, разговаривая по телефону.
c) Dennis takes his CD player then he walks to play tennis.	c) ....
d) Carol Joseph Dennis and Mark play tennis.	d) ....

e) Mark speaks with Virginia understanding her not very well.	e) ....
f) They drink tea speaking about singers.	f) ....
g) I must buy a notebook a pen and a book.	g) ....

Упражнение 37 к правилу 26
Измените предложения на отрицательные. Переведите.

a) Go to a book shop. Иди в книжный магазин.	a) Do not go to a book shop. Не иди в книжный магазин
b) Give this cup to Linda. Дай эту чашку Линде.	b) Do not give this cup to Linda. Не давай эту чашку Линде.
c) Take this CD player. ………………………	c) Do not ....
d) Play tennis. ………………………	d) ....
e) Speak with Virginia. ………………………	e) ....
f) Drink tea. ………………………	f) ....
g) Buy a notebook and a pen. ……………………	g) ....

Музыкальная пауза

Abba

Head over heels

Кувырком

I have a very good friend	У меня есть очень хорошая подруга
The kind of girl who likes to follow a trend	Такая девушка, которая любит следовать моде
She has a personal style	У неё есть собственный стиль
Some people like it, others tend to go wild	Некоторым людям это нравится, другие приходят в бешенство
You hear her voice everywhere	Ты слышишь её голос везде
Taking the chair	Занимающую главное место
She's a leading lady	Она лидирующая леди
Chorus	*Хор*
And with no trace of hesitation she keeps going	И без тени сомнения она постоянно несётся
Head over heels	Кувырком
Breaking her way	Прокладывая свой путь
Pushing through unknown jungles every day	Продираясь сквозь неизвестные джунгли каждый день
She's a girl with a taste for the world	Она девушка, живущая с удовольствием в этом мире
The world is like a playground where she goes rushing	Мир как игровая площадка, где она несётся стремительно
Head over heels	Кувырком
Setting the pace	Задавая темп
Running the gauntlet in a whirl of lace	Подвергаясь нравоучениям в вихре пикантностей
She's extreme, if you know what I mean	Она - экстремал, если ты знаешь, что я имею ввиду
Her man is one I admire	Её мужчина один из тех,

	которыми я восхищаюсь
He's so courageous but he's constantly tired	*Он такой отважный, но он всегда усталый*
Each time when he speaks his mind	*Каждый раз, когда он выражает своё мнение*
She pats his head and says, "That's all very fine	*Она треплет его голову и говорит, «Это все очень здорово*
Exert that will of your own	*Будешь об этом говорить,*
When you're alone	*Когда будешь один*
Now we'd better hurry"	*Теперь нам лучше поспешить»*
Chorus	*Хор*
And with no trace of hesitation she keeps going	*И без тени сомнения она постоянно несётся*
Head over heels	*Кувырком*
Breaking her way	*Прокладывая свой путь*
Pushing through unknown jungles every day	*Продираясь сквозь неизвестные джунгли каждый день*
She's a girl with a taste for the world	*Она девушка, живущая с удовольствием в этом мире*
The world is like a playing-ground where she goes rushing	*Мир как игровая площадка, где она несётся стремительно*
Head over heels	*Кувырком*
Setting the pace	*Задавая темп*
Running the gauntlet in a whirl of lace	*Набираясь опыта в вихре пикантностей*
She's extreme, if you know what I mean	*Она - экстремал, если ты знаешь, что я имею ввиду*

Frequently Asked Questions (FAQ)
Часто Задаваемые Вопросы

? Get up, it is seven o'clock. It is time to go to the college! - *Вставай, семь часов. Пора идти в колледж!*
Что значит it is в этих предложениях?

В тех предложениях, где нет лиц или предметов выполняющих действие или нет самого действия, в качестве подлежащего и сказуемого надо употреблять it is. It is в таких предложениях обычно не переводится (правило 28).

❓ She keeps going - *она постоянно несётся*

Какое слово даёт смысл *постоянно*?

🔑 Слово keep даёт это значение. При этом keep требует глагола с -ing. Например:

He keeps asking about her. – *Он всё время спрашивает о ней.*
They keep playing. – *Они продолжают играть.*
Keep working! – *Продолжайте работать!*

❓ Одинаковое ли значение имеют I am sorry и excuse me?

🔑 Excuse me – это *извините* или *минутку*, а I am sorry – это *мне жаль*. Например вы подходите к пожилой леди дремлющей на лавочке, чтобы спросить дорогу. Вы говорите:

- Excuse me.

Но от неожиданности пожилая леди вздрагивает. Теперь самое время сказать I am sorry, прежде чем продолжить разговор. Либо вы беседуете с кем-то и в это время звонит ваш телефон. Прежде чем ответить на звонок надо сказать собеседнику excuse me. После звонка вы решаете, что вам нужно уходить. Вы извиняетесь за то, что вам приходится прервать беседу и говорите:

- I am sorry. I must go now. See you. – *Мне жаль. Я должен сейчас идти. Увидимся.*

❓ Объясните значение here и there.

🔑 Here [hiə] значит *здесь, сюда*. There [ðɛə] значит *там, туда*.

Например:

Come here! Your book is here. – *Иди сюда! Твоя книга здесь.*
My things are there. I must go there. – *Мои вещи там. Я должен туда идти.*

❓ Go и walk имеют одинаковое значение *идти*?

🔑 Walk значит *идти пешком, гулять*. Go значит *идти, ехать, удаляться*.

Words of wisdom

Слова мудрости

A laugh is like sunshine. It freshens all the day. *Смех как солнечный свет. Он освежает весь день.*

Proverbs and sayings

Пословицы и поговорки

Choose an author as you choose a friend. *Выбирай автора так, как выбираешь друга.*

Jokes

Шутки

Teacher: Rudolph, describe a synonym.
Pupil: A word you use when you cannot spell the other word.

Учитель: Рудольф, опиши синоним.

Ученик: Слово, которое ты используешь, когда не можешь правильно написать другое слово.

The food in our school canteen is perfect. If you are a bug!

Еда в нашей школьной столовой превосходна. Если ты жучок!

Пользователи компьютера могут пройти занятия с автором книги в режиме on-line, а также использовать видеоуроки и другие ресурсы, имеющиеся на вебстранице «Английской практики».
Добро пожаловать на www.vadim-zubakhin.donetsk.ua

Курс уровня Средний 1

Pre-intermediate level course

Chapter 13
Глава 13

The name of the hotel
Название гостиницы

Для непринуждённого и результативного обучения пользуйтесь планировщиком, расположенным в начале книги.

27

Предлоги движения применяются для уточнения направления движения. Некоторые из них применяются также для уточнения расположения предметов.

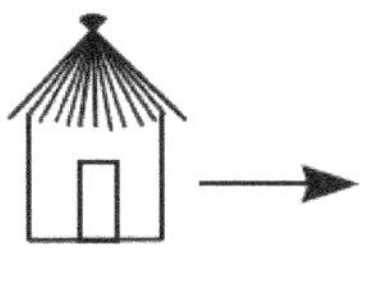

From - *из, с, от*
I come from the shop. *- Я иду из магазина.*
This train comes from London. *- Этот поезд прибывает из Лондона.*

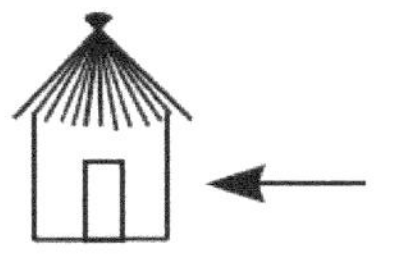

To - *к, на, в, до*
They go to work. *- Они идут на работу.*
Give this book to Dennis, please. *- Дай эту книгу Деннису, пожалуйста.*

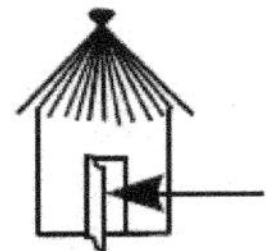

Into - *вовнутрь, внутрь*
The people come into the hotel. - *Люди входят в гостиницу.*

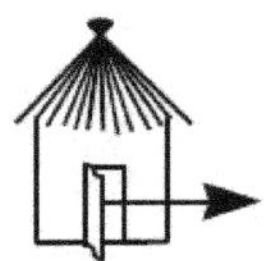

Out of - *из чего-либо наружу*
She goes out of the hotel. - *Она выходит из гостиницы.*
Take the book out of the bag, please. - *Возьми книгу из сумки, пожалуйста.*

Up - *вверх*
The baloon goes up. - *Шарик поднимается вверх.*

Down - *вниз*
Go down to the ground floor, please. - *Пожалуйста, идите вниз на первый этаж.*

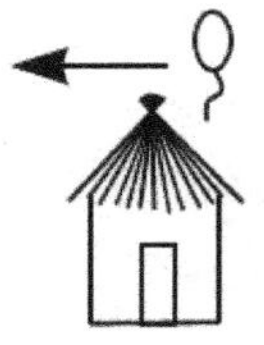

Over - *через, свыше, над*
The baloon flies over the house. - *Шарик летит над домом.*
Dennis can jump over a chair. - *Деннис может перепрыгнуть через стул.*

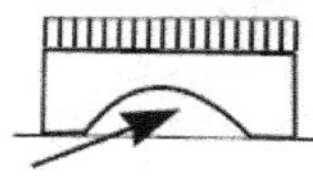

Under - *под*
The car goes under the bridge. - *Машина проезжает под мостом.*

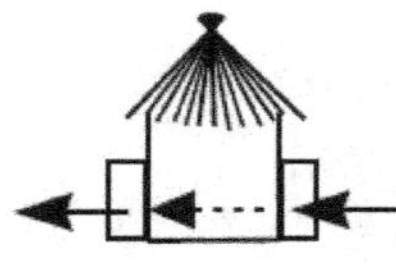

Through - *через, сквозь, посредством*
They go through the hall. - *Они идут через холл.*

Round - *вокруг*
They go round the house. - *Они идут вокруг дома.*

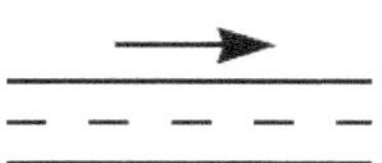

Along - *вдоль по*
You can go to the park along this street. - *К парку Вы можете пройти по этой улице.*

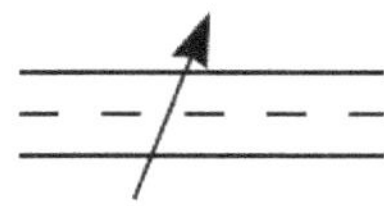

Across - *поперёк, через*
They go across the road. - *Они переходят через дорогу.*

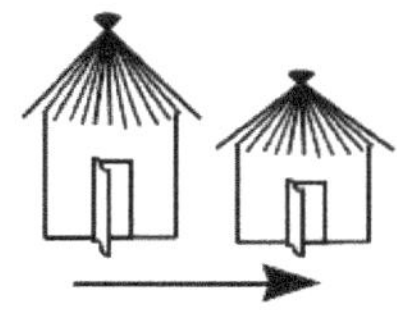

Past - *мимо, вдоль*
She goes past shops and cinemas. - *Она проходит мимо магазинов и кинотеатров.*

28

При отсутствии лица или предмета выполняющего действие необходимо применять оборот It is, который ставится в начале предложения и обычно не переводится. Такие предложения называют безличными. Оборот It is используется, потому что в английских утвердительных, вопросительных и отрицательных предложениях всегда должно быть подлежащее и сказуемое. It выполняет здесь роль подлежащего, а is - сказуемого. Например:

It is dark in the room. – *Темно в комнате.*
Is it cold in the room? – *Холодно в комнате?*
It is not cold in the room. – *В комнате не холодно.*
It is two o'clock. - *Два часа. (время на часах)*
It snows often here. – *Здесь часто снежит. (часто идёт снег)*

В предложениях начинающихся на *"Говорят..."* надо употреблять "They say...". Например:

They say this film is good. *- Говорят этот фильм интересный.*
They say Sydney is a nice city. *- Говорят, что Сидней красивый город.*

В безличных предложениях с глаголами can, may, must и другими в качестве подлежащего употребляют one. Например:

One must not smoke here. *- Здесь нельзя курить.*
One can rent a bike in this park. *- В этом парке можно взять напрокат велосипед.*

Words

1. across [ə'krɔs] - *поперёк, через*
2. advert [əd'vəːt] - *объявление, реклама*
3. again [ə'gen] - *опять, снова*
4. already [ɔːl'redi] - *уже*
5. angry ['æŋgri] - *сердитый*
6. another [ə'nʌðə] - *другой, ещё один*
7. away [ə'wei] - *прочь*
8. best [best] - *лучший*
9. bridge [bridʒ] - *мост*
10. down [daun] - *вниз*
11. evening ['iːvniŋ] - *вечер*
12. find [faind] - *находить*
13. foot [fut] - *ступня*
    on foot - *пешком*
14. Ford [fɔːd] - *Форд (марка машины)*
15. Kasper ['kaspə] - *Каспер (имя)*
16. lake [leik] - *озеро*
17. lift [lift] – *лифт; поднимать*
18. night [nait] - *ночь*
19. now [nau] - *сейчас, теперь*
20. open ['əupən] - *открывать*
21. out of - *из, наружу*
22. outside [ˌaut'said] - *наружу, снаружи (на улице)*
23. over ['əuvə] - *через, над; свыше, сверх*
24. past [paːst] - *мимо, вдоль*
25. Poland [p'əulənd] - *Польша*
26. round [raund] - *вокруг, круглый*
27. see [siː] - *видеть*
28. show [ʃəu] - *показывать, показ*
29. silly ['sili] - *глупый*
30. sleep [sliːp] - *спать*
31. smile [smail] - *улыбка, улыбаться*
32. stand [stænd] - *стоять*
33. stop [stɔp] - *останавливать(ся)*
34. surprise [sə'praiz] - *удивление, удивлять*
    surprised - *удивлённый*
35. taxi ['tæksi] – *такси;* taxi driver - *водитель такси*
36. then [ðen] - *затем, потом*

37. through [θruː] - *через, сквозь; посредством*
38. tired ['taiəd] - *уставший*
39. walk [wɔːk] - *идти пешком, прогуливаться; прогулка*
40. way [wei] - *путь, направление; способ*

The name of the hotel

This is a student. His name is Kasper. Kasper is from Poland. He cannot speak English. He wants to learn English at a college in Australia. Kasper lives in a hotel in Sydney now.

He is in his room now. He looks at the map. This map is very good. Kasper sees streets, squares and shops on the map. He goes out of the room and through the long corridor to the lift. The lift takes him down. Kasper goes through the big hall and out of the hotel. He stops near the hotel and writes the name of the hotel into his notebook. There is a round square and a lake at the hotel. Kasper goes across the square to the lake. He walks round the lake to the bridge. Many cars, trucks and people go over the bridge. Kasper goes under the bridge. Then he walks along a street to the city centre. He goes past many nice buildings.

a lake

a square

a bridge

It is evening already. Kasper is tired and he wants to go back to the hotel. He stops a taxi, then opens his notebook and shows the name of the hotel to the taxi driver. The taxi driver looks in the notebook, smiles and drives away. Kasper cannot understand it. He stands and looks in his notebook. Then he stops another taxi and shows the name of the hotel to the taxi driver again. The driver looks in the notebook. Then he looks at Kasper, smiles and drives away too. Kasper is surprised. He stops another taxi. But this taxi drives away too. Kasper cannot understand it. He is surprised and angry. But he is not silly. He opens his map and finds the way to the hotel. He comes back to the hotel on foot.

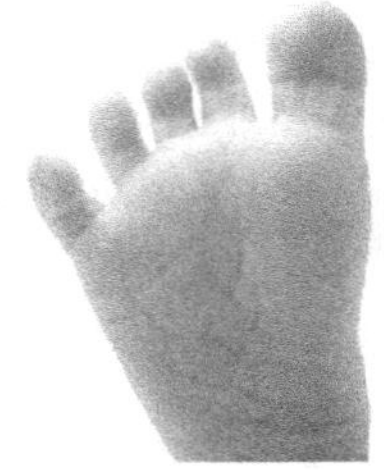

a foot

It is night. Kasper is in his bed. He sleeps. The stars look in the room through the window. The notebook is on the table. It is open. "Ford is the best car". This is not the name of the hotel. This is an advert on the building of the hotel.

a smile

Название гостиницы

Это студент. Его имя Каспер. Каспер из Польши. Он не умеет говорить по-английски. Он хочет учить английский в колледже в Австралии. Каспер живёт сейчас в гостинице в Сиднее.

Он сейчас в своей комнате. Он смотрит на карту. Эта очень хорошая карта. Каспер видит на карте улицы, площади и магазины. Он выходит из комнаты и идёт по коридору к лифту. Лифт опускает его вниз. Каспер проходит через большой холл и выходит из гостиницы. Он останавливается возле гостиницы и записывает название гостиницы в свою записную книжку. Возле гостиницы расположена круглая площадь и озеро. Каспер идёт через площадь к озеру. Он идёт вокруг озера к мосту. Много легковых автомобилей, грузовиков и пешеходов движется через мост. Каспер проходит под мостом. Затем он идёт вдоль по улице к центру города. Он проходит мимо красивых зданий.

Уже вечер. Каспер устал. Он хочет идти назад в гостиницу. Он останавливает такси, затем открывает свой блокнот и показывает название гостиницы таксисту. Таксист смотрит в блокнот, улыбается и уезжает. Каспер не может этого понять. Он стоит и смотрит в свой блокнот. Потом он останавливает другое такси и снова показывает таксисту название гостиницы. Таксист смотрит в блокнот. Потом он смотрит на Каспера, улыбается и уезжает тоже. Каспер удивляется. Он останавливает другое такси. Но это такси тоже уезжает прочь. Каспер ничего не может понять. Он удивлён и рассержен. Но он не глуп. Он открывает свою карту и находит путь к гостинице. Он приходит обратно в гостиницу пешком.

a taxi

Ночь. Каспер в своей кровати. Он спит. В комнату через окно заглядывают звёзды. Блокнот на столе. Он открыт. «Форд - лучший автомобиль». Это не название гостиницы. Это реклама на здании гостиницы.

Развитие разговорных навыков
Ответьте на вопросы к тексту

Вопросы	Варианты ответов
a) Is Kasper from Poland or from Ukraine?	a) He is from Ukraine. He is from Poland.
b) Can Kasper speak English?	b) No, he cannot. Yes, he can.
c) What can Kasper see on the map?	c) He can see streets, squares and shops. He can see the USA.
d) What is there at the hotel?	d) There is a college at the hotel. There are a round square and a lake at the hotel.
e) Is Kasper tired in the evening?	e) Yes, he is. No, he is not.
f) Is Kasper surprised at the taxi drivers?	f) He is very surprised and angry. He is not surprised.
g) How can Kasper come to the hotel?	g) He finds a way on his map. He asks people.
h) Is "New Ford is the best car" a name of the hotel?	h) Yes, it is. No. It is an advert on the building of the hotel.

Time to play!
Время поиграть!

Поиграйте в следующие диалоговые игры:

☺ Word association! Словарные ассоциации! Правила игры даются в главе 10

☺ Remember things! Вспомни предметы! Правила игры даются в главе 11

☺ Draw with closed eyes! Нарисуй с закрытыми глазами! Правила игры даются в главе 12

Change letters!
Замени буквы!

Цель игры – научиться быстро подбирать слова. Один участник пишет слово состоящее не более чем из двух слогов. Затем второй участник заменяет, убирает или добавляет одну или две буквы, чтобы получилось другое слово. Потом первый участник заменяет буквы и так далее. Пример игры:

1

Cat Z rat Z bat Z bed Z bad Z sad Z son Z Ron Z rose Z ride

And so on… *И так далее…*

2

Bike Z like Z lift Z lot Z hot Z hit Z cat Z put Z pull Z ball

And so on… *И так далее…*

Закрепление правил

Упражнение 38 к правилу 27
Переведите на английский язык.

a)	Я иду в книжный магазин.	a)	I go to a book shop.
b)	Они идут из парка.	b)	They go ....
c)	Деннис входит в комнату.	c)	....
d)	Каспер выходит из гостиницы.	d)	....

	....
e) Лифт идёт вверх.	e) ....
	....
f) Мы идём вниз.	f) ....
	....
g) Лампа над столом.	g) ....
	....
h) Марк проходит под мостом.	h) ....
	....
i) Проходите к лифту через этот коридор.	i) ....
	....
j) Я хочу пройти вокруг озера.	j) ....
	....
k) Джозеф идет вдоль по улице.	k) ....
	....
l) Линда переходит через улицу.	l) ....
	....
m) Каспер проходит мимо зданий.	m) ....
	....

Упражнение 39 к правилу 28

Переведите на английский язык используя слова в скобках.

a) В комнате жарко.	a) (hot) It is hot in the room.
b) Сегодня понедельник.	b) (Monday) It is Monday today.
c) Холодно.	c) (cold) ....
d) Это так просто!	d) (so simple) ....
e) Темно.	e) (dark) ....
f) Трудно понять.	f) (hard) ....
g) Сейчас май.	g) (May) ....
h) Сегодня воскресенье.	h) (Sunday) ....
i) Сейчас апрель.	i) (April) ....
j) Тепло.	j) (warm) ....
k) Говорят, что эта книга хорошая.	k) (good book) ....
l) Говорят сейчас в США холодно.	l) (cold in the USA) ....
m) Здесь можно купить еды.	m) (buy some food) ....
n) Учить английский надо каждый день.	n) (learn English every day) ....

o) Её книги нельзя брать.	o) (take her books) ....

Музыкальная пауза

Nat King Cole

Crazy hazy days

Сумасшедшие знойные дни

Roll out those lazy, hazy, crazy days of summer	*Наступайте ленивые, знойные, сумасшедшие летние дни*
Those days of soda and pretzels and beer	*Дни содовой и кренделей и пива*
Roll out those lazy, hazy, crazy days of summer	*Наступайте ленивые, знойные, сумасшедшие летние дни*
Dust off the sun and moon and sing a song of cheer	*Вспомни-ка о солнце и луне и пой песню радости*
Just fill your basket full of sandwiches and weenies	*Просто наполни свою корзину доверху бутербродами и сосисками*
Then lock the house up, now you're set	*Затем запри дом, вот ты готов*
And on the beach you'll see the girls in their bikinis	*А на пляже ты увидишь девушек в бикини*
As cute as ever but they never get 'em wet	*Таких же прелестных как всегда, но они никогда не плавают*
Roll out those lazy, hazy, crazy days of summer	*Наступайте ленивые, знойные, сумасшедшие летние дни*
Those days of soda and pretzels and beer	*Дни содовой и кренделей и пива*
Roll out those lazy, hazy, crazy days of summer	*Наступайте ленивые, знойные, сумасшедшие летние дни*

You'll wish that summer could always be here	*Ты захочешь, чтобы лето всегда было здесь*
Roll out those lazy, hazy, crazy days of summer	*Наступайте ленивые, знойные, сумасшедшие летние дни*
Those days of soda and pretzels and beer	*Дни содовой и кренделей и пива*
Roll out those lazy, hazy, crazy days of summer	*Наступайте ленивые, знойные, сумасшедшие летние дни*
Dust off the sun and moon and sing a song of cheer	*Вспомни-ка о солнце и луне и пой песню радости*
You don't have to tell a girl and fellow about a drive-in	*Можно не говорить девушке или приятелю о кинотеатре под открытым небом*
Or some romantic moon it seems	*Или о романтичной луне*
Right from the moment that those lovers start arriving	*Прямо с того момента, когда влюблённые начнут прибывать*
You'll see more kissing in the cars than on the screen	*Ты увидишь больше поцелуев в автомобилях, чем на экране*
Roll out those lazy, hazy, crazy days of summer	*Наступайте ленивые, знойные, сумасшедшие летние дни*
Those days of soda and pretzels and beer	*Дни содовой и кренделей и пива*
Roll out those lazy, hazy, crazy days of summer	*Наступайте ленивые, знойные, сумасшедшие летние дни*
You'll wish that summer could always be here	*Ты захочешь, чтобы лето всегда было здесь*
You'll wish that summer could always be here	*Ты захочешь, чтобы лето всегда было здесь*
You'll wish that summer could always be here	*Ты захочешь, чтобы лето всегда было здесь*

Frequently Asked Questions (FAQ)

Часто Задаваемые Вопросы

? Как правильно сказать say him или say to him?

Надо говорить say to him или tell him. Например:

Say to him to come tomorrow. – *Скажи ему прийти завтра.*
Tell him to come tomorrow. – *Скажи ему прийти завтра.*

В простом прошедшем аспекте надо говорить he said that.. или he told me that.. Например:

He said that he lived in London. – *Он сказал, что он жил в Лондоне.*
He told me that he lived in London. – *Он сказал мне, что он жил в Лондоне.*

? Что значит it snows и it rains?

Snow [snəu] – это *снег, снежить.* Rain [rein] – это *дождь, дождить*. В русском языке мы говорим *снег идёт* или *дождь идёт*. В английском же ни дождь ни снег не «ходят». Вместо этого мы говорим *снежит* и *дождит*. Например:

It rains a lot in England. – *В Англии дождит много.*
It snows a lot in Russia. – *В России снежит много.*

О применении it читайте правило 28.

? Мой репетитор не может иногда перевести некоторые слова. Стоит ли найти нового репетитора? Можно ли брать студентов?

Ваш репетитор может забыть русское или английское слово также, как и любой другой человек. Репетитор не должен знать все слова большого английского словаря, так как среди преподавателей, чьим родным языком является не английский едва ли найдётся такой, который может на лету перевести любое английское слово его точными эквивалентами. Однако репетитор должен знать по крайней мере от двух до пяти тысяч часто употребляемых слов и уметь правильно их применять. Также надо учитывать, что для подавляющего большинства учеников начального уровня в том числе для детей до 10 лет достаточно если репетитор знает и умеет правильно применять одну или две тысячи слов. В качестве такого репетитора можно брать и студента, тем более, что толковые студенты недостаток знаний могут компенсировать энергией.

Words of wisdom
Слова мудрости

Life is a song. Love is the music. *Жизнь – это песня. Любовь – это музыка.*

Proverbs and sayings
Пословицы и поговорки

East or West - home is best.
Восток ли, запад ли, а дома лучше всего. В гостях хорошо, а дома лучше.

Jokes

Шутки

Pupil: Teacher, I cannot solve this problem.
Teacher: Any five year old can solve this one.
Pupil: No wonder then, I am nearly ten!

Ученик: Учитель, я не могу решить эту задачу.

Учитель: Любой пятилетний может её решить.

Ученик: Тогда ничего удивительного, мне почти десять!

Teacher: Why cannot you ever answer any of my questions?

Pupil: Well, if I could, then there would not be much point in going to school!

Учитель: Почему ты никогда не можешь ответить ни на один из моих вопросов?
Ученик: Ну, если бы я мог, тогда не было бы смысла ходить в школу!

Пользователи компьютера могут пройти занятия с автором книги в режиме on-line, а также использовать видеоуроки и другие ресурсы, имеющиеся на вебстранице «Английской практики».
Добро пожаловать на www.vadim-zubakhin.donetsk.ua

Chapter 14
Глава 14

Aspirin
Аспирин

Для непринуждённого и результативного обучения пользуйтесь планировщиком, расположенным в начале книги.

29

Часы в английском языке обозначаются двумя способами. Для обозначения времени по циферблату употребляется o'clock и minute. При этом надо употреблять It is. Например:

It is five o'clock now. - *Сейчас пять часов.*

Минуты в первой половине часа обозначаются с помощью past - *после*, а во второй - с помощью to - *до*. Например:

What time is it? - *Сколько времени?*
It is ten minutes past seven. - *Десять минут восьмого. (буквально - десять минут после семи)*
It is twenty minutes past one. - *Двадцать минут второго. (буквально - двадцать минут после часа)*
It is fifteen minutes to three. - *Без пятнадцати три. (буквально - пятнадцать до трёх)*
It is five to twelve. - *Без пяти двенадцать. (буквально - пять до двенадцати)*

It is half past four. - *Пол-пятого. (буквально - половина после четырёх)*
It is quarter to eleven. - *Без четверти одиннадцать.*
It is six o'clock sharp. - *Ровно шесть часов.*

Для обозначения времени не по часам, а в качестве единицы измерения, употребляется hour и minute. Например:

I was at the cinema an hour ago. - *Я был в кино час назад.*
I was there for two hours. - *Я пробыл там два часа.*
The bus comes in three hours. - *Автобус прибывает через три часа.*
The film begins in half an hour. - *Фильм начинается через полчаса.*
The bank opens in five minutes. – *Банк открывается через пять минут.*

30

Предлоги времени применяются для обозначения или уточнения времени.

В английском языке для обозначения времени, даты или месяца требуются разные предлоги:

At - время по часам; время суток - только для ночи. Например:

I get up at seven o'clock. - *Я встаю в семь часов.*
He works at night. - *Он работает ночью.*
Сравните: They work by day. - *Они работают днём.*

On - дни недели, даты, праздники. Например:

See you on Sunday! - *Увидимся в воскресенье!*
The film is on 19 May. - *Фильм будет 19-го мая.*
Исключение - at Christmas. Например:
Come to us at Christmas. - *Приезжайте к нам на Рождество.*

In - месяцы, годы и времена года. Используется также для обозначения слова *через*. Например:

Pasha's birthday is in January. - *День рождения Паши в январе.*
He was born in 2003. - *Он родился в 2003.*
Andrei's birthday is in summer. - *У Андрея день рождения летом.*
The bus comes in ten minutes. - *Автобус прибывает через десять минут.*
The banks close in two hours. - *Банки закрываются через два часа.*

For - показывает как долго длилось какое-либо действие. Например:

Paul and Andrew played football for two hours. - *Павел и Андрей играли в футбол два часа.*
Maxim stayed at the hotel for three weeks. - *Максим проживал в гостинице три недели.*

Ago - действие произошло какой-то период времени назад. Например:

I was in Italy one month ago. - *Я был в Италии месяц назад.*
The film finished five minutes ago. – *Фильм кончился пять минут назад.*
Linda played tennis two days ago. – *Линда играла в теннис два дня назад.*

Since - действие длится с какого-то момента (начало периода времени). Это слово обычно применяется с совершенным аспектом (правило 48). Например:

I have lived in New-York since 2000. - *Я живу в Нью-Йорке с 2000.*
The shops have been open since nine o'clock. - *Магазины открыты с девяти часов.*
She has lived in Toronto since 1998. - *Она проживает в Торонто с 1998 года.*

Until или till - действие длится до какого-то момента (указывает на конец периода времени). Например:

Wait here until I come back. - *Жди здесь, пока я не вернусь.*

The shops are open till seven o'clock. - *Магазины открыты до семи часов.*
We lived in Sydney until 2005. - *Мы жили в Сиднее до 2005 года.*

From… to… - уточняет период времени *с… до…* Например:

They lived in Australia from 2004 to 2006. - *Они жили в Австралии с 2004 до 2006 года.*
I was in London from Monday to Friday. - *Я был в Лондоне с понедельника по пятницу.*

Before - *перед; до*. Например:

I play tennis before dinner. *- Я играю в теннис перед ужином.*

After - *после; после того, как*. Например:

I read books after dinner. *- Я читаю книги после ужина.*
You can take my pen after I come back. - *Ты можешь взять мою ручку после того, как я вернусь.*

During - *во время, на протяжении, в течение*. Например:

I want to read during the next two hours. *- Я хочу почитать в течение следующих двух часов.*
They must not speak during the lessons. *- Они не должны разговаривать во время уроков.*

While - *в то время, как*. Например:

Dennis chooses books while shop assistants show him the best of them. *- Деннис выбирает книги в то время, как продавцы показывают ему лучшие из них.*

Words

1. aspirin ['æspərin] – *аспирин*
2. break [breik] - *перерыв; прерывать, ломать*
3. chemical ['kemik(ə)l] - *химический; химическое вещество*
4. chemistry ['kemistri] - *химия*

5. classroom ['klasrum] - *классная комната*
6. of course - *конечно*
7. crystal ['kristəl] - *кристалл*
8. desk [desk] - *письменный стол*
9. dorms [dɔːmz] – *общежитие*
10. for [fə] - *на протяжении*
11. get [get] - *получить; добраться*
12. grey [grei] - *серый*
13. guy [gai] - *парень*
14. half [haːf] - *половина*
15. in [in] - *через (о времени); в*
16. last [laːst] - *последний, прошлый; длиться, продолжаться*
    at last - *наконец*
17. often ['ɔf(t)ən] - *часто*
18. paper ['peipə] - *бумага*
19. pass [paːs] – *проходить; сдавать экзамен*, passed exam – *сдал экзамен*
20. past [paːst] - *после; мимо; прошлое;* at half past eight - *в пол-девятого*
21. pharmacy ['faːməsi] – *аптека*
22. pill [pil] - *таблетка*
23. sheet [ʃiːt] - *лист; простыня*
24. sit down - *садиться*
25. smart [smaːt] - *смекалистый, находчивый*
26. so [səu] - *так; поэтому*
27. some [sʌm] - *несколько, немного*
28. something ['sʌmθiŋ] - *что-то; кое-что*
29. stinking ['stiŋkiŋ] - *вонючий, зловонный*
30. task [taːsk] - *задача*
31. ten [ten] - *десять*
32. test [test] - *тест, контрольная; тестировать*
33. that [ðæt] - *что (союз); тот*
34. think [θiŋk] - *думать, полагать*
35. try [trai] - *пробовать, пытаться*
36. watch [wɔtʃ] - *часы (наручные); смотреть (фильм, футбол, шоу и т.п.)*
37. white [(h)wait] - *белый*
38. wonderful ['wʌndəf(ə)l] – *удивительный, чудесный*

Aspirin

This is Mark's friend. His name is Dennis. Dennis is from the USA. He can speak English very well. English is his native language. Dennis lives in the dorms. Dennis is in his room now. Dennis has a chemistry test today. He looks at his watch. It is eight o'clock. It is time to go. Dennis goes outside. He

a watch

goes to the college. The college is near the dorms. It takes him about ten minutes to go to the college. Dennis comes to the chemical classroom. He opens the door and looks into the classroom. There are some students and the teacher there. Dennis comes into the classroom.

10

ten

"Hello," he says.

"Hello," the teacher and the students answer.

Dennis comes to his desk and sits down. The chemistry test begins at half past eight. The teacher comes to Dennis's desk.

a classroom

"Here is your task," the teacher says. Then he gives Dennis a sheet of paper with the task, "You must make aspirin. You can work from half past eight to twelve o'clock. Begin, please," the teacher says.

Dennis knows this task. He takes some chemicals and begins. He works for ten minutes. At last he gets something grey and stinking. This is not good aspirin. Dennis knows that he must get big white crystals of aspirin. Then he tries again and again. Dennis works for an hour but he gets something grey and stinking again. Dennis is angry and tired. He cannot understand it. He stops and thinks a little. Dennis is a smart guy. He thinks for a minute and then finds the answer! He stands up.

"May I have a break for ten minutes?" Dennis asks the teacher.

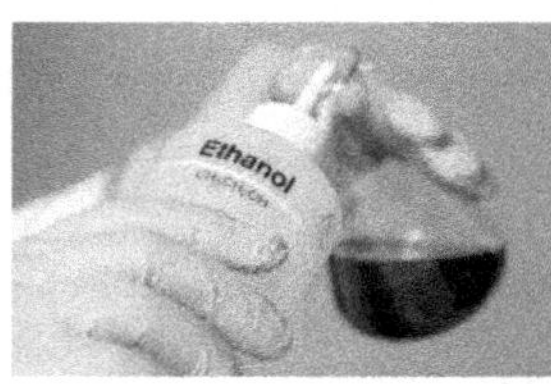

chemicals

"Of course, you may," the teacher answers.

Dennis goes outside. He finds a pharmacy near the college. He comes in and buys some pills of aspirin. In ten minutes he comes back to the classroom.

The students sit and work. Dennis sits down.

"May I finish the test?" Dennis says to the teacher in five minutes.

The teacher comes to Dennis's desk. He sees big white crystals of aspirin. The teacher stops in surprise. He stands and looks at aspirin for a minute.

"It is wonderful! Your aspirin is so nice! But I cannot understand it! I often try to get aspirin and I get only something grey and stinking," the teacher says, "You passed the test," he says.

aspirin

Dennis goes away after the test. The teacher sees something white at Dennis's desk. He comes to the desk and finds the paper from the aspirin pills.

"Smart guy. Ok, Dennis. Now you have a problem," the teacher says.

Аспирин

Это друг Марка. Его имя Деннис. Деннис из США. Он может говорить по-английски очень хорошо. Английский - его родной язык. Деннис живёт в общежитии. Деннис в своей комнате сейчас. У Денниса сегодня тест по химии. Он смотрит на свои часы. Восемь часов. Время идти. Деннис выходит на улицу. Он идет в колледж. Колледж рядом с общежитием. Путь до колледжа занимает у него десять минут. Деннис подходит к кабинету химии. Он открывает дверь и заглядывает в кабинет. Там нескольких студентов и преподаватель. Деннис заходит в кабинет.

«Здравствуйте,» говорит он.

«Здравствуйте,» отвечают студенты и преподаватель.

Деннис идёт к своему столу и садится. Тест по химии начинается в пол-девятого. Преподаватель подходит к столу Денниса.

«Вот твоя задача,» говорит преподаватель. Он даёт Деннису лист бумаги с задачей, «Ты должен получить аспирин. Ты можешь работать с пол-девятого до двенадцати часов. Пожалуйста, начинай,» преподаватель говорит.

a desk

Деннис знает эту задачу. Он берёт некоторые химические вещества и начинает. Он работает десять минут. Наконец он получает что-то серое и плохо пахнущее. Это не хороший аспирин. Деннис знает, что он должен получить большие белые кристаллы аспирина. Тогда он пробует снова и снова. Деннис работает на протяжении часа, но он снова получает что-то серое и плохо пахнущее. Деннис рассерженный и усталый. Он не может понять этого. Он останавливается и немного думает. Деннис сообразительный парень. Он думает одну минуту и затем находит ответ! Он встаёт.

«Можно сделать перерыв на десять минут?» спрашивает Деннис преподавателя.

«Конечно можно,» отвечает преподаватель.

Деннис выходит. Он находит аптеку возле колледжа. Он заходит и покупает несколько таблеток аспирина. Через десять минут он возвращается назад в кабинет. Студенты сидят и работают. Деннис садится.
«Могу я закончить тест?» говорит Деннис преподавателю через пять минут.
Преподаватель подходит к столу Денниса. Он видит большие белые кристаллы аспирина. Преподаватель останавливается в удивлении. Минуту он стоит и смотрит на аспирин. «Он великолепен... Твой аспирин просто превосходный! Я не могу этого понять! Я часто пытаюсь получить аспирин, но получаю только что-то серое и плохо пахнущее,» говорит преподаватель, «Ты получаешь зачёт,» говорит он.
Деннис уходит после теста. Преподаватель видит что-то белое возле стола Денниса. Он подходит к столу и находит бумажку от таблеток аспирина.
«Смекалистый парень. Ладно, Деннис. Теперь у тебя проблема,» говорит преподаватель.

Развитие разговорных навыков

Ответьте на вопросы к тексту

Вопросы	Варианты ответов
a) Who is Dennis? *Кто Деннис?*	a) Dennis is Mark's friend. Dennis is Virginia's friend.
b) Where is he from?	b) He is from the USA. He is from Poland.
c) What is Dennis's native language? *Какой родной язык Денниса?*	c) Dennis's native language is English. His native language is Ukrainian.
d) What time is it?	d) It is eight o'clock. It is two o'clock.
e) Is the college near the dorms?	e) Yes, it is. No, it is not. It is far from the dorms.
f) What is Dennis's task for the chemical test?	f) His task is to get aspirin. His task is to get analgesic.
g) How much time has Dennis for his test?	g) He can work from half past eight to twelve o'clock. He can work from nine to seven o'clock.
h) Can Dennis make good	h) He makes big white crystals of

aspirin?

aspirin. He makes something grey and stinking.

i) How can the teacher understand what aspirin Dennis has?

i) The teacher finds the pills paper. The teacher tries aspirin.

Time to play!

Время поиграть!

Поиграйте в следующие диалоговые игры:

☺ Guess a thing! Угадай предмет! (в единственном числе) Правила игры даются в главе 3

☺ Truth or lie? Правда или ложь? Правила игры даются в главе 4

☺ Guess things! Угадай предметы! (во множ. числе) Правила игры даются в главе 5

☺ Change letters! Замени буквы! Правила игры даются в главе 13

Закрепление правил

Упражнение 40 к правилу 29

Ответьте по-английски на вопрос What time is it? (сколько времени?)

a) Пять минут шестого.

b) Без двадцати десять.

c) Десять минут девятого.

d) Ровно десять.

e) Без пяти четыре.

f) Пол-второго.

a) It is five past five.

b) It is twenty to ten.

c) It is ten ....

d) ....

e) ....

f) ....

g) Ровно три. g) ....

h) Четверть седьмого. h) ....

i) Без четверти два. i) ....

j) Без двадцати три. j) ....

Упражнение 41 к правилам 29-30

Переведите на английский язык.

a) Автобус отходит через два часа. a) The bus goes in two hours.

b) Я был в парке три часа назад. b) I was in the park three hours ago.

c) Увидимся через час! c) See you ....

d) Фильм начинается через час. d) ....

....

e) Линда была в банке два часа назад. e) Linda was in the bank ....

....

f) Каспер был в гостинице час назад f) Kasper was ....

....

g) Приходите через два часа. g) ....

....

Упражнение 42 к правилу 30

Переведите на английский язык.

a) Приходи в пять часов. a) Come at five o'clock.

b) Увидимся в воскресенье!	b) See you on Sunday!
c) День рождения Паши в январе.	c) Pasha's birthday is ....
d) Автобус прибывает через пять минут.	d) The bus comes ....
e) Мы можем пойти в парк через два часа.	e) We can go to the park …………… ....
f) Каспер живёт в гостинице два дня.	f) ....
g) Линда играет в теннис с десяти часов.	g) ....
h) Деннис проживает в Сиднее с воскресенья.	h) ....
i) Ждите в холле, пока не придёт Джозеф.	i) ....
j) Я хочу поиграть в теннис до семи часов.	j) ....
k) Они хотят поиграть в теннис с пяти до шести часов.	k) ....
l) Марк читает перед завтраком.	l) ....
m) Я хожу в парк после	m) ....

	колледжа.		....
n)	Деннис читает во время завтрака.	n)	....
o)	Мэри ждёт пока её мама покупает хлеб.	o)	....

Музыкальная пауза

Uriah Heep

The dance

Танец

See the picture in the hall	*Видишь картину в зале*
Framed in magic on the wall	*Обрамлённую в волшебство на стене*
Isn't it funny how it glows?	*Разве это не здорово, как она светится?*
What's on the inside no one knows	*Что внутри - никто не знает*
What makes this picture so inviting	*Что делает картину такой притягательной*
To those who stand outside it	*Для тех, кто стоит снаружи её*
Maybe it's the dancer	*Может быть - это танцовщица*
Or maybe it's the dance	*Или может быть - танец,*
The dancer dances	*Который танцовщица танцует*
Thousands will fill the gallery	*Тысячи заполнят галерею*
Pay their price to see a dream	*Они платят свою цену, чтобы увидеть мечту*

They can make believe for free	*Они могут поверить и бесплатно*
Two hours' worth of fantasy	*В двухчасовую фантазию*
Maybe they pretend the picture's them	*Может быть они представляют, что они - эта та картина*
Or maybe they just love to sit and blend	*Или может быть им просто нравится сидеть и погружаться*
Maybe it's the dancer	*Может быть - это танцовщица*
Or maybe it's the dance the dancer dances	*Или может быть - это танец, Который танцовщица танцует.*
Tonight the picture has no frame	*Сегодня ночью картина не имеет рамы*
Colours unleash and float away	*Цвета высвобождаются и плывут*
To each and every one of you	*Ко всем и каждому из вас*
Tonight the spirit brings the news	*Сегодня ночью одухотворённость несёт весть*
You become a part of it all	*Ты становишься частью этого всего*
Thousands turn to one in the hall	*Тысячи превращаются в одно целое в зале*
You become the dancer	*Ты становишься танцором*
And we become the dance the dancer dances	*А мы становимся танцем, Который танцор танцует*

Frequently Asked Questions (FAQ)
Часто Задаваемые Вопросы

? Dance, dances, dancer - эти слова имеют общую основу?

Да. Dance [daːn(t)s] *танцевать* – это инфинитив (правило 9). Dances ['daːn(t)siz] *танцует* – это форма применяется с he, she, it (правило10). Dancer ['daːn(t)sə] *танцовщица, танцовщик* – название профессий и орудий часто образуется от глагола с помощью –er (правило 15). Если добавить окончание –ing, то можно получить, в зависимости от смысла:

а) причастие 1 (правило 24) dancing ['daːn(t)siŋ] *танцующий, танцуя*

She smiled at Sam dancing with him. – *Она улыбнулась Сэму, танцуя с ним.*

б) герундий (правило 39) dancing ['daːn(t)siŋ] *танцы, танцевание.*

She likes dancing. – *Ей нравятся танцы.*

? Какая разница между thanx и thank you?

Thanx или thanks [θæŋks] – это сокращённая форма от thank you *спасибо*. Thank [θaŋk] переводится *благодарить*. Например:

I want to thank him for his help. – *Я хочу поблагодарить его за его помощь.*

They thanked her for the nice cooking. – *Они поблагодарили её за вкусную готовку.*

Words of wisdom
Слова мудрости

If the world seems cold to you, kindle fires to warm it. *Если мир кажется тебе холодным, то разожги огонь чтобы согреть его.*

Proverbs and sayings
Пословицы и поговорки

A bird in the hand is worth two in the bush. *Одна птичка в руках стоит двух в кустах. Лучше синица в руке, чем журавль в небе.*

Monster jokes

Шутки монстров

Little Monster: I hate my teacher.

Mother Monster: Then eat the salad dear!

Маленький монстр: Я ненавижу своего учителя.
Мама монстр: Тогда кушай салат, дорогой!

Пользователи компьютера могут пройти занятия с автором книги в режиме on-line, а также использовать видеоуроки и другие ресурсы, имеющиеся на вебстранице «Английской практики».
Добро пожаловать на www.vadim-zubakhin.donetsk.ua

Chapter 15
Глава 15

Mary and kangaroo
Мэри и кенгуру

Для непринуждённого и результативного обучения пользуйтесь планировщиком, расположенным в начале книги.

31

Will и shall применяются для обозначения действий в будущем - сегодня вечером, завтра, через неделю и т.п.
Shall употребляется только с I (я) и we (мы), а will - со всеми остальными лицами – you (Вы, ты, вы), he (он), she (она), it (оно), they (они). В современном английском языке shall почти не употребляется и вместо него применяется will.

В утвердительном предложении должен быть такой порядок слов:

Подлежащее + will + глагол в инфинитиве + второстепенные члены предложения

Например:

I will go home at seven o'clock. - *Я пойду домой в семь часов.*

Вопросительная форма:

Will + подлежащее + глагол в инфинитиве + второстепенные члены предложения

Например:

Will you go to the cinema with me? *- Ты пойдёшь в кино со мной?*

Если имеется вопросительное слово, например What или Where, то оно ставится в самом начале. Например:

Where will you go today? *- Куда ты пойдешь сегодня?*

Отрицательная форма:

Подлежащее + will + not + глагол в инфинитиве + второстепенные члены предложения

Например:

She will not play tennis. *- Она не будет играть в теннис.*

32

Shall (но не will) надо употреблять, когда мы предлагаем сделать что-либо. Например:

Shall I make you some tea? *- Приготовить Вам чай?*
Shall we go to the park? *- Хотите, сходим в парк?*
Shall I open the window? *- Хотите я открою окно?*

Words

1. bookcase ['bukkeis] – *книжный шкаф*
2. bother ['bɔðə] – *беспокоить, донимать*
3. cry [krai] - *кричать; плакать*
   cries - *кричит; плачет*
4. doll [dɔl] - *кукла*
5. ear [iə] - *ухо*
6. fall [fɔ:l] - *падать, падение*
7. first [fə:st] - *первый*
8. fly [flai] - *летать; муха*
9. full [ful] - *полный*

10. hair [hɛə] - *волосы (всегда в единственном числе)*
11. happy ['hæpi] - *счастливый*
12. hey! [hei] - *эй!*
13. hit [hit] - *бить, ударить*
14. ice-cream [ˌais'kriːm] – *мороженое*
15. its [its] - *его (на вопрос чей? с неодушевлённым предметом)*
16. kangaroo [ˌkæŋg(ə)'ruː] – *кенгуру*
17. let us, let's - *давай, давайте*
18. lion ['laiən] - *лев*
19. me [miː] - *меня, мне, мной (косвенный падеж)*
20. monkey ['mʌŋki] – *обезьяна*
21. month [mʌnθ] - *месяц*
22. Oh! [əu] - *O! (восклицание)*
23. okay [əu'kei] - *хорошо, ладно, согласен*
24. olympic [ə'limpik] – *олимпийский*
25. pail [peil] - *ведро*
26. plan [plæn] - *план, планировать*
27. poor [pɔː , puə] - *бедный, несчастный*
28. pull [pul] - *тащить, тянуть*
29. quietly ['kwaiətli] - *тихо, потихоньку, спокойно*
30. strong [strɔŋ] - *сильно, сильный*
31. study ['stʌdi] - *учиться*
32. tail [teil] - *хвост*
33. tiger ['taige] - *тигр*
34. together [tə'geðə] - *вместе*
35. toy [tɔi] - *игрушка*
36. us [əs] - *нам, нас, нами (косвенный падеж)*
37. water ['wɔːtə] - *вода, поливать*
38. wet [wet] - *мокрый, влажный*
39. what [(h)wɔt] - *что; какой*
40. when [(h)wen] - *когда*
41. wide [waid] - *широкий; широко*
42. year [jiə] - *год*
43. zebra ['ziːbrə] - *зебра*
44. zoo [zuː] - *зоопарк*

Mary and kangaroo

Mark is a student now. He studies at a college. He studies English. Mark lives at the dorms. He lives next door to Dennis's.

a doll

Mark is in his room now. He takes the telephone and calls his friend Joseph.

"Hello," Joseph answers the call.

"Hello Joseph. It is Mark here. How are you?" Mark says.

"Hello Mark. I am fine. Thanks. And how are you?" Joseph answers.

"I am fine too. Thanks. I will go for a walk. What are your plans for today?" Mark says.

a bookcase

"My sister Mary asks me to take her to the zoo. I will take her there now. Let us go together," Joseph says.

"Okay. I will go with you. Where will we meet?" Mark asks.

"Let us meet at the bus stop Olympic. And ask Dennis to come with us too," Joseph says.

"Okay. Bye," Mark answers.

"See you. Bye," Joseph says.

Then Mark goes to Dennis's room. Dennis is in his room.

the Sydney zoo

"Hello," Mark says.

"Oh, hello Mark. Come in, please," Dennis says. Mark comes in.

"I, Joseph and his sister will go to the zoo. Will you go together with us?" Mark asks.

"Of course, I will go too!" Dennis says.

Mark and Dennis walk to the bus stop Olympic. They see Joseph and his sister Mary there.

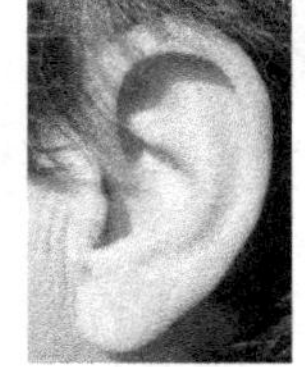

an ear

Joseph's sister is only five years old. She is a little girl and she is full of energy. She likes animals very much. But Mary thinks that animals are toys. The animals run away from her because she bothers them very much. She can pull tail or ear, hit with a hand or with a toy. Mary has a dog and a cat at home. When Mary is at home the dog is under a bed and the cat sits on the bookcase. So she cannot get them.

Mary, Joseph, Mark and Dennis come into the zoo.

"I live in Australia for five months but see big animals for the first time," Mark says.

There are very many animals in the zoo. Mary is very happy. She runs to the lion and to the tiger. She hits the zebra with her doll. She pulls the tail of a monkey so strong that all the monkeys run away crying. Then Mary sees a kangaroo. The kangaroo drinks water from a pail. Mary smiles and comes to the kangaroo very quietly. And then…

monkeys

"Hey!! Kangaroo-oo-oo!!" Mary cries and pulls its tail. The kangaroo looks at Mary with wide open eyes. It jumps in surprise so that the pail with water flies up and falls on Mary. Water runs down her hair, her face and her dress. Mary is all wet.

a kangaroo

"You are a bad kangaroo! Bad!" she cries.

Some people smile and some people say: "Poor girl." Joseph takes Mary home.

"You must not bother the animals," Joseph says and gives an ice-cream to her. Mary eats the ice-cream.

"Okay. I will not play with very big and angry animals," Mary thinks, "I will play with little animals only." She is happy again.

Мэри и кенгуру

Марк теперь студент. Он учится в колледже. Он изучает английский язык. Марк живёт в общежитии. Он живёт в соседней с Деннисом комнате.

Марк сейчас в своей комнате. Он берёт телефон и звонит своему другу Джозефу.

«Алло,» отвечает на звонок Джозеф.

«Алло Джозеф. Это Марк. Как дела?» говорит Марк.

«Привет Марк. У меня хорошо. Спасибо. А как у тебя дела?» отвечает Джозеф.

«У меня тоже хорошо. Спасибо. Я пойду погулять. Какие планы у тебя на сегодня?» говорит Марк.

a lion

«Моя сестра Мэри просит меня сводить её в зоопарк. Я сейчас поведу её туда. Пошли вместе с нами,» говорит Джозеф.

«Хорошо. Я пойду с вами. Где мы встретимся?» отвечает Марк.

«Давай встретимся на автобусной остановке Олимпик. И попроси Денниса тоже пойти с нами,» говорит Джозеф.

«Окей. Пока,» отвечает Марк.

«Увидимся. Пока,» говорит Джозеф.
Затем Марк идёт в комнату Денниса. Деннис в своей комнате.
«Привет,» говорит Марк.
«О, привет Марк. Входи пожалуйста,» говорит Деннис.
Марк входит.
«Я, Джозеф и его сестра пойдём в зоопарк. Пошли вместе с нами,» говорит Марк.
«Конечно, я тоже пойду!» говорит Деннис.
Марк и Деннис идут на автобусную остановку Олимпик. Они видят там Джозефа и его сестру Мэри.
Сестре Джозефа только пять лет. Она маленькая девочка, и она полна энергии. Она очень любит животных. Но Мэри думает, что животные - это игрушки. Животные убегают от неё, потому что она очень их донимает. Она может потянуть за хвост или ухо, ударить рукой или игрушкой. У Мэри дома есть собака и кот. Когда Мэри дома, собака спит под кроватью, а кот сидит на шкафу. Так она не может до них достать.

ice-cream

Мэри, Джозеф, Марк и Деннис заходят в зоопарк.
«Я живу в Австралии пять месяцев, но больших животных вижу в первый раз,» говорит Марк.
В зоопарке очень много животных. Мэри очень рада. Она подбегает ко льву и тигру. Она ударяет зебру своей куклой. Она так сильно тянет одну обезьяну за хвост, что все обезьяны с криками убегают. Затем Мэри видит кенгуру. Кенгуру пьёт воду из ведра. Мэри улыбается и очень тихонько подходит к кенгуру. А потом…

a pail

«Эй! Кенгуру-у-у!!» кричит Мэри и тянет его за хвост. Кенгуру смотрит на Мэри широко раскрытыми глазами и так подпрыгивает от неожиданности, что ведро с водой подлетает вверх и падает на Мэри. Вода стекает по её волосам, лицу, платью. Мэри вся мокрая.
«Ты плохой кенгуру! Плохой!» плачет она.
Некоторые люди улыбаются, а некоторые говорят: «Бедная девочка.» Джозеф, Марк и Деннис забирают Мэри домой.
«Ты не должна донимать животных,» говорит Джозеф и даёт ей мороженое. Мэри кушает мороженое.
«Ну ладно. Я не буду играть с большими и сердитыми животными. Я буду играть только с маленькими животными,» думает Мэри. Она счастлива снова.

a zebra

Развитие разговорных навыков

Ответьте на вопросы к тексту

Вопросы	Варианты ответов
a) Who lives next door to Dennis's? *Кто живёт возле Денниса?*	a) Mark. Mr. Profit.

b) What are Mark's plans?
Каковы планы Марка?

b) He will go for a walk.
He will play tennis.

c) What are Joseph's plans?

c) He will take his sister Mary to the zoo. He will take his sister Mary to a job agency.

d) Will Mark go with Joseph and Mary to the zoo?

d) Yes, he will.
No, he will not.

e) Where will they meet?

e) They will meet at the bus stop "Olympic". They will meet at the dorms.

f) Will Dennis go to the zoo too?

f) Yes, he will. No, he will not.

g) How old is Mary?
Сколько лет Мэри?

g) She is five years old. She is twenty-five years old.

h) Why must animals run from Mary?

h) Because she bothers them. Because she gives them bread.

i) Are there animals in the zoo?

i) Yes, there are. No, there are not.

j) Who is all wet?
Кто весь мокрый?

j) Mary is all wet. The kangaroo is all wet.

k) Will Mary play with very big and angry animals?

k) Yes, she will. No, she will not. She will play with little animals only.

Time to play!

Время поиграть!

Поиграйте в следующие диалоговые игры:

☺ Change letters! Замени буквы! Правила игры даются в главе 13

☺ Guess a thing! Угадай предмет! (в единственном числе) Правила игры даются в главе 3

☺ Truth or lie? Правда или ложь? Правила игры даются в главе 4

☺ Guess things! Угадай предметы! (во множ. числе) Правила игры даются в главе 5

Закрепление правил

Упражнение 43 к правилу 31

Переведите на английский язык, используя приведенные ниже слова.

drink ~~go~~ go play buy ~~come~~ live read play

a) Я приду к тебе в пять часов.	a) I will come to you at five o'clock.
b) Пойдёшь ли ты в парк в воскресенье?	b) Will you go to the park on Sunday?
c) Они поедут на автобусе?	c) Will they ....
d) Когда они будут играть в теннис?	d) When will they ....
e) Пойдёт ли Мэри в зоопарк?	e) Will ....
f) Будет ли Каспер жить в гостинице два дня?	f) ....
g) Ты не будешь играть в теннис.	g) ....
h) Я не буду читать книгу.	h) ....

....

i) Мы не придём. i) ....

....

j) Я не буду покупать велосипед сегодня. j) ....

....

k) Мы будем пить чай через пять минут. k) ....

....

Упражнение 44 к правилу 32

Переведите на английский язык, используя приведенные ниже слова.

telephone ~~play~~ open go buy show make ~~read~~ go help

a) Хочешь, поиграем в теннис? a) Shall we play tennis?

b) Хочешь, я почитаю тебе книгу? b) Shall I read you a book?

c) Открыть окно? c) Shall I ....

d) Купить кофе? d) ....

e) Сделать чаю? e) ....

f) Помочь тебе? f) ....

g) Пойдём парк в воскресенье? g) ....

h) Показать Вам город? h) ....

i) Пойдём в зоопарк? i) ....

j) Позвонить тебе j) ....

вечером?

Музыкальная пауза

Frank Sinatra

Strangers in The Night
Незнакомцы в ночи

Strangers in the night exchanging glances	*Незнакомцы в ночи, обмениваясь взглядами*
Wandering in the night	*Гуляя в ночи*
What were the chances we'd be sharing love	*Каковы были шансы, что мы разделим любовь*
Before the night was through.	*Прежде, чем закончится ночь*
Something in your eyes was so inviting,	*Что-то в твоих глазах было таким притягивающим*
Something in you smile was so exciting,	*Что-то в твоей улыбке было таким волнующим*
Something in my heart,	*Что-то в моём сердце*
Told me I must have you.	*Сказало мне, что я должен быть с тобой*
Strangers in the night, two lonely people	*Незнакомцы в ночи, два одиноких человека*
We were strangers in the night	*Мы были незнакомцы в ночи*
Up to the moment	*До того момента*
When we said our first hello.	*Когда мы произнесли наше первое «Привет».*
Little did we know	*Мало же мы догадывались,*
Love was just a glance away,	*Что любовь всего лишь на расстоянии взгляда*
A warm embracing dance away and -	*Жаркие объятия лишь на расстоянии танца и -*
Ever since that night we've been	*Всегда с тех пор мы вместе*

together.	
Lovers at first sight, in love forever.	*Влюблённые с первого взгляда, в любви навсегда*
It turned out so right,	*Это вышло так удачно*
For strangers in the night.	*Для незнакомцев в ночи*

Frequently Asked Questions (FAQ)
Часто Задаваемые Вопросы

? Почему слово runs в предложении She runs to the lion даётся в русском переводе не *бежит*, а *подбегает*.

При переводе надо употреблять слова, которые наиболее точно передают смысл. Например:

She goes into the room. – *Она **входит** в комнату.*

She goes out of the room. – *Она **выходит** из комнаты.*

She goes to the shop window and looks at dresses. – *Она **подходит** к витрине и смотрит на платья.*

? Я плохо говорю, потому что боюсь сделать ошибку.

На ошибках мы учимся. Ошибки – это наши ступеньки к успеху. Хорошо говорит не тот, кто знает тысячу слов и стесняется их употреблять чтобы не ошибиться, а тот кто старается всё объяснить зная лишь 200 слов. Общайтесь в чатах, разговаривайте со своим репетитором. Внимательно слушайте и активно отвечайте. Думайте не об ошибках, а о том, как проще выразить свою мысль. Подбирайте простые слова. Используйте слова которые вспоминаются первыми. Не старайтесь закончить мысль если не находите слов, а лучше составьте совершенно иное предложение, может быть совершенно на другую тему, которое поможет поддержать нить разговора. Делайте эксперименты и подмечайте какие из ваших предложений собеседник понимает лучше и какие хуже.

Words of wisdom
Слова мудрости

The best gifts are tied with heart strings. *Лучшие подарки перевязаны сердечными струнами.*

Practice is the best of all instructors. *Практика – лучший из всех учителей.*

Proverbs and sayings
Пословицы и поговорки

If a person lacks problems he will invent them. *Если человеку не хватает проблем, то он их придумает.*

Envy shoots at others and wounds herself. *Зависть стреляет в других, а ранит себя. Завистливый от зависти сохнет.*

Jokes

Шутки

Skipping lessons is like a credit card. Fun now, pay later!

Прогуливать уроки – это как кредитная карточка. Радость сразу, расплачиваешься позже!

Teacher: Name two cities in Kentucky.
Fred: Okay, I will name one Fred, and the other Sam.

Учитель: Назови два города в Кентукки.

Фред: Хорошо, я назову один Фредом, а другой Сэмом.

Пользователи компьютера могут пройти занятия с автором книги в режиме on-line, а также использовать видеоуроки и другие ресурсы, имеющиеся на вебстранице «Английской практики».
Добро пожаловать на www.vadim-zubakhin.donetsk.ua

Chapter 16
Глава 16

Parachutists
Парашютисты

Для непринуждённого и результативного обучения пользуйтесь планировщиком, расположенным в начале книги.

33

Вопросительные слова надо ставить, как и в русском языке, в самом начале предложения. Например:

When will you come? - *Когда ты придёшь?*

Вместо одного вопросительного слова может применяться целая группа слов - вопросительная группа, которая также вся должна стоять в начале предложения. Например:

What books and newspapers will you read? - *Какие книги и газеты ты будешь читать?*
How many pens and pencils have you? - *Сколько ручек и карандашей у тебя есть?*
What bridges and buildings can you see from the window? - *Какие мосты и здания можно увидеть из окна?*

Помните, что разрывать вопросительную группу нельзя. Поэтому важно правильно определить, какие слова входят в неё.

34

Количественные числительные применяются для указания количества.

Zero – ноль, one - один, two - два, three - три, four - четыре, five - пять, six - шесть, seven - семь, eight - восемь, nine - девять, ten - десять, eleven - одиннадцать, twelve - двенадцать, thirteen - тринадцать.

Количественные от 14 до 19 образуются с помощью добавления -teen:

Fourteen - четырнадцать, fifteen - пятнадцать, sixteen - шестнадцать, seventeen - семнадцать, eighteen - восемнадцать, nineteen - девятнадцать.

Десятки образуются с помощью -ty:

Twenty - двадцать, thirty - тридцать, forty - сорок, fifty - пятьдесят, sixty - шестьдесят, seventy - семьдесят, eighty - восемьдесят, ninety - девяносто.

Десятки с единицами пишутся через дефис. Например:

Twenty-seven - двадцать семь
Thirty-one - тридцать один
Eighty-eight - восемьдесят восемь

Сотня называется hundred, тысяча - thousand, миллион - million. Сотни, тысячи и миллионы во множественном числе пишутся без -s. Перед последними цифрами надо ставить and. Например:

One hundred and sixty-two - 162
Three thousand and seven hundred - 3,700
Two thousand four hundred and ninety-five - 2,495
Five million twenty-six thousand and twenty-nine - 5,026,029

Как видно из примеров, тысячи и миллионы отделяются запятыми. Также допускаются такие предложения с числительным во множественном числе:

Thousands of people study at this college. - *Тысячи людей учатся в этом колледже.*

Десятые доли отделяются от целых чисел точкой, которая называется point [pɔint]. Ноль произносится zero ['ziərəu] или o [əu]. Например:

0.5 = zero point five – *ноль целых пять десятых*
0.79 = o point seventy nine – *ноль целых семьдесят девять сотых*

Ноль может вообще не упоминаться:

0.27 = point twenty-seven – *ноль целых двадцать семь сотых*

Words

1. after ['a:ftə] - *после*
2. ah.. [a:] - *э.. (междометие)*
3. air [ɛə] - *воздух*
4. airplane ['ɛəplein] – *самолёт*
5. airshow - *авиашоу*
6. angrily ['æŋgrili] - *сердито*
7. audience ['ɔ:diəns] – *зрители*
8. be [bi:] - *быть*
9. believe [bi'li:v] - *верить, полагать*
10. by the way – *кстати, между прочим*
11. catch [kætʃ] - *ловить, хватать*
    catch on – *зацепить(ся)*
12. close [kləuz] - *закрывать; близко*
13. club [klʌb] - *клуб*
14. daddy ['dædi] - *папочка*
15. do [du:] - *делать*
16. dress [dres] – *платье, одежда; одевать;* dressed - *одетый*
17. falling ['fɔ:liŋ] - *падающий*
18. get off - *сходить с транспорта*
19. great [greit] - *великолепный; великий*
20. if [if] - *если*
21. inside [ˌin'said] - *внутри, внутрь*
22. Jack [dʒæk] - *Джек (имя)*
23. jacket ['dʒækit] - *куртка*
24. just [dʒʌst] - *только; просто; лишь*
25. land [lænd] - *земля, приземляться*
26. life [laif] - *жизнь;* life-saving trick - *трюк по спасению жизни*

27. member ['membə] - *участник, член*
28. metal ['met(ə)l] - *металл, металлический*
29. nine [nain] - *девять*
30. other ['ʌðə] - *другой*
31. out [aut] - *наружу, на улицу;* out of – *из*
32. over ['əuvə] - *над, через; сверх, свыше*
33. own [əun] - *собственный*
34. parachute ['pærəʃu:t] – *парашют*
35. parachutist ['pærəˌʃu:tist] – *парашютист*
36. part [pa:t] - *часть; деталь*
37. pilot ['pailət] - *пилот*
38. prepare [pri'pɛə] - *приготовить(ся)*
39. push [puʃ] - *толкать*
40. real [riəl] - *настоящий, реальный*
41. red [red] - *красный*
42. roof [ru:f] - *крыша*
43. rubber ['rʌbə] - *резина*
44. save [seiv] - *спасать; сохранять; экономить*
45. seat [si:t] – *сиденье, место для сидения;* take a seat - *садиться*
46. silent ['sailənt] - *молчаливый, молчащий*
    silently - *молча, в молчании*
47. stuffed [stʌft] - *набитый внутри (например ватой);* stuffed parachutist – *чучело парашютиста*
48. team [ti:m] - *команда, коллектив*
49. train [trein] – *тренировать; поезд* trained - *тренированный*
50. trick [trik] - *трюк, приём*
51. trousers ['trauzəz] - *брюки*
52. yellow ['jeləu] - *жёлтый*

Parachutists

It is morning. Mark comes to Dennis's room. Dennis sits at the table and writes something. Dennis's cat Favorite is on Dennis's bed. It sleeps quietly.

an airplane

"May I come in?" Mark asks.

"Oh, Mark. Come in please. How are you?" Dennis answers.

"Fine. Thanks. How are you?" Mark says.

"I am fine. Thanks. Sit down, please," Dennis answers.

Mark sits on a chair.

"You know I am a member of a parachute club. We will have an airshow today," Mark says, "I will make some jumps there."

"It is very interesting," Dennis answers, "I may come to see the airshow."

"If you want I can take you there and you can fly in an airplane," Mark says.

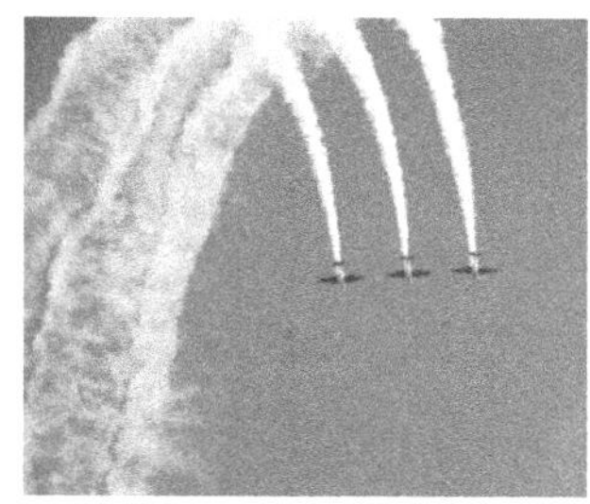

an airshow

"Really? That will be great!" Dennis cries, "What time is the airshow?"

"It begins at ten o'clock in the morning," Mark answers, "Joseph will come too. By the way we need help to push a stuffed parachutist out of the airplane. Will you help?"

"A stuffed parachutist? Why?" Dennis says in surprise.

"You see, it is a part of the show," Mark says, "This is a life-saving trick. The stuffed parachutist falls down. At this time a real parachutist flies to it, catches it and opens his own parachute. The "man" is saved!"

"Great!" Dennis answers, "I will help. Let's go!"

Dennis and Mark go outside. They come to the bus stop Olympic and take a bus. It takes only ten minutes to go to the airshow. When they get off the bus, they see Joseph.

a parachutist jumps out of the airplane

"Hello Joseph," Mark says, "Let's go to the airplane."

They see a parachute team at the airplane. They come to the head of the team. The head of the team is dressed in red trousers and a red jacket.

"Hello Jack," Mark says, "Dennis and Joseph will help with the life-saving trick."

"Okay. The stuffed parachutist is here," Jack says. He gives them the stuffed parachutist. The stuffed parachutist is dressed in red trousers and a red jacket.

"It is dressed like you," Joseph says smiling to Jack.

"We have no time to talk about it," Jack says, "Take it into this airplane."

high over Sydney

Dennis and Joseph take the stuffed parachutist into the airplane. They take seats at the pilot. All the parachute team but its head gets into the airplane. They close the door. In five minutes the airplane is in the air. When it flies over Sydney Joseph sees his own house.

"Look! My house is there!" Joseph cries.

parachutists fly down and land

Dennis looks through the window at streets, squares, and parks of the city. It is wonderful to fly in an airplane.

"Prepare to jump!" the pilot cries. The parachutists stand up. They open the door.

"Ten, nine, eight, seven, six, five, four, three, two, one. Go!" the pilot cries.

The parachutists begin to jump out of the airplane. The audience down on the land sees red, green, white, blue, yellow parachutes. It looks very nice. Jack, the head of the parachute team looks up too. The parachutists fly down and some land already.

"Okay. Good work guys," Jack says and goes to the nearby café to drink some coffee.

The airshow goes on.

"Prepare for the life-saving trick!" the pilot cries.

Joseph and Dennis take the stuffed parachutist to the door.

"Ten, nine, eight, seven, six, five, four, three, two, one. Go!" the pilot cries.

Dennis and Joseph push the stuffed parachutist through the door. It goes out but then stops. Its rubber "hand" catches on some metal part of the airplane.

the stuffed parachutist falls down

"Go-go boys!" the pilot cries.

The boys push the stuffed parachutist very strongly but cannot get it out.

The audience down on the land sees a man dressed in red in the airplane door. Two other men try to push him out. People cannot believe their eyes. It goes on about a minute. Then the parachutist in red falls down. Another parachutist jumps out of the airplane and tries to catch it. But he cannot do it. The parachutist in red falls down. It falls through the roof inside of the café. The audience looks silently. Then the people see a man dressed in red run outside of the café. This man in red is Jack, the head of the parachutist team. But the audience thinks that he is that falling parachutist. He looks up and cries angrily, "If you cannot catch a man then do not try it!"

audience

The audience is silent.

"Daddy, this man is very strong," a little girl says to her dad.
"He is well trained," the dad answers.

After the airshow Dennis and Joseph go to Mark.

"How is our work?" Joseph asks.

"Ah... Oh, it is very good. Thank you," Mark answers.

"If you need some help just say," Dennis says.

Парашютисты

Утро. Марк идёт в комнату Денниса. Деннис сидит за столом и что-то пишет. Кот Денниса Фаворит - на кровати. Он тихонько спит.

«Можно войти?» спрашивает Марк.

«А, Марк. Входи, пожалуйста. Как дела?» говорит Марк.

«Хорошо. Спасибо. Как у тебя?» говорит Марк.

«Прекрасно. Спасибо. Пожалуйста, садись,» отвечает Деннис.

Марк садится на стул.

«Ты знаешь, что я член парашютного клуба. Сегодня у нас будет авиашоу,» говорит Марк, «Я выполню там несколько прыжков.»

«Это очень интересно,» отвечает Деннис, «Я, может быть, пойду посмотреть это авиашоу.»

«Если хочешь, я могу взять тебя туда, и ты сможешь полетать на самолёте,» говорит Марк.

«Правда? Это будет здорово!» восклицает Деннис, «В котором часу авиашоу?»

«Оно начинается в десять часов утра,» отвечает Марк, «Джозеф тоже придёт. Кстати, нам нужна помощь, чтобы вытолкнуть чучело парашютиста из самолёта. Ты поможешь?»

«Чучело парашютиста? Зачем?» говорит Деннис в удивлении.

«Видишь ли, это является частью шоу,» говорит Марк, «Это - трюк по спасению жизни. Чучело парашютиста падает вниз. В это время настоящий парашютист подлетает к нему, хватает его и открывает свой собственный парашют. «Человек» спасён!»

«Здорово!» отвечает Деннис, «Я помогу. Пошли!»

Деннис и Марк выходят на улицу. Они идут на автобусную остановку Олимпик и садятся в автобус. Дорога до авиашоу занимает только десять минут. Когда они сходят с автобуса, они видят Джозефа.

«Привет Джозеф,» говорит Марк, «Пойдёмте к самолёту.»

Возле самолёта они видят парашютную команду. Они подходят к руководителю команды. Руководитель команды одет в красные брюки и красную куртку.

«Привет Джек,» говорит Марк, «Деннис и Джозеф помогут с трюком по спасению жизни.»

«Хорошо. Чучело парашютиста здесь,» говорит Джек. Он даёт им чучело парашютиста. Чучело парашютиста одето в красные брюки и красную куртку.

«Он одет как Вы,» говорит Джозеф улыбаясь Джеку.

«У нас нет времени говорить об этом,» говорит Джек, «Несите его в этот самолёт.»

Деннис и Джозеф несут чучело парашютиста в самолёт. Они садятся возле пилота. Вся парашютная команда кроме её руководителя садится в самолёт. Дверь закрывают. Через пять минут самолёт уже в воздухе. Когда он пролетает над Сиднеем, Джозеф видит свой собственный дом.

«Смотри! Там мой дом!» восклицает Джозеф.

Деннис смотрит через окно на улицы, площади, парки города. Летать на самолёте - это удивительно.

«Приготовиться к прыжку!» восклицает пилот. Парашютисты встают. Дверь открывают.

«Десять, девять, восемь, семь, шесть, пять, четыре, три, два , один. Пошли!» восклицает пилот.

Парашютисты начинают прыгать из самолёта. Зрители внизу на земле видят красные, зелёные, белые, синие, жёлтые парашюты. Это выглядит очень красиво! Джек, глава парашютной команды тоже смотрит вверх. Парашютисты летят вниз и некоторые уже приземляются.

«Окей. Хорошая работа парни,» говорит Джек и идёт в ближайшее кафе выпить кофе. Авиашоу продолжается.

«Приготовиться к трюку по спасению жизни!» восклицает пилот.

Джозеф и Деннис несут чучело парашютиста к двери.

«Десять, девять, восемь, семь, шесть, пять, четыре, три, два , один. Пошёл!» восклицает пилот.

Деннис и Джозеф толкают чучело парашютиста в дверь. Оно выходит, но затем останавливается. Его резиновая рука зацепляется за какую-то металлическую часть самолёта.

«Давайте-давайте ребята!» кричит пилот.

Ребята толкают чучело парашютиста очень сильно, но не могут вытолкнуть его.

Зрители внизу на земле видят парашютиста одетого в красное в двери самолёта. Двое других пытаются вытолкнуть его. Люди не могут поверить своим глазам. Это продолжается около минуты. Затем парашютист в красном падает вниз. Другой парашютист выпрыгивает из самолёта и пытается схватить его. Но он не может этого сделать. Парашютист в красном падает вниз. Он падает сквозь крышу вовнутрь кафе. Зрители молча смотрят. Затем они видят, как человек одетый в красное выбегает из кафе. Этот человек в красном - Джек, руководитель парашютной команды. Но зрители думают, что он - упавший парашютист. Он смотрит вверх и кричит другому парашютисту, «Если не можешь поймать человека, то и не берись!»

Зрители немы.

«Папа, этот человек очень сильный,» маленькая девочка говорит своему папе.

«Он хорошо тренирован,» отвечает папа.

После авиашоу Деннис и Джозеф подходят к Марку.

«Ну, как наша работка?» спрашивает Джозеф.

«Э.. О, очень хорошо. Спасибо,» отвечает Марк.

«Если тебе ещё нужна помощь - только скажи,» говорит Деннис.

Развитие разговорных навыков

Ответьте на вопросы к тексту

	Вопросы		Варианты ответов
a)	Who is a member of a parachute club?	a)	Mary is a member of a parachute club. Mark is a member of a parachute club.
b)	What will they push out of the airplane?	b)	They will push a kangaroo out of the airplane. They will push a stuffed parachutist.
c)	Will Dennis help?	c)	Yes, he will. No, he will not.
d)	Is the head of the team dressed in red?	d)	Yes, he is. No, he is dressed in white.
e)	Who gets into the airplane?	e)	All the parachute team. All the audience.
f)	What can Joseph and Dennis see through the	f)	They can see the city. They can see the stuffed parachutist.

	window?		
g)	Whose house can they see? *Чей дом они могут видеть?*	g)	Joseph's. The stuffed parachutist's.
h)	Who takes the stuffed parachutist to the door?	h)	Joseph and Dennis. Mark and Jack.
i)	Why cannot the stuffed parachutist go through the door?	i)	Because the door is little. Because his rubber “hand” catches on some metal part.
j)	Can a parachutist catch the stuffed parachutist?	j)	No, he cannot. Yes, he can.
k)	Who runs outside of the café?	k)	Jack. The stuffed parachutist.
l)	The man dressed in red cries:	l)	“Ha-ha-ha-ha! You cannot catch me!” “If you cannot catch a man then why do it!?”
m)	Will Mark ask Dennis and Joseph to help once more?	m)	No, he will not. Yes, he will.

Time to play!

Время поиграть!

Поиграйте в следующие диалоговые игры:

☺ Guess a thing! Угадай предмет! (в единственном числе) Правила игры даются в главе 3

☺ Truth or lie? Правда или ложь? Правила игры даются в главе 4

☺ Guess a place! Угадай место! Правила игры даются в главе 6

☺ Guess a character or a person! Угадай персонаж или человека! Правила игры даются в главе 7

Закрепление правил

Упражнение 45 к правилу 33
Переведите на английский язык. Помните, что всю вопросительную группу надо ставить в самом начале. Подчеркните её, как в примере.

a) Какие ты должен учить английские слова?	a) What English words must you learn?
b) Сколько у вас есть свободного времени?	b) How much free time have you?
c) Какие у них есть диски и видеокассеты?	c) What CDs and videocasettes ....
d) Какой у него есть чай?	d) What ....
e) Какой она должна купить диск?	e) ....
f) Сколько у тебя ручек?	f) ....
g) Сколько в комнате столов?	g) ....
h) Какую ты будешь читать газету?	h) ....
i) Сколько у тебя будет экзаменов?	i) ....

j)	Какой у него сегодня экзамен?	j)	....

Упражнение 46 к правилу 34

Напишите цифры словами.

a)	115	a)	One hundred and fifteen
b)	3,743	b)	Three thousand seven hundred and forty-three
c)	756,961	c)	Seven hundred fifty-six thousand nine hundred and sixty-one
d)	45,274,377	d)	Forty-five million two hundred and seventy-four thousand ....
e)	37,466	e)	....
f)	477,621	f)	....
g)	1,000,955	g)	....
h)	57,003	h)	....

i) 4,040 i) ....
....

j) 735 j) ....
....

Музыкальная пауза

Boney M

Sunny

Солнышко

Sunny, yesterday my life was filled with rain.	*Солнышко, вчера моя жизнь была наполнена дождём*
Sunny, you smiled at me and really eased the pain.	*Солнышко, ты улыбнулось мне и вправду облегчило страдание*
The dark days are gone, and the bright days are here,	*Мрачные дни ушли, и яркие дни наступили*
My Sunny one shines so sincere.	*Моё солнышко одно светит так искренне*
Sunny one so true, I love you.	*Солнышко одно такое неподдельное, я люблю тебя*
Sunny, thank you for the sunshine bouquet.	*Солнышко, спасибо тебе за букет солнечного света*
Sunny, thank you for the love you brought my way.	*Солнышко, спасибо тебе за любовь, которую ты принесло мне*
You gave to me your all and all.	*Ты дало мне всё, что у тебя есть*
Now I feel ten feet tall.	*Теперь я чувствую себя десять футов в вышину (неуязвимой)*

Sunny one so true, I love you.	*Солнышко одно такое неподдельное, я люблю тебя*
Sunny, thank you for the truth you let me see.	*Солнышко, спасибо тебе за истину, которую ты показало мне*
Sunny, thank you for the facts from A to C.	*Солнышко, спасибо тебе за всё, что происходит*
My life was torn like a windblown sand,	*Моя жизнь была разбросана как песок под ветром*
And the rock was formed when you held my hand.	*И я обрела уверенность, когда ты держало мою руку*
Sunny one so true, I love you.	*Солнышко одно такое неподдельное, я люблю тебя*

Frequently Asked Questions (FAQ)
Часто Задаваемые Вопросы

? Объясните применение good и well.

Good – это прилагательное *хороший*, а well – это наречие *хорошо* (правило 23). Например

She plays tennis well. – *Она играет в теннис хорошо.*
My dog is good. – *Моя собака хорошая.*

? Work - это *работа* или *работать*?

Это легко понять по контексту (правило 19). Например:
I work well. – *Я работаю хорошо.*
My work is good. – *Моя работа хорошая.*

? Какие звукоподражания применяются в английском?

храп - zzz	*хрю* - oink
ням-ням - yum-yum	*мяу* - meow
тук-тук - knock-knock	*кукареку* - cockadoodledoo
кис-кис - kitty-kitty	*гав* - bow-wow, woof
му-у - moo	*ку-ку* - cuckoo
бе-е - baa	

Words of wisdom
Слова мудрости

In order to finish first, you must first finish. *Чтобы закочить первым, ты должен сначала закончить.*

Life is a mystery to be lived, not a problem to be solved. *Жизнь – это тайна которую надо прожить, а не проблема которую надо решить.*

Never clarify tomorrow what you can obscure today. *Никогда не объясняй завтра того, что можно скрыть сегодня.*

Proverbs and sayings
Пословицы и поговорки

Better be alone than in bad company. *Лучше быть одному, чем в плохой компании. С добрыми дружись, а лукавых сторонись.*

Jokes

Шутки

Laugh and the class will laugh with you.
But you will get detention alone!

Смейся и класс засмеётся вместе с тобой.
Но дополнительные занятия получишь ты один!

Teacher: Can anyone tell me the imperative of the verb "to go?"
(No reply.)
Teacher: Go, class, go!
Class: Thanks! See you tomorrow!

Учитель: Может кто-нибудь сказать мне повелительную форму глагола «идти»?
(Нет ответа.)
Учитель: Идите, класс, идите!
Класс: Спасибо! Увидимся завтра!

Пользователи компьютера могут пройти занятия с автором книги в режиме on-line, а также использовать видеоуроки и другие ресурсы, имеющиеся на вебстранице «Английской практики».
Добро пожаловать на www.vadim-zubakhin.donetsk.ua

Chapter 17
Глава 17

Turn the gas off!
Выключи газ!

Для непринуждённого и результативного обучения пользуйтесь планировщиком, расположенным в начале книги.

35

Отрицательные предложения в простом аспекте образуются с помощью do not, которое ставится после подлежащего:

Подлежащее + do not + сказуемое + второстепенные члены предложения

Например:

I do not play tennis. - *Я не играю в теннис.*
They do not smoke. - *Они не курят.*

Do not с местоимениями he, she, it изменяется на does not. При этом смысловой глагол теряет окончание -s. Например:

He drinks a lot of coffee. - *Он пьёт много кофе.*
He does not drink_ much coffee. - *Он не пьёт много кофе.*

She reads books about pirates. - *Она читает книги о пиратах.*

She does not read_ books about pirates. *- Она не читает книги о пиратах.*

Do not может сокращаться don't, does not - doesn't. Например:

I don't play piano. *- Я не играю на пианино.*
She doesn't drive a car. *- Она не водит автомобиль.*

Исключениями из правила являются to be (am, is, are), can, may, must, will/shall. После этих глаголов ставится not, при этом только cannot пишется слитно. Например:

He is not at work now. *- Он сейчас не на работе.*
I cannot swim. *- Я не умею плавать.*
They must not speak during a lesson. *- Они не должны разговаривать во время урока.*
We will not go to college today. *- Сегодня мы не пойдём в колледж.*

Отрицание с have может образовываться как с помощью do not, так и с помощью not. В США почти всегда употребляется do not. Например:

They do not have big cups. *- У них нет больших чашек.*
I have not this book. *- У меня нет этой книги.*

После have может также стоять no или not any. No и not any переводятся *ни один, никакой*. Например:

I have no bag. *- У меня нет никакой сумки.*
He has not any book. *- У него нет никакой книги.*

Words

1. careful ['kɛəf(ə)l] – *заботливый; осторожный*
2. does not – *не*
3. eleven [i'lev(ə)n] – *одиннадцать*
4. everything ['evriθiŋ] - *всё*
5. feeling ['fi:liŋ] - *чувство; чувствуя*
6. fill up - *наполнять, заполнять*
7. fire ['faiə] - *огонь*
8. foot [fut] - *ступня;* on foot -

пешком

9. forgot [fə'gɔt] - *забыл*
10. forty-four - *сорок четыре*
11. freeze [fri:z] - *замереть; застыть; замерзать*
12. gas [gæs] - *газ; бензин*
13. handset ['hændset] - *телефонная трубка; ДУ*
14. immediately [i'mi:diətli] – *немедленно*
15. kettle ['ketl] – *чайник*
16. kilometer [ki'lɔmitə] – *километр*
17. kindergarten ['kində͵ga:t(ə)n] - *детсад*
18. living ['liviŋ] - *живущий*
19. meanwhile [͵mi:n'wail] - *тем временем*
20. moment ['məumənt] – *момент*
21. nearby [͵niə'bai] – *рядом, поблизости, ближайший*
22. order ['ɔ:də] - *приказывать; заказывать; заказ; приказ*
23. pale [peil] - *бледный*
24. pussycat ['pusikæt] – *кошечка*
25. put [put] - *класть, ставить, помещать*
26. Queen street - *Куин стрит (адрес не переводится)*
27. quick [kwik] - *быстрый;* quickly ['kwikli] - *быстро*
28. railway ['reilwei] - *железная дорога*
29. ring [riŋ] - *звонить, звонок;*
30. secretary ['sekrət(ə)ri] – *секретарь*
31. shall [ʃæl] - *буду, будем (глагол будущего времени для* I *и* we*)*
32. sly [slai] - *хитрый;* slyly ['slaili] - *хитро*
33. spread [spred] - *распространяться*
34. station ['steiʃ(ə)n] - *станция*
35. suddenly ['sʌd(ə)nli] – *неожиданно*
36. tap [tæp] – *кран; постукивать*
37. tell [tel] - *говорить*
38. so [səu] - *поэтому*
39. strange [streindʒ] - *чужой, незнакомый; странный*
40. ticket ['tikit] - *билет*
41. train [trein] – *поезд; тренировать*
42. turn [tə:n] - *поворачивать;* turn on - *включать;* turn off - *выключать*
43. twenty ['twenti] - *двадцать*
44. voice [vɔis] - *голос*
45. warm [wɔ:m] - *тёплый; нагревать*
46. Weeter - *Уитер (фамилия)*
47. who [hu:] - *кто; который*
48. will [wil] – *буду, будем, будешь, будете, будет, будут*

Turn the gas off!

a railway station

It is seven o'clock in the morning. Joseph and Mary sleep. Their mother is in the kitchen. The mother's name is Linda. Linda is forty-four years old. She is a careful woman. Linda cleans the kitchen before she goes to work. She is a secretary. She works twenty kilometers away from Sydney. Linda usually goes to work by train.

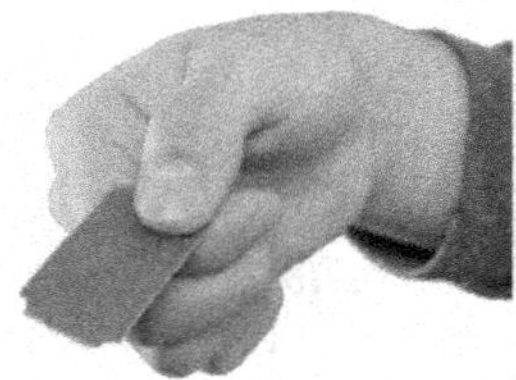
a ticket

She goes outside. The railway station is nearby, so Linda goes there on foot. She buys a ticket and gets on a train. It takes about twenty minutes to go to work. Linda sits in the train and looks out of the window. Suddenly she freezes. The kettle! It stands on the cooker and she forgot to turn the gas off! Joseph and Mary sleep. The fire can spread on the furniture and then... Linda turns pale. But she is a smart woman and in a minute she knows what to do. She asks a woman and a man, who sit nearby, to telephone her home and tell Joseph about the kettle.

a train

Meanwhile Joseph gets up, washes and goes to the kitchen. He takes the kettle off the table, fills it up with water and puts it on the cooker. Then he takes bread and butter and makes sandwiches. Mary comes into the kitchen.

"Where is my little pussycat?" she asks.

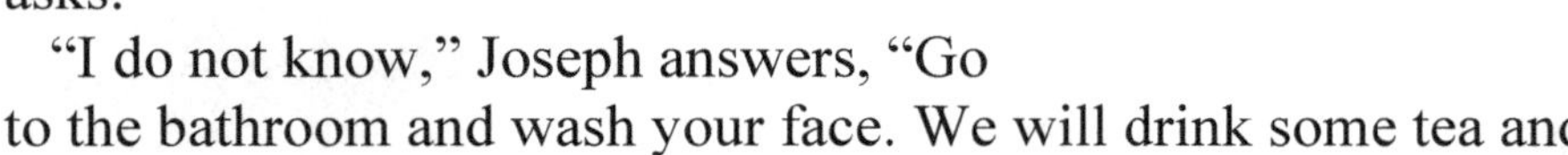

"I do not know," Joseph answers, "Go to the bathroom and wash your face. We will drink some tea and eat some sandwiches now. Then I will take you to the kindergarten."

Mary does not want to wash. "I cannot turn on the water tap," she says slyly.

"I will help you," her brother says. At this moment the telephone rings. Mary runs quickly to the telephone and takes the handset.

a water tap

"Hello, this is the zoo. And who are you?" she says. Joseph takes the handset from her and says, "Hello. This is Joseph."

"Are you Joseph Weeter living at eleven Queen Street?" the voice of a strange woman asks.

"Yes," Joseph answers.

"Go to the kitchen immediately and turn the gas off!" the woman's voice cries.

twenty

"Who are you? Why must I turn the gas off?" Joseph says in surprise.

"Do it now!" the voice orders.

Joseph turns the gas off. Mary and Joseph look at the kettle in surprise.

"I do not understand," Joseph says, "How can this woman know that we will drink tea?"

"I am hungry," his sister says, "When will we eat?"

"I am hungry too," Joseph says and turns the gas on again. At this minute the telephone rings again.

a kettle

"Hello," Joseph says.

"Are you Joseph Weeter who lives at eleven Queen Street?" the voice of a strange man asks.

"Yes," Joseph answers.

"Turn off the cooker gas immediately! Be careful!" the voice orders.

"Okay," Joseph says and turns the gas off again.

"Let's go to the kindergarten," Joseph says to Mary feeling that they will not drink tea today.

"No. I want some tea and bread with butter," Mary says angrily.

"Well, let's try to warm up the kettle again," her brother says and turns the gas on.

The telephone rings and this time their mother orders to turn the gas off. Then she explains everything. At last Mary and Joseph drink tea and go to the kindergarten.

Выключи газ!

Семь часов утра. Джозеф и Мэри спят. Их мама на кухне. Маму зовут Линда. Маме сорок четыре года. Она - заботливая женщина. Прежде чем идти на работу, Линда убирает на кухне. Она секретарь. Она работает в двадцати километрах от Сиднея. Линда обычно ездит на работу на поезде.

Она выходит на улицу. Железнодорожная станция недалеко, поэтому Линда идет туда пешком. Она покупает билет и садится в поезд. Дорога до работы занимает около двадцати минут. Линда сидит в поезде и смотрит в окно. Вдруг она замирает. Чайник! Он стоит на плите, и она забыла выключить газ! Джозеф и Мэри спят. Огонь может перекинуться на мебель и тогда... Линда бледнеет. Но она находчивая женщина и через минуту она знает что делать. Она просит женщину и мужчину, которые сидят рядом, позвонить ей домой, и сказать Джозефу о чайнике.

a telephone handset

Тем временем Джозеф встаёт, умывается и идёт на кухню. Он берёт чайник со стола, наполняет его водой и ставит на плиту. Затем он берёт хлеб и масло и делает бутерброды. Мэри входит на кухню.

«Где моя маленькая кошечка?» спрашивает она.

«Я не знаю,» отвечает Джозеф, «Иди в ванную и умой лицо. Мы сейчас будем пить чай и есть бутерброды. Потом я отведу тебя в детский сад.»

Мэри не хочет умываться. «Я не могу открыть кран,» говорит она хитро.

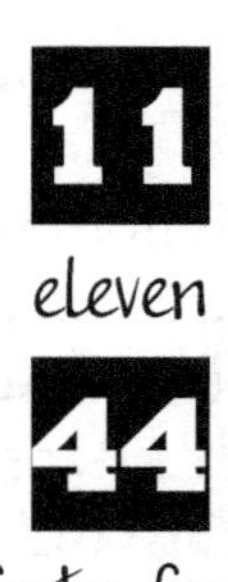

«Я помогу тебе,» говорит её брат. В это время звонит телефон. Мэри быстро бежит к телефону и берёт трубку.

«Алло, это зоопарк. А это кто?" говорит она. Джозеф берёт у неё трубку и говорит, «Алло. Это Джозеф.»

«Ты Джозеф Уитер проживающий на улице Куин одиннадцать?» спрашивает незнакомый женскиё голос.

«Да,» отвечает Джозеф.

«Немедленно иди на кухню и выключи газ!» восклицает женский голос.

«Кто Вы? Почему я должен выключит газ?» удивлённо говорит Джозеф.

«Сделай это сейчас же!» приказывает женщина.

Джозеф выключает газ. Джозеф и Мэри смотрят удивленно на

чайник.

«Я не понимаю,» говорит Джозеф, «Как эта женщина может знать, что мы будем пить чай?»

«Когда мы будем кушать? Спрашивает его сестра, «Я хочу есть.»

«Я тоже хочу,» говорит Джозеф и снова включает газ. В эту минуту снова звонит телефон.

«Алло,» говорит Джозеф.

«Ты Джозеф Уитер, который живёт на улице Куин одиннадцать?» спрашивает незнакомый мужской голос.

«Да,» отвечает Джозеф.

«Выключи немедленно кухонный газ! Будь осторожен!» приказывает голос.

«Окей,» говорит Джозеф и снова выключает газ.

«Пошли в детсад,» говорит Джозеф Мэри, чувствуя, что сегодня они не будут пить чай.

«Нет. Я хочу чай и бутерброд,» сердито говорит Мэри.

«Ну ладно, давай снова попробуем нагреть чайник,» говорит её брат и включает газ.

Звонит телефон и на этот раз их мама приказывает выключить газ. Затем она всё объясняет. Наконец Мэри и Джозеф пьют чай и идут в детсад.

Развитие разговорных навыков

Ответьте на вопросы к тексту

Вопросы	Варианты ответов
a) What time is it?	a) It is seven o'clock in the morning. It is four o'clock in the morning.
b) Where is the mother?	b) She is in the kitchen. She is in the bathroom.
c) What is the mother's name?	c) The mother's name is Linda. Her name is Ann.
d) How old is she?	d) She is forty years old. She is forty-four years old.
e) What is Linda? *Кто Линда по профессии?*	e) She is a secretary. She is a teacher.
f) Where will Joseph take Mary to?	f) He will take her to the kindergarten. He will take her to a job agency.
g) Why must Joseph turn the gas cooker off?	g) Because some people call and say it to him. Because he must save

gas. (save - *экономить*)

h) Can Joseph understand it?	h) No, he cannot. Yes, he can.
i) Who explains everything?	i) The mother. Mary.

Time to play!

Время поиграть!

Поиграйте в следующие диалоговые игры:

☺ Guess things! Угадай предметы! (во множественном числе) Правила игры даются в главе 5

☺ Truth or lie? Правда или ложь? Правила игры даются в главе 4

☺ Guess a place! Угадай место! Правила игры даются в главе 6

☺ Guess a character or a person! Угадай персонаж или человека! Правила игры даются в главе 7

Закрепление правил

Упражнение 47 к правилу 35

Измените предложения на отрицательные.

a) I prepare breakfast.	a) I do not prepare breakfast.
b) Dennis sits at the table.	b) Dennis does not sit at the table.
c) It is very interesting.	c) It is not very interesting.
d) It begins at ten o'clock.	d) It does not ....

e)	Mark answers.	e)	....
f)	We need help.	f)	....
g)	He is dressed like you.	g)	....
h)	Jack goes to the nearby café.	h)	....
i)	The boys push the stuffed parachutist.	i)	....
j)	The parachutist in red falls inside of the café.	j)	....
k)	This man in red is Jack.	k)	....
l)	He is well trained.	l)	....
m)	The fire can spread on the furniture.	m)	....
n)	I must turn the gas off.	n)	....
o)	I understand.	o)	....
p)	I am hungry.	p)	....
q)	I want some tea.	q)	....
r)	The telephone rings.	r)	....

Музыкальная пауза

Elton John

Sorry Seems to be The Hardest Word

«Прости» кажется самым трудным словом

What have I got to do to make you love me	Что я должен сделать, чтобы заставить тебя любить меня
What have I got to do to make you care	Что я должен сделать, чтобы заставить тебя заинтересоваться
What do I do when lightning strikes me	Что мне делать, когда молния бьёт в меня
And I wake to find that you're not there	И я просыпаюсь, чтобы обнаружить, что тебя нет
What do I do to make you want me	Что мне делать, чтобы заставить тебя желать меня
What have I got to do to be heard	Что я должен сделать, чтобы быть услышанным
What do I say when it's all over	Что же мне сказать, когда всё кончилось
And sorry seems to be the hardest word	И «прости» кажется самым трудным словом
It's sad, so sad	Это печально, так печально
It's a sad, sad situation	Это печальная, печальная ситуация
And it's getting more and more absurd	И она становится более и более бессмысленной
It's sad, so sad	Это печально, так печально

Why can't we talk it over	Почему мы не можем обсудить это
Oh it seems to me	О, мне кажется,
That sorry seems to be the hardest word	Что слово «прости» кажется самым трудным словом

Frequently Asked Questions (FAQ)
Часто Задаваемые Вопросы

? Как в предложении Go to the bathroom and wash your face перевести your face - *твоё лицо* или *своё лицо*? Можно ли вообще, как в русском, обойтись в этом случае без your?

🔑 В английском языке нет слова *свой*. Говоря о предмете, который кому-либо принадлежит, всегда применяют my, our, your, his, her, its, their или притяжательный падеж – Mark's. Например:

Wash your hands. – *Помой свои руки.*

Give me your pen, please. – *Дай мне свою ручку, пожалуйста.*

This is Mark's bike. – *Это велосипед Марка.*

? Что значит off в следующем предложении: It stands on the cooker and she forgot to turn the gas off!

🔑 По-английски *включать,* например электроприбор, – это turn on или switch on. Выключать – turn off или switch off. При этом off и on могут ставиться после глагола или в конце предложения. Например:

Please, turn the radio on. = Please, turn on the radio. – *Пожалуйста, включите радио.*

? Как сказать правильно We do not need work now или We need not work now?

🔑 We do not need work now значит *нам не нужна сейчас работа*. We need not work now значит *мы не обязаны сейчас работать* (правило 8).

? Как сказать *осторожно*?

🔑 При непосредственной опасности, например на дороге, говорят Watch out! Look out! Призывая к осторожности вообще надо говорить be careful. Например:

Be careful with this device. – *Будьте осторожны с этим прибором.*

Words of wisdom

Слова мудрости

I do not feel any age yet. There is no age to the spirit. *Я ещё не чувствую возраста. У души нет возраста.*

There are three kinds of men who don't understand women: young, old and middle-aged. *Есть три типа мужчин, которые не понимают женщин: молодые, старые и среднего возраста.*

Proverbs and sayings

Пословицы и поговорки

Do not put all your eggs in one basket. *Не клади всех яиц в одну корзину. Не рискуй всем, что у тебя есть.*

Jokes

Шутки

Teacher: Where is South America?	*Учитель: Где находится Южная Америка?*
Pupil: I do not know.	*Ученик: Я не знаю.*
Teacher: Where is Greenland?	*Учитель: Где находится Гренландия?*
Pupil: I do not know.	*Ученик: Я не знаю.*
Teacher: Where is Bulgaria?	*Учитель: Где находится Болгария?*
Pupil: I do not know.	*Ученик: Я не знаю.*
Teacher: Look them up in your textbook.	*Учитель: Найди их в своём учебнике.*
Pupil: I do not know where my textbook is, either.	*Ученик: Я не знаю где мой учебник тоже.*

Teacher: Tell the class what book you read and what you think of it.	*Учитель: Расскажи классу какую книгу ты читаешь и что ты о ней*

думаешь.

Pupil: I read the phone book, but I do not understand it. It has too many characters.

Ученик: Я читаю телефонную книгу, но я не понимаю её. В ней слишком много персонажей.

Pupil: I do not think I deserve zero on this test.
Teacher: I agree, but that is the lowest mark I can give you!

Ученик: Я не думаю, что я заслуживаю ноль за этот тест.

Учитель: Я согласен, но это самая низкая оценка, которую я могу тебе поставить!

Our teacher says that he gives us tests to find out how much we know.
Then why are all the questions about things that we do not know?

Наш учитель говорит, что даёт нам тесты, чтобы узнать как много мы знаем.
Тогда почему все вопросы о вещах, которые мы не знаем?

Пользователи компьютера могут пройти занятия с автором книги в режиме on-line, а также использовать видеоуроки и другие ресурсы, имеющиеся на вебстранице «Английской практики».
Добро пожаловать на www.vadim-zubakhin.donetsk.ua

Chapter 18
Глава 18

A job agency
Агентство по трудоустройству

Для непринуждённого и результативного обучения пользуйтесь планировщиком, расположенным в начале книги.

36

Вопросительные предложения в простом аспекте образуются с помощью вспомогательного глагола do, который ставится перед подлежащим и не переводится. Например:

Do you read books? - *Ты читаешь книги?*
What books do you read? - *Какие книги ты читаешь?*

Как видно из второго примера, если имеется вопросительное слово или вопросительная группа (What books), то они ставятся в самом начале.
Do с местоимениями he, she, it изменяется на does. При этом смысловой глагол теряет окончание -s. Например:

He plays tennis. - *Он играет в теннис.*
Does he play tennis? - *Он играет в теннис?*
When does he play tennis? - *Когда он играет в теннис?*

Исключениями являются те же глаголы, что в правиле об отрицательных предложениях - to be (am, is, are, was, were), to have, can, may, must, will/shall. Эти глаголы ставятся перед подлежащим. Сравним утвердительные и вопросительные предложения:

Утвердительные	Вопросительные
He is at home. - *Он дома.*	Is he at home? - *Он дома?*
You can swim. - *Ты умеешь плавать.*	Can you swim? - *Ты умеешь плавать?*
I must read. - *Я должен читать.*	Must I read? - *Должен ли я читать?*
They will dance. - *Они будут танцевать.*	Will they dance? - *Они будут танцевать?*

Вопрос с have может образовываться по выбору как с помощью do, так и с помощью перестановки have перед подлежащим. Например:

Do they have any coffee cups? - *У них есть кофейные чашки?*
Does she have a CD player? - *У неё есть CD-плеер?*
Have you a computer? - *У тебя есть компьютер?*
Has he any job? - *У него есть работа?*

Как видно из примеров, при вопросе с have желательно в единственном числе употреблять a либо any, а во множественном числе any. При этом any часто не переводится. Когда же речь идёт о конкретном предмете или предметах, то употребляется the или this/these. Например:

Do you have any plans for Sunday? - *У тебя есть планы на воскресенье?*
Have you a pen? - *У Вас есть ручка?*
Do you have this ball? - *Этот мяч у тебя?*
Has she these newspapers? - *У неё есть эти газеты?*

Words

1. agree [ə'gri:] – *соглашаться*

2. all-round [ˌɔːl'raund] - *всё подряд*
3. also ['ɔːlsəu] - *также, тоже*
4. arm [aːm] – *рука; бороться на руках*
5. as [æs] - *как; так как*
6. cable ['keibl] - *провод, кабель*
7. carefully ['kɛəf(ə)li] - *внимательно, аккуратно*
8. cleaning ['kliːniŋ] - *очищая*
9. confused [kən'fjuːzd] – *сконфуженный*
10. consult [kən'sʌlt] - *советовать, консультировать*
11. consultant [kən'sʌlt(ə)nt] – *консультант*
12. cool [kuːl] - *здорово; прохладный*
13. current ['kʌr(ə)nt] - *ток; течение*
14. deadly ['dedli] - *смертельный*
15. each other ['iːtʃ'ʌðə] - *друг друга*
16. electric [i'lektrik] – *электрический*
17. estimator ['estimeitə] - *оценщик*
18. experience [ik'spiəriəns] - *опыт*
19. fifteen [ˌfif'tiːn] – *пятнадцать*
20. floor [flɔː] - *пол (в здании)*
21. gray-headed - *седовласый*
22. half [haːf] - *половина*
23. helper ['helpə] - *помощник*
24. individually [ˌindi'vidʒuəli] – *индивидуально*
25. let [let] - *позволять, пускать*
26. lie [lai] - *лежать; лгать, ложь*
27. manual work - *физическая работа*
28. mattress ['mætrəs] – *матрас*
29. mental ['ment(ə)l] - *умственный;* mentally - *умственно*
30. number ['nʌmbə] - *номер*
31. per hour - *в час, за час*
32. position [pə'ziʃən] - *должность*
33. publishing ['pʌbliʃiŋ] – *издательство*
34. recommend [ˌrekə'mend] – *рекомендовать*
35. running ['rʌniŋ] - *бегущий*
36. same [seim] - *тот же самый* at the same time - *в то же самое время, одновременно*
37. seriously ['siəriəsli] – *серьёзно*
38. shake [ʃeik] - *трясти(сь)*
39. sir [səː] - *сэр (уважительное обращение)*
40. sixty ['siksti] - *шестьдесят*
41. story ['stɔːri] - *история*
42. strong [strɔŋ] - *сильный;* strongly ['strɔŋli] - *сильно*
43. sure [ʃɔː , ʃuə] - *уверенный*
44. town [taun] - *небольшой городок*
45. visitor ['vizitə] – *посетитель*
46. was [wɔz] - *был, была, было*
47. worry ['wʌri] - *беспокоиться, волноваться*
48. writing work - *писательская работа*

A job agency

One day Dennis goes to Mark's room and sees that his friend lies on the bed and shakes. Dennis sees some electrical cables running from Mark to the electric kettle. Dennis believes that Mark is under a deadly electric current. He quickly goes to the bed, takes the mattress and pulls it strongly. Mark falls to the floor. Then he stands up and looks at Dennis in surprise.

electric cables

air mattress

"What was it?" Mark asks.

"You were on electrical current," Dennis says.

"No, I listen to the music," Mark says and shows his CD player.

"Oh, I am sorry," Dennis says. He is confused.

"It's okay. Do not worry," Mark answers quietly cleaning his trousers.

"Joseph and I go to a job agency. Do you want to go with us?" Dennis asks.

"Sure. Let's go together," Mark says.

They go outside and take the bus number seven. It takes them about fifteen minutes to go to the job agency. Joseph is already there. They come into the building. There is a long queue to the office of the job agency. They stand in the queue. In half an hour they come into the office. There is a table and some bookcases in the room. At the table sits a gray-headed man. He is about sixty years old.

fifteen

sixty

"Come in guys!" he says friendly, "Take seats, please."

Joseph, Mark and Dennis sit down.

"My name is George Estimator. I am a job

consultant. Usually I speak with visitors individually. But as you are all students and know each other I can consult you all together. Do you agree?"

"Yes, sir," Joseph says, "We have three or four hours of free time every day. We need to find jobs for that time, sir."

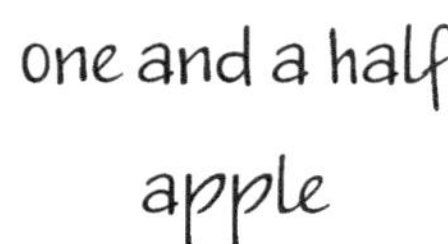

one and a half apple

"Well. I have some jobs for students. And you take off your player," Mr. Estimator says to Mark.

"I can listen to you and to music at the same time," Mark says.

"If you seriously want to get a job take the player off and listen carefully to what I say," Mr. Estimator says, "Now guys say what kind of job do you need? Do you need mental or manual work?"

a strong animal

"I can do any work," Dennis says, "I am strong. Want to arm?" he says and puts his arm on Mr. Estimator's table.

"It is not a sport club here but if you want..." Mr. Estimator says. He puts his arm on the table and quickly pushes down Dennis's arm, "As you see son, you must be not only strong but also smart."

"I can work mentally too, sir," Dennis says again. He wants to get a job very much. "I can write stories. I have some stories about my native town."

"This is very interesting," Mr. Estimator says. He takes a sheet of paper, "The publishing house "All-round" needs a young helper for a writing position. They pay nine dollars per hour."

"Cool!" Dennis says, "Can I try?"

"Sure. Here is their telephone number and their address," Mr. Estimator says and gives a sheet of paper to Dennis.

"And you guys can choose a job on a farm, in a computer firm, on a newspaper or in a supermarket. As you do not have any experience I recommend you to begin to work in a farm. They need two workers," Mr. Estimator says to Joseph and Mark.

"How much do they pay?" Joseph asks.

writing work

"Let me see..." Mr. Estimator looks into the computer, "They need workers for three or four hours a day and they pay seven dollars per hour. Saturdays and Sundays are free. Do you agree?" he asks.

"I agree," Joseph says.

"I agree too," Mark says.

"Well. Take the telephone number and the address of the farm," Mr. Estimator says and gives a sheet of paper to them.

"Thank you, sir," the boys say and go outside.

Агентство по трудоустройству

Однажды Деннис заходит в комнату Марка и видит, что его друг лежит на кровати и трясётся. Деннис замечает электрические провода тянущиеся от Марка к электрическому чайнику. Деннис полагает, что Марк под смертельным электрическим напряжением. Он быстро подходит к кровати, берёт матрац и сильно его тянет. Марк падает на пол. Потом он встаёт и удивлённо смотрит на Денниса.

number seven

«Что это было?» спрашивает Марк.

«Ты был под напряжением,» говорит Деннис.

«Нет, я слушаю музыку,» говорит Марк и показывает свой CD-плеер.

«Ой, извини,» говорит Деннис. Он сконфужен.

«Всё в порядке. Не беспокойся,» спокойно отвечает Марк отряхивая свои брюки.

«Я и Джозеф идём в агентство по трудоустройству. Ты хочешь пойти с нами?» спрашивает Деннис.

«Конечно. Давайте пойдём вместе,» говорит Марк.

Они выходят на улицу и садятся в автобус номер семь. Дорога до агентства по трудоустройству занимает у них около пятнадцати минут. Джозеф уже там. Они входят в здание. В офис агентства по трудоустройству стоит длинная очередь. Они становятся в очередь. Через полчаса они входят в офис. В комнате стол и несколько книжных шкафов. За столом сидит седоволосый мужчина. Ему около шестидесяти лет.

«Входите ребята!» дружелюбно говорит он, «Садитесь пожалуйста».

Джозеф, Марк и Деннис садятся.

«Меня зовут Джордж Эстимэйтор. Я - консультант по трудоустройству. Обычно я беседую с посетителями индивидуально. Но, так как вы студенты и знаете друг друга, я могу проконсультировать вас всех вместе. Вы согласны?»

«Да сэр,» говорит Джозеф, «У нас каждый день три или четыре часа свободного времени. Нам надо найти работу на это время, сэр».

«Так. У меня есть несколько рабочих мест для студентов. А ты сними свой плеер,» мистер Эстимэйтор говорит Марку.

the floor

«Я могу слушать одновременно музыку и Вас,» говорит Марк.

«Если ты всерьёз хочешь получить работу, то сними свой плеер и слушай то, что я говорю,» говорит мистер Эстимэйтор, «Теперь ребята скажите, - какого рода работа вам нужна? Вам нужна умственная или физическая работа?»

«Я могу выполнять любую работу,» говорит Деннис, «Я сильный. Хотите побороться на руках?» говорит он и ставит свою руку на стол мистера Эстимэйтора.

«Здесь не спортивный клуб, но если ты хочешь...» говорит мистер Эстимэйтор. Он ставит руку на стол и быстро укладывает руку Денниса, «Как видишь, сынок, ты должен быть не только сильным, но и умным».

«Я умственно тоже могу работать, сэр,» Деннис говорит снова. Он очень хочет получить работу. «Я могу писать истории. У меня есть несколько историй о моём родном городе».

«Это уже интересно,» говорит мистер Эстимэйтор. Он берёт лист бумаги, «Издательской фирме «Всё подряд» требуется молодой помощник для писательской работы. Они платят девять долларов в час».

«Здорово!» говорит Деннис, «Можно мне попробовать?»

«Конечно. Вот их телефонный номер и адрес,» говорит мистер Эстимэйтор и даёт Деннису лист бумаги.

«А вы парни, можете выбрать работу на ферме, на компьютерной фирме, в газете или в супермаркете. Так как у вас нет опыта, то я рекомендую начать с фермы. Им нужны два работника,» говорит мистер Эстимэйтор Джозефу и Марку.

«Сколько они платят?» спрашивает Джозеф.

«Сейчас посмотрю...» мистер Эстимэйтор смотрит в компьютере, «Им нужны рабочие на три или четыре часа в день и они платят семь долларов в час. Суббота и воскресенье - выходные. Вы соглашаетесь?» спрашивает он.

«Я согласен,» говорит Джозеф.

«Я тоже согласен,» говорит Марк.

«Ну что же. Берите номер телефона и адрес фермы,» говорит мистер Эстимэйтор и даёт им лист бумаги.

«Спасибо, сэр,» говорят ребята и выходят.

Развитие разговорных навыков

Ответьте на вопросы к тексту

Вопросы	Варианты ответов
a) Why does Mark shake?	a) He is under deadly current. He listens to music.

b) What does Dennis do?	b) He begins to shake too. He takes the mattress and pulls it strongly.
c) Is Dennis confused?	c) Yes, he is. No, he is not.
d) Where do they want to go?	d) They want to go to a job agency. They want to go to a cafe.
e) Is there a queue in the job agency?	e) Yes, there is. No, there is not.
f) How long must they wait?	f) They wait half an hour. They must wait two hours.
g) Who is George Estimator?	g) He is a job consultant. He is a taxi driver.
h) How much free time do the boys have every day?	h) They have three or four hours of free time every day. They have one hour of free time every day.
i) What can Mark do at the same time?	i) Listen to a CD player and to Mr. Estimator. Read a book and listen to Mr. Estimator.
j) Who does the publishing house "All-round" need?	j) They need a young helper for writing work. They need a driver.
k) What does Mr. Estimator give to Dennis?	k) The telephone number and the address of the publishing house. A cup of tea.
l) Why does Mr. Estimator recommend Mark and Joseph to begin at a farm?	l) Because they like animals. Because they do not have experience.
m) How much do they pay at the farm?	m) They pay seven dollars per hour. They pay twenty-five dollars per hour.
n) What days are free at the farm?	n) Saturday and Sunday are free. All days are free.

Time to play!

Время поиграть!

Поиграйте в следующие диалоговые игры:

☺ Guess things! Угадай предметы! (во множественном числе) Правила игры даются в главе 5

☺ Guess a place! Угадай место! Правила игры даются в главе 6

☺ Guess a character or a person! Угадай персонаж или человека! Правила игры даются в главе 7

Guess a profession!

Угадай профессию!

Цель этой игры – научиться задавать вопросы с любыми глаголами. Один из участников загадывает какую-либо профессию, а другой пытается её угадать. Пример игры:

– Do you work inside or outside?	– *Вы работаете в помещении или на улице?*
– Both.	– *И там и там.*
– Do you work at night or by day?	– *Вы работаете ночью или днём?*
– Both.	– *И ночью и днём.*
– Do you work mentally or manually?	– *Вы работаете умственно или физически?*
– Both.	– *И умственно и физически.*
– Do you work with customers?	– *Вы работаете с клиентами?*
– I work with people. However they are not customers.	– *Я работаю с людьми. Однако они не клиенты.*
– Do they pay for it?	– *Они платят за это?*
– No, they do not. They get this service free.	– *Нет. Они получают эту услугу бесплатно.*
– Do you have uniform?	– *У Вас есть униформа?*
– Yes, I do.	– *Да.*
– What colour is it?	– *Какого она цвета?*

– It may be blue or grey.	– *Она может быть синяя или серая.*
– Do you have a weapon?	– *У Вас есть оружие?*
– Yes, I do.	– *Да.*
– Are you a policeman?	– *Вы полисмен?*
– Yes, I am!	– *Да!*

Закрепление правил

Упражнение 48 к правилу 36
Измените предложения на вопросительные.

a) They need help.	a) Do they need help?
b) He is at home.	b) Is he at home?
c) Jack goes to the next café.	c) Does Jack go to the next café?
d) The boys push the stuffed parachutist out.	d) ....
e) The parachutist in red falls inside of the café.	e) ....
f) This man in red is Jack.	f) ....
g) He is well trained.	g) ....
h) The fire can spread on the furniture.	h) ....

i) I must turn the gas off.	i) ....
j) She understands.	j) ....
k) He is hungry.	k) ....
l) They want some tea.	l) ....
m) The telephone rings.	m) ....
n) Mark shakes.	n) ....
o) Joseph goes to a job agency.	o) ....
p) His name is George Estimator.	p) ....
q) Mark can listen to George and to music at the same time.	q) ....
r) They pay nine dollars per hour.	r) ....
s) Saturday and Sunday are free.	s) ....

Музыкальная пауза

Marilyn Monroe

I Wanna Be Loved by you

Я хочу быть любима тобой

I wanna be loved by you, just you,	*Я хочу быть любима тобой, только тобой*
And nobody else but you,	*И никем больше, кроме тебя*
I wanna be loved by you, alone!	*Я хочу быть любима тобой, единственным!*
Boop-boop-de-boop!	
I wanna be kissed by you, just you,	*Я хочу быть поцелована тобой, только тобой*
Nobody else but you,	*Никем больше, кроме тебя*
I wanna be kissed by you, alone!	*Я хочу быть поцелована тобой, единственным!*
I couldn't aspire,	*Я не могла бы стремиться,*
To anything higher,	*К чему-то большему*
Than, to feel the desire,	*Чем чувствовать желание*
To make you my own!	*Сделать тебя своим собственным!*
Ba-dum-ba-dum-ba-doodly-dum-boo	
I wanna be loved by you, just you,	*Я хочу быть любима тобой, только тобой*
And nobody else but you,	*И никем больше, кроме тебя*
I wanna be loved by you, alone!	*Я хочу быть любима тобой, единственным!*

Frequently Asked Questions (FAQ)
Часто Задаваемые Вопросы

❓ Можно ли обойтись без there is в предложении There is a long queue to the office of the job agency?

🔑 Нельзя, так как сообщая о наличии или отсутствии в определённом месте неизвестного собеседнику предмета, надо употреблять оборот there is в единственном и there are во множественном числе (правило 11). Например:

There are many parks in our city. – *В нашем городе много парков.*

There is a bike at the café. – *Возле кафе стоит велосипед.*

❓ Можно ли предложение *Каких ты здесь знаешь парней и девушек?* перевести What do you know boys and girls here?

🔑 Это предложение будет неверным, так как в английском языке вопросительную группу нельзя разрывать (правило 33). Здесь вопросительная группа *Каких парней и девушек*, поэтому верным будет поставить её всю в начале:

Каких парней и девушек ты знаешь здесь? – What boys and girls do you know here?

Вот еще примеры, из которых видна разница в применении вопросительных групп.

How much time will it take? – *Сколько это займет времени?*

What games did you play? – *В какие ты играл игры?*

❓ Почему в предложении Who knows this girl? *Кто знает эту девушку?* не применяется do или does?

🔑 Если вопросительное слово одновременно является и подлежащим, то do и does не применяются. Как правило who, what и which могут применяться в качестве подлежащего. Например:

Who lives in this house? – *Кто живёт в этом доме?*

What books lie on the table? – *Какие книги лежат на столе?*

Which car won the race? – *Которая из машин выиграла гонку?*

❓ Объясните значение lay и lie.

🔑 Lay [lei] значит *ложить, класть*. Вместо этого слова, и в качестве слов *помещать, ставить* и тому подобное, можно также использовать put [put]. Lie [lai] значит *лежать*, а также *ложь, лгать.* Например:

All books lie there. Lay this book there. – *Все книги лежат там. Положи эту книгу туда.*

? Какой вариант построения вопросов с have более распространён Do you have..? или Have you..?

В США в основном говорят Do you have..? В Великобритании говорят Have you got..? (правило 55) Вариант Have you..? в современном английском языке практически не применяется. Вариант Have you..? даётся в первой половине учебника для упрощения.

Words of wisdom

Слова мудрости

Happiness is made to be shared.
Счастье создано, чтобы его разделяли.
To love and be loved is to feel the sun from both sides. *Любить и быть любимым – это чувствовать солнце с обеих сторон.*

Proverbs and sayings

Пословицы и поговорки

As the tree, so the fruit.
Каково дерево, таков и плод. Яблоко от яблони далеко не падает.
Business before pleasure.
Сначала дело, потом развлечения. Делу время, потехе час. Сделай дело, гуляй смело.

Jokes

Шутки

A mother mouse and a baby mouse play in the garden, when suddenly, a cat attacks them. The mother mouse cries "Bark!" and the cat runs away. "See?" says the mother mouse to her baby, "Now do you see why it is important to learn a foreign language?"

Мама мышь и малыш мышонок играют в саду, когда неожиданно на них нападает кот. Мама мышь восклицает «Гав!» и кот убегает прочь. «Видишь?» говорит мама мышь своему малышу, «Теперь ты видишь почему важно учить иностранный язык?»

Little Johnny's teacher asks, "What do you call a person who keeps on talking when people are no longer interested?" Little Johnny replies, "A teacher."

Учитель маленького Джонни спрашивает, «Как называется человек, который продолжает говорить, когда людям давно не интересно?»

Маленький Джонни отвечает, «Учитель.»

Teacher: Do you know why you have such poor grades?
Pupil: I cannot think.
Teacher: Exactly!

Учитель: Ты знаешь почему у тебя такие плохие оценки?

Ученик: Не могу подумать (представить).

Учитель: Именно!

Пользователи компьютера могут пройти занятия с автором книги в режиме on-line, а также использовать видеоуроки и другие ресурсы, имеющиеся на вебстранице «Английской практики».
Добро пожаловать на www.vadim-zubakhin.donetsk.ua

Chapter 19
Глава 19

Joseph and Mark wash the truck
Джозеф и Марк моют грузовик

Для непринуждённого и результативного обучения пользуйтесь планировщиком, расположенным в начале книги.

37

Порядковые числительные указывают не на количество, а на очерёдность. Например:

I live on the sixth floor. - *Я живу на шестом этаже.*
Every fourth student of this college lives in the dorms. - *Каждый четвёртый студент этого колледжа живёт в общежитии.*

Как видно из примеров, порядковые числительные образуются с помощью -th, которое добавляется в конце количественного числительного. Исключениями являются first - *первый*, second - *второй* и third - *третий*. Вот порядковые числительные:

Fourth - четвёртый, fifth - пятый, sixth - шестой, seventh - седьмой, eighth - восьмой, ninth - девятый, tenth - десятый, eleventh - одиннадцатый, twelfth - двенадцатый, thirteenth - тринадцатый, fourteenth - четырнадцатый, fifteenth - пятнадцатый, sixteenth - шестнадцатый, seventeenth - семнадцатый, eighteenth -

восемнадцатый, nineteenth - девятнадцатый, twentieth - двадцатый, twenty-first - двадцать первый, twenty-second - двадцать второй, twenty-third - двадцать третий, twenty-fourth - двадцать четвёртый и так далее.
Перед порядковыми числительными всегда ставится определённый артикль the. Например:

Take the first book. *- Возьмите первую книгу.*

38

Get (в прошедшем времени got) имеет много значений и может переводиться:
а) получать, покупать, доставать:

I want to get some bread and tea. *- Я хочу купить хлеба и чая.*

She wants to get a higher education. *- Она хочет получить высшее образование.*

в) добираться, доходить, доезжать:

He got to the hotel by bus. *- Он добрался до гостиницы на автобусе.*

How can I get to the bus station? *- Как можно добраться до автостанции?*

г) об общественном транспорте get on - садиться, входить, get off - вставать, сходить:

Get on tram number five and get off after three stops. *- Садитесь на трамвай номер пять, и сойдите через три остановки.*

д) об автомобиле get in - садиться, get out - выходить из автомобиля:

Get in the car and I will show you the city. *- Садитесь в машину, и я покажу вам город.*

Get также употребляется с прилагательными married, wet, tired и другими придавая значение *становиться каким-либо:*

They got married last month. *- Они женились в прошлом месяце. (стали женаты)*

The grass got wet. *- Трава намокла. (стала мокрой)*

He got tired. - *Он устал. (стал усталым)*

Words

1. along [ə'lɔŋ] - *вдоль*
2. any ['eni] - *несколько, немного; любой* (в утвердительных)
3. arrive [ə'raiv] - *прибыть, приехать*
4. at first - *сначала*
5. bigger ['bigə] - *больше, больший*
6. box [bɔks] - *ящик, коробка*
7. brake [breik] - *тормоз, тормозить*
8. carry ['kæri] - *нести, везти*
9. check [tʃek] - *проверять*
10. cleaning ['kliːniŋ] - *чистка, чистящий*
11. close [kləuz] - *близко; закрывать*
12. closer ['kləusə] – *ближе*
13. Daniel ['dænjəl] - *Дэниел* (имя)
14. driving license - *водительские права*
15. eighth [eit] - *восемь*
16. employer [im'plɔiə] – *работодатель*
17. engine ['endʒin] - *двигатель*
18. far [faː] - *далеко*
19. field [fiːld] - *поле*
20. fifth [fifθ] - *пятый*
21. float [fləut] - *плыть (о судне)*
22. fourth [fɔːθ] - *четвёртый*
23. front [frʌnt] - *передний, лицевая сторона*
24. further ['fəːðə] - *дальше*
25. loading ['ləudiŋ] – *погрузочный*
26. lot [lɔt] - *много*
27. machine [mə'ʃiːn] - *машина*
28. meter ['miːtə] - *метр*
29. ninth [nainθ] - *девятый*
30. owner ['əunə] - *владелец*
31. pitching ['pitʃiŋ] - *качаясь*
32. quite [kwait] - *довольно таки*
33. road [rəud] - *дорога*
34. sea [siː] – *море*
35. seashore ['siːʃɔː] - *берег моря*
36. second ['sek(ə)nd] - *второй*
37. seed [siːd] - *семена, сеять*
38. seventh ['sev(ə)nθ] - *седьмой*
39. ship [ʃip] - *корабль*
40. sixth [siksθ] - *шестой*
41. slowly ['sləuli] - *медленно*
42. start [staːt] - *начинать*
43. stepping ['stepiŋ] - *нажимая ногой*
44. strength [streŋθ] - *сила*
45. suitable ['sjuːtəbl] - *подходящий*
46. tenth [tenθ] - *десятый*
47. third [θəːd] - *третий*
48. too [tuː] – *тоже; слишком* (перед прилаг. и наречиями)
49. tough [tʌf] – *крепкий, жёсткий; упрямый;* Daniel Tough – *Дэниэл Таф (имя)*
50. unload [ʌn'ləud] – *разгружать*
51. use [juːz] - *использовать*
52. wait [weit] - *ждать*
53. washing ['wɔʃiŋ] - мойка; моечный

54. wave [weiv] – *волна*
55. wheel [(h)wiːl] - *колесо*
56. yard [jaːd] – *двор*
57. yeah! [jeə] – *да (в разговоре)*

Joseph and Mark wash the truck

Joseph and Mark work on a farm now. They work three or four hours every day. The work is quite hard. They must do a lot of work every day. They clean the farm yard every second day. They wash the farm machines every third day. Every fourth day they work in the farm fields. Their employer's name is Daniel Tough. Mr. Tough is the owner of the farm and he does most of the work. Mr. Tough works very hard. He also gives a lot of work to Joseph and Mark.

a farm machine

a field

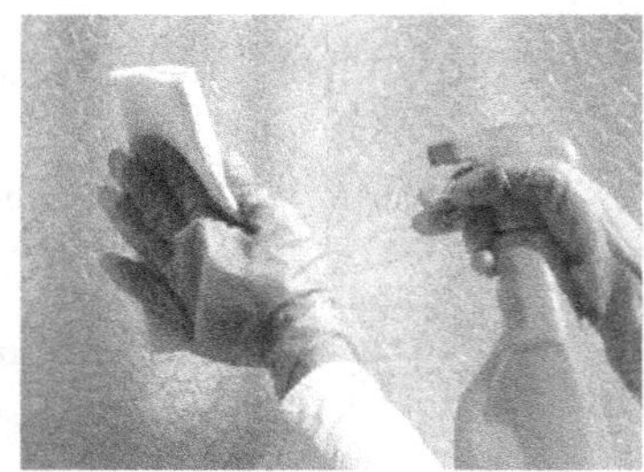

washing work

"Hey boys, finish cleaning the machines, take the truck and go to the transport firm Rapid," Mr. Tough says, "They have a load for me. Load boxes with the seed in the truck, bring them to the farm, and unload in the farm yard. Do it quickly because I need to use the seed today. And do not forget to wash the truck".

"Okay," Joseph says. They finish cleaning and get into the truck. Joseph has a driving license so he drives the truck. He starts the engine and drives at first slowly through the farm yard, then quickly along the road. The transport firm Rapid is not far from the farm. They arrive there in fifteen minutes. They look for the loading door number ten there. Joseph drives the truck carefully through the loading yard. They go past the first loading door, past the second loading door, past the third, past the fourth, past the fifth, past the sixth, past the seventh, past the eighth, then past the ninth loading door. Joseph drives to the tenth loading door and stops.

old wheels

"We must check the loading list first," Mark says, who already has some experience with loading lists at this transport firm. He goes to the loader who works at the door and gives him the loading list. The loader loads quickly five boxes into their truck. Mark checks the boxes carefully. All numbers on the boxes have numbers from the loading list.

"Numbers are correct. We can go now," Mark says.

"Okay," Joseph says and starts the engine, "I think we can wash the truck now. There is a suitable place not far from here".

In five minutes they arrive to the seashore.

a road

"Do you want to wash the truck here?" Mark asks in surprise.

"Yeah! It is a nice place, isn't it?" Joseph says.

"And where will we take a pail?" Mark asks.

"We do not need any pail. I will drive very close to the sea. We will take the water from the sea," Joseph says and drives very close to the water. The front wheels go in the water and the waves run over them.

waves

"Let's get out and begin washing," Mark says.

"Wait a minute. I will drive a bit closer," Joseph says and drives one or two meters further, "It is better now."

Then a bigger wave comes and the water lifts the truck a little and carries it slowly further into the sea.

"Stop! Joseph, stop the truck!" Mark cries, "We are in the water already! Please, stop!"

"It will not stop!!" Joseph cries stepping on the brake with all his strength, "I cannot stop it!!"

The truck slowly floats further in the sea pitching on the waves like a little ship.

(to be continued)

Джозеф и Марк моют грузовик.

Джозеф и Марк теперь работают на ферме. Они работают три или четыре часа каждый день. Работа довольно тяжёлая. Они должны выполнять каждый день много работы. Они убирают на ферме через день. Они моют фермерские машины каждый третий день. Раз в четыре дня они работают на фермерском поле. Их работодателя зовут Дэниэл Таф. Мистер Таф является владельцем фермы, и он выполняет большую часть работы. Дэниэл Таф работает много. Он также даёт много работы Джозефу и Марку.

«Эй парни, заканчивайте мыть машины, возьмите грузовик и поезжайте на транспортную фирму «Рэпид», говорит Дэниэл Таф, «У них есть для меня груз. Погрузите ящики с семенами в грузовик, привезите на ферму и разгрузите на фермерском дворе. Сделайте это быстро, потому что мне нужно использовать семена сегодня. И не забудьте помыть грузовик».

a window washer

«Хорошо,» говорит Джозеф. Они заканчивают мыть и садятся в грузовик. У Джозефа есть водительские права, поэтому грузовик ведёт он. Он заводит двигатель и едет сначала медленно через фермерский двор, затем быстро по дороге. Транспортная фирма «Рэпид» находится недалеко от фермы. Они прибывают туда через пятнадцать минут. Там они ищут погрузочные ворота номер десять. Джозеф осторожно ведёт грузовик по погрузочному двору. Они проезжают мимо первых дверей, мимо вторых дверей, мимо третьих, мимо четвёртых, мимо пятых, мимо шестых, мимо седьмых, мимо восьмых, затем мимо девятых погрузочных ворот. Джозеф подъезжает к десятым погрузочным воротам и тормозит.

a big ship

«Сначала мы должны проверить погрузочный список,» говорит Марк, у которого уже есть опыт с погрузочными листами и этой транспортной фирмой. Они идёт к грузчику, который работает на этих воротах и даёт ему погрузочный список. Грузчик быстро загружает пять ящиков в их грузовик. Марк внимательно

проверяет ящики. Все ящики имеют номера из погрузочного списка.

«Номера верны. Теперь мы можем ехать,» говорит Марк.

«Порядок,» говорит Джозеф и заводит двигатель, «Я думаю, что теперь мы можем помыть грузовик. Недалеко отсюда есть подходящее место».

a lot of cars

Через пять минут они приезжают на берег моря.

«Ты хочешь помыть грузовик здесь?» спрашивает Марк удивлённо.

«Ну да! Хорошее местечко, правда?» Джозеф.

«А где мы возьмём ведро?» спрашивает Марк.

«Нам не надо никакое ведро. Я подъеду очень близко к морю. Мы будем брать воду из моря», говорит Джозеф и подъезжает очень близко к воде. Передние колёса въезжают воду и волны набегают на них.

«Давай выйдем и начнём мыть», говорит Марк.

«Подожди минутку. Я подъеду чуть ближе», говорит Джозеф и проезжает один или два метра дальше, «Вот так лучше».

Затем большая волна набегает, и вода немного приподнимает грузовик и медленно несёт его дальше в море.

«Стоп! Джозеф, останови грузовик!» кричит Марк, «Мы уже в воде! Пожалуйста, останови его!»

«Он не останавливается!!» кричит Джозеф, нажимая ногой на тормоз изо всей силы, «Я не могу остановить его!!»

Грузовик медленно плывёт дальше в море, покачиваясь на волнах как маленький корабль.

(продолжение следует)

Развитие разговорных навыков

Ответьте на вопросы к тексту

Вопросы	Варианты ответов
a) How long do Mark and Joseph work every day?	a) They work three or four hours every day. They work one hour every day.
b) Is the work hard?	b) Yes, it is. No, it is not.
c) How often do they clean the farm yard?	c) They clean it every second day. They clean the farm yard every second week.
d) How often do they wash the farm machines?	d) They wash the farm machines every third day. They wash them

	every day.
e) What is their employer's name?	e) Their employer's name is Daniel Tough. His name is Daniel Paff.
f) What boxes must Joseph and Mark bring to the farm?	f) The boxes with the seed. The boxes with machines.
g) Why does Joseph drive the truck?	g) Because he has driving license. Because he is smart.
h) What loading door do they look for?	h) They look for the loading door number ten. They look for the loading door number one.
i) Who already has some experience with loading lists?	i) Mark has. Joseph has.
j) Where does Joseph want to wash the truck?	j) At the sea shore. At the farm.
k) Why cannot Joseph stop the truck?	k) Because the water carries it. Because there is no brake.

Time to play!

Время поиграть!

Поиграйте в следующие диалоговые игры:

☺ Guess things! Угадай предметы! (во множественном числе) Правила игры даются в главе 5

☺ Guess a place! Угадай место! Правила игры даются в главе 6

☺ Guess a character or a person! Угадай персонаж или человека! Правила игры даются в главе 7

☺ Guess a profession! Угадай профессию! Правила игры даются в главе 18

Закрепление правил

Упражнение 49 к правилу 37:
Переведите на английский язык.

a)	Это второй урок.	a)	This is the second lesson.
b)	Поднимайтесь на пятый этаж.	b)	Go up to the fifth floor.
c)	Возьмите одиннадцатый ящик.	c)	Take ……………………………. ………………………………
d)	Мы встречаемся в первый раз.	d)	……………………………… ………………………………
e)	Положите книги на шестой и на седьмой стол.	e)	……………………………… ………………………………
f)	Я хочу примерить третью шляпку.	f)	……………………………… ………………………………
g)	Агентство на двадцать втором этаже.	g)	……………………………… ………………………………
h)	Подойдите в восьмую комнату.	h)	……………………………… ………………………………
i)	Опуститесь на четырнадцатый этаж.	i)	……………………………… ………………………………
j)	Сегодня двадцать восьмое января.	j)	……………………………… ………………………………

k) Сегодня первое июня. k) ……………………………….... ....……………………………..

Упражнение 50 к правилу 38:
Переведите на английский язык употребляя get.

a) Я хочу купить газет. a) I want to get some newspapers.

b) Как добраться до станции? b) How can I get to the station?

c) Садитесь на автобус номер пять. c) Get ………………………… ……………………………..

d) Я должен выйти из автомобиля. d) …………………………… ……………………………

e) Она хочет выйти замуж. e) …………………………… ……………………………

f) Она хочет купить хлеба и чая. f) …………………………… ……………………………

g) Как доехать до зоопарка? g) …………………………… ……………………………

h) Садитесь на трамвай номер одиннадцать. h) …………………………… ……………………………

i) Давайте сядем в автомобиль. i) …………………………… ……………………………

j) Они хотят жениться? j) ……………………………

....

k) Где можно купить билет? k) ....

....

Музыкальная пауза

Pat Boone

Would you like to take a walk?

Хочешь погулять?

Mhm, would you like to take a walk?	*Хочешь погулять?*
Mhm, do you think it's gonna rain?	*Ты полагаешь будет дождь?*
Mhm, how about a susparilla?	*Как насчёт саспариллы?*
Gee, the moon is yellow,	*Здорово, луна жёлтая*
Somethin' good'll come from that	*Что-то хорошее выйдет из этого*
Mhm, have you heard the latest song?	*Ты слышала последнюю песню*
Mhm, it's a very pretty strain	*Это очень красивая мелодия*
Mhm, don't you feel a little thrilly?	*Ты чувствуешь лёгкое дрожание?*
Gee, it's gettin' chilly	*Здорово, становится прохладно*
Somethin' good'll come from that	*Что-то хорошее выйдет из этого*
When you're strolling through the wherezis	*Когда ты гуляешь где-нибудь*
You need a whozis to lean upon	*Тебе нужен кто-то, чтобы опереться*
But when you have a whozis to	*Но когда у тебя есть кто-то,*

hug	*чтобы обнять*
And whatzis gosh darn	*Что тогда?*
Mhm, would you like to take a walk?	*Хочешь погулять?*
Mhm, do you think it's gonna rain?	*Ты полагаешь будет дождь?*
Mhm, ain't you tired of the talkies?	*Ты не устала от разговоров?*
I prefer the walkies	*Я предпочитаю прогулки*
Somethin' good'll come from that	*Что-то хорошее выйдет из этого*

Frequently Asked Questions (FAQ)
Часто Задаваемые Вопросы

? Что значит would you like?

Would like *хотел бы* – это вежливая форма глагола want *хотеть*. Want выражает сильное желание или твёрдое намерение и применяется в основном в кругу друзей или хорошо знакомых людей. Например:

I want to be a doctor. – *Я хочу быть врачом.*

I want some mineral water. – *Я хочу минеральной воды.*

На работе, в общественных местах, с незнакомыми людьми применяют вежливую форму would like:

I would like to go to the theatre. – *Я хотел бы пойти в театр.*

Would you like to play tennis? – *Вы не хотели бы поиграть в теннис?*

Would you like a cup of tea? – *Хотите чашку чая?*

Как видно из двух последних примеров, вопрос образуется с помощью перестановки - would ставится перед подлежащим.

? Что означают следующие слова и фразы из песни: it's gonna rain, somethin', gettin', wherezis, whozis, talkies, walkies?

It's gonna rain – это краткая разговорная форма it is going to rain - *собирается дождь*. Вот примеры часто употребляемых сокращений:

I'm gonna.. = I am going.. – *Я собираюсь..*

I wanna.. = I want.. - *Я хочу..*

I dunno.. = I do not know.. – *Я не знаю..*

Somethin' и gettin' – это разговорные формы something и getting. Так как окончание –ing даёт носовой *н*, и *г* не произносится, то в лирике оно часто заменяется на – in'. Произношение можно узнать по транскрипции. Например:

somethin' = something ['sʌmθiŋ] – *что-то, кое-что*

readin' = reading ['riːdiŋ] - *чтение*

win' = wing [wiŋ] - *крыло*

Wherezis – *где-то,* whozis – *кто-то,* talkies – *разговорчики,* walkies – *прогулочки*. Это также лирические формы слов.

Words of wisdom

Слова мудрости

Habit is like a soft bed, easy to get into but hard to get out of. *Привычка – это как мягкая кровать, - легко ложиться да тяжело вставать.*

Each day slowly shapes our lives, as dripping water shapes the stone. *Каждый день медленно изменяет нашу жизнь, как капающая вода изменяет камень.*

Proverbs and sayings

Пословицы и поговорки

All men cannot be first. *Не всем дано быть первыми.*

Better late than never. *Лучше поздно, чем никогда.*

Jokes

Шутки

Teacher: Please explain the difference between sufficient and enough.

Учитель: Пожалуйста объясни разницу между достаточно и предостаточно.

Pupil: If my mother helps me to cake, I get sufficient. If I help myself, I get enough.

Ученик: Если моя мама накладывает мне торт, то я получаю достаточно. Если я накладываю себе сам, то я получаю предостаточно.

Father: Are not you first in anything at school?

Папа: Ты разве не первый по чём-нибудь в школе?

Son: Sure, Dad. I am first out when the bell rings!

Сын: Конечно, папа. Я первый выбегаю, когда звенит звонок.

Doctor, doctor I think I need glasses!
You certainly do, Sir, this is a fish shop!

Доктор, доктор я думаю мне нужны очки!

Вам они определённо необходимы, сэр, это рыбный магазин!

Пользователи компьютера могут пройти занятия с автором книги в режиме on-line, а также использовать видеоуроки и другие ресурсы, имеющиеся на вебстранице «Английской практики».
Добро пожаловать на www.vadim-zubakhin.donetsk.ua

Chapter 20
Глава 20

Joseph and Mark wash the truck (part2)
Джозеф и Марк моют грузовик (часть 2)

Для непринуждённого и результативного обучения пользуйтесь планировщиком, расположенным в начале книги.

Герундий - это существительное образованное от глагола с помощью -ing. Например:

глагол	*герундий*
read - *читать*	reading - *чтение*
play - *играть*	playing - *игра*
watch - *смотреть*	watching - *просмотр*
cook - *готовить (еду)*	cooking - *готовка (еды)*

Герундий применяется по желанию. Однако его обычно употребляют после следующих восьми глаголов:

like - *нравиться, любить* suggest - *предполагать, предлагать* enjoy - *наслаждаться, получать удовольствие*

love - *любить*

hate - *ненавидеть*

mind - *возражать (в вопросах и отрицаниях); учитывать*

stop - *останавливать(ся), прекращать*

finish - *заканчивать, завершать*

Например:

I like cooking. - *Я люблю готовить еду.*

He hates learning. - *Он ненавидит учиться.*

Do you mind washing up? - *Ты не против вымыть посуду?*

I enjoy dancing! - *Я люблю танцевать!*

They finish working at five o'clock. - *Они заканчивают работу в пять часов.*

40

Порядок слов в предложении до сих пор давался только для подлежащего и сказуемого. Остальные же слова в предложении надо ставить в таком порядке:

что + где + когда

Слово отвечающее на вопрос *что?* называется дополнением. Дополнение может также отвечать на вопросы *на чём? с чем? о чём?* и т.п. Например:

I read this book at home every evening.
что? где? когда?
Я читаю эту книгу дома каждый вечер.

Joseph rides the bike in the park on Sundays.
на чём? где? когда?
Джозеф ездит на велосипеде в парке по воскресеньям.

The boys play with a ball in the garden after school.
с чем? где? когда?
Мальчики играют с мячом в саду после школы.

Вместо **где** может стоять **куда** или **откуда**.

They go to the park on Sundays.
куда? когда?
Они ходят в парк по воскресеньям.

Однако надо учитывать, что слова always - *всегда,* usually - *обычно,* often - *часто,* sometimes - *иногда,* rarely/seldom - *редко,* never - *никогда,* ever - *когда-либо,* also - *также,* just - *только, лишь,* still - *всё ещё,* already - *уже,* both - *оба,* all - *все, весь* обычно ставят между подлежащим и сказуемым (правило 44).
Если имеется лицо на которое направлено действие, то его ставят либо после глагола, либо после дополнения добавляя предлог.
Например:

Ron gives **Linda** books every week. *– Рон даёт Линде книги каждую неделю.*
Ron gives books **to Linda** every week. *– Рон даёт книги Линде каждую неделю.*

Words

1. accident ['æksid(ə)nt] - *авария; несчастный случай*
2. ago [ə'gəu] - *тому назад (о времени);* a year ago - *год тому назад*
3. bird [bə:d] - *птица*
4. ceremony ['seriməni] – *церемония*
5. cleaned - *почистил*
6. constant ['kɔn(t)stənt] – *постоянный*
7. control [kən'trəul] – *контроль*
8. dear [diə] - *дорогой*
9. enjoy [in'dʒɔi] - *получать удовольствие*
10. example [ig'za:mpl] – *пример;* for example - *например*
11. feed [fi:d] - *кормить*
12. fire ['faiə] – *уволить; огонь*
13. floating ['fləutiŋ] – *плывущий*
14. flow [fləu] - *течение; течь*
15. for [fə] - *для, на, к*
16. happen ['hæp(ə)n] - *происходить*
    happened - *произошло*
17. inform [in'fɔ:m] – *сообщать*
18. journalist ['dʒə:n(ə)list] - *журналист*
19. killer ['kilə] - *убийца*
20. kite [kait] - *воздушный змей; коршун;* Mr. Kite – *мистер Кайт (имя)*
21. laugh [la:f] - *смеяться*
22. left [left] - *влево, левый*
23. money ['mʌni] - *деньги*
24. never ['nevə] - *никогда*

25. oil [ɔil] - *нефть, масло*
26. photograph ['fəutəgra:f] - *фотографировать, фотография;* photographer - *фотограф*
27. pollute [pə'lu:t] - *загрязнять* Big Pollutexxon – *Большой Загрязнитель (название)**
28. rehabilitate [ˌri:hə'biliteit] – *восстанавливать*
29. rehabilitation [ˌri:hə'biliteiʃn] - *восстановление*
30. rescue ['reskju:] - *спасать*
31. right [rait] - *правый, вправо*
32. service ['sə:vis] - *сервис, услуга; обслуживать;* rescue service - *спасательная служба*
33. set free - *освобождать*
34. shore [ʃɔ:] - *берег*
35. situation [ˌsitju'eiʃən] – *ситуация*
36. speech [spi:tʃ] - *речь*
37. steer [stiə] - *управлять рулём*
38. swallow ['swɔləu] – *проглотить, глоток*
39. swim [swim] - *плавать (о человеке)*
40. tanker ['tæŋkə] - *танкер*
41. tomorrow [tə'mɔrəu] - *завтра*
42. twenty-five - *двадцать пять*
43. wanted ['wɔntid] - *хотел*
44. were [wə] - *были*
45. whale [weil] – *кит;* killer whale - *кит-убийца, касатка*
46. wind [wind] - *ветер*
47. wonder ['wʌndə] - *удивляться; любопытствовать; чудо*
48. which [witʃ] - *который*
49. wonderful ['wʌndəfəl] - *удивительный*

** - намёк на печально известную катастрофу танкера Exxon Valdez у берегов Аляски*

Joseph and Mark wash the truck (part 2)

The truck floats slowly further in the sea pitching on the waves like a little ship.
Joseph steers to the left and to the right stepping on the brake and gas. But he cannot control the truck. A strong wind pushes it along the seashore. Joseph and Mark do not know what to do. They just sit and look out of the windows. The sea water begins to run inside.

a kite

“Let’s go out and sit on the roof,” Mark says.

They sit on the roof.

"What will Mr. Tough say, I wonder?" Mark says.

The truck floats slowly about twenty meters away from the shore. Some people on the shore stop and look at it in surprise.

"Mr. Tough may fire us," Joseph answers.

a sea bird

Meanwhile the head of the college Mr. Kite comes to his office. The secretary says to him that there will be a ceremony today. They will set free two sea birds after rehabilitation. Workers of the rehabilitation centre cleaned oil off them after the accident with the tanker Big Pollutexxon. The accident happened one month ago. Mr. Kite must make a speech there. The ceremony begins in twenty-five minutes. Mr. Kite and his secretary take a taxi and in ten minutes arrive to the place of the ceremony.

a ship accident

These two birds are already there. Now they are not so white as usually. But they can swim and fly again now. There are many people, journalists, photographers there now. In two minutes the ceremony begins. Mr. Kite begins his speech.

a killer whale

"Dear friends!" he says, "The accident with the tanker Big Pollutexxon happened at this place a month ago. We must rehabilitate many birds and animals now. It costs a lot of money. For example the rehabilitation of each of these birds costs 5,000 dollars! And I am glad to inform you now that after one month of rehabilitation these two wonderful birds will be set free."

Two men take a box with the birds, bring it to the water and open it. The birds go out of the box and then jump in the water and swim. The photographers take pictures. The journalists ask workers of the rehabilitation centre about the animals.

Suddenly a big killer whale comes up, quickly swallows those two birds and goes down again. All the people look at the place where the birds were before. The head of the college does not believe his eyes. The killer whale comes up again looking for more birds. As there are no other birds there, it goes down again. Mr. Kite must finish his speech now.

a photographer

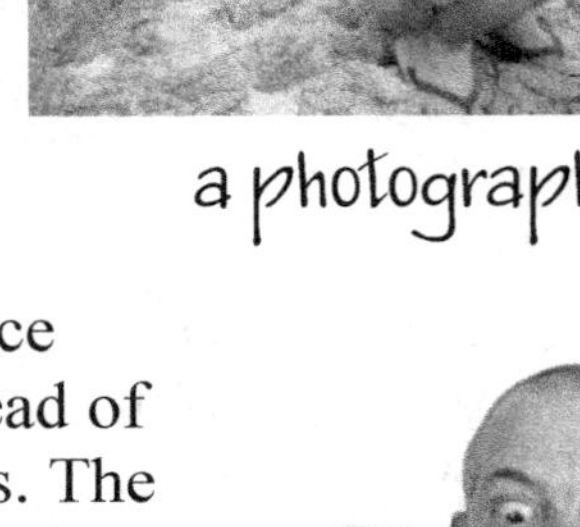

a wonderful book

"Ah…," he chooses suitable words, "The wonderful constant flow of life never stops. Bigger animals eat smaller animals and so on... ah... what is that?" he says looking at the water. All the people look there and see a big truck floating along the shore pitching on the waves like a ship. Two guys sit on it looking at the place of the ceremony.

rescue service

"Hello Mr. Kite," Mark says, "Why do you feed killer whales with birds?"

"Hello Mark," Mr. Kite

answers, "What do you do there boys?"

"We wanted to wash the truck," Joseph answers.

"I see," Mr. Kite says. Some of the people begin to enjoy this situation. They begin to laugh.

"Well, I will call the rescue service now. They will get you out of the water. And I want to see you in my office tomorrow," the head of the college says and calls the rescue service.

Джозеф и Марк моют грузовик (часть 2)

Грузовик медленно плывёт дальше в море, покачиваясь на волнах как маленький корабль. Джозеф рулит вправо и влево, нажимая на тормоз и на газ. Но он не может контролировать грузовик. Сильный ветер несёт его вдоль берега. Джозеф и Марк не знают что делать. Они просто сидят и смотрят из окон. Морская вода начинает затекать вовнутрь.

the Exxon Valdez accident

«Давай вылезем и сядем на крышу,» говорит Марк. Они садятся на крышу.

«Интересно, что скажет мистер Таф?» говорит Марк. Грузовик медленно плывёт метрах в двадцати от берега. Люди на берегу останавливаются и удивлённо смотрят на него.

«Мистер Таф наверное уволит нас,» отвечает Джозеф.

rescue service on the Exxon Valdez accident

Тем временем руководитель колледжа мистер Кайт приходит в свой офис. Секретарь говорит ему, что сегодня будет церемония. Будут выпускать на волю двух птиц после восстановления. Работники реабилитационного центра счищали с них нефть после катастрофы с танкером «Большой Загрязнитель», которая произошла месяц назад. Мистер Кайт должен произнести там речь. Церемония начинается через двадцать пять минут. Мистер Кайт и его секретарь берут такси и через десять минут прибывают к месту церемонии. Эти две птицы уже там. Теперь они не такие белые, как обычно. Но теперь они снова могут летать и плавать. Здесь сейчас много людей, журналистов и фотографов. Через две минуты церемония начинается. Мистер Кайт начинает речь.

«Дорогие друзья!» говорит он, «Катастрофа с танкером «Большой Загрязнитель», произошла на этом месте месяц назад. Теперь мы должны восстановить много птиц и животных. Это стоит очень больших денег. Например, восстановление каждой из этих двух птиц стоит 5000 долларов! И теперь я рад сообщить вам, что после месяца восстановления эти две удивительные птицы будут выпущены.»

sea birds killed in the Exxon Valdez accident

Два человека берут ящик с птицами, несут его к воде и открывают. Птицы выходят из ящика и затем прыгают в воду и плывут. Фотографы делают снимки. Журналисты расспрашивают работников восстановительного центра о животных.

Неожиданно большой кит-убийца выплывает, быстро проглатывает птиц и снова погружается. Все люди смотрят на то место, где только что были птицы. Руководитель колледжа не верит своим глазам. Кит-убийца всплывает снова в писках других птиц. Так как больше птиц нет, он опять уходит под воду. Мистер Кайт теперь должен закончить свою речь.

«Э-э...,» он подбирает подходящие слова, «Удивительный круговорот жизни никогда не останавливается. Большие животные едят меньших животных и так далее.. э-э.. что это?» говорит он, глядя на воду. Все смотрят туда и видят большой грузовик, плывущий вдоль берега и покачивающийся на волнах как корабль. Два парня сидят на нём и смотрят на место церемонии.

a rescue service truck

«Здравствуйте мистер Кайт,» говорит Марк, «Зачем Вы кормите китов-убийц птицами?

«Здравствуй Марк,» отвечает мистер Кайт, «Что вы там делаете парни?»

«Мы хотели помыть грузовик,» отвечает Джозеф.

«Понимаю,» говорит мистер Кайт. Некоторых людей эта ситуация начинает веселить. Они начинают смеяться.

«Ну что же, сейчас я вызову спасательную службу. Они достанут вас из воды. А завтра я хочу видеть вас в моём офисе,» говорит руководитель колледжа и звонит в спасательную службу.

Развитие разговорных навыков
Ответьте на вопросы к тексту

Вопросы	Варианты ответов
a) Where does the wind carry the truck?	a) It carries the truck along the shore. It carries the truck to the shore.
b) What does Joseph think Mr. Tough will do?	b) Mr. Tough will fire them. Mr. Tough will pay them more.
c) Where does Mr. Kite come meanwhile to?	c) He comes to his office. He comes to a hotel.
d) What does his secretary say to him?	d) There will be a ceremony today. There will be a tennis game today.
e) What must Mr. Kite do there?	e) Mr. Kite must make a speech there. Mr. Kite must dance there.
f) Who is there at the ceremony?	f) There are many journalists, photographers there. There are many students there.
g) How much does the rehabilitation of each of the birds cost?	g) The rehabilitation of each of the birds costs 5,000 dollars. The rehabilitation of each of the birds costs 50 dollars.
h) What swallows the birds?	h) A big cat swallows the birds. A big killer whale swallows the birds.
i) What floats to the place of the ceremony?	i) A ship. The truck.
j) Who sits on the truck?	j) Mr. Tough and Mr. Profit. Joseph and Mark.

Time to play!

Время поиграть!

Поиграйте в следующие диалоговые игры:

☺ Guess a profession! Угадай профессию! Правила игры даются в главе 18

☺ Guess a place! Угадай место! Правила игры даются в главе 6

☺ Guess a character or a person! Угадай персонаж или человека! Правила игры даются в главе 7

☺ Simon says.. Саймон говорит.. Правила игры даются в главе 8

Закрепление правил

Упражнение 51 к правилу 39:
Переведите на английский язык.

a) Я люблю читать газеты.	a) I like reading books.
b) Мы должны закончить игру в пять часов.	b) We must finish playing at … ……………………………...
c) Перестаньте разговаривать!	c) ……………………………..
d) Она любит играть в теннис.	d) …………………………….. ……………………………..
e) Я обожаю готовить.	e) ……………………………..
f) Он ненавидит работать.	f) ……………………………..
g) Они предлагают пойти домой.	g) …………………………….. ……………………………..

h)	Ты не против выпить чашку чая?	h)	………………………………… …………………………………
i)	Мы любим пить кофе утром.	i)	………………………………… …………………………………
j)	Она предполагает закончить работу вечером.	j)	………………………………… …………………………………
k)	Он не любит ждать.	k)	………………………………… …………………………………

Упражнение 52 к правилу 40:
Переведите на английский язык.

a)	Ты любишь смотреть фильмы в кинотеатре?	a)	Do you like watching films in the cinema?
b)	Кофе я пью перед работой дома.	b)	I drink coffee at home before work.
c)	По воскресеньям мы ходим в зоопарк.	c)	We go ……………………… …………………………………
d)	По вечерам она ездит в парке на велосипеде.	d)	………………………………… …………………………………
e)	Давай сейчас поиграем на компьютере.	e)	………………………………… …………………………………
f)	Книги я читаю в автобусе, когда еду на работу.	f)	………………………………… …………………………………

g)	В теннис она играет по субботам в колледже.	g)	……………………………….. ………………………………..
h)	Сейчас я хочу написать письмо своему другу.	h)	……………………………… ………………………………..
i)	Свою комнату она убирает два раза в неделю.	i)	……………………………….. ………………………………..
j)	Он не любит читать газеты по утрам.	j)	……………………………….. ………………………………..
k)	Сейчас я хочу съесть завтрак.	k)	………………………………..

Музыкальная пауза

Andy Williams

Where Do I Begin?

С чего же мне начать?

Where do I begin	*С чего же мне начать*
To tell the story of how great a love can be	*Рассказывать историю о том, как велика может быть любовь*
The sweet love story that is older than the sea	*Милую любовную историю, которая старше, чем море*
The simple truth about the love she brings to me	*Простую истину про любовь, которую она приносит мне*
Where do I start?	*С чего же мне начать?*

With her first hello	*Своим первым приветствием*
She gave new meaning to this empty world of mine	*Она дала новый смысл моему пустому миру*
There'd never be another love, another time	*Никогда не будет другой любви, другого раза*
She came into my life and made the living fine	*Она вошла в мою жизнь и сделала жизнь прекрасной*
She fills my heart	*Она наполняет моё сердце*
She fills my heart with very special things	*Она наполняет моё сердце особыми чувствами,*
With angels' songs, with wild imaginings	*Ангельскими песнями, смелыми мечтами*
She fills my soul with so much love	*Она наполняет мою душу такой большой любовью,*
That anywhere I go I'm never lonely	*Что куда-бы я не пошёл, - я никогда не одинок*
With her around, who could be lonely?	*С ней рядом, кто может быть одинок?*
I reach for her hand it's always there	*Я тянусь за её рукой, - она всегда здесь*
How long does it last	*Как долго это продолжается*
Can love be measured by the hours in a day?	*Может ли быть любовь измерена часами дня?*
I have no answers now but this much I can say	*У меня сейчас нет ответа, но это всё, что я могу сказать*
I know I'll need her till the stars all burn away	*Я знаю, что она будет нужна мне пока горят звёзды*
And she'll be there	*И она будет здесь*

Frequently Asked Questions (FAQ)

Часто Задаваемые Вопросы

? Что такое a.m. и p.m.?

Это сокращенные латинские выражения:

a.m. [ˌəiːˈem] = ante meridiem - *до полудня*

p.m. [ˌpiːˈem] = post meridiem - *после полудня*

A.D. [ˌəiːˈdi] = anno Domini - *после Рождества Христова*

B.C. [ˌbiːˈsi] = before Christ - *до Рождества Христова*

circa [ˈsəːkə] = *около, приблизительно*

e.g. = exempli gratia [eg,zempliː'graːtiaː] - *к примеру*
i.e. = id est ['ɪd'ɛst] – *то есть*
viz = videlicet [vi'diːliset] - *а именно, то есть*
etc. = etcetera [it'set(ə)rə] - *и так далее*

? The secretary says to him that there will be a ceremony today. – *Секретарь говорит ему, что сегодня будет церемония.* Почему в этом предложении применяется be, разве will не достаточно?

Will [wil] – это вспомогательный глагол будущего времени к которому всегда надо добавлять глагол действия. Например:

She will play tennis. – *Она будет играть в теннис.*
He will be a dentist. – *Он будет дантистом.*
They will be at home at five o'clock. – *Они будут дома в пять часов.*

? Как переводится строка из песни empty world of mine?

Это значит *мой пустой мир. Существительное* + of mine значит то же, что и my + *существительное*. Например:

empty world of mine = my empty world - *мой пустой мир*
books of ours = our books – *наши книги*
friend of yours = your friend – *твой друг*
bike of his = his bike – *его велосипед*
cup of hers = her cup – *её чашка*
rooms of theirs = their rooms – *их комнаты*

Words of wisdom
Слова мудрости

If you love someone you must be strong enough to allow them to be. *Если ты любишь кого-нибудь, то ты должен быть достаточно силён чтобы позволить им быть.*

Never get in a battle of wits

Proverbs and sayings
Пословицы и поговорки

Appetite comes with eating.
Аппетит приходит во время еды.

Better be born lucky than rich.
Лучше родиться удачливым, нежели богатым. Не родись красивой, а родись счастливой.

without ammunition. *Никогда не вступай в битву умов без оружия.*

Jokes

Шутки

"You never get anything right," complains the teacher, "What job do you think you will get when you leave school?"
"Well I want to be the weather girl on TV."

«Ты никогда не делаешь что-нибудь правильно,» жалуется учитель, «Какую работу, ты думаешь получить, когда закончишь школу?»

«Что же, я хочу сообщать прогноз погоды по телевидению.»

Пользователи компьютера могут пройти занятия с автором книги в режиме on-line, а также использовать видеоуроки и другие ресурсы, имеющиеся на вебстранице «Английской практики».
Добро пожаловать на www.vadim-zubakhin.donetsk.ua

Chapter 21
Глава 21

A lesson
Урок

Для непринуждённого и результативного обучения пользуйтесь планировщиком, расположенным в начале книги.

41

Краткие ответы являются общепринятой нормой в вежливой речи и при официальном общении. Ответы yes и no могут расцениваться как невежливые. Поэтому краткие ответы на вопросы, имеющие один из шести глаголов-исключений to be, to have, can, may, must, will/shall даются с повторением глагола, а в отрицательных ответах - и с добавлением not в конце. Например:

Are you at home? - No, I am not.	*Ты дома? Нет.*
Can you swim? - Yes, I can.	*Ты умеешь плавать? Да*
Has she a cat? - No, she has not.	*У неё есть кошка? Нет*
Must he go to the bank? - Yes, he must.	*Должен ли он идти в банк? Да.*
Will they play tennis today? - No, they will not.	*Будут ли они играть сегодня в теннис? Нет.*

Краткие ответы на вопросы со всеми остальными глаголами даются с повторением вспомогательного глагола, а в отрицательных ответах - и с добавлением not в конце. Например:

Do you learn English? - Yes, I do.	*Ты учишь английский? Да.*
Does she play tennis? - No, she does not.	*Она играет в теннис? Нет.*
Do they sell books? - Yes, they do.	*Они продают книги? Да.*
Do you dance? - No, I do not.	*Ты танцуешь? Нет.*

42

Вопросительный придаток добавляется в конце предложения после запятой. Часто его называют тэгом или «хвостиком». В утвердительных предложениях он должен быть отрицательным, а в отрицательных - утвердительным. Ниже приводятся примеры полной и сокращённой формы:

You have a blue bike, have not you? You have a blue bike, haven't you?	*У тебя есть синий велосипед, не так ли?*
She is in the park now, is not she? She is in the park now, isn't she?	*Она сейчас в парке, не так ли?*
They can play tennis, cannot they? They can play tennis, can't they?	*Они умеют играть в теннис, не так ли?*
You learn English, do not you? You learn English, don't you?	*Ты изучаешь английский, не так ли?*
He goes to college by bus, does not he? He goes to college by bus, doesn't he?	*Он ездит в колледж на автобусе, не так ли?*

Сокращённая форма придатка применяется практически всегда.

Dennis has not a bike, has he?	*У Денниса нет велосипеда, не так ли?*
They are not in the cafe, are they?	*Они не в кафе, не так ли?*
She cannot swim, can she?	*Она не умеет плавать, не так ли?*
You do not learn English, do you?	*Ты не изучаешь английский, не*

так ли?

He does not go to college by bus, does he? *Он не ездит в колледж на автобусе, не так ли?*

Как видно из примеров, глаголы-исключения to be, to have, can, may, must, will/shall повторяются в придатке, а с остальными глаголами применяется вспомогательный глагол.

Words

1. always ['ɔːlweiz] - *всегда*
2. attention [ə'tenʃən] – *внимание*
3. between [bi'twiːn] - *между*
4. boyfriend ['bɔifrend] - *друг*
5. care [kɛə] - *заботиться, забота*
6. children ['tʃildrən] - *дети*
7. class [klaːs] - *класс*
8. else [els] - *ещё* (в вопр. и отриц. предл.)
9. empty ['empti] – *пустой*
10. girlfriend ['gəːlfrend] – *подруга*
11. happiness ['hæpinəs] – *счастье*
12. health [helθ] - *здоровье*
13. important [im'pɔːt(ə)nt] – *важный*
14. instead [in'sted] - *вместо*
15. jar [dʒaː] - *банка*
16. less [les] - *меньше, менее*
17. loose [luːs] - *терять*
18. medical ['medik(ə)l] –
19. parent ['pɛər(ə)nt] - *родитель*
20. pour [pɔː] - *сыпать, лить*
21. really ['riəli] - *действительно*
22. remain [ri'mein] – *оставаться*
23. sand [sænd] - *песок*
24. slightly ['slaitli] - *слегка*
25. small [smɔːl] - *маленький*
26. spend [spend] - *проводить (время); тратить*
27. still [stil] - *всё равно, всё еще*
28. stone [stəun] - *камень*
29. stuff [stʌf] - *это (собирательный образ)*
30. television ['teliviʒ(ə)n] – *телевидение*
31. test [test] - *тест, проверка*
32. thing [θiŋ] - *вещь, предмет*
33. which [witʃ] - *который*
34. without [wi'ðaut] - *без*
35. would [wəd] - *бы* (условное) I would read - *Я бы почитал*

A lesson

The head of the college stands before the class. There are some boxes and other things on the table before him. When the

lesson begins he takes a big empty jar and without a word fills it up with big stones.
“Do you think the jar is already full?” Mr. Kite asks students.
“Yes, it is,” agree students.
Then he takes a box with very small stones and pours them into the jar. He shakes the jar slightly. The little stones, of course, fill up the room between the big stones.

a jar with stones

“What do you think now? The jar is already full, isn’t it?” Mr. Kite asks them again.
“Yes, it is. It is full now,” the students agree again. They begin to enjoy this lesson. They begin to laugh.
Then Mr. Kite takes a box of sand and pours it into the jar. Of course, the sand fills up all the other room.
“Now I want that you think about this jar like a man’s life. The big stones are important things - your family, your girlfriend and boyfriend, your health, your children, your parents - things that if you loose everything and only they remain, your life still will be full. Little stones are other things which are less important. They are things like your house, your job, your car. Sand is everything else - small stuff. If you put sand in the jar at first, there will be no room for little or big stones. The same goes for life. If you spend all of your time and energy on the small stuff, you will never have room for things that are important to you. Pay attention to things that are most important to your happiness. Play with your children or parents. Take time to get medical tests. Take your girlfriend or boyfriend to a café. There will be

a parent with children

always time to go to work, clean the house and watch television," Mr. Kite says, "Take care of the big stones first - things that are really important. Everything else is just sand," he looks at the students, "Now Mark and Joseph, what is more important to you - washing a truck or your lives? You float on a truck in the sea full of killer whales like on a ship just because you wanted to wash the truck. Do you think there is no other way to wash it?"

a girlfriend with a boyfriend

"No, we do not think so," Joseph says.
"You can wash a truck in a washing station instead, can't you?" says Mr. Kite.
"Yes, we can," say the students.
"You must always think before you do something. You must always take care of the big stones, right?"
"Yes, we must," answer the students.

Урок

Глава колледжа стоит перед классом. На столе перед ним несколько коробок и других предметов. Когда урок начинается, он берёт большую пустую банку и без слов наполняет её большими камнями.
«Вы думаете эта банка уже полная?» спрашивает мистер Кайт студентов.
«Да,» соглашаются студенты.
Тогда он берёт коробку с очень маленькими камнями и насыпает их в банку. Он слегка трясёт банку. Маленькие камешки, конечно, заполняют место между большими камнями.

television

«Что вы думаете теперь? Банка уже полная, не так ли?» мистер Кайт спрашивает их снова.
«Да. Теперь она полная,» соглашаются студенты снова. Им этот урок начинает нравится. Они начинают смеяться.
Затем мистер Кайт берёт коробку с песком и высыпает его в банку. Песок, разумеется, заполняет всё остальное пространство.
«Теперь я хочу, чтобы вы подумали об этой банке, как о человеческой жизни. Большие камни - это важные вещи, - ваша семья, ваш парень или девушка, ваше здоровье, ваши дети, ваши родители - вещи, которые если вы всё потеряете и останутся только они, ваша жизнь всё равно будет полна. Маленькие камешки - это другие вещи, которые менее важны. Это такие вещи, как ваш дом, ваша работа, ваша машина. Песок - это всё остальное, - мелочи. Если вы вначале поместите песок в банку, то не останется места

an empty cup

для маленьких или больших камней. Так же и в жизни. Если вы тратите всё своё время и энергию на мелочи, у вас никогда не будет места для вещей которые важны для вас. Уделяйте внимание вещам, которые наиболее важны для вашего счастья. Играйте со своими детьми или родителями. Уделяйте время для прохождения медицинских проверок. Сводите своего друга или подругу в кафе. Всегда будет время, чтобы пойти на работу, убрать в доме и посмотреть телевизор,» говорит мистер Кайт, «Заботьтесь сначала о больших камнях - вещах, которые действительно важны. Всё остальное - лишь песок,» он смотрит на студентов, «Теперь Марк и Джозеф, что важнее для вас - мытьё грузовика или ваши жизни? Вы плаваете на грузовике по морю полному китов-убийц, как на корабле, лишь потому что вы хотели помыть этот грузовик. Вы полагаете, что нет другого способа помыть его?»
«Нет, мы так не думаем,» говорит Джозеф.
«Вы можете помыть грузовик на моечной станции, не так ли?» говорит мистер Кайт.
«Да, это так,» говорят студенты.
«Вы всегда должны думать перед тем, как сделать что-либо. Вы всегда должны заботиться о больших камнях, правильно?»
«Да,» отвечают студенты.

Развитие разговорных навыков

Ответьте на вопросы к тексту

Вопросы	Варианты ответов
a) Where does the head of the college stand?	a) The head of the college stands before the class. He stands under a bridge.
b) What is there on the table before him?	b) There are some boxes before him. There are two killer whales before him.
c) What does he put in the jar at first?	c) He puts there big stones. He puts there sand.
d) What does he put in the jar after that?	d) He puts there some small stones. He puts there small stuff.
e) Are the big stones important in your life?	e) Yes, they are. They are most important.

f) What is less important?	f) The little stones are other things which are less important - house, your job, your car.
g) What must we do before we do anything?	g) We must always think before we do something.
h) What must you take care of?	h) You must always take care of the big stones first - your family, your girlfriend and boyfriend, your health, your parents, your children.

Time to play!

Время поиграть!

Поиграйте в следующие диалоговые игры:

☺ Guess a profession! Угадай профессию! Правила игры даются в главе 18

☺ Guess a character or a person! Угадай персонаж или человека! Правила игры даются в главе 7

☺ Simon says.. Саймон говорит.. Правила игры даются в главе 8

☺ Find a thing! Найди предмет! Правила игры даются в главе 9

Закрепление правил

Упражнение 53 к правилу 41 и 39: Переведите на английский язык.

a) Ты любишь читать газеты? Да.	a) Do you like reading newspapers? Yes, I do.
b) Мы должны закончить игру прямо сейчас?	b) Must we finish playing right now? No, you must not.

	Нет.		
c)	Вы говорите по-английски? Да.	c)	Do you ....
d)	Она любит играть в теннис? Да.	d)	Does she ....
e)	Тебе нравится готовить? Да.	e)	....
f)	Он живёт в Австралии? Нет.	f)	....
g)	Они хотят пойти домой? Да.	g)	....
h)	Ты не против выпить чашку чая? Нет.	h)	....
i)	Вы пьёте кофе утром? Да.	i)	....
j)	Они должны закончить работу сегодня? Нет	j)	....
k)	Вы читаете книги? Да.	k)	....

Упражнение 54 к правилу 42:
Переведите на английский язык, используя сокращенную форму.

a)	Ты любишь смотреть	a)	You like watching films, don't

	фильмы, не так ли?		you?
b)	Кофе она пьёт перед работой дома, не так ли?	b)	She drinks coffee at home before her work, doesn't she?
c)	По воскресеньям они ходят в зоопарк, не так ли?	c)	They go to ....
d)	Вечером она ездит в парке на велосипеде, не так ли?	d)	She ....
e)	Деннис умеет играть на компьютере, не так ли?	e)	....
f)	Она не читает в автобусе, не так ли?	f)	She does not read in the bus, does she?
g)	Ты не умеешь играть в теннис, не так ли?	g)	....
h)	Она не хочет писать письма, не так ли?	h)	....
i)	Он не убирает свою комнату, не так ли?	i)	....
j)	Она не любит читать газеты, не так ли?	j)	....
k)	Они не хотят завтракать, не так ли?	k)	....

Музыкальная пауза

B.J. Thomas

Raindrops Keep Fallin' On My Head

Дождевые капли всё падают мне на голову

Raindrops keep falling on my head	Дождевые капли всё падают мне на голову
And just like the guy whose feet are too big for his bed	И точно как человек, чьи ноги слишком длинные для его кровати
Nothing seems to fit	Кажется, что ничего не получается
Those...	Эти...
Raindrops are falling on my head, they keep falling	Дождевые капли всё падают мне на голову, они всё падают
So I just did me some talking to the sun	Поэтому я немного поговорил с солнцем
And I said I didn't like the way he got things done	И я сказал, что мне не нравится то, как оно себя ведёт
Sleeping on the job	Спать на работе...
Those...	Эти...
Raindrops are falling on my head, they keep falling	Дождевые капли всё падают мне на голову, они всё падают
But there's one thing	Но есть ещё одна вещь
I know	Я знаю,
The blues they sent to meet me	Что блюз, который они играют мне
Won't defeat me	Не испортит мне настроение
It won't be long till happiness steps up to greet me	Не за горами то время, когда счастье придет поприветствовать меня
Raindrops keep falling on my head	Дождевые капли всё падают мне на голову,

But that doesn't mean my eyes will soon be turning red	Но это не значит, что мои глаза вскоре покраснеют
Crying's not for me	Плакать - это не для меня
'Cause...	Потому что
I'm never gonna stop the rain by complaining	Я не собираюсь останавливать дождь жалобами
Because I'm free	Потому что я свободен
Nothing's worrying me	Ничто не беспокоит меня
It won't be long till happiness steps up to greet me	Не за горами то время, когда счастье придет поприветствовать меня
Raindrops keep falling on my head	Дождевые капли всё падают мне на голову,
But that doesn't mean my eyes will soon be turning red	Но это не значит, что мои глаза вскоре покраснеют
Crying's not for me	Плакать - это не для меня
'Cause...	Потому что
I'm never gonna stop the rain by complaining	Я не собираюсь останавливать дождь жалобами
Because I'm free	Потому что я свободен
Nothing's worrying me	Ничто не беспокоит меня

Frequently Asked Questions (FAQ)
Часто Задаваемые Вопросы

? Во время разговора с иностранцем я не понимаю многих слов, потому что мой собеседник говорит очень быстро. Как лучше переспросить?

Чтобы переспросить говорят I am sorry? или просто Sorry? В начале разговора лучше сказать что-нибудь вроде:

> - I can't speak English well. Can you speak more slowly, please? *– Я не очень хорошо говорю по-английски. Вы можете говорить медленнее, пожалуйста?*

Если вы всё же не можете понять какую-то фразу или слово, то можно сказать:

- Can you express it with other words? – *Вы можете выразить это другими словами?*

Когда применяются who *кто* и which *который*?

Who [hu:] применяется с людьми, а which [(h)witʃ] – в остальных случаях. Например:

I know the woman who lives opposite. – *Я знаю женщину, которая живёт напротив.*
They live in the city which is the biggest in Ukraine. – *Они живут в городе, который является самым большим в Украине.*

Words of wisdom
Слова мудрости

Failure is not defeat until you stop trying. *Неудача – это не поражение, пока не перестанешь пробовать.*
Money is far more persuasive than logical arguments. *Деньги намного более убедительны, чем логические аргументы.*

Proverbs and sayings
Пословицы и поговорки

If you need a helping hand, the best place to look is at the end of your sleeve. *Если тебе нужна рука помощи, то лучшее место поискать её – на конце своего рукава. Спасение утопающего – это дело рук самого утопающего.*

Jokes

Шутки

I know a person who is so silly. The only way for him to get out of the third grade is to marry the teacher.

Я знаю человека, который такой глупый. Единственный способ для него закончить третий класс – это жениться на учительнице.

Definitions:
Justice - a decision in your favor.

Определения:
Справедливость – решение в твою пользу.

Funny insults:
His antenna does not pick up all the channels.
She is missing a few buttons on her remote control.

Забавные оскорбления:
Его антенна не принимает все каналы.

У неё не хватает несколько кнопок на дистанционном пульте.

Пользователи компьютера могут пройти занятия с автором книги в режиме on-line, а также использовать видеоуроки и другие ресурсы, имеющиеся на вебстранице «Английской практики».
Добро пожаловать на www.vadim-zubakhin.donetsk.ua

Chapter 22
Глава 22

Dennis works at a publishing house
Деннис работает в издательстве

Для непринуждённого и результативного обучения пользуйтесь планировщиком, расположенным в начале книги.

43

Отрицательные слова

В отличие от русского, в английском предложении может быть только одно отрицательное слово. Сравним:

I never buy anything in this shop. - *Я никогда ничего не покупаю в этом магазине.*

В английском предложении только одно отрицание never, а в русском три - *никогда, ничего* и *не*. Поэтому глагол можно поставить в отрицательную форму с помощью not, do not, does not, did not только тогда, когда нет других отрицательных слов.
Вот часто употребляемые отрицательные слова с примерами:

no - *ни один, никакой*
I have no book. - *У меня нет никакой книги.*

There is no cup on the table. - *На столе нет ни одной чашки.*

nobody, no one - *никто, ни один*
Nobody knows her. - *Никто не знает её.*
There is no one in the room. - *В комнате никого нет.*

never - *никогда*
He never plays tennis. - *Он никогда не играет в теннис.*
I will never forget you. - *Я никогда тебя не забуду.*

nothing - *ничто, ничего*
There is nothing in the box. - *В коробке ничего нет.*
I know nothing about this woman. - *Я ничего не знаю об этой женщине.*

nowhere - *нигде, никуда*
I see her nowhere. - *Я нигде её не вижу.*
They will go nowhere today. - *Они сегодня никуда не пойдут.*

none – ничего, нисколько, ничто, ни одного
How many books are there on the table? – None.
Сколько книг на столе?- Ни одной
How much free time do you have? – None.
Сколько у тебя свободного времени? - Нисколько.

Место наречия

Слова always - *всегда,* usually/generally - *обычно,* often/frequently - *часто,* sometimes - *иногда,* rarely/seldom/occasionally - *редко,* never - *никогда,* ever - *когда-либо,* also - *также,* just - *только, лишь,* still - *всё ещё,* already - *уже,* both - *оба,* all - *все, весь* обычно ставят между подлежащим и сказуемым. Например:

I always go to college by bus. - *Я всегда езжу в колледж на автобусе.*

She never plays tennis. *- Она никогда не играет в теннис.*
Dennis already works in the garden. *- Деннис уже работает в саду.*

Если же в качестве сказуемого выступает глагол to be (am, is, are), то эти слова ставят после to be. Например:

Mr. Kite is still in bed. *- Мистер Кайт всё ещё в кровати.*
They are both Americans. *- Они оба американцы.*
We are usually in the park on Sundays. *- Мы обычно в парке по воскресеньям.*

Если сказуемое состоит из вспомогательного и смыслового глагола (сложное сказуемое), то эти слова ставят перед вторым глаголом. Например:

Do you always play tennis in the morning? *- Ты всегда играешь в теннис утром?*
I must always remember it. *– Я всегда должен помнить это.*

Подробнее о сложных сказуемых говорится в правилах 8, 31, 35, 36 и 47-53.

Words

1. answering machine - *автоответчик*
2. as often as possible – *как можно чаще*
3. at least - *минимум, по крайней мере*
4. beep [bi:p] – *сигнал, сигналить*
5. calling ['kɔ:liŋ] - *делать звонок; звонящий*
6. cold [kəuld] - *холодный, холод; простуда*
7. company ['kʌmpəni] – *компания*
8. compose [kəm'pəuz] – *составлять*
9. composition [ˌkɔmpə'ziʃən] - *сочинение, композиция*
10. co-ordination [kəuˌɔ:di'neiʃən] - *координация*
11. creative [kri'eitiv] - *творческий*
12. customer ['kʌstəmə] - *клиент*
13. dark [da:k] - *тёмный*
14. develop [di'veləp] - *развивать*
15. different ['dif(ə)r(ə)nt] – *различный*
16. difficult ['difik(ə)lt] –

трудный
17. during ['djuəriŋ] - *во время*
18. especially [is'peʃəli] - *особенно*
19. etc. [it'set(ə)rə] - *и так далее*
20. fox [fɔks] – *лиса*
Mr. Fox – *мистер Фокс*
21. funny ['fʌni] - *забавный*
22. future ['fju:tʃə] - *будущий, будущее*
23. get [get] - *получить; добраться*
24. hi [hai] - *привет*
25. human ['hju:mən] - *человек, человеческий*
26. in front - *перед (в пространстве)*
27. magazine [ˌmægə'zi:n] – *журнал*
28. mean [mi:n] - *значить*
29. newspaper ['nju:sˌpeipə] – *газета*
30. nobody ['nəubədi] - *никто*
31. nose [nəuz] – *нос*
32. nothing ['nʌθiŋ] - *ничего*
33. outdoors [ˌaut'dɔ:z] - *на улице*
34. playing [pleiŋ] - *игра; играя*
35. possible ['pɔsəbl] - *возможный*
36. produce ['prɔdju:s] – *производить*
37. profession [prə'feʃ(ə)n] – *профессия*
38. rain [rein] - *дождь; дождить*
39. ready ['redi] - *готовый*
40. record ['rekɔ:d] - *запись, записывать*
41. refuse [ri'fju:z] - *отказывать(-ся), не соглашаться*
42. rule [ru:l] - *правило; управлять*
43. sad [sæd] - *грустный*
44. sell [sel] - *продавать*
45. since [sin(t)s] - *так как; с*
46. skill [skil] - *умение, навык*
47. sleeping ['sli:piŋ] - *сон; спящий*
48. stairs [stɛəz] - *лестница*
49. story ['stɔ:ri] - *история*
50. talk [tɔ:k] - *разговаривать*
51. text [tekst] - *текст*
52. thirty ['θə:ti] - *тридцать*
53. thought-recording - *записывающий мысли*
54. walking ['wɔ:kiŋ] - *прогулка*
55. world [wə:ld] - *мир*

Dennis works at a publishing house

Dennis works as a young helper at the publishing house All-round. He does writing work.
“Dennis, our firm’s name is All-round,” the head of the firm Mr. Fox says, “And this means we can do any text composition and design work for any customer. We get many orders from

newspapers, magazines and from other customers. All of the orders are different but we never refuse any."

a magazine

Dennis likes this job a lot because he can develop creative skills. He enjoys creative works like writing compositions and design. Since he studies design at college it is a very suitable job for his future profession.

Mr. Fox has some new tasks for him today.

"We have some orders. You can do two of them," Mr. Fox says, "The first order is from a telephone company. They produce telephones with answering machines. They need some funny texts for answering machines. Nothing sells better than funny things. Compose four or five texts, please."

"How long must they be?" Dennis asks.

"They can be from five to thirty words," Mr. Fox answers, "And the second order is from the magazine "Green world". This magazine writes about animals, birds, fish etc. They need a text about any home animal. It can be funny or sad, or just a story about your own animal. Do you have an animal?"

30

thirty

"Yes, I do. I have a cat. Its name is Favorite," Dennis answers, "And I think I can write a story about its tricks. When must it be ready?"

"These two orders must be ready by tomorrow," Mr. Fox answers.

"Okay. May I begin now?" Dennis asks.

"Yes, Dennis," Mr. Fox says.

a telephone with answering machine

Dennis brings those texts the next day. He has five texts for the

answering machines. Mr. Fox reads them:
1. "Hi. Now you say something."
2. "Hello. I am an answering machine. And what are you?"
3. "Hi. Nobody is at home now but my answering machine is. So you can talk to it instead of me. Wait for the beep."
4. "This is not an answering machine. This is a thought-recording machine. After the beep, think about your name, your reason for calling and a number which I can call you back. And I will think about calling you back."
5. "Speak after the beep! You have the right to be silent. I will record and use everything you say."
“It is not bad. And what about animals?” Mr. Fox asks. Dennis gives him another sheet of paper. Mr. Fox reads:

Some rules for cats

Walking:
As often as possible, run quickly and as close as possible in front of a human, especially: on stairs, when they have something on their hands, in the dark, and when they get up in the morning. This will train their co-ordination.
In bed:
Always sleep on a human at night. So he or she cannot turn in the bed. Try to lie on his or her face. Make sure that your tail is right on their nose.
Sleeping:
To have a lot of energy for playing, a cat must sleep a lot (at least 16 hours per day). It is not difficult to find a suitable place to sleep. Any place where a human likes to sit is good. There are good places outdoors too. But you cannot use them when it rains or when it is cold. You can use open windows instead.

a sleeping cat

Mr. Fox laughs.

"Good work, Dennis! I think the magazine "Green world" will like your composition," he says.

Деннис работает в издательстве

Деннис работает молодым помощником в издательстве «Всё подряд». Он выполняет письменную работу.
«Деннис, название нашей фирмы «Всё подряд»,» говорит руководитель фирмы мистер Фокс, «И это значит, что мы можем сделать любое текстовое сочинение и дизайнерскую работу для любого клиента. Мы получаем много заказов от газет, журналов и других клиентов. Все заказы разные, но мы никогда не отказываемся.»

stairs

Деннису очень нравится эта работа потому что он может развить свои творческие способности. Он любит творческую работу такую, как письменные композиции и дизайн. Так как он изучает дизайн в колледже, то это очень подходящая работа для его будущей профессии. Сегодня у мистера Фокса есть несколько новых заданий для него.
«У нас есть несколько заказов. Ты можешь сделать два из них,» говорит мистер Фокс, «Первый заказ от телефонной компании. Они производят телефоны с автоответчиками. Им нужны смешные тексты для автоответчиков. Ничего не продаётся лучше, чем смешные вещи. Пожалуйста, составь четыре или пять текстов.»
«Насколько длинными они должны быть?» спрашивает Деннис.
«Они могут быть от пяти до тридцати слов,» отвечает мистер Фокс, «А второй заказ - из журнала «Зелёный мир». Этот журнал пишет про животных, птиц, рыб и так далее. Им нужен текст про любое домашнее животное. Он может быть смешным или грустным, или просто история про твоё собственное животное. У тебя есть животное?»
«Да. У меня есть кот. Его зовут Фаворит,» отвечает Деннис, «И я думаю, что смогу написать историю про его трюки. Когда это должно быть готово?»
«Эти два заказа должны быть готовы к завтрашнему дню,» отвечает мистер Фокс.
«Хорошо. Можно начать сейчас?» спрашивает Деннис.
«Да, Деннис,» говорит мистер Фокс.

Деннис приносит тексты на следующий день. У него пять текстов для автоответчиков. Мистер Фокс читает их:

1. *«Привет. Теперь ты скажи что-нибудь.»*
2. *«Привет. Я автоответчик. А что ты?»*
3. *«Здравствуйте. Сейчас никого нет дома кроме моего автоответчика. Так что вы можете поговорить с ним вместо меня. Дождитесь сигнала.»*
4. *«Это не автоответчик. Это машина записывающая мысли. После сигнала подумайте о своём имени, о причине звонка и о номере, куда я смогу позвонить вам. А я подумаю о том, звонить ли вам.»*
5. *«Говорите после сигнала! У вас есть право хранить молчание. Я запишу и использую всё, что вы скажете.»*

«Это не плохо. А что насчёт животных?» спрашивает мистер Фокс. Деннис даёт ему другой лист бумаги. Мистер Фокс читает:

Несколько правил для кошек

Прогулка:
Как можно чаще, быстро пробегайте как можно ближе перед людьми, особенно на лестницах, когда у них есть что-нибудь в руках, в темноте, и когда они только встали утром. Это потренирует их координацию.
В кровати:
Ночью всегда спите на человеке. Так он или она не смогут повернуться в кровати. Старайтесь лежать на его или её лице. Удостоверьтесь, что ваш хвост точно на их носу.
Сон:
Чтобы иметь много энергии для игр, кошка должна много спать (по крайней мере 16 часов в день). Это не сложно найти подходящее место для сна. Подойдёт любое место, где любит сидеть человек. Также есть хорошие места на улице. Но вы не сможете воспользоваться ими во время дождя или когда холодно. Вместо этого вы можете воспользоваться открытыми окнами.

Мистер Фокс смеётся.
«Хорошая работа, Деннис! Я думаю журналу «Зелёный мир» понравится твоя композиция,» говорит он.

Develop your speaking skill
Развивайте свои разговорные навыки

Questions	Answer variants
a) Where does Dennis work as a young helper?	a) Dennis works at the publishing house “All-round”. Dennis works at a hotel.
b) Who is the head of the firm?	b) Mr. Fox is the head of the firm. Mr. Estimator is the head of the firm.
c) Where do they get orders from?	c) They get orders from newspapers, magazines and other customers. They get orders from Linda.
d) Why does Dennis like his job?	d) Because he can develop his creative skills. Because he can work little.
e) Why is this job very suitable for Dennis's future profession?	e) Because he studies design at college. Because he studies English at college.

f)	What orders do they have today?	f)	From a telephone company and from a magazine. From college and from a cafe.
g)	When must these two orders be ready?	g)	They must be ready by tomorrow. They must be ready today.
h)	What are the texts for the answering machines?	h)	*Give your own answer.*
i)	What are some cats rules?	i)	*Give your own answer.*

Time to play!

Время поиграть!

Поиграйте в следующие диалоговые игры:

☺ Guess a profession! Угадай профессию! Правила игры даются в главе 18

☺ Simon says.. Саймон говорит.. Правила игры даются в главе 8

☺ Find a thing! Найди предмет! Правила игры даются в главе 9

☺ Word association! Словарные ассоциации! Правила игры даются в главе 10

Закрепление правил

Упражнение 55 к правилу 43:
Переведите на английский язык.

a)	Она никогда не играет в теннис.	a)	She never plays tennis.
b)	Никто из этих студентов не пьёт кофе.	b)	No one from these students ....

c)	Они никогда не ходят в парк.	c)	They never go to ……..………..
d)	Этого никто не может сделать.	d)	…………………………………
e)	Я нигде не могу найти своего кота.	e)	………………………………… …………………………………
f)	Он никогда не читает в автобусе.	f)	………………………………… …………………………………
g)	Никто из моих друзей не умеет играть в теннис.	g)	………………………………… …………………………………
h)	На столе ничего нет.	h)	………………………………… …………………………………
i)	У меня нет никаких животных.	i)	………………………………… …………………………………
j)	У неё ничего нет.	j)	………………………………… …………………………………
k)	В этой комнате нет кровати.	k)	………………………………… …………………………………

Упражнение 56 к правилу 44:
Переведите на английский язык.

a)	Он всегда усталый.	a)	He is always tired.
b)	Мои друзья редко играют в теннис.	b)	My friends seldom ………..… …………………………………

c)	Я никогда не делаю это.	c)	....
d)	Обычно она гуляет в парке.	d)	....
e)	Она также много читает.	e)	....
f)	Я хочу лишь чашку воды.	f)	....
g)	Эти ребята всегда пьют кофе в этом кафе.	g)	....
h)	Мы редко ходим в парк.	h)	....
i)	Марк всё ещё не знает многих английских слов.	i)	....
j)	Марк и Джозеф оба работают на ферме.	j)	....
k)	Обычно я завтракаю дома.	k)	....

Музыкальная пауза

Andreas Johnson

Waterfall

Водопад

You say time will set us free	Ты говоришь, что время освободит нас
We sure could use a new direction	Мы конечно могли бы идти в другую сторону
Our friends are lost and so are we	Наши друзья потерялись и мы тоже
We're left on hold	К телефону не подходят
There's no connection darling	Нет связи, дорогая
It takes a lot of love to let it go	Это требует много любви, чтобы отпустить
To free your mind your body and soul	Освободить своё сознание, своё тело и душу
And it takes a lot of faith to let it show	Это требует много веры, чтобы показать это
Together we rise together we flow	Вместе мы поднимаемся, вместе мы плывём
Down the waterfall	Вниз по водопаду
So we leave the world behind	Итак, мы оставляем мир позади
Dream away from all the fiction	Улетаем в мечтах от всей лжи
Within this space we're growing wild	В этом пространстве мы становимся необузданными
Tonight we shine from holy friction	Сегодня ночью мы светимся от святого прикосновения
Oh my pearl	О, моя жемчужина
It takes a lot of love to let it go	Это требует много любви, чтобы отпустить
To free your mind your body and soul	Чтобы освободить своё сознание, своё тело и душу
And it takes a lot of faith to	Это требует много веры, чтобы

let it show	показать это
Together we rise together we flow	Вместе мы поднимаемся, вместе мы плывём
Down the waterfall	Вниз по водопаду
Hold on hold tight waterfall	Держись, держись крепко за водопад
Be strong be light	Будь сильной, будь лёгкой

Frequently Asked Questions (FAQ)
Часто Задаваемые Вопросы

? Объясните следующие строки из песни:
We sure **could** use – *Мы, конечно, могли бы использовать*
We're **left on hold** – *Нас оставили ждать на линии (телефона)*

Could [kud] имеет значение *(с)мог* или *(с)мог бы.*
To leave on hold значит *оставить ждать на (телефонной линии).*
We are left on hold – это пассив (правило 50).

Words of wisdom
Слова мудрости

Man prefers to believe what he prefers to be true. *Человек предпочитает верить тому, что он предпочитает иметь в действительности.*

Only fools can be certain; it takes wisdom to be confused. *Только глупцы могут быть уверены; чтобы сомневаться требуется мудрость.*

Proverbs and sayings
Пословицы и поговорки

As like as two peas. *Похожие, как две горошины. Как две капли воды.*

As old as the hills. *Древний, как холмы. Старо как мир.*

As plain as the nose on a man's face. *Так же очевидно, как нос - на лице. Ясно, как день.*

As plain as two and two make four. *Ясно, как два плюс два – четыре.*

Jokes
Шутки

Teacher: Who is your favorite writer?	*Учитель: Кто твой любимый писатель?*

Pupil: George Washington.
Teacher: But George Washington never wrote any books.
Pupil: You got it.

Ученик: Джордж Вашингтон.

Учитель: Но Джордж Вашингтон никогда не писал книг

Ученик: Именно.

Mother: How come you never bring any books home?
Son: Mom, they are schoolbooks, not home books.

Мама: Как получается, что ты никогда не приносишь книги домой?

Сын: Мама, это же школьные книги, а не домашние книги.

Teacher: Wade, give me an example of a double negative.
Wade: I don't know none.
Teacher: Excellent!

Учитель: Уэйд, дай мне пример двойного отрицания.

Уэйд: Я не знаю ни одного.

Учитель: Великолепно!

Пользователи компьютера могут пройти занятия с автором книги в режиме on-line, а также использовать видеоуроки и другие ресурсы, имеющиеся на вебстранице «Английской практики».
Добро пожаловать на www.vadim-zubakhin.donetsk.ua

Chapter 23
Глава 23

Cat rules
Правила для кошек

Для непринуждённого и результативного обучения пользуйтесь планировщиком, расположенным в начале книги.

45

Три основные формы глагола

В английском языке есть три основные формы глагола:

1 - неопределённая форма (инфинитив) от которой образуются все остальные формы;
2 - форма прошедшего времени (Past Indefinite), которая применяется для действий в прошедшем времени;
3 - причастие 2 (Past Participle), которое применяется в совершенном аспекте (Perfect Tense), в страдательном залоге (Passive) и в некоторых других случаях.

Первая форма совпадает со словарной формой глагола. Словарная форма - это форма, в которой глагол стоит в словаре.
Вторая и третья форма образуются с помощью -ed.

Например:

неопределённая форма Infinitive	*форма прошедшего времени Past Indefinite*	*причастие 2 Past Participle*
ask спрашивать, просить	asked спрашивал, просил	asked спрошенный
look смотреть	looked смотрел	looked -
save спасать, сохранять	saved спас, сохранил	saved спасённый, сохранённый
explain объяснять	explained объяснил	explained объяснённый

Как видно из примеров, третью форму в большинстве случаев можно перевести на русский язык деепричастием.
С помощью -ed вторую и третью форму образуют только правильные (стандартные) глаголы, которых большинство. Их называют правильными, потому что они образуют формы согласно этому правилу. Есть также неправильные (нестандартные) глаголы, которые образуют эти формы иначе. Этих глаголов намного меньше, но среди них много часто употребляемых. Например:

неопределённая форма Infinitive	форма прошедшего времени Past Indefinite	причастие 2 Past Participle
go идти, ехать	went ходил, ездил	gone ушедший, уехавший
take взять	took взял	taken взятый
give дать	gave дал	given данный
do делать	did делал	done сделанный

Формы неправильных глаголов даются в таблице неправильных глаголов в конце книги.

Words

1. although [ɔːl'ðəu] – *хотя*
2. anything ['eniθiŋ] - *что-нибудь*
3. behind [bi'haind] - *сзади, за*
4. bite [bait] - *кусать*
5. chance [tʃaːn(t)s] - *шанс, удобный случай; случайность*
6. child [tʃaild] - *ребёнок*
7. cooking ['kukiŋ] - *готовка еды*
8. eating ['iːtiŋ] - *еда (трапеза)*
9. few [fjuː] - *мало*
10. forget [fə'get] - *забыть*
11. fun [fʌn] - *радость, удовольствие*
12. getting ['getiŋ] - *становиться*
13. guest [gest] - *гость*
14. hide [haid] - *прятать(-ся)* hiding ['haidiŋ] - *прятки*
15. homework ['həumwəːk] - *домашняя работа*
16. keyboard ['kiːbɔːd] – *клавиатура*
17. kiss [kis] - *целовать, поцелуй*
18. leg [leg] – *нога*
19. love [lʌv] - *любовь, любить*
20. manage ['mænidʒ] – *суметь; управлять, руководить*
21. mosquito [mɔs'kiːtəu] – *комар*
22. mystery ['mist(ə)ri] – *загадка*
23. panic ['pænik] - *паниковать, паника*
24. planet ['plænit] - *планета*
25. plate [pleit] - *тарелка*
26. pretend [pri'tend] - *притворяться, симулировать*
27. ran away - *убежал*
28. reading ['riːdiŋ] - *чтение, читающий*
29. rub [rʌb] - *тереть(-ся)*
30. school [skuːl] - *школа*
31. season ['siːz(ə)n] - *сезон*
32. secret ['siːkrət] - *секрет*
33. sometimes ['sʌmtaimz] – *иногда*
34. steal [stiːl] - *красть*
35. step [step] - *шаг, ступать*
36. tasty ['teisti] - *вкусный*
37. thinking ['θiŋkiŋ] - *думая*
38. toilet ['tɔilət] - *туалет*
39. top [tɔp] – *высший; верхушка*
40. total ['təut(ə)l] - *абсолютный*
41. weather ['weðə] - *погода*

Cat rules

"The magazine "Green world" places a new order," Mr. Fox says to Dennis next day, "And this order is for you, Dennis. They

like your composition and they want a bigger text about "Cat rules".
It takes Dennis two days to compose this text. Here it is.

Some secret rules for cats

Although cats are the best and the most wonderful animals on this planet, they sometimes do very strange things. One of the humans managed to steal some cat secrets. They are some rules of life in order to take over the world! But how these rules will help cats is still a total mystery to the humans.

Bathrooms:
Always go with guests to the bathroom and to the toilet. You do not need to do anything. Just sit, look and sometimes rub their legs.
Doors:
All doors must be open. To get a door opened, stand looking sad at humans. When they open a door, you need not go through it. After you open in this way the outside door, stand in the door and think about something. This is especially important when the weather is very cold, or when it is a rainy day, or when it is the mosquito season.

a secret

Cooking:
Always sit just behind the right foot of cooking humans. So they cannot see you and you have a better chance that a human steps on you. When it happens, they take you in their hands and give something tasty to eat.

our planet

Reading books:
Try to get closer to the face of a reading human,

between eyes and the book. The best is to lie on the book.
Children's school homework:
Lie on books and copy-books and pretend to sleep. But from time to time jump on the pen. Bite if a child tries to take you away from the table.

a thinking boy

Computer:
If a human works with a computer, jump up on the desk and walk over the keyboard.
Food:
Cats need to eat a lot. But eating is only half of the fun. The other half is getting the food. When humans eat, put your tail in their plate when they do not look. It will give you a better chance to get a full plate of food. Never eat from your own plate if you can take some food from the table. Never drink from your own water plate if you can drink from a human's cup.

panic

Hiding:
Hide in places where humans cannot find you for a few days. This will make humans panic (which they love) thinking that you ran away. When you come out of the hiding place, the humans will kiss you and show their love. And you may get something tasty.
Humans:
Tasks of humans are to feed us, to play with us, and to clean our box. It is important that they do not forget who the head of the house is.

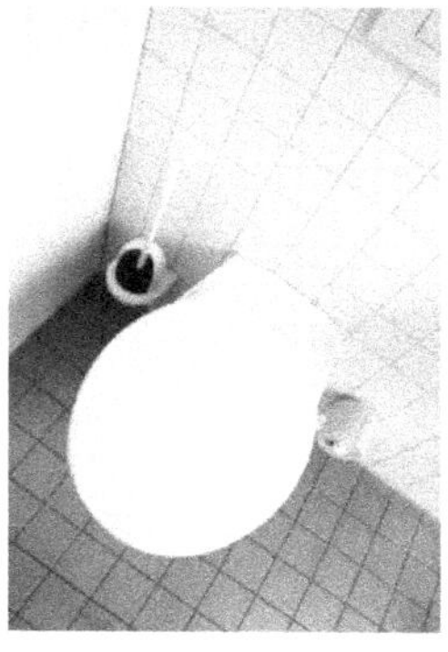
a toilet

Правила кошек

«Журнал «Зелёный мир» помещает новый заказ,» говорит мистер Фокс Деннису на следующий день, «И этот заказ

для тебя, Деннис. Им нравится твоё сочинение и они хотят текст побольше про «Правила для кошек».
Составление этого текста занимает у Денниса два дня. Вот он.

Несколько Секретных Правил для кошек

Хотя кошки лучшие и самые удивительные животные на этой планете, иногда они делают странные вещи. Одному из людей удалось разузнать несколько Кошачьих Секретов. Это - несколько правил жизни, чтобы захватить мир! Но как эти правила помогут кошкам, всё ещё остаётся полной загадкой для людей.

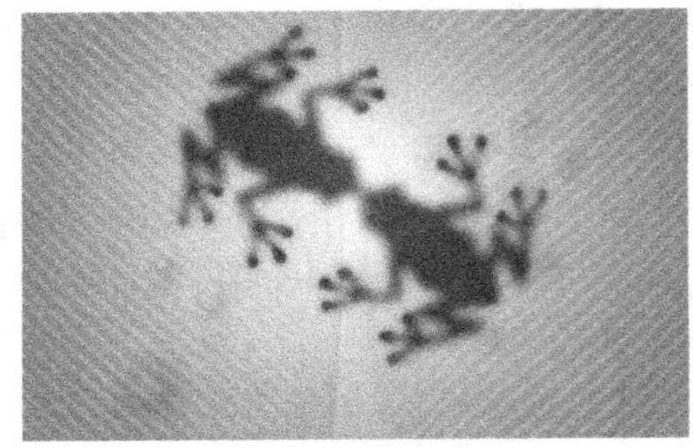

a kiss

Ванные комнаты:
Всегда ходите с гостями в ванную и туалет. Вам не надо ничего делать. Просто сидите и смотрите и иногда тритесь об их ноги.
Двери:
Все двери должны быть открыты. Чтобы дверь открыли, стойте, грустно глядя на людей. Когда они открывают дверь, вам не обязательно проходить в неё. После того, как вы откроете, таким образом, дверь на улицу, станьте в дверях и подумайте о чём-нибудь. Это особенно важно во время холодной погоды, дождя или сезона комаров.
Приготовление еды:
Всегда сидите поближе сзади правой ноги людей. Так чтобы они не видели вас и тогда будет выше шанс, что человек наступит на вас. Когда это происходит, они берут вас на руки и дают поесть что-нибудь вкусное.

a reading human

Чтение книг:
Старайтесь подойти поближе к лицу читающего человека, между глазами и книгой. Лучше всего лечь поперёк книги.
Школьная домашняя работа детей:
Ложитесь на книги и тетради и притворитесь, что спите. Но время от времени прыгайте на авторучку. Кусайтесь, если ребёнок попытается убрать вас со стола.
Компьютер:
Если человек работает на компьютере, прыгните на стол и пройдите по клавиатуре.
Еда:
Кошки должны есть много. Но еда - лишь половина удовольствия. Другая половина - добыть еду. Когда люди едят, положите хвост в их тарелку когда они не смотрят. Это даст вам лучшие шансы получить полную тарелку еды. Никогда не ешьте со своей собственной тарелки, если вы можете взять еду со стола. Никогда не пейте со своей собственной тарелки с водой, если вы можете попить из чашки человека.

a nice plate

Прятки:
Прячьтесь в местах, где люди не смогут найти вас несколько дней. Это заставит людей запаниковать (они это любят), думая что вы убежали. Когда вы выйдете из укрытия, люди будут целовать вас и показывать свою любовь. И вы сможете получить что-нибудь вкусное.
Люди:
Задача людей - кормить нас, играть с нами и чистить наш ящик. Важно, чтобы они не забывали, кто является хозяином в доме.

a computer keyboard

Develop your speaking skill

Questions	Answer variants
a) What must cats do in the bathroom?	a) Run and jump. Just sit and look.
b) What must cats do about the doors? Why?	b) Stand at a door looking sad at the humans. Go through a door.
c) What must cats do during cooking? Why?	c) Stand looking sad at the humans. Sit behind the right foot of cooking humans.
d) What must cats do during reading?	d) Lie under the desk and sleep. Try to go between eyes and book.
e) What must cats do while children do their homework?	e) Go out of the room. Lie on the copy-books and pretend to sleep.
f) What must cats do while a human works at a computer?	f) Play with a ball. Walk across the keyboard.
g) How must cats get food?	g) Stand looking sad at the humans. Put the tail in a human's plate
h) How must cats hide?	h) Cats must never hide. Hide in places where the humans cannot find you for a few days.

i) What are the tasks of humans?	i) To lie and to sleep. To feed cats, to play with cats, and to clean cats' boxes.

Time to play!

Время поиграть!

Поиграйте в следующие диалоговые игры:

☺ Guess a profession! Угадай профессию! Правила игры даются в главе 18

☺ Find a thing! Найди предмет! Правила игры даются в главе 9

☺ Word association! Словарные ассоциации! Правила игры даются в главе 10

☺ Remember things! Вспомни предметы! Правила игры даются в главе 11

Закрепление правил

Упражнение 57 к правилу 45:
Образуйте вторую и третью форму глаголов и переведите их. Все глаголы правильные.

1-я форма Инфинитив	2-я форма Прошедшее время Past Indefinite	3-я форма Причастие 2 Past Participle
a) play играть	a) played играл	a) played сыгранный
b) open открыть	b) opened открыл	b) opened открытый
c) ask спрашивать	c) ……………….. ………………..	c) ……………….. ………………..

d)	cook готовить (еду)	d)	……………….. ………………..	d)	……………….. ………………..
e)	kiss целовать	e)	……………….. ………………..	e)	……………….. ………………..
f)	compose составлять, сочинять	f)	……………….. ………………..	f)	……………….. ………………..
g)	develop развивать	g)	……………….. ………………..	g)	……………….. ………………..
h)	produce производить	h)	……………….. ………………..	h)	……………….. ………………..
i)	record записывать	i)	……………….. ………………..	i)	……………….. ………………..
j)	remain оставаться (в остатке)	j)	……………….. ………………..	j)	……………….. ………………..
k)	test тестировать	k)	……………….. ………………..	k)	……………….. ………………..

Упражнение 58 к правилу 45:
Образуйте вторую и третью форму глаголов и переведите их. Все глаголы неправильные. Используйте таблицу неправильных глаголов в конце учебника.

	1-я форма Инфинитив		2-я форма Прошедшее время Past Indefinite		3-я форма Причастие 2 Past Participle
a)	buy покупать	a)	bought купил	a)	bought купленный
b)	bring приносить	b)	brought принёс	b)	brought принесенный
c)	drive	c)	………………..	c)	………………..

	вести (авто)		……………….		……………….
d)	pay платить	d)	………………. ……………….	d)	………………. ……………….
e)	sing петь	e)	………………. ……………….	e)	………………. ……………….
f)	choose выбирать	f)	………………. ……………….	f)	………………. ……………….
g)	understand понимать	g)	………………. ……………….	g)	………………. ……………….
h)	meet встречать	h)	………………. ……………….	h)	………………. ……………….
i)	find находить	i)	………………. ……………….	i)	………………. ……………….
j)	think думать	j)	………………. ……………….	j)	………………. ……………….

Музыкальная пауза

Dusty Springfield

If You Go Away

Если ты уйдёшь

If you go away on this summer day	*Если ты уйдёшь этим летним днём*
Then you might as well take the sun away	*Тогда ты можешь также забрать и солнце*
All the birds that flew in the summer sky	*Всех птиц, что летают в летнем небе*

When our love was new and our hearts were high	*Когда наша любовь была новой и наши сердца были высоко*
When the day was young and the night was long	*Когда день был молодым и ночь была длинна*
And the moon stood still for the night bird's song	*И луна стояла тихо для песни ночной птицы*
If you go away, if you go away, if you go away	*Если ты уйдёшь, если ты уйдёшь, если ты уйдёшь*
But if you stay, I'll make you a day	*Но если ты останешься, я сделаю тебе день*
Like no day has been or will be again	*Такой, какого не было и не будет снова*
We'll sail on the sun, we'll ride on the rain	*Мы будем плавать на солнце, мы будем ездить на дожде*
We'll talk to the trees and worship the wind	*Мы будем разговаривать с деревьями и поклоняться ветру*
Then if you go, I'll understand	*Потом, если ты уйдёшь, - я пойму*
Leave me just enough love to hold in my hand	*Оставь мне лишь достаточно любви, чтобы держать в руке*
If you go away, If you go away, If you go away	*Если ты уйдёшь, если ты уйдёшь, если ты уйдёшь*
But if you stay, I'll make you a night	*Но если ты останешься, я сделаю тебе ночь*
Like no night has been or will be again	*Такую, какой не было и не будет снова*
I'll sail on your smile, I'll ride on your touch	*Я буду плавать на твоей улыбке, я буду скользить на твоём касании*
I'll talk to your eyes, that I love so much	*Я буду говорить с твоими глазами, которые я так люблю*
Then if you go, I'll understand	*Потом, если ты уйдешь, - я пойму*
Leave me just enough love to hold in my hand	*Оставь мне лишь достаточно любви, чтобы держать в руке*
If you go away, if you go away, if you go away	*Если ты уйдёшь, если ты уйдёшь, если ты уйдёшь*
If you go away, as I know you must	*Если ты уйдёшь, и как я знаю - ты должен*
There'll be nothing left in this world to trust	*Ничего не останется в этом мире чтобы верить*
Just an empty room, full of	*Лишь пустая комната,*

empty space	*наполненная пустотой*
Like the empty look I see on your face	*Как пустой взгляд, что я вижу на твоём лице*
Oh, I'd have been the shadow of your shadow	*О, я была бы тенью твоей тени*
If it might have kept me by your side	*Если бы это смогло удержать меня возле тебя*
If you go away, if you go away, if you go away	*Если ты уйдёшь, если ты уйдёшь, если ты уйдёшь*
Please don't go away	*Пожалуйста, не уходи*

Frequently Asked Questions (FAQ)
Часто Задаваемые Вопросы

❓ Как называются по-английски знаки на клавиатуре?

🔑 ~ - tilde ['tildə] - *ти́льда*

@ - at sign - *эт сайн*. Этот символ также называют *собака, обезьяна, ухо*

- hash [hæʃ] - *хаш* или number sign - *намба сайн* или pound sign - *паунд сайн*

. - dot [dɔt] - *дот*

$ - dollar sign - *доллар сайн*

& - ampersand ['æmpəsænd] - *а́мперсанд*

* - asterisk ['æst(ə)risk] - *а́стериск*

/ - slash [slæʃ] - *слэш*

\ - backslash ['bækslæʃ] - *бэ́кслэш*

^ - caret ['kærət] – *ка́рет*

❓ I'll make you a night like no night **has been** or will be again – *Я сделаю тебе ночь, какой не было и не будет снова.* Объясните выделенные слова.

🔑 Has been – это настоящий совершенный аспект (правило 48).

Words of wisdom
Слова мудрости

As long as you have a window, life is exciting. *Пока у тебя есть окно, жизнь удивительна.*

Science is organized knowledge. Wisdom is organized life. *Наука – это организованное знание. Мудрость – это организованная жизнь.*

Proverbs and sayings
Пословицы и поговорки

All things are difficult before they are easy. *Прежде чем стать легким, всё трудно. Лиха беда - начало.*

Before you make a friend eat a bushel of salt with him. *Прежде чем с человеком подружиться, съешь с ним бушель соли. Человека узнаешь, когда с ним пуд соли съешь.*

Jokes
Шутки

Teacher: Your poem is the worst in the class. It is not only ungrammatical, it is rude and in bad taste. I am going to send your father a note about it.

Pupil: I do not think that would help, teacher. He wrote it.

Учитель: Твоя поэма худшая в классе. Она не только не верна грамматически, она груба и в плохом вкусе. Я собираюсь передать твоему отцу записку о ней.

Ученик: Я не думая, что это помогло бы, учитель. Он написал её.

Can you tell me one word that contains all six vowels?
Unquestionably.

Можешь сказать мне одно слово, которое содержит все шесть гласных?

Вне сомнения.

What would you get if you crossed a vampire and a teacher?
Lots of blood tests!

Что получится если скрестить вампира с учителем?
Много тестов крови!

В следующей шутке используется слово bark, которое имеет два значения *кора* и *лаять*.

Teacher: What is the outer part

Учитель: Как называется внешняя часть дерева?

of a tree called?

Pupil: I do not know sir. *Ученик: Я не знаю, сэр.*

Teacher: Bark, boy bark. *Учитель: Кора, мальчик, кора. (Лай, мальчик, лай)*

Pupil: Woof-woof. *Ученик: Гав-гав.*

Пользователи компьютера могут пройти занятия с автором книги в режиме on-line, а также использовать видеоуроки и другие ресурсы, имеющиеся на вебстранице «Английской практики».
Добро пожаловать на www.vadim-zubakhin.donetsk.ua

Chapter 24
Глава 24

Team work
Работа в команде

Для непринуждённого и результативного обучения пользуйтесь планировщиком, расположенным в начале книги.

46

Простой (неопределённый) прошедший аспект
Past Simple (Indefinite) Tense

Утвердительные предложения в простом прошедшем аспекте образуются, как и в простом настоящем аспекте, лишь глаголы получают форму прошедшего времени (правило 45). Правильные (стандартные) глаголы получают форму прошедшего времени с помощью окончания -ed.

work + ed = worked
play + ed = played

Например:

I worked in the garden. – *Я работал в саду.*
He played on the computer. – *Он играл на компьютере.*
They wanted to go to the park. – *Они хотели пойти в парк.*

Неправильные (нестандартные) глаголы получают форму прошедшего времени иначе. Прошедшая форма таких глаголов даётся во второй колонке в таблице неправильных глаголов в конце книги. Например:

They went home. *– Они пошли домой.*
He said his name. *– Он сказал своё имя.*

Вопросительные предложения в простом прошедшем аспекте образуются, как и в настоящем простом аспекте (правило 36), лишь do получает форму прошедшего времени did. Например:

Did you work in the garden? *– Ты работал в саду?*
When did you work in the garden? *– Когда ты работал в саду?*

Как видно из примеров, только вспомогательный глагол do получает прошедшую форму did, а смысловой глагол должен употребляться в словарной форме. Смысловой глагол - это глагол обозначающий действие. В этих примерах это - work.
Пять глаголов-исключений применяются в вопросах в прошедшей форме без did. Они ставятся перед подлежащим:

настоящее	прошедшее
have - *иметь*	had - *имел*
can - *мочь*	could - *мог*
may - *может (выражает вероятность или разрешение)*	might - *мог (вероятность)*
be (am, is, are) - *быть, есть являться, находиться*	was/were - *был/были*
will/shall - *будет*	would/should - *(переводятся по контексту)*

Например:

Could you speak English one year ago? - *Мог ли ты говорить на английском год назад?*
Were you at home on Sunday? - *Ты был дома в воскресенье?*

Have в основном применяется с did и изредка без did. Например:

Had she four lessons yesterday? = Did she have four lessons yesterday? - *У неё вчера было четыре урока?*

Вместо must (должен) применяется его эквивалент have to. Например:

I have to read. - *Я должен читать.*
I had to read. - *Я должен был читать.*
Did you have to read? - *Ты должен был читать?*

Отрицательные предложения в простом прошедшем аспекте образуются, как и в настоящем простом аспекте (правило 35), лишь do not получает форму прошедшего времени did not. Например:

I did not work in the garden. – *Я не работал в саду.*
They did not play tennis. – *Они не играли в теннис.*

Как видно из примеров, только вспомогательный глагол do получает прошедшую форму did, а смысловой глагол должен употребляться в словарной форме. Смысловой глагол - это глагол обозначающий действие. В этих примерах это – work и play. Пять глаголов-исключений применяются в отрицаниях в прошедшей форме без did not. После них ставится not:

настоящее	прошедшее
have - *иметь*	had - *имел*
can - *мочь*	could - *мог*
may - *может (выражает вероятность или разрешение)*	might - *мог (вероятность)*
be (am, is, are) - *быть, есть являться, находиться*	was/were - *был/были*
will/shall - *будет*	would/should - *(переводятся по контексту)*

Например:

I could not speak English one year ago. – *Я не мог говорить на английском год назад.*
She was not at home on Sunday. – *Она не была дома в воскресенье.*

Have в основном применяется с did not и редко в виде had not. Например:

She had not lessons yesterday. = She did not have lessons yesterday. - *У неё вчера не было уроков.*

Вместо must применяется его эквивалент have to. Например:

I have to read. - *Я должен читать.*
I had to read. - *Я должен был читать.*
Did you have to read? - *Ты должен был читать?*
I did not have to read. – *Я не должен был читать. (отсутствие необходимости)*

Words

1. against [ə'gen(t)st] - *против*
2. alien ['eiliən] – *инопланетянин; чужестранец*
3. beautiful ['bjuːtəfəl] - *прекрасный*
4. began [bi'gæn] - *начал*
5. billion ['biliən] - *миллиард*
6. brisk [brisk] - *проворный*
   Billy Brisk - *Билли Бриск (имя)*
7. came [keim] - *пришёл*
8. captain ['kæptin] - *капитан*
9. central ['sentrl] - *центральный*
10. colleague ['kɔliːg] - *коллега*
11. continue [kən'tinjuː] – *продолжать;* continued [kən'tinjuːd] – *продолжил*
12. dance [daːns] – *танцевать*
    danced – *танцевал*
    dancing – *танцуя*
13. destroy [di'strɔi] - *разрушать*
14. die [dai] – *умирать*
    died - *умер*
15. earth [əːθ] - земля
16. either ['aiðə] - *любой из двух; тоже (в отриц. предлож.)*
17. fall [fɔːl] – *падать*
    fell [fel] – *упал*
18. finished ['finiʃt] - *закончил*
19. flew away - *улетел*
20. flower ['flauə] - *цветок*
21. garden ['gaːdn] - *сад*
22. had [həd] - *имел*
23. heard [həːd] - *слышал*
24. informed [in'fɔːmd] - *сообщил*
25. killed [kild] - *убил*
26. knew [njuː] - *знал*
27. laser ['leizə] - *лазер*
28. looked - *посмотрел*
29. loved - *любил*
30. moved - *двигался*
31. pointed ['pɔintid] - *направил*
32. radar ['reidaː] - *радар*

33. radio ['reidiəu] - *радио*
34. remembered - *вспомнил*
35. said [sed] - *сказал*
36. serial ['siəriəl] - *сериал*
37. shook [ʃuk] - *тряс(-ся)*
38. short [ʃɔːt] - *короткий*
39. smiled - *улыбнулся*
40. soon [suːn] – *скоро, вскоре*
41. space [speis] - *космос*
42. spaceship ['speisʃip] - *космический корабль*
43. stopped [stopt] - *остановил*
44. switched on - *включил*
45. take part - *брать участие*
46. teach [tiːtʃ] - *преподавать*
47. thousand ['θauz(ə)nd] - *тысяча*
48. turning ['təːniŋ] – *вращающийся*
49. TV-set [ˌtiː'viset] - *телевизор*
50. until [(ə)n'til] - *до (какого-либо момента)*
51. war [wɔː] - *война*
52. went [wɛnt] - *пошёл, поехал*
53. working ['wəːkiŋ] - *работа, работающий, работая*
54. would [wəd] – *прошедшая форма глагола* will *(когда в прошлом говорили о будущем)*

Team work

Joseph wants to be a journalist. He studies at a college. He has a composition lesson today. Mr. Kite teaches students to write compositions.

"Dear friends," he says, "some of you will work for publishing houses, newspapers or magazines, the radio or television. This means you will work in a team. Working in a team is not simple. Now I want that you try to make a journalistic composition in a team. I need a boy and a girl."

a starting spaceship

Many students want to take part in the team work. Mr. Kite chooses Joseph and Carol. Carol is from Spain but she can speak English very well.

"Please, sit at this table. Now you are colleagues," Mr. Kite says to them, "You will write a short

composition. Either of you will begin the composition and then give it to your colleague. Your colleague will read the composition and continue it. Then your colleague will give it back and the first one will read and continue it. And so on until your time is over. I give you twenty minutes."
Mr. Kite gives them paper and Carol begins. She thinks a little and then writes.

Team composition

Carol:

Julia looked through the window. The flowers in her garden moved in the wind as if dancing. She remembered that evening when she danced with Billy. It was a year ago but she remembered everything – his blue eyes, his smile and his voice. It was a happy time for her but it was over

a flower

a garden

now. Why was not he with her?

Joseph: At this moment space captain Billy Brisk was at the spaceship White Star. He had an important task and he did not have time to think about that silly girl who he danced with a year ago. He quickly pointed the lasers of White Star at alien spaceships. Then he switched on the radio and talked to the aliens: "I give you an hour to give up. If in one hour you do not give up I will destroy you." But before he finished an alien laser hit the left engine of the White Star. Billy's laser began to hit alien spaceships and at the same time he switched on the

an alien

central and the right engines. The alien laser destroyed the working right engine and the White Star shook badly. Billy fell on the floor thinking during the fall which of the alien spaceships he must destroy first.

Carol: But he hit his head on the metal floor and died at the same moment. But before he died he remembered the poor beautiful girl who loved him and he was very sorry that he went away from her. Soon people stopped this silly war on poor aliens. They destroyed all of their own spaceships and lasers and informed the aliens

war

that people would never start a war against them again. People said that they wanted to be friends with the aliens. Julia was very glad when she heard about it. Then she switched on the TV-set and continued to watch a wonderful Mexican serial.

Joseph: Becanse people destroyed their own radars and lasers, nobody knew that spaceships of aliens came very close to the Earth. Thonsands of aliens' lasers hit the Earth and killed poor silly Julia and five billion people in a second. The Earth was destroyed and its turning parts flew away in space.

"I see you came to the finish before your time is over," Mr. Kite smiled, "Well, the lesson is over. Let us read and speak about this team composition during the next lesson."

Работа в команде

Джозеф хочет быть журналистом. Он учится в колледже. У него сегодня урок по сочинению. Мистер Кайт обучает студентов писать композиции.

«Дорогие друзья,» говорит он, «некоторые из вас будут работать в издательствах, газетах или журналах, на радио или телевидении. Это значит, что вы будете работать в команде. Работа в команде - дело не простое. Сейчас я хочу, чтобы вы попробовали составить журналистское сочинение в команде. Мне нужен парень и девушка.»
Многие студенты хотят принять участие в командной работе. Мистер Кайт выбирает Джозефа и Кэрол. Кэрол из Испании, но она владеет английским очень хорошо.
«Пожалуйста, сядьте за этот стол. Теперь вы - коллеги,» говорит им мистер Кайт, «Вы напишите короткую композицию. Композицию начнёт любой из вас и затем передаст её коллеге. Ваш коллега прочитает сочинение и продолжит его. Затем вернёт назад и первый прочитает и продолжит его. И так далее пока ваше время не закончится. Я даю вам двадцать минут.»
Мистер Кайт даёт им бумагу и Кэрол начинает. Она немного думает и пишет.

Коллективное сочинение

***Кэрол:** Джулия посмотрела в окно. Цветы в её саду двигались на ветру, как будто танцуя. Она вспомнила тот вечер, когда танцевала с Билли. Это было год назад, но она помнила всё - его голубые глаза, его улыбку и его голос. Это было для неё счастливое время, но теперь оно прошло. Почему он не с ней?*
***Джозеф:** В эту секунду космический капитан Билли Бриск был на космическом корабле «Белая звезда». У него было важное задание и не было времени думать о той глупой девушке, с которой он танцевал год назад. Он быстро направил лазеры «Белой звезды» на звездолёты инопланетян. Затем он включил радио и сказал инопланетянам: «Я даю вам один час, чтобы сдаться. Если через час вы не сдадитесь, я уничтожу вас.»*
Но прежде, чем он закончил лазер пришельцев поразил левый двигатель «Белой звезды». Лазер Билли начал бить по инопланетным кораблям и в эту же секунду он включил центральный и правый двигатели. Лазер инопланетян разрушил работающий правый двигатель и «Белая звезда» сильно сотряслась. Билли упал на пол, думая во время падения, который из инопланетных кораблей он должен уничтожить первым.
***Кэрол:** Но он ударился головой об металлический пол и умер в ту же секунду. Но прежде чем он умер, он вспомнил о бедной прекрасной девушке, которая любила его и очень пожалел, что ушёл от неё. Вскоре люди прекратили эту глупую войну против бедных пришельцев. Они уничтожили все свои звездолёты и лазеры и сообщили инопланетянам, что люди никогда снова не начнут войну против них. Люди сказали, что они хотят быть друзьями инопланетян. Джулия очень обрадовалась, когда услышала об этом. Затем она включила телевизор и продолжила смотреть удивительный мексиканский сериал.*
***Джозеф:** Из-за того, что люди уничтожили свои собственные радары, никто не знал, что звездолёты инопланетян подошли очень близко к Земле. Тысячи инопланетных лазеров ударили в Землю и за одну секунду убили бедную глупую Джулию и пять миллиардов людей. Земля была уничтожена и её вращающиеся куски разлетелись в космосе.*

a spaceship over the Earth

«Я вижу вы подошли к концу до того, как кончилось ваше время,» улыбнулся мистер Кайт, «Ну что же, урок окончен. Давайте прочитаем и обсудим эту композицию во время следующего урока.»

Develop your speaking skill

Questions	Answer variants
a) What does Joseph want to be?	a) He wants to be a journalist. He wants to be a space captain.
b) Who is Joseph's colleague?	b) Carol. Julia.
c) How much time does Mr. Kite give for the composition?	c) He gives five hours. He gives twenty minutes.
d) What did Julia remember?	d) She remembered Billy. She remembered a Mexican serial.
e) Were was space captain Billy Brisk?	e) He was in the zoo. He was in a space ship.
f) What did Billy do?	f) He remembered Julia. He destroyed alien ships.
g) What did people stop?	g) They stopped watching Mexican serials. They stopped the war.
h) What did the aliens do?	h) They began to watch Mexican serials. They destroyed the Earth.
i) Was this composition a good team work?	i) *Give your own answer, please.*
j) Can you write a team composition in English?	j) *Write a team composition with your mate or with your teacher, please.*

Time to play!
Время поиграть!

Поиграйте в следующие диалоговые игры:

☺ Guess a profession! Угадай профессию! Правила игры даются в главе 18

☺ Word association! Словарные ассоциации! Правила в главе 10

☺ Remember things! Вспомни предметы! Правила в главе 11

☺ Draw with closed eyes! Нарисуй с закрытыми глазами! Правила в главе 12

Закрепление правил

Упражнение 59 к правилу 46:
Переведите на английский язык.

a) Где Марк работал?	a) Where did Mark work?
b) Вы делали эту работу?	b) Did you do this ……….………
c) Они играли в теннис?	c) ………………………………………
d) Она ходила в парк?	d) ………………………………………
e) Он много читал вчера?	e) ………………………………………
f) Вы пили кофе сегодня утром?	f) ………………………………………
g) Они ходили в кафе?	g) ………………………………………
h) Вы ходили в спортивный магазин?	h) ………………………………………
i) Она говорила с Вами?	i) ………………………………………
j) Они работали на ферме?	j) ………………………………………

k) Вы пили чай дома? k) ....

Музыкальная пауза
Elvis Presley
Return To Sender
Вернуть отправителю

I gave a letter to the postman,	*Я дал письмо почтальону,*
He put it in his sack.	*Он положил его в свой мешок.*
But early next morning,	*Но рано следующим утром,*
He brought my letter back.	*Он принёс моё письмо обратно.*
She wrote upon it:	*Она написала на нём:*
Return to sender, address unknown.	*Вернуть отправителю, адрес неизвестен.*
No such number, no such zone.	*Нет такого номера, нет такого индекса.*
We had a quarrel, a lover's spat	*У нас была перебранка, любовная ссора*
I write I'm sorry	*Я пишу, что я извиняюсь,*
But my letter keeps coming back.	*Но моё письмо всё время приходит обратно*
So then I dropped it in the mailbox	*А потом я бросил его в почтовый ящик*
And sent it special D.	*И послал специальным (тарифом) Ди.*
But in early next morning	*Но рано следующим утром,*
it came right back to me.	*Оно пришло прямо назад ко мне*
She wrote upon it:	*Она написала на нём:*
Return to sender, address unknown.	*Вернуть отправителю, адрес неизвестен.*
No such person, no such zone.	*Нет такого человека, нет такого индекса.*
This time I'm gonna take it	*В этот раз я собираюсь доставить его сам*

myself	
And put it right in her hand.	*И вложить его прямо ей в руку.*
And if it comes back the very next day	*И если оно придёт обратно на следующий день*
Then I'll understand the writing on it..	*Тогда я пойму надпись на нём..*

Frequently Asked Questions (FAQ)
Часто Задаваемые Вопросы

? Объясните выделенные слова:

1. The flowers in her garden moved in the wind **as if** dancing. – *Цветы в её саду двигались на ветру, как будто танцуя.*
2. It was a happy time for her but **it was over** now. – *Это было для неё счастливое время, но теперь оно прошло.*
3. Return to sender, address **un**known - *Вернуть отправителю, адрес неизвестен.*

🔑 1. As if значит *как будто.*

2. To be over значит *закончиться.* Например:
The film is over. – *Фильм закончился.*
The time was over. But she did not finish her work. – *Время закончилось. Но она не окончила свою работу.*

3. Приставки un-, dis- и non- придают слову противоположное значение. Сравните:

block - *блокировать*	unblock - *разблокировать*
button – *застегнуть*	unbutton - *расстегнуть*
charge – *зарядить*	discharge - *разрядить*
like - *любить*	dislike – *не любить*
automatic - *автоматический*	nonautomatic - *неавтоматический*

? Listen и hear имеют одно и то же значение?

🔑 Listen ['lis(ə)n] значит *слушать*, a hear [hiə] - *слышать.* Например:

I listen but I do not hear. – *Я слушаю, но не слышу.*

Words of wisdom

Слова мудрости

I do not hear the words you say. Instead I hear the love. *Я не слышу слова, которые ты говоришь. Вместо этого я слышу любовь.*

Time flies, but remember: you are the navigator. *Время летит, но помни: ты навигатор.*

You don't know where your shadow will fall. *Ты не знаешь куда упадёт твоя тень.*

Proverbs and sayings

Пословицы и поговорки

Appearance is deceitful. *Внешность обманчива. Лицом хорош, да душой непригож.*

If you run after two hares, you will catch neither. *За двумя зайцами погонишься, ни одного не поймаешь.*

What is done cannot be undone. *Что сделано, того не воротишь.*

Jokes

Шутки

Teacher: How many books did you finish over the summer?
Pupil: None. My brother stole my box of pencils.

Учитель: Сколько книг ты закончил этим летом?

Ученик: Ни одной. Мой брат украл мою коробку с карандашами.

My father gave me a really cheap dictionary for my birthday.
I could not find the words to thank him.

Мой папа подарил мне действительно дешёвый словарь на мой день рождения.
Я не смог найти слов чтобы поблагодарить его.

Father: I heard you skipped school to play football.
Son: No, I did not. And I have the fish to prove it!

Папа: Я слышал, что ты пропустил школу, чтобы поиграть в футбол.

Сын: Нет, это не так. И у меня есть рыба, чтобы доказать это.

Roses are red,
Violets are blue,
I copied your exam paper,
And I failed too.

Розы красные,
Фиалки синие,
Я списал твой ответ на экзамене,
И я провалился тоже.

Examiner: Did you make up this poem yourself?
Pupil: Yes, sir, every word.
Examiner: Well, pleased to meet you, William Shakespeare!

Экзаменатор: Ты составил эту поэму сам?

Ученик: Да, сэр, каждое слово.

Экзаменатор: Ну что же, рад встретиться с Вами, Уильям Шекспир!

Second grader: I really liked being your pupil, Miss Jones. I am sorry you are not smart enough to teach us next year.

Четвероклассница: Мне действительно понравилось быть Вашей ученицей, Мисс Джоунз. Мне жаль, что Вы недостаточно умны, чтобы обучать нас в следующем году.

Пользователи компьютера могут пройти занятия с автором книги в режиме on-line, а также использовать видеоуроки и другие ресурсы, имеющиеся на вебстранице «Английской практики».
Добро пожаловать на www.vadim-zubakhin.donetsk.ua

Chapter 25
Глава 25

Mark and Joseph are looking for a new job
Марк и Джозеф ищут новую работу

Для непринуждённого и результативного обучения пользуйтесь планировщиком, расположенным в начале книги.

47

Продолженный аспект - Continuous Tense

В английском существует три основных грамматических аспекта:

- простой (неопределённый) аспект, на английском - Simple (Indefinite) Tense
- продолженный аспект - Continuous Tense
- совершенный аспект - Perfect Tense

Первые двадцать четыре главы книги даются в простом аспекте - Simple. В этой и последующих главах будут рассмотрены продолженный аспект - Continuous Tense и совершенный аспект - Perfect Tense.

В то время, как простой аспект (Simple Tense) применяется для действий проходящих не в конкретный промежуток времени, а периодически (иногда, всегда, редко, часто, время от времени, регулярно и тому подобное), то продолженный аспект (Continuous

Tense) служит для обозначения процессов проходящих в точно указанный период времени. Этими процессами могут быть любые действия ограниченные во времени. Применяя продолженное время, мы подчёркиваем, что действие является процессом и проходит на протяжении какого-то промежутка времени. Например:

I am reading a book now. *- Я сейчас читаю книгу.*
They were playing tennis on Sunday. *- Они в воскресенье играли в теннис.*

Как видно из примеров, продолженный аспект образуется с помощью to be (am, is are, was, were) и V-ing. Глагол на английском – verb. Он обозначается с помощью V. A V-ing - это глагол с суффиксом -ing.

Порядок слов в утвердительном предложении:
Подлежащее + to be + V-ing + остальные слова
Например:
You are reading now. *- Ты сейчас читаешь.*

в вопросительном:
To be + подлежащее + V-ing + остальные слова
Например:
Are you reading now? *- Ты читаешь сейчас?*

в отрицательном:
Подлежащее + to be + not + V-ing + остальные слова
Например:
I am not reading now. *- Я сейчас не читаю.*

В настоящем времени применяются am, is, are. Например:

Is she working now? *- Она сейчас работает?*
She is not working now. *- Она сейчас не работает.*
I am speaking on the telephone. *- Я разговариваю по телефону.*

В прошедшем времени применяются was для единственного числа и were - для множественного. Например:

Were they playing tennis yesterday evening? - *Они играли в теннис вчера вечером?*
They were not playing tennis. - *Они не играли в теннис.*
They were walking in the park. - *Они гуляли в парке.*
I was walking in the park with them. - *Я гулял в парке с ними.*

Продолженный аспект в будущем образуется таким образом:

Утвердительное предложение:
Подлежащее + will + to be + V-ing + остальные слова
Например:
I will be reading in the evening. - *Я буду читать вечером.*

Вопросительное:
Will + подлежащее + to be + V-ing + остальные слова
Например:
Will you be reading in the morning? - *Ты будешь читать утром?*

Отрицательное:
Подлежащее + will not + to be + V-ing + остальные слова
Например:
I will not be reading in the morning. - *Я не буду читать утром.*

В продолженном аспекте не используются глаголы be, have и глаголы чувств. Например:

want *хотеть*	like *любить*	belong *принадлежать*	know *знать*
need *нуждаться*	love *любить*	see *видеть*	realise *осознать*
forget *забыть*	prefer *предпочитать*	hate *ненавидеть*	hear *слышать*

understand	remember	seem	believe
понять	*помнить*	*казаться*	*верить*
suppose	mean		
предполагать	*значить*		

Words

1. ad [æd] – *объявление*
2. age [eidʒ] - *возраст*
3. aloud [ə'laud] - *вслух*
4. art [aːt] - *искусство*
5. artist ['aːtist] - *художник, артист*
6. consultancy [kən'sʌltənsi] – *консультация*
7. dirty ['dəːti] - *грязный*
8. doctor ['dɔktə] - *врач*
9. dream [driːm] - *мечта, мечтать; сон, видеть сон*
10. engineer [ˌendʒi'niə] – *инженер*
11. estimate ['estimeit] – *оценивать*
12. farmer ['faːmə] - *фермер*
13. food [fuːd] - *еда*
14. found [faund] - *нашёл*
15. German ['dʒəːmən] - *немецкий*
16. gift [gift] - *одарённость; подарок*
17. idea [ai'diə] - *идея*
18. kitten ['kit(ə)n] - *котёнок*
19. Kravchenko - *Кравченко*
20. leader ['liːdə] - *лидер*
21. method ['meθəd] - *метод*
22. mind [maind] - *возражать (в отриц. и вопр. предл.)*
23. monotonous [mə'nɔtənəs] – *монотонный*
24. nature ['neitʃə] - *природа*
25. neighbour ['neibə] - *сосед*
26. personal ['pəːsən(ə)l] - *личный*
27. pet [pet] - *домашн. животное*
28. programmer ['prəugræmə] – *программист*
29. puppy ['pʌpi] - *щенок*
30. questionnaire [kwestʃə'nɛə] - *анкета*
31. rat [ræt] - *крыса*
32. recommend [ˌrekə'mend] – *рекомендовать;*
    recommendation [rekəmen'deiʃn] - *рекомендация*
33. rubric ['ruːbrik] - *рубрика*
34. serve [səːv] - *обслуживать*
35. sharp [ʃaːp] - *чёткий; острый*
    Mrs. Sharp - *миссис Шарп*
36. sly [slai] - *хитрый*
37. spaniel ['spænjel] - *спаниель*
38. translator [trænz'leitə , træns'leitə] - *переводчик*
39. travel ['træv(ə)l] - *разъезжать*
40. vet [vet] - *ветеринар*

41. while [(h)wail] - *в то время как; во время*

42. writer ['raitə] - *писатель*

Mark and Joseph are looking for a new job

Mark and Joseph are at Joseph's home. Joseph is cleaning the table after breakfast and Mark is reading adverts and ads in a newspaper. He is reading the rubric "Animals". Joseph's sister Mary is in the room too. She is trying to catch the cat hiding under the bed.

a puppy

"There are so many pets for free in the newspaper. I think I will choose a cat or a dog. Joseph, what do you think?" Mark asks Joseph.

"Mary, do not bother the cat!", Joseph says angrily, "Well Mark, it is not a bad idea. Your pet will always wait for you at home and will be so happy when you come back home and give some food. And do not forget that you will have to walk with your pet in mornings and evenings or clean its box. Sometimes you will have to clean the floor or take your pet to a vet. So think carefully before you get an animal."

"Well, there are some ads here. Listen," Mark says and begins to read aloud:

a rat

"Found dirty white dog, looks like a rat. It may live outside for a long time. I will give it away for money."

Here is one more:

"German dog, speaks German. Give away for free. And free puppies half spaniel half sly neighbor's dog,"

Mark looks at Joseph, "How can

a dog speak German?"

"A dog may understand German. Can you understand German?" Joseph asks smiling.

"I cannot understand German. Listen, here is one more ad: "Give away free farm kittens. Ready to eat. They will eat anything,"

Mark turns the newspaper, "Well, I think pets can wait. I will better look for a job," he finds the rubric about jobs and reads aloud, "Are you looking for a suitable job? The job consultancy "Suitable personnel" can help you. Our consultants will estimate your personal gifts and will give you a recommendation about the most suitable profession,"

Mark looks up and says: "Joseph what do you think?"

"The best job for you is washing a truck in the sea and let it float," Mary says and quickly runs out of the room.

a little kitten

"It is not a bad idea. Let's go now," Joseph answers and takes carefully the cat out of the kettle, where Mary put the animal a minute ago.

Mark and Joseph arrive to the job consultancy "Suitable personnel" by their bikes. There is no queue, so they go inside. There are two women there. One of them is speaking on the telephone. Another woman is writing something. She asks Mark and Joseph to take seats. Her name is Mrs. Sharp. She asks them their names and their age.

"Well, let me explain the method which we use. Look, there are five kinds of professions.

1. The first kind is man - nature. Professions: farmer, zoo worker etc.
2. The second kind is man - machine. Professions: pilot, taxi driver, truck driver etc.

3. The third kind is man - man. Professions: doctor, teacher, journalist etc.
4. The fourth kind is man - computer. Professions: translator, engineer, programmer etc.
5. The fifth kind is man - art. Professions: writer, artist, singer etc.

We give recommendations about a suitable profession only when we learn about you more. First let me estimate your personal gifts. I must know what you like and what you dislike. Then we will know which kind of profession is the most suitable for you. Please, fill up the questionnaire now," Mrs. Sharp says and gives them the questionnaires. Joseph and Mark fill up the questionnaires.

art

Questionnaire

Name: *Joseph Weeter*

		I like	I do not mind	I hate
1.	Watch machines		√	
2.	Speak with people	√		
3.	Serve customers		√	
4.	Drive cars, trucks	√		
5.	Work inside	√		
6.	Work outside	√		
7.	Remember a lot		√	
8.	Travel	√		
9.	Estimate, check			√
10.	Dirty work		√	
11.	Monotonous work			√
12.	Hard work		√	
13.	Be leader		√	
14.	Work in team		√	
15.	Dream while working	√		

		I like	I do not mind	I hate
16.	Train		√	
17.	Do creative work	√		
18.	Work with texts	√		

Questionnaire

Name: *Mark Kravchenko*

		I like	I do not mind	I hate
1.	Watch machines		√	
2.	Speak with people	√		
3.	Serve customers		√	
4.	Drive cars, trucks		√	
5.	Work inside	√		
6.	Work outside	√		
7.	Remember a lot		√	
8.	Travel	√		
9.	Estimate, check		√	
10.	Dirty work		√	
11.	Monotonous work			√
12.	Hard work		√	
13.	Be leader			√
14.	Work in team	√		
15.	Dream while working	√		
16.	Train		√	
17.	Do creative work	√		
18.	Work with texts	√		

Марк и Джозеф ищут новую работу

Марк и Джозеф у Джозефа дома. Джозеф убирает стол после завтрака, а Марк читает рекламу и объявления в газете. Он читает рубрику «Животные». Мэри сестра Джозефа тоже в комнате. Она пытается поймать кошку, которая прячется под кроватью.

«Так много бесплатных животных в газете. Я наверное выберу кошку или собаку. Джозеф, как ты думаешь?» спрашивает Марк Джозефа.

«Мэри, не донимай кошку!», говорит Джозеф сердито, «Что-же Марк, это не плохая идея. Твой любимец всегда будет ждать тебя дома. Он будет так рад, когда ты будешь возвращаться домой и давать ему еду. И не забывай, что ты должен будешь гулять со своим любимцем по утрам и вечерам или чистить его коробку. Иногда тебе придётся

чистить ковры или возить своего любимца к ветеринару. Поэтому подумай хорошенько прежде, чем брать животное.»

«Вот, здесь есть несколько объявлений. Послушай,» говорит Марк и начинает читать вслух.

«Найдена: грязная белая собачка, выглядит как крыса. Наверное долго жила на улице. Отдам за вознаграждение.»

Вот ещё одно:

«Немецкая овчарка, говорит на немецком. Отдам бесплатно. И бесплатные щенки наполовину спаниель и наполовину хитрый соседский пёс,»

Марк смотрит на Джозефа, «Как собака может говорить на немецком?»

«Она наверное понимает немецкий. Ты понимаешь по-немецки?» спрашивает Джозеф улыбаясь.

«Я не понимаю по-немецки. Послушай, вот ещё одно объявление:

«Отдам бесплатно фермерских котят. Готовы есть. Будут есть всё что угодно,»

Марк переворачивает страницу, «Ладно, я думаю животные могут подождать. Лучше я поищу работу,» он находит рубрику о работе и читает вслух,

«Вы ищете подходящую работу? Посетите трудовую консультацию «Подходящий персонал» и получите профессиональную помощь. Наш консультант проанализирует Ваши личные способности и порекомендует Вам наиболее подходящую работу,»

Марк поднимает взгляд и говорит: «Джозеф, что ты думаешь?»

«Подходящая работа для вас - это мыть грузовик в море и пускать его поплавать,» говорит Мэри и быстро выбегает из комнаты.

«Это неплохая идея. Пошли прямо сейчас,» говорит Джозеф и аккуратно вынимает кошку из чайника, куда Мэри посадила животное минуту назад.

Марк и Джозеф приезжают в трудовую консультацию «Подходящий персонал» на своих велосипедах. Очереди нет, поэтому они входят прямо вовнутрь. Там находятся две женщины. Одна из них говорит по телефону. Другая женщина что-то пишет. Она приветствует Марка и Джозефа и просит их присесть. Её имя Дороти Шарп. Она спрашивает их имена и возраст.

«Ну что же, позвольте мне объяснить метод, который мы используем. Имеется пять видов профессий.

1. *Первый вид - это человек - природа. Профессии: фермер, работник зоопарка и так далее.*
2. *Второй вид - это человек - машина. Профессии: пилот, водитель такси, водитель грузовика и так далее.*
3. *Третий вид - это человек - человек. Профессии: врач, учитель, журналист и так далее.*
4. *Четвёртый вид - это человек - вычислительные системы. Профессии: переводчик, инженер, программист и так далее.*
5. *Пятый вид - это человек - искусство. Профессии: писатель, художник, певец и так далее.*

Мы даём советы о подходящей профессии только тогда, когда узнаем о вас побольше. Прежде всего разрешите проанализировать ваши личные способности. Я должна знать что вам нравится и что не нравится. Тогда мы узнаем какой вид профессии вам наиболее подходит. Теперь, пожалуйста, заполните, вопросник,» говорит миссис Шарп и даёт им вопросники. Джозеф и Марк заполняют вопросники.

Вопросник
Имя: Джозеф Уитер

		Мне нравится	Не возражаю	Мне не нравится
1.	Присматривать за машинами		√	
2.	Разговаривать с людьми	√		
3.	Обслуживать клиентов		√	
4.	Водить автомобили	√		
5.	Работать в помещении	√		
6.	Работать на улице	√		
7.	Много запоминать		√	
8.	Путешествовать	√		
9.	Оценивать, проверять			√
10.	Грязная работа		√	
11.	Монотонная работа			√
12.	Тяжёлая работа		√	
13.	Быть лидером		√	
14.	Работать в команде		√	
15.	Мечтать во время работы	√		
16.	Тренироваться		√	
17.	Выполнять творческую работу	√		
18.	Работать с текстами	√		

Вопросник
Имя: Марк Кравченко

		Мне нравится	Не возражаю	Мне не нравится
1.	Присматривать за машинами		√	
2.	Разговаривать с людьми	√		
3.	Обслуживать клиентов		√	
4.	Водить автомобили		√	
5.	Работать в помещении	√		
6.	Работать на улице	√		
7.	Много запоминать		√	
8.	Путешествовать	√		
9.	Оценивать, проверять		√	
10.	Грязная работа		√	
11.	Монотонная работа			√
12.	Тяжёлая работа		√	
13.	Быть лидером			√
14.	Работать в команде	√		
15.	Мечтать во время работы	√		
16.	Тренироваться		√	
17.	Выполнять творческую работу	√		
18.	Работать с текстами	√		

Develop your speaking skill

Questions	Answer variants
a) What is Joseph doing?	a) Joseph is cleaning the table. Joseph is having his breakfast.
b) What is Mark doing?	b) Mark is reading a book. Mark is reading ads in a newspaper.
c) Is Mary in the room too?	c) No, she is not. Yes, she is.
d) What is Mary doing?	d) She is trying to catch the cat. She is helping Joseph to clean the table.
e) What does Mark want to choose?	e) He wants to choose a videocassette. He wants to choose a pet.
f) Can dogs speak German?	f) Yes, they can. No. They can understand some German commands only.
g) Who is Mrs. Sharp?	g) She is a zoo worker. She is a job consultant.
h) Does Joseph like serving customers?	h) Yes, he does. He does not mind serving customers.
i) Does Mark like monotonous work?	i) Yes, he does. He does not mind it. He hates it.
j) Does Mark like working with texts?	j) Yes, he does. No, he does not.

Time to play!

Время поиграть!

Поиграйте в следующие диалоговые игры:

☺ Guess a profession! Угадай профессию! Правила в главе 18

☺ Remember things! Вспомни предметы! Правила в главе 11

☺ Draw with closed eyes! Нарисуй с закрытыми глазами! Правила в главе 12

Guess an action!
Угадай действие!

Цель игры – научиться применять продолженный аспект. Один участник загадывает человека или другой предмет, который выполняет какое-либо действие. Другой участник, задавая вопросы, старается угадать это действие. Пример игры:

– I see a woman. She is doing something. What is she doing?	– *Я вижу женщину. Она что-то делает. Что она делает?*
– Is she at home?	– *Она дома?*
– Yes, she is.	– *Да.*
– Is she sleeping?	– *Она спит?*
– No, she is not.	– *Нет.*
– Is she watching TV?	– *Она смотрит телевизор?*
– No, she is not.	– *Нет.*
– Is she doing homework?	– *Она выполняет домашнюю работу?*
– Yes, she is.	– *Да.*
– Is she working in the kitchen?	– *Она работает на кухне?*
– Yes, she is.	– *Да.*
– Is she washing plates?	– *Она моет тарелки?*
– No, she is not.	– *Нет.*
– Is she using anything?	– *Она использует что-нибудь?*
– She is using a spoon.	– *Она использует ложку.*
– Is she cooking?	– *Она готовит еду?*
– Yes, she is!	– *Да!*

Закрепление правил

Упражнение 60 к правилу 47:
Переведите на английский язык используя Present Continuous.

a) Марк разговаривает с Джозефом.	a) Mark is speaking with Joseph.
b) Деннис сидит за столом?	b) Is Dennis sitting at the table?
c) Мэри сейчас не пьёт чай.	c) Mary is not ....
d) Джозеф убирает со стола?	d) ....
e) Кошка смотрит на собаку.	e) ....
f) Парни мыли грузовик вчера в три часа?	f) ....
g) Они не мыли грузовик вчера в три часа.	g) ....
h) Птицы плавают по морю.	h) ....
i) Она говорит по телефону?	i) ....
j) Миссис Шарп пишет что-то.	j) ....

k) Утром я не буду играть в теннис. k) ....

....

l) Утром я буду работать. l) ....

....

Найдите и обведите английские слова:

g	t	e	t	a	e
i	a	s	r	e	r
b	c	p	n	a	c
a	a	n	i	c	e
n	r	o	s	i	t
k	e	t	t	l	e

Музыкальная пауза

Uriah Heep
Love or nothing
Любовь или ничего

You gotta make up your mind	*Ты должна принять решение*
'Cause you're running out of time	*Потому что твоё время кончается*
You know it's your game	*Ты знаешь, что это твоя игра*
And the winner takes all	*И победитель получает всё*
It's time for you to realize	*Время тебе понять,*
There's gonna be no compromise	*Что компромисса не будет*
It's gotta be love or nothing at all	*Это будет любовь или совсем ничего*

It's gotta be love or nothing at all	*Это будет любовь или совсем ничего*
I've thought about a new beginning	*Я думаю о новом начале,*
But you know your heart's not in it	*Но ты знаешь, что твоё сердце не вовлечено*
There's something inside	*Что-то есть внутри,*
That isn't hearing my call	*Что не слышит меня*
And each new misty morning	*И каждое новое туманное утро*
Brings a constant warning	*Приносит постоянное предупреждение*
It's gotta be love or nothing at all	*Это будет любовь или совсем ничего*
It's gotta be love	*Это будет любовь*
You give me your love	*Ты дай мне свою любовь*
Or nothing at all	*Или совсем ничего*
You give me your love	*Ты дай мне свою любовь*
It's no good climbing	*Не хорошо влезать*
In the back seat	*На заднее сиденье*
In the name of love	*Во имя любви*
Or tryin' to be somebody	*Или пытаться быть кем-то*
That you know you're not	*Кем, сама знаешь, ты не являешься*
Sneakin' out the back door	*Выходя тайком через заднюю дверь*
At the dead of night	*Глубокой ночью*
'Cause you're never gonna find out	*Потому что ты никогда не узнаешь*
What it's really like	*Какая она на самом деле*

Frequently Asked Questions (FAQ)
Часто Задаваемые Вопросы

? **'Cause** you're running out of time - *Потому что твоё время кончается.* Объясните выделенное слово.

'Cause – это разговорное сокращение слова because – *потому что.*

? Что значит Miss и Mrs.?

Miss [mɪs] ставится перед фамилией незамужней женщины. Например: Miss Slim.

Если в семье Слимов несколько дочерей, то старшая именуется Miss Slim, а остальные Miss Mary Slim, Miss Linda Slim и так далее. Mrs. ['misiz] ставится перед фамилией замужней женщины.

Что значит I am playing tennis on Friday? Ведь продолженный аспект в настоящем времени применяется для действий-процессов, которые происходят во время разговора, не так ли?

Да, это так. Однако для личных действий запланированных на будущее применяется продолженный аспект в настоящем времени. Личные действия – это действия запланированные отдельными людьми. Общественные действия - это действия запланированные организациями, учреждениями и тому подобное (расписания транспорта и передач, график работы учреждений, время различных мероприятий и так далее). Для общественных же запланированных действий применяется простой аспект в настоящем времени. Например:

Личные действия

I am reading a book tonight. *– Я буду читать книгу сегодня вечером.*
She is visiting Mark on Sunday. *– Она идёт к Марку в гости в воскресенье.*
They are going to the sea next week. *– Они уезжают на море на следующей неделе.*

Общественные действия

The bus arrives tomorrow. *– Автобус прибывает завтра.*
This bank opens at nine o'clock. *– Этот банк открывается в девять часов.*
The film begins at two o'clock. *– Фильм начнётся в два часа.*

Will и shall применяются для действий решения о которых принимаются во время разговора. Например:

Your box is big. I will help you. *– Твоя коробка большая. Я помогу тебе.*

Will you help her too? *– Ты поможешь ей тоже?*
I will not help her. *– Ей я не буду помогать.*

Words of wisdom

You cannot build a reputation on the things you are going to do. *Ты не можешь заслужить уважение делами, которые собираешься сделать.*

Any problem, to be a problem, must contain a lie. *Любая проблема, чтобы быть проблемой, должна содержать ложь.*

Proverbs and sayings

Wolf in sheep's clothing. *Волк в овечьей шкуре.*

Who keeps company with the wolf, will learn to howl. *Кто водит компанию с волками, научится выть. С кем поведешься, от того и наберешься.*

Jokes

Шутки

- Why is your cat watching me so closely while I eat?
- Maybe because you are eating from its plate.

-Почему твой кот смотрит на меня так пристально, когда я ем?
-Может быть потому что ты ешь из его тарелки.

Our teacher talks to herself. Does yours?

Yes, but she does not realise it. She thinks we are actually listening!

Наша учительница разговаривает сама с собой. А ваша?
Да, но она не осознаёт этого. Она думает, что мы на самом деле слушаем!

My teacher caught me drawing in my American Revolution textbook.
He said, "What do you think you are doing?"
I said, "Making my mark in history."

Мой учитель поймал меня рисующего в своём учебнике по Американской Революции.
Он сказал, «Что, по твоему мнению, ты делаешь?»
Я сказал, «Оставляю свой след в истории.»

Teacher: What does "coincidence" mean?
Pupil: Funny, I was just going to ask you that.

Учитель: Что значит «совпадение»?
Ученик: Забавно, я как раз собирался это спросить у Вас.

Следующие шутки основаны на склонности «стильных» или малограмотных людей неверно применять формы глагола to be и местоимения. Буквальный перевод показывает нелепость такой стилистики. Помните, что nobody, anybody, everybody, somebody и who всегда применяются в единственном числе.

Pupil: I are not going to stay after the lessons.

Ученик: Я не собираемся оставаться после школы.

Teacher: That is not correct. Listen: I am not going. We are not going. You are not going. They are not going. Now do you understand?

Учитель: Это неверно. Послушай: Я не собираюсь. Мы не собираемся. Ты не собираешься. Они не собираются. Теперь ты понимаешь?

Pupil: Sure, teacher. Nobody are not going.

Ученик: Конечно, учитель. Никто не собираются.

Teacher: Write your name and today's date on the top of your exam paper. Do it carefully. For many of you it will be the only thing you get right on the entire page.

Учитель: Напишите своё имя и сегодняшнюю дату вверху своего экзаменационного листа. Сделайте это аккуратно. Для многих из вас это будет единственное, что вы сможете написать правильно на всём листе.

Pupil: Him and me helped clean up the yard.

Ученик: Его и меня помогали убирать двор.

Teacher: Now, do not you mean he and I helped?

Учитель: Так, ты имеешь в виду он и я помогали.

Pupil: No, Mr. Jones, you were not even there.

Ученик: Нет, мистер Джоунз, Вас там даже не было.

Пользователи компьютера могут пройти занятия с автором книги в режиме on-line, а также использовать видеоуроки и другие ресурсы, имеющиеся на вебстранице «Английской практики».
Добро пожаловать на www.vadim-zubakhin.donetsk.ua

Chapter 26
Глава 26

Applying to “Sydney today”
Устройство на работу в газету «Сидней тудэй»

Для непринуждённого и результативного обучения пользуйтесь планировщиком, расположенным в начале книги.

Настоящий совершенный аспект - Present Perfect Tense применяется для действий, которые актуальны и важны в момент разговора. Сравним простой и совершенный аспект.

Настоящий совершенный аспект:

I have cleaned the shoes. *- Я почистил туфли. (туфли сейчас чистые)*

Простой прошедший аспект:

I cleaned the shoes. *- Я чистил туфли. (действие было когда-то в прошлом и состояние туфлей в минуту разговора неизвестно)*

Как видно из первого примера, настоящий совершенный аспект показывает, что сейчас имеется результат недавно завершённого действия.

Также настоящий совершенный аспект может показывать, что действие начатое в прошлом всё ещё продолжается. Сравним простой и совершенный аспект.

Настоящий совершенный аспект:

I have lived in the USA five years. *- Я живу в США пять лет. (и продолжаю там жить)*

Простой прошедший аспект:

I lived in the USA five years. *- Я жил в США пять лет. (теперь живу в другом месте)*

Как видно из примеров, настоящий совершенный аспект образуется с помощью have или has (с he, she, it) и третьей формы глагола. Третья форма глагола обозначается с помощью V3. Она образуется, также как и вторая - с помощью окончания -ed у правильных глаголов, а неправильные надо смотреть в конце книги в таблице неправильных глаголов в третьей колонке.

Порядок слов в утвердительном предложении:
Подлежащее + have/has + V3 + остальные слова
Например:
We have cooked soup. *- Мы сварили суп.*

в вопросительном:
Have/has + подлежащее + V3 + остальные слова
Например:
Have you asked John about the computer? *- Ты спросил Джона о компьютере?*

в отрицательном:
Подлежащее + have/has + not + V3 + остальные слова
Например:
They have not cleaned the windows. *- Они не помыли окна.*

Words

1. accompany [ə'kʌmpəni] – *сопровождать*
2. apply [ə'plai] - *подавать заявление (напр. на работу)*
3. arrived - *прибыл*

4. asked - *спросил*
5. asterisk ['æst(ə)risk] - *звёздочка*
6. been [bi:n] - *3-я форма глагола* быть
7. blank [blæŋk] - *пустая (графа или поле ввода слов)*
8. could [kud] - *мог*
9. criminal ['krimin(ə)l] – *криминальный, преступник*
10. editor ['editə] - *редактор*
11. education [ˌedju'keiʃ(ə)n] – *образование*
12. estimated - *оценил*
13. female ['fi:meil] – *женский, женщина*
14. field [fi:ld] - *поле; графа*
15. finance ['fainæns, fi'næns] – *финансы*
16. fluently ['flu:əntli] – *свободно (о языке); легко, плавно*
17. form [fɔ:m] - *форма, анкета*
18. gave [geiv] - *дал*
19. goodbye [gud'bai] – *до свидания*
20. information [ˌinfə'meiʃ(ə)n] – *информация*
21. learned ['lə:nid] - *узнал; учил*
22. leave [li:v] – *покидать, оставлять; разрешение*
23. male [meil] – *мужской, мужчина*
24. middle ['midl] - *средний*
middle name - *отчество*
25. miss [mis] – *мисс; не хватать (кого-л., чего-л.)*
26. nationality [ˌnæʃ(ə)'næləti] – *национальность*
27. Nikolaevich - *Николаевич*
28. patrol [pə'trəul] - *патруль*
29. police [pə'li:s] - *полиция*
30. recommended - *рекомендовал*
31. report [ri'pɔ:t] – *сообщать*
reporter [ri'pɔ:tə] – *репортер*
32. seventeen [ˌsev(ə)n'ti:n] - *семнадцать*
33. sex [seks] - *пол*
34. single ['siŋgl] – *одинокий; один*
35. slim [slim] - *стройный*
36. status ['steitəs] - *положение*
family status - *семейное положение*
37. took [tuk] - *взял*
38. twenty-one - *двадцать один*
39. underline ['ʌnd(ə)lain] – *подчёркивать*
40. week [wi:k] - *неделя*
41. worked [wə:kt] - *работал*

Applying to "Sydney today"

Mrs. Sharp estimated Joseph's and Mark's answers in the questionnaires. When she learned about their personal gifts she could give them some recommendations about suitable professions. She said that the third profession kind is the most suitable for them. They could work as a doctor, a teacher or a journalist etc. Mrs.

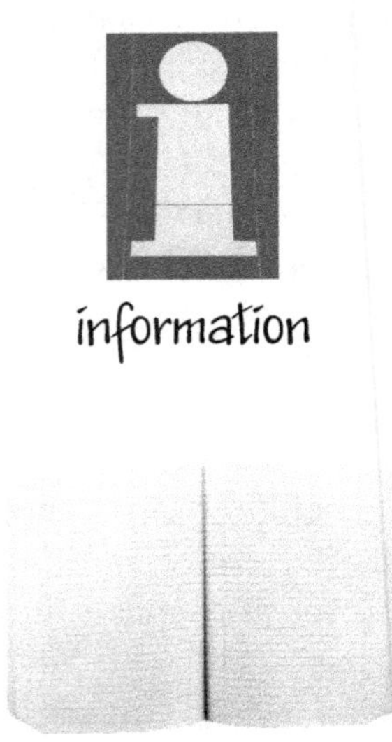

Sharp recommended them to apply for a job with the newspaper "Sydney today". They gave a part time job to students who could compose police reports for the criminal rubric. So Mark and Joseph arrived at the personnel department of the newspaper "Sydney today" and applied for this job.
"We have been to the job consultancy "Suitable personnel" today," Joseph said to Miss Slim, who was the head of the personnel department, "They have recommended us to apply to your newspaper."
"Well, have you worked as a reporter before?" Miss Slim asked.
"No, we have not," Joseph answered.
"Please, fill up these personal information forms," Miss Slim said and gave them two forms. Mark and Joseph filled up the personal information forms.

Personal information form

*You must fill up fields with asterisk *. You can leave other fields blank.*

First name *	*Joseph*
Middle name	
Second name *	*Weeter*
Sex *	(underline) <u>Male</u> Female
Age *	*Twenty years old*
Nationality *	*Australian*
Family status	(underline) <u>Single</u> Married
Address *	*Queen street 11, Sydney*
Education	*I study finance in the third year at a college*

Where have you worked before?	*I worked for two months as a farm worker*
What experience and skills have you had?*	*I can drive a car, a truck and I can use a computer*
Languages* 0 - no, 10 - fluently	*English - 10, French - 8*
Driving license*	(underline) No Yes Kind: *BC, I can drive trucks*
You need a job*	(underline) Full time Part time: *15 hours a week*
You want to earn	*15 dollars per hour*

Personal information form

*You must fill up fields with asterisk *. You can leave other fields blank.*

First name *	*Mark*
Middle name	*Nikolaevich*
Second name *	*Kravchenko*
Sex *	(underline) Male female
Age *	*Twenty-one years old*
Nationality *	*Ukrainian*
Family status	(underline) Single Married
Address *	*Room 218, student dorms, College street 5, Sydney*
Education	*I study computer design in the second year at a college*
Where have you	*I worked for two months as a farm worker*

worked?	
What experience and skills have you had?*	*I can use a computer*
Languages* 0 - no, 10 - fluently	*English - 8, Ukrainian - 10, Russian -10*
Driving license*	(underline) No Yes Kind:
You need a job*	(underline) Full time Part time: *15 hours a week*
You want to earn	*15 dollars per hour*

Miss Slim took their personal information forms to the editor of "Sydney today".

"The editor has agreed," Miss Slim said when she came back, "You will accompany a police patrol and then compose reports for the criminal rubric. A police car will come tomorrow at seventeen o'clock to take you. Be here at this time, will you?"

a police car

"Sure," Mark answered.

"Yes, we will," Joseph said, "Goodbye."

"Goodbye," Miss Slim answered.

Устройство на работу в газету «Сидней тудэй»

Миссис Шарп проанализировала ответы Джозефа и Марка в вопросниках. Когда она узнала их личные склонности, она смогла дать им несколько советов о подходящей профессии. Она сказала, что третий вид профессии наиболее подходящий для них. Они могли бы работать докторами, учителями или журналистами и так далее. Миссис Шарп посоветовала им устроиться на работу в газету «Сидней тудэй». Они предоставляют работу с частичной занятостью студентам, которые могли бы составлять полицейские репортажи для криминальной рубрики. Таким образом Марк и Джозеф прибыли в отдел персонала газеты «Сидней тудэй» и подали заявления на эту работу.

«Мы сегодня были в трудовой консультации «Подходящий персонал», сказал Джозеф Мисс Слим, которая была руководителем отдела персонала, «Нам посоветовали подать заявления на работу в вашу газету.»

«Ну что же, вы работали репортёрами прежде?» спросила Мисс Слим.

«Нет,» ответил Джозеф.

«Пожалуйста, заполните эти анкеты личных данных,» сказала Мисс Слим и дала им две анкеты.

Анкета личных данных

*Вы должны заполнить поля со звёздочкой *. Вы можете оставить другие поля незаполненными.*

*Имя **	*Джозеф*
Отчество	
*Фамилия **	*Уитер*
*Пол **	*(подчеркнуть) <u>Мужской</u> Женский*
*Возраст **	*Двадцать лет*
*Национальность **	*Австралиец*
Семейное положение	*(подчеркнуть) <u>Не женат</u> Женат*
*Адрес **	*Куин стрит 11, Сидней*
Образование	*Я изучаю финансы на третьем курсе колледжа*
Где Вы работали прежде?	*Я работал два месяца рабочим на ферме*
*Какой опыт и навыки у Вас есть?**	*Я умею водить легковой и грузовой автомобиль и могу работать на компьютере.*
Языки 0 - нет, 10 - свободно*	*Английский - 10, Французский - 8*
*Водительские права**	*(подчеркнуть) Нет <u>Да</u> Категория: ВС, я могу водить грузовики*
*Вам нужна работа**	*(подчеркнуть) Полная занятость <u>Частичная занятость:</u> 15 часов в неделю*
Вы желаете зарабатывать	*15 долларов в час*

Анкета личных данных

*Вы должны заполнить поля со звёздочкой *. Вы можете оставить другие поля незаполненными.*

*Имя **	*Марк*
Отчество	
*Фамилия **	*Кравченко*

*Пол **	*(подчеркнуть) <u>Мужской</u> Женский*
*Возраст **	*Двадцать один год*
*Национальность **	*Украинец*
Семейное положение	*(подчеркнуть) <u>Не женат</u> Женат*
*Адрес **	*Комната 218, студенческое общежитие, Колледж стрит 5, Сидней*
Образование	*Я изучаю компьютерный дизайн на втором курсе колледжа*
Где Вы работали прежде?	*Я работал два месяца рабочим на ферме*
*Какой опыт и навыки у Вас есть?**	*Я могу работать на компьютере*
Языки 0 - нет, 10 - свободно*	*Английский - 8, Украинский - 10, Русский -10*
*Водительские права**	*(подчеркнуть) <u>Нет</u> Да Категория:*
*Вам нужна работа**	*(подчеркнуть) Полная занятость <u>Частичная занятость:</u> 15 часов в неделю*
Вы желаете зарабатывать	*15 долларов в час*

female room

Мисс Слим отнесла их анкеты личных данных к редактору «Сидней тудэй».

«Редактор согласился,» сказала Мисс Слим, когда вернулась назад, «Вы будете сопровождать полицейский патруль, а затем составлять репортажи в криминальную рубрику. Полицейская машина приедет завтра в семнадцать часов, чтобы захватить вас. Будьте здесь в это время, ладно?»

«Конечно,» ответил Марк.

«Да, мы будем,» сказал Джозеф, «До свидания.»

«До свидания,» ответила Мисс Слим.

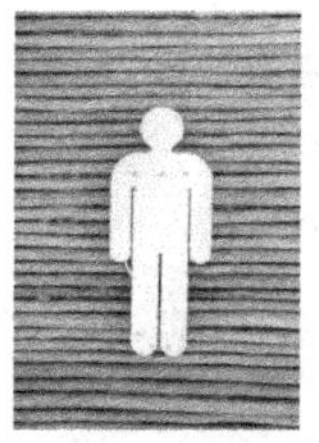

male room

Develop your speaking skill

Questions	Answer variants
a) Who is Mrs. Sharp?	a) She is a job consultant. She is a doctor.
b) What did Mrs. Sharp estimate?	b) She estimated Joseph's and Mark's answers. She estimated Joseph's and

	Carol's composition.
c) Where did Mrs. Sharp recommend them to apply for a job?	c) Mrs. Sharp recommended them to apply for a job at a newspaper. She recommended them to apply for a job at the police.
d) What rubric did they need reports for?	d) They needed reports for the sport rubric. They needed reports for the criminal rubric.
e) What sex were Joseph and Mark?	e) They were male. They were female.
f) What was Joseph's family status?	f) He was single. He was married.
g) What did Mark study?	g) He studied computer design. He studied cat rules.
h) What year was Mark in at college?	h) He was in the second year. He was in the tenth year.
i) Did the students need a full time or part time job?	i) They needed a part time job. They needed a full time job.
j) How much did Joseph want to earn?	j) He wanted to earn 15 dollars per hour. He wanted to earn 95 dollars per hour.

Time to play!

Время поиграть!

Поиграйте в следующие диалоговые игры:

☺ Guess a profession! Угадай профессию! Правила игры даются в главе 18

☺ Change letters! Замени буквы! Правила в главе 13

☺ Guess an action! Угадай действие! Правила в главе 25

What thing have I moved?
Какой предмет я передвинул?

Цель игры – научиться применять совершенный аспект. Один из участников должен выйти из комнаты или закрыть глаза. Другой участник передвигает какой-нибудь предмет. Затем первый участник задаёт вопросы в совершенном аспекте, чтобы угадать, какой предмет был передвинут. Пример игры:

– Have you moved anything on this table?	– *Ты передвинул что-нибудь на этом столе?*
– Yes, I have.	– *Да.*
– Have you moved this book?	– *Ты передвинул эту книгу?*
– No, I have not.	– *Нет.*
– Have you moved this pen?	– *Ты передвинул эту ручку?*
– No, I have not.	– *Нет.*
– Have you moved anything big?	– *Ты передвинул что-нибудь большое?*
– No. I have moved something small.	– *Нет. Я передвинул что-то маленькое.*
– Have you moved this telephone?	– *Ты передвинул этот телефон?*
– No, I have not.	– *Нет.*
– Can you help me?	– *Можешь помочь мне?*
– Yes, I can. I have moved something near this notebook.	– *Да. Я передвинул что-то возле этой тетради.*
– Have you moved this pencil?	– *Ты передвинул этот карандаш?*
– Yes, I have!	– *Да!*

Закрепление правил

Упражнение 61 к правилу 48:
Переведите на английский язык используя Present Perfect.

a) Я убрал со стола.	a) I have cleaned the table.
b) Деннис написал историю.	b) Dennis has written a story.
c) Мэри выпила чашку чая.	c) Mary has drunk ....
d) Джозеф прочитал историю Денниса?	d) ....
e) Кошка убежала от собаки?	e) ....
f) Парни помыли грузовик?	f) ....
g) Они не помыли грузовик.	g) ....
h) Она сварила суп?	h) ....
i) Она не сварила суп.	i) ....
j) Она сделала кофе.	j) ....
k) Я живу в Украине всю жизнь.	k) ....
l) Они уже два часа играют в теннис.	l) ....

Музыкальная пауза

Roxette

Anyone

Любой

Anyone who has a love close to this	Любой, у кого есть любовь похожая на эту
Knows what I'm saying	Знает что я говорю
Anyone who wants a dream to come true	Любой, кто хочет чтобы мечта осуществилась
Knows how I'm feeling	Знает как я чувствую
All I can think of is you and me	Всё о чём я могу думать - это ты и я
Doing the things I wanna do	Делающие то, что я хочу делать
All I imagine is heaven on earth	Всё что я представляю себе - это рай на земле
I know it's you	Я знаю - это ты
Anyone who ever kissed in the rain	Любой, кто когда-нибудь целовался под дождём
Knows the whole meaning	Знает всё значение
Anyone who ever stood in the light	Любой, кто когда-нибудь стоял в сиянии
Needs no explaining	Не нуждается в объяснении
But everything more or less appears so meaningless	Но всё более или менее кажется таким бессмысленным
Blue and cold	Грустным и холодным
Walking alone through the afternoon traffic	Идя одна сквозь вечернюю суматоху
I miss you so	Я так скучаю по тебе
Anyone who felt like I do	Любой, кто чувствовал себя так, как я
Anyone who wasn't ready to fall	Любой, кто не был готов упасть

Anyone who loved like I do	*Любой, кто любил как я люблю*
Knows it never really happens at all	*Знает - этого никогда в действительности не бывает вообще*
It's over when it's over	*Это кончено, если это кончено*
What can I do about it	*Что я могу с этим поделать*
Now that it's over	*Теперь, когда это кончено*
Everything more or less is looking so meaningless	*Всё более или менее кажется таким бессмысленным*
And fades to grey	*И расплывается серым*
Lying awake in an ocean of teardrops	*Лёжа без сна в океане слёз*
I float away	*Я уплываю*
Anyone who ever felt like I do	*Любой, кто чувствовал себя так, как я*
Anyone who wasn't ready to fall	*Любой, кто не был готов упасть*
Anyone who loved like I do	*Любой, кто любил как я люблю*
Knows it never really happens at all	*Знает - этого никогда в действительности не бывает вообще*
It's over when it's over	*Это кончено, если это кончено*
What can I do about it	*Что я могу с этим поделать*
Now it's all over	*Теперь, когда всё кончено*

Frequently Asked Questions (FAQ)
Часто Задаваемые Вопросы

? Объясните слово meaningless.

Окончание –less показывает отсутствие свойства или качества. Например:

meaning - *значение*	meaningless - *незначительный*
bottom – *дно, низ*	bottomless - *бездонный*
heart - *сердце*	heartless - *бессердечный*

? Мне сказали, что в США говорят на американском языке. Чем он отличается от английского?

Едва ли из-за дюжины отличий от английского языка, язык американцев можно назвать американским. Впрочем американское произношение отличается от английского. Вам будет любопытно

узнать, что в Бостоне (США) говорят с таким произношением, с каким говорили в Великобритании в 17 веке. Это можно объяснить тем, что именно там селились иммигранты из Великобритании, и их произношение за 300 лет изменилось намного меньше, чем произношение современных жителей Великобритании.
Вот основные отличия в языке англичан и американцев:

1. В американском английском простой прошедший аспект часто используется, чтобы сообщить новую информацию или о недавнем событии. Например

I lost my key. Can you help me look for it?

Простой прошедший аспект употребляется вместе с just и already. Например:

I'm not hungry. I just had lunch.

Don't forget to post the letter.' `I already posted it.'

2. Американцы используют простой прошедший аспект с yet. Например:

I didn't tell them about the accident yet.

3. В американском английском формы I have / I don't have / do you have? применяются гораздо чаще чем I've got / I haven't got / have you got? Например:

We have a new car.

Do you have any change?

4. Американцы часто используют инфинитив без to со словами insist/suggest и так далее. Например:

They insisted that we have dinner with them.

Jim suggested that I buy a car.

Эта структура также используется в Британском английском.

5. Американцы говорят the hospital. Например:

The injured man was taken to the hospital.

6. Американцы говорят on a team. Например:

He's the best player on the team.

7. Quite в американском английском значит *совершенно,*

совсем, а в британском *довольно-таки.*

8. Американцы говорят on the week-end.

9. В американском английском используется different than *отличный от* вместо different to.

10. Американцы говорят write someone без to. Например:

Please write me soon and tell me how you are.

11. Глаголы burn, learn и несколько других получают окончание –ed, как правильные глаголы: burned, learned.

12. Третья форма get в американском английском – это gotten. Например:

Your English has gotten much better since I last saw you.

13. Американцы не удваивают l в следующих словах:

traveling, traveled
canceling, canceled

Words of wisdom

Слова мудрости

Challenges make you discover things about yourself that you never knew. *Трудные задачи заставляют нас обнаруживать в себе такие стороны, о которых мы никогда не знали.*

Love arrives on tiptoe and bangs the door when it leaves. *Любовь приходит на цыпочках и хлопает дверью, когда уходит.*

The hours that make us happy make us wise. *Часы, которые делают нас счастливыми, делают нас мудрыми.*

Proverbs and sayings

Пословицы и поговорки

When pigs fly. *Когда свиньи полетят. После дождичка в четверг.*

When angry, count a hundred. *Когда рассердишься, сосчитай до ста.*

To take the bull by the horns. *Взять быка за рога.*

I must take counsel of my pillow. *Я должен посоветоваться со своей подушкой. Утро вечера мудренее.*

Jokes

Шутки

Mother: What did you learn in school today?
Son: How to write.
Mother: What did you write?
Son: I do not know, they have not taught us how to read yet!

Мама: Что ты учил в школе сегодня?

Сын: Как писать.

Мама: Что ты писал?

Сын: Я не знаю, читать нас ещё не научили.

Teacher: I have given you a multiple choice question. What more do you want?
Fred: More choices.

Учитель: Я дал тебе вопрос с вариантами ответов. Чего же ты ещё хочешь?

Фред: Больше вариантов.

Teacher: Will you two please stop passing notes?

Pupil: We are not passing notes. We are playing cards.

Учитель: Вы двое прекратите передавать записки?
Ученик: Мы не передаём записки. Мы играем в карты.

Fred was saying his prayers before dinner, "God bless my mum and dad and please make Poltava the capital of Ukraine."
"Why did you say that, Fred?" asked his mother.
"Because that is what I wrote in my exam," explained Fred.

Фред читал свою молитву перед ужином, «Боже, благослови мою маму и папу и, пожалуйста, сделай Полтаву столицей Украины.»

«Зачем ты сказал это, Фред?» спросила его мама.

«Потому что это я написал на экзамене,» объяснил Фред.

I did not know anything before I started going to school.
I still do not know anything, but now they test me on it.

Я ничего не знал перед тем, как начал ходить в школу.
Я всё ещё ничего не знаю, но теперь меня проверяют в этом.

Chapter 27
Глава 27

The police patrol (part 1)
Полицейский патруль (часть 1)

Для непринуждённого и результативного обучения пользуйтесь планировщиком, расположенным в начале книги.

49

Прошедший совершенный аспект - Past Perfect Tense

Так как в текстах или в разговорах о прошедших событиях обычно применяется простой прошедший аспект, то в таких текстах одно действие произошедшее раньше другого надо обозначать с помощью прошедшего совершенного аспекта. Например:

Mark went to wash the truck. But Joseph had already washed it when Mark came. - *Марк пошёл мыть грузовик. Но Джозеф уже помыл его, когда Марк пришёл.*

Также прошедший совершенный аспект применяется, когда действие было завершено до определенного момента в прошлом. Например:

I had finished this work by four o'clock. - *Я завершил эту работу к четырём часам.*

Как видно из примеров, прошедший совершенный аспект образуется с помощью had и третьей формы глагола. Третья форма глагола обозначается с помощью V3. Она образуется, также как и вторая - с помощью окончания -ed у правильных глаголов, а неправильные глаголы надо смотреть в конце книги в таблице неправильных глаголов в третьей колонке.

Порядок слов в утвердительном предложении:
Подлежащее + had + V3 + остальные слова
Например:
We had cooked soup by two o'clock. - *Мы сварили суп к двум часам.*

в вопросительном:
Had + подлежащее + V3 + остальные слова
Например:
Had you asked John about this computer before you switched it on? - *Ты спросил Джона об этом компьютере, прежде чем включил его?*

в отрицательном:
Подлежащее + had + not + V3 + остальные слова
Например:
He had not asked John about this computer before he switched it on. - *Он не спросил Джона об этом компьютере, перед тем, как включил его.*

Прошедший совершенный аспект - это прошедшее время настоящего совершенного аспекта. Сравним:

настоящий совершенный аспект	прошедший совершенный аспект
The window is dirty. I have not cleaned it for some months. - *Окно грязное. Я не мыл его несколько месяцев.*	The window was dirty. I had not cleaned it for some months. - *Окно было грязное. Я не мыл его несколько месяцев.*

50

Страдательный залог в простом аспекте
Simple Passive voice

Существует два залога - действительный (Active voice) и страдательный (Passive voice). Рассмотрим два примера:

Workers clean the truck. - *Рабочие моют грузовик.*

The truck is cleaned by workers. - *Грузовик моется рабочими. (Рабочие моют грузовик.)*

В первом примере подлежащее workers выполняет действие - это действительный залог. Во втором же примере подлежащее the truck не выполняет действие. Наоборот, действие направлено на подлежащее - это страдательный залог.
Все предыдущие тексты, кроме текстов песен, давались в действительном залоге. В последующих главах этой книги и в «Английской практике» для уровней Средний 2 и Средний 3 даются оба залога.
В отличие от русского языка, в английском языке в обычном разговоре страдательный залог применяется намного чаще. На русский же язык большинство таких предложений обычно переводят в действительном залоге, как в примере приведённом выше.

Порядок слов в утвердительном предложении:
Подлежащее + to be + V3 + остальные слова
Например:
The room is cleaned by Linda. - *Комната убирается Линдой. (Линда убирает комнату.)*

в вопросительном:
To be + подлежащее + V3 + остальные слова
Например:
Is the room cleaned by Mary? - *Комната убирается Мэри? (Комнату убирает Мэри?)*
в отрицательном:

Подлежащее + to be + not + V3 + остальные слова
Например:
The room is not cleaned by Linda. *- Комната не убирается Линдой. (Линда не убирает комнату.)*

Настоящий простой аспект употребляется для повторяющихся действий, то есть проходящих иногда, редко, часто, регулярно, всегда. Простой аспект в прошедшем времени употребляется для действий, выполненных в прошлом. В прошедшем времени to be получает в единственном числе форму was, а во множественном форму were. Например:

Was the room cleaned yesterday? *- Комната была убрана вчера?*
The room was not cleaned yesterday. *- Комната не была убрана вчера.*
The plates were washed by me. *- Тарелки были вымыты мной.*

В простом будущем аспекте (Simple Future Tense) применяется will.

Порядок слов в утвердительном предложении:
Подлежащее + will be + V3 + остальные слова
Например:
The room will be cleaned by Linda. *- Комната будет убрана Линдой. (Линда уберёт комнату.)*

в вопросительном:
Will + подлежащее + be + V3 + остальные слова
Например:
Will the room be cleaned by Mary? *- Комната будет убрана Мэри? (Мэри уберёт комнату?)*

в отрицательном:
Подлежащее + will not be + V3 + остальные слова
Например:
The room will not be cleaned by Mary. *- Комната не будет убрана Мэри. (Мэри не уберёт комнату.)*

Words

1. accompanied - *сопровождал*
2. afraid [ə'freid] - *испуганный*
3. alarm [ə'la:m] - *тревога*
4. around [ə'raund] - *вокруг*
5. barked [ba:kt] – *(за)лаял*
6. closed [kləuzd] – *закрыл; закрытый*
7. cried - *крикнул*
8. damn [dæm] - *проклятье*
9. did [did] - *делал*
10. drove [drəuv] – *вёл (авто)*
11. dry [drai] - *сушить, сухой*
12. everybody ['evribɔdi] – *все, каждый*
13. fasten ['fa:sən] - *пристёгивать*
14. forgotten [fə'gɔtən] - *3-я форма глагола* forget - *забыть*
15. frank [fræŋk] - *искренний*
    Frank [fræŋk] - *Фрэнк (имя)*
16. got [gɔt] - *прошедшее от* get
17. gun [gʌn] - *оружие*
18. handcuffs ['hændkʌfs] – *наручники*
19. hid [hid] – *(с)прятался*
20. high [hai] - *высокий, высоко*
21. howling ['hauliŋ] – *завывая*
22. hundred ['hʌndrəd] - *сто*
23. key [ki:] - *ключ*
24. limit ['limit] - *ограничение, ограничивать*
25. made [meid] - *2-я и 3-я форма глагола* make - *делать*
26. matter ['mætə] – *дело; предмет*
27. met [met] - *встретил*
28. microphone ['maikrəfəun] – *микрофон,* сокращ. mic [maik]
29. officer ['ɔfisə] - *служащий; офицер; сотрудник*
30. opened - *открыл*
31. P07, P11 - *номера патрульных машин*
32. policeman [pə'li:smən] – *полисмен, полицейский*
33. price [prais] - *цена*
34. pursuit [pə'sju:t] – *погоня*
35. robber ['rɔbə] - *грабитель*
    robbery ['rɔb(ə)ri] - *ограбление*
36. rushed [rʌʃt] - *пронёсся*
37. seat belts - *ремни безопасности*
38. sergeant ['sa:dʒənt] - *сержант*
39. showed [ʃəud] – *показал*
40. siren ['saiərən] – *сирена*
41. speed [spi:d] - *скорость*
    speeder ['spi:də] - *нарушитель*
    speeding ['spidiŋ] - *превышение скорости*
42. started ['sta:tid] – *завёл; поехал*
43. stepped [stept] - *нажал ногой*
44. strict [strikt] – *строгий;* Frank Strict – *Фрэнк Стрикт (имя)*
45. thief [θi:f] – *вор*
    thieves [θi:vz] - *воры*
46. tried [traid] – *пытался*
47. twelve [twelv] - *двенадцать*
48. understood [ˌʌndə'stud] - *понял*
49. waited - *ждал*

The police patrol (part 1)

Mark and Joseph arrived at the building of the newspaper "Sydney today" at seventeen o'clock next day. The police car was waiting for them already. A policeman got out of the car.

"Hello. I am sergeant Frank Strict," he said when Joseph and Mark came to the car.

"Hello. Glad to meet you. My name is Mark. We must accompany you," Mark answered.

"Hello. I am Joseph. Were you waiting long for us?" Joseph asked.

"No. I have just arrived here. Let us get into the car. We begin city patrolling now," the policeman said. They all got into the police car.

"Are you accompanying a police patrol for the first time?" sergeant Strict asked starting the engine.

"We have never accompanied a police patrol before," Joseph answered.

At this moment the police radio began to talk: "Attention P11 and P07! A blue car is speeding along College street."

"P07 got it," sergeant Strict said in the microphone. Then he said to the boys: "The number of our car is P07." A big blue car rushed past them with very high speed. Frank Strict took the mic again and said: "P07 is speaking. I see the speeding blue car. Begin pursuit," then he said to the boys, "Fasten your seat belts." The police car started quickly. The sergeant stepped on the gas up to the stop and switched on the siren. They rushed with the howling siren past buildings, cars and buses. Frank Strict made the blue car stop. Sergeant got out of the car and went to the speeder. Joseph and Mark went after him.

a policeman

"I am police officer Frank Strict. Show your driving license, please," the policeman said to the speeder.

"Here is my driving license," the driver showed his driving license, "What is the matter?" he said angryly.

"You were driving through the city with a speed of one hundred and twenty kilometers an hour. The speed limit is sixty," the sergeant said.

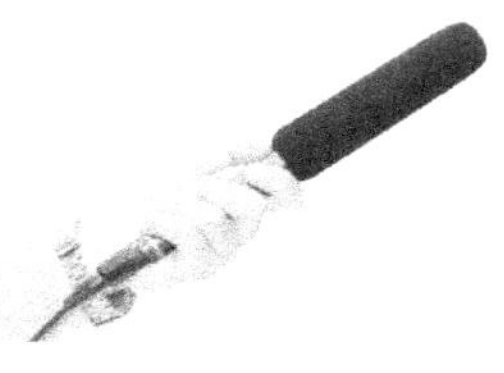

a microphone

"Ah, this. You see, I have just washed my car. So I was driving a little faster to dry it up," the man said with a sly smile.

"Does it cost much to wash the car?" the policeman asked.

"Not much. It cost twelve dollars," the speeder said.

120

one hundred and twenty

"You do not know the prices," sergeant Strict said, "It really cost you two hundred and twelve dollars because you will pay two hundred dollars for drying the car. Here is the ticket. Have a nice day," the policeman said. He gave a speeding ticket for two hundred dollars and the driving license to the speeder and went back to the police car.

212

two hundred and twelve

"Frank, I think you have lots of experiences with speeders, haven't you?" Joseph asked the policeman.

"I have met many of them," Frank said starting the engine, "At first they look like angry tigers or sly foxes. But after I speak with them, they look like afraid kittens or silly monkeys. Like that one in the blue car."

speed limit

Meanwhile a little white car was slowly driving along a street not far from the city park. The car stopped near a shop. A man and a woman got out of the car and went up to the shop. It was closed. The man looked around. Then he quickly took out some keys and tried to open the door. At last he opened it and they went inside.

"Look! There are so many dresses here!" the woman said. She took out a big bag and began to put in everything there. When the bag was full, she took it to the car and came back.

a key

"Take everything quickly! Oh! What a wonderful hat!" the man said. He took from the shop window a big black hat and put it on.

"Look at this red dress! I like it so much!" the woman said and quickly put on the red dress. She did not have more bags. So she took more things in her hands, ran outside and put them on the car. Then she ran inside to bring more things.

a gun

The police car P07 was slowly driving along the city park when the radio began to talk: "Attention all patrols. We have got a robbery alarm from a shop near the city park. The address of the shop is 72 Park street."

handcuffs

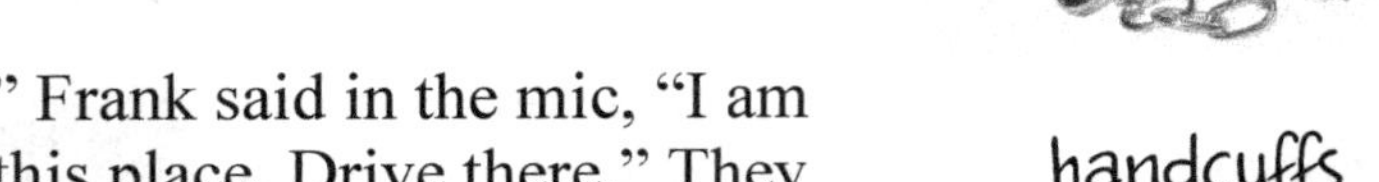

"P07 got it," Frank said in the mic, "I am very close to this place. Drive there." They found the shop very quickly and drove up to the white car. Then they got out of the car and hid behind it. The woman in new red dress ran out of the shop. She put some dresses on the police car and ran back in the shop. The woman did it very quickly. She did not see that it was a police car!

"Damn it! I forgot my gun in the police station!" Frank said. Mark and Joseph looked at the sergeant Strict and then surprised at each other. The policeman was so confused that Joseph and Mark understood they must help him. The woman ran out of the shop again, put some dresses on the police car and ran back. Then Joseph said to Frank: "We can pretend that we have guns."

"Let's do it," Frank answered, "But you do not get up. The thieves may have guns," he said and then cried, "This is the police

speaking! Everybody who is inside the shop! Put your hands up and come slowly one by one out of the shop!"
They waited for a minute. Nobody came out. Then Mark had an idea.

"If you will not come out now, we will set the police dog on you!" he cried and then barked like a big angry dog. The thieves ran out with hands up immediately. Frank quickly put handcuffs on them and got them to the police car. Then he said to Mark: "It was a great idea pretending that we have a dog! You see, I have forgotten my gun two times already. If they learn that I have forgotten it for the third time, they may fire me or make me do office work. You will not tell anybody about it, will you?"

"Sure, not!" Mark said.

"Never," Joseph said.

"Thank you very much for helping me, guys!" Frank shook their hands strongly.

Полицейский патруль (часть 1)

Марк и Джозеф прибыли к зданию газеты «Сидней тудэй» на следующий день в семнадцать часов. Полицейская машина уже ожидала их. Полисмен вышел из машины.

«Здравствуйте. Я сержант Фрэнк Стрикт,» сказал он, когда Джозеф и Марк подошли к машине.

dry earth

«Здравствуйте. Рад познакомиться. Меня зовут Марк. Мы должны сопровождать Вас,» ответил Марк.

«Здравствуйте. Я Джозеф. Вы давно нас ждёте?» спросил Джозеф.

«Нет. Я только что сюда прибыл. Давайте сядем в машину. Теперь мы начинаем городское патрулирование,» сказал полисмен. Они все сели в полицейскую машину.

«Вы в первый раз сопровождаете полицейский патруль?» спросил сержант Стрикт, заводя двигатель.

«Мы никогда раньше не сопровождали полицейский патруль,» ответил Джозеф.

В этот момент полицейское радио начало говорить: «Внимание П11 и П07! Синий автомобиль едет на повышенной скорости по Колледж стрит.»

«П07 принял,» сказал сержант Стрикт в микрофон. Затем он сказал парням: «Номер нашего автомобиля П07.» Большой синий автомобиль проехал мимо на высокой скорости. Фрэнк Стрикт снова взял микрофон и сказал: «Говорит П07. Вижу нарушающий синий автомобиль. Начинаю погоню,» затем он сказал парням, «Пристегните свои ремни безопасности.» Полицейская машина стремительно тронулась. Сержант нажал газ до упора и включил сирену. Они помчались с воющей сиреной мимо зданий, машин, автобусов. Фрэнк Стрикт заставил синюю машину остановиться. Сержант вышел из машины и пошёл к нарушителю. Джозеф и Марк последовали.

«Служащий полиции Фрэнк Стрикт. Покажите Ваши водительские права, пожалуйста,» сказал полисмен нарушителю.

«Вот мои водительские права,» водитель показал свои водительские права, «А в чём дело?» сказал он сердито.

«Вы ехали по городу сто двадцать километров в час. Ограничение скорости - шестьдесят,» сказал сержант.

«А, это. Видите, я только что помыл свою машину. Поэтому я ехал немного побыстрее, чтобы просушить её,» сказал человек с лукавой улыбкой.

«Дорого ли стоит помыть машину?» спросил полисмен.

«Не дорого. Это стоит двенадцать долларов,» сказал нарушитель.

«Вы не знаете цен,» сказал сержант Стрикт, «Это в действительности стоит двести двенадцать долларов. Потому что Вы заплатите двести долларов за сушку машины. Вот квитанция. Желаю приятного дня,» сказал полисмен. Он отдал штрафную квитанцию на двести долларов и водительские права нарушителю и пошёл назад к полицейской машине.

«Фрэнк, я полагаю у Вас большой опыт с нарушителями, не так ли?» спросил Джозеф полисмена.

«Я много их встречаю,» сказал Фрэнк, заводя двигатель, «Вначале они выглядят как сердитые тигры или хитрые лисы. Но после того, как я поговорю с ними, они выглядят как напуганные котята или глупые обезьяны. Как тот в синей машине.»

Тем временем по улице медленно ехал маленький белый легковой автомобиль недалеко от городского парка. Автомобиль остановился напротив магазина. Мужчина и женщина вышли из машины и подошли к магазину. Он был закрыт. Мужчина посмотрел вокруг. Затем он быстро достал несколько ключей и попытался открыть замок. Наконец он открыл его и они вошли вовнутрь.

«Смотри! Здесь так много платьев!» сказала женщина. Она достала большую сумку и начала всё туда складывать. Когда сумка была полна, она отнесла её к автомобилю и пришла обратно.

«Бери всё быстро! О-о! Какая чудесная шляпа!» сказал мужчина. Он взял с витрины магазина большую чёрную шляпу и одел её.

«Посмотри на это красное платье! Оно мне так нравится!» сказала женщина и быстро одела красное платье. У неё больше не было сумок. Поэтому она взяла побольше вещей в руки, выбежала наружу и бросила их на автомобиль. Затем она побежала вовнутрь чтобы принести еще вещей.

Полицейский автомобиль П07 медленно ехал вдоль городского парка, когда радио заговорило: «Внимание всем патрульным машинам. Мы получили сигнал об ограблении из магазина возле городского парка. Адрес магазина Парк стрит 72.»

a price

«П07 понял,» сказал Фрэнк в микрофон, «Я очень близко к этому месту. Направляюсь туда.» Они нашли магазин очень быстро и подъехали к белому автомобилю. Затем они вышли из машины и спрятались за ней. Женщина в новом красном платье выбежала из магазина. Она бросила несколько платьев на полицейскую машину и побежала обратно в магазин. Женщина сделала это очень быстро. Она даже не заметила, что это была полицейская машина!

«Проклятье! Я забыл свой пистолет в полицейском участке!» сказал Фрэнк. Марк и Джозеф посмотрели на сержанта Стрикта, а затем удивлённо друг на друга. Полицейский был так растерян, что Марк и Джозеф поняли - они должны помочь ему. Женщина снова выбежала из

магазина, бросила несколько платьев на полицейскую машину и побежала обратно. Тогда Джозеф сказал Фрэнку: «Мы можем притвориться, что у нас есть оружие.»

«Давайте так и сделаем,» ответил Фрэнк, «Но вы не поднимайтесь. У воров может быть оружие,» сказал он и затем крикнул, «Говорит полиция! Все, кто находится внутри магазина! Поднимите руки и медленно выходите из магазина по одному!» Они подождали минуту. Никто не вышел. Затем у Марка появилась идея.

«Если вы сейчас не выйдете, то мы спустим на вас полицейскую собаку!» крикнул он и затем залаял, как большая сердитая собака. Воры тут же выбежали с поднятыми руками. Фрэнк быстро одел на них наручники и отвел к полицейской машине. Затем он сказал Марку: «Это была отличная идея притвориться, что у нас есть собака! Видишь ли, я уже забывал свой пистолет два раза. Если узнают, что я забыл его в третий раз, меня могут уволить или заставят делать офисную работу. Вы не расскажете об этом?»

«Конечно нет!» сказал Марк.

«Никогда,» сказал Джозеф.

«Большое спасибо за помощь, парни!» Фрэнк крепко пожал им руки.

Develop your speaking skill

Questions	Answer variants
a) Who is Frank Strict?	a) He is a police officer. He is an angry speeder.
b) Who did the policeman make stop?	b) He made a speeder in a blue car stop. He made captain Billy Brisk in the space ship stop.
c) What did Frank Strict ask the speeder to do?	c) He asked the speeder to show his driving license. He asked the speeder to hide in a place where Frank cannot find him for a day.
d) What did sergeant Strict make the speeder do?	d) He made him pay two hundred dollars. He made him swim with killer whales.
e) Where did the police get an alarm from?	e) The police got an alarm from a shop. The police got an alarm from the zoo.
f) Who were the people in the white car?	f) They were thieves. They were customers of that shop.
g) What did sergeant Strict forget to take?	g) He forgot to take his gun. He forgot to take his aspirin.

h) What did Mark and Joseph understand?	h) They understood that they must help. They understood that they must run away.
i) What did they pretend?	i) They pretended that they had guns. They pretended that they washed the police car.
j) What idea had Mark?	j) To pretend that they had a dog. To drive away in the thieves' car.
k) What did Mark do to make the thieves get out?	k) He barked like a big angry dog. He jumped like an angry kangaroo.

Time to play!

Время поиграть!

Поиграйте в следующие диалоговые игры:

☺ Guess a profession! Угадай профессию! Правила игры даются в главе 18

☺ Guess an action! Угадай действие! Правила игры даются в главе 25

☺ What thing have I moved? Какой предмет я передвинул? Правила игры даются в главе 26

Закрепление правил

Упражнение 62 к правилу 49:

Переведите на английский язык используя Past Perfect.

a) Я убрал со стола перед тем, как она пришла.	a) I had cleaned the table before she came.
b) Деннис позвонил мистеру Фоксу, после того, как он закончил историю.	b) Dennis telephoned Mr. Fox after he had written a story.
c) Мэри зашла в комнату и увидела, что мама ушла.	c) Mary came into the room and

	saw that ....
d) Джозеф прочитал историю Денниса, к тому времени, когда Деннис вернулся?	d) ....
e) Кошка убежала, после того как собака подбежала к ней.	e) ....
f) Грузовик уплыл после того, как ребята помыли его.	f) ....
g) Деннис пришел к Линде и увидел, что она сварила суп.	g) ....
h) Она сделала кофе до того, как он пришёл?	h) ....
i) Я закончил работу к семи часам.	i) ....
j) Они закончили играть в теннис к вечеру.	j) ....

Упражнение 63 к правилу 50:
Измените Simple Active на Simple Passive, употребляя в качестве подлежащего предмет над которым выполняется действие.

a) I clean the table every day.	a) The table is cleaned by me every day.
b) Mary drank all the tea.	b) All the tea was drunk by Mary.
c) Dennis writes many stories.	c) Many stories are ....

			....
d)	Did Joseph read this story?	d)	....
			....
e)	The cat did not see the dog.	e)	....
			....
f)	Do the guys wash the truck?	f)	....
			....
g)	They do not wash the truck.	g)	....
			....
h)	Did she cook soup?	h)	....
			....
i)	She cooked no soup.	i)	....
			....
j)	She made this coffee.	j)	....
			....

Музыкальная пауза
Gary Moore
Still Got The Blues
Ещё есть блюз

Used to be so easy	*Всегда было так легко*
To give my heart away	*Отдавать своё сердце*
But I've found that the hard	*Но я узнал, что трудный путь -*

way	
Is a price you have to pay	*Это цена, которую надо платить*
I found that love	*Я узнал, что любовь*
Was no friend of mine	*Не была мне другом*
I should have known	*Я бы должен был знать*
Time after time	*Раз за разом*
So long, it was so long ago	*Так давно, это было так давно*
But I still got the blues for you	*Но у меня ещё есть блюз для тебя*
Used to be so easy	*Всегда было так легко*
To fall in love again	*Влюбляться снова*
I've found that the hard way	*Я узнал, что трудный путь*
It's a road that leads to pain	*Это путь, что ведёт к боли*
I've found that love	*Я узнал, что любовь*
Was more than just a game	*Была больше, чем просто игра*
To play and to win	*Чтобы играть и выигрывать*
But to lose just the same	*Но всё равно проигрывать*
So long, it was so long ago	*Так давно, это было так давно*
But I still got the blues for you	*Но у меня ещё есть блюз для тебя*
So many years	*Так много лет*
Since I've seen your face	*С тех пор, как я видел твоё лицо*
And where you were in my heart	*И там, где ты была в моём сердце*
There's an empty space	*Пустота*
Where you used to be	*Где раньше была ты*

Frequently Asked Questions (FAQ)
Часто Задаваемые Вопросы

? Объясните выделенные слова.

Used to be so easy - *Всегда было так легко*

Used + *инфинитив* значит, что какое-то действие раньше обычно происходило, но теперь больше не происходит. Например:

I used to play tennis on Sundays. – *Я обычно играл в теннис по воскресеньям.*

They used to work hard. – *Они обычно работали усердно.*

Words of wisdom

Слова мудрости

Children need love, especially when they don't deserve it. *Детям нужна любовь, особенно, когда они не заслуживают её.*

If you're asked to join a parade, don't march behind the elephants. *Если вас просят присоединиться к параду, не маршируйте позади слонов.*

Fool me once, shame on you. Fool me twice, shame on me. *Одурачь меня раз, позор тебе. Одурачь меня дважды, позор мне.*

Proverbs and sayings

Пословицы и поговорки

To set the wolf to keep the sheep. *Приставить волка стеречь овец. Пустить козла в огород.*

To roll in money. *Кататься в деньгах. Купаться в деньгах.*

To put the cart before the horse. *Поставить повозку впереди лошади. Поступать шиворот-навыворот. Браться не с того конца.*

Jokes

Шутки

Teacher: What did they do at the Boston Tea Party?

Pupil: I do not know, I was not invited!

Учитель: Что делали на Бостонском чаепитии? (историческое событие)
Ученик: Я не знаю, я не был приглашён!

Teacher: Late again. What is the excuse this time?
Pupil: Sorry, Sir. There was a notice on the bus saying “Dogs must be carried.” However I could find no dog there.

Учитель: Опоздала снова. Какая отговорка на этот раз?

Ученица: Извините, сэр. Там была надпись на автобусе гласящая «Собак держать на руках». Однако я не смогла там найти ни одной собаки.

Fred: Teacher, how did I do on yesterday's spelling test?
Teacher: Let's put it this way; do you know how to spell "F"?

Фред: Учитель, как я выполнил вчерашний тест по правописанию?

Учитель: Давай начнём так; ты знаешь как пишется буква «Ф»?

Pupil: My teacher was mad with me because I did not know where the Carpathians were.
Mother: Well, next time remember where you put things!

Ученик: Мой учитель был разгневан на меня, потому что я не знал где Карпаты.

Мама: Ну что же, в следующий раз помни куда кладёшь вещи!

My teacher says our schoolbooks are a magic carpet that will take us all over the world.
I took mine to the garage and fitted them with seat belts.

Мой учитель говорит, что наши книги – это волшебные ковры, которые понесут нас по всему миру.
Я отнёс свои в гараж и снабдил их ремнями безопасности.

Intelligence test

Проверка интеллекта

Q. Where was the Declaration of Independence signed?
A. At the bottom of the document.

В: Где была подписана Декларация Независимости?

О: Внизу документа.

Q. What does the Statue of Liberty stand for?
A. Because it cannot sit down.

В: Для чего стоит Статуя Свободы?

О: Потому что она не может сесть.

Q. How many books can you put on an empty shelf?
A. One. After that it is not empty.

В: Сколько книг можно положить на пустую полку?

О: Одну. После этого она уже не пуста.

Q. A woman gives a beggar 50 cents; the woman is the beggar's sister, but the beggar is not the woman's brother. How come?
A. Because the beggar is a woman.

В: Женщина даёт попрошайке 50 центов; эта женщина сестра попрошайки, но попрошайка не брат женщины. Как так?

О: Потому что попрошайка женщина.

Пользователи компьютера могут пройти занятия с автором книги в режиме on-line, а также использовать

видеоуроки и другие ресурсы, имеющиеся на вебстранице «Английской практики».
Добро пожаловать на www.vadim-zubakhin.donetsk.ua

Chapter 28
Глава 28

The police patrol (part 2)
Полицейский патруль (часть 2)

Для непринуждённого и результативного обучения пользуйтесь планировщиком, расположенным в начале книги.

51

Страдательный залог в продолженном аспекте (Continuous Passive voice) применяется, когда над подлежащим выполняется действие в виде процесса. Такой процесс должен выполняться в течении чётко указанного промежутка времени.

Порядок слов в утвердительном предложении:
Подлежащее + to be + being + V3 + остальные слова
Например:
The car is being washed now. - *Автомобиль сейчас моют.*
The room was being cleaned for an hour. - *Комнату убирали в течении часа.*

в вопросительном:
To be + подлежащее + being + V3 + остальные слова
Например:
Is the car being washed now? - *Автомобиль сейчас моют?*

How long was the room being cleaned? *- Как долго убирали комнату?*

в отрицательном:
Подлежащее + to be + not + being + V3 + остальные слова
Например:
The car is not being washed now. *- Автомобиль сейчас не моют.*
The room was not being cleaned for five days. *- Комнату не убирали пять дней.*

Страдательный залог в настоящем совершенном аспекте (Present Perfect Passive) применяется для действий, которые актуальны и важны в момент разговора, то есть имеется результат только что законченного действия или время выполнения действия всё ещё продолжается. При этом действие совершается над подлежащим.

Порядок слов в утвердительном предложении:
Подлежащее + have/has + been + V3 + остальные слова
Например:
Soup has been cooked by mom. *- Суп сварен мамой.*

в вопросительном:
Have/has + подлежащее + been + V3 + остальные слова
Например:
Have the letters been written by Linda? *- Письма были написаны Линдой?*

в отрицательном:
Подлежащее + have/has + not + been + V3 + остальные слова
Например:
The letters have not been written by Linda. *- Письма не были написаны Линдой.*

53

Страдательный залог в прошедшем совершенном аспекте (Past Perfect Passive) применяется с простым прошедшим аспектом, если действие над подлежащим произошло раньше другого действия, либо если оно было завершено к определённому моменту в прошлом.

Порядок слов в утвердительном предложении:
Подлежащее + had + been + V3 + остальные слова
Например:
Soup had been cooked by two o'clock. - *Суп был сварен к двум часам.*

в вопросительном:
Had + подлежащее + been + V3 + остальные слова
Например:
Had the room been cleaned before students came? - *Комнату убрали до того, как пришли студенты?*

в отрицательном:
Подлежащее + had + not + been + V3 + остальные слова
Например:
The room had not been cleaned before students came. - *Комнату не убрали до того, как пришли студенты.*

Words

1. answered - *ответил*
2. Bob, Bobby – *Боб, Бобик (имя)*
3. button ['bʌtn] - *кнопка; пуговица; застёгивать*
4. cash [kæʃ] - *наличные деньги*
   cash register - *касса,*
   cashier [kæ'ʃiə] - *кассир*
5. clever ['klevə] - *умный*
6. either ['aiðə] - *тоже (в отриц. предложениях); любой из двух*
7. excuse [iks'kjuːs] - *извинять*
   Excuse me. – *Извините.*
8. Express Bank - *Экспресс Банк*
9. glass [glaːs] - *стекло; стакан*
10. gone [gɔn] - *3-я форма глагола* go; is gone - *пропал, ушёл*
11. John [dʒɔn] - *Джон (имя)*
12. madam ['mædəm] - *мадам*
13. men [men] - *люди; мужчины*

14. mine [main] - *мой*
15. mobile ['məubail] - *мобильный*
16. money is being put in - *деньги укладывают в*
17. ones - *см. FAQ*
18. opened - *открыл*
19. phone [fəun] - *телефон, звонить*
20. pocket ['pɔkit] - *карман*
21. press [pres] - *давить, нажать*
22. protect [prə'tekt] - *защищать*
23. rang [ræŋ] - *звонил*
24. ricochet ['rikəʃei] - *рикошет*
25. safe [seif] - *сейф; безопасный*
26. saw [sɔː] - *видел*
27. secretly ['siːkrətli] - *тайком*
28. seldom ['seldəm] - *редко*
29. shopping center - *торговый центр*
30. shot [ʃɔt] - *выстрелил, подстрелил, выстрел*
31. sincerely [sin'siəli] - *искренне*
32. somebody ['sʌmbədi] - *кто-нибудь, кто-то*
33. stolen ['stəulən] - *украденный*
34. taken ['teikən] - *3-я форма глагола* take; has not been taken - *не принесены*
35. turned [təːnd] - *повернул(-ся)*
36. unconscious [ʌn'kɔnʃəs] - *без сознания, невольно*
37. used - *3-я форма глагола* use - *использовать*
    Has it been used today? - *Он использовался сегодня?*
38. usual ['juːʒ(ə)l] – *обычный*
39. whose [huːz] – *чей*
40. yesterday ['jestədei] - *вчера*
41. yet [jet] - *ещё (в отриц. и вопр. предл.)*
42. yours [jɔːz , juəz] – *твой, Ваш*

The police patrol (part 2)

Next day Mark and Joseph were accompanying Frank again. They were standing near a big shopping centre when a woman came to them.

"Can you help me please?" she asked.

"Sure, madam. What has happened?" Frank asked.

"My mobile phone is gone. I think it has been stolen."

"Has it been used today?" the policeman asked.

a shopping centre

"It had been used by me before I went out of the shopping centre," she answered.

"Let's get inside," Frank said. They went into the shopping centre and looked around. There were many people there.

"Let's try an old trick," Frank said taking out his own phone, "What is your telephone number?" he asked the woman. She said and he called her telephone number. A mobile telephone rang not far from them. They went to the place where it was ringing. There was a queue there. A man in the queue looked at the policeman and then quickly turned his head away. The policeman came closer listening carefully. The telephone was ringing in the man's pocket.

"Excuse me," Frank said. The man looked at him.

"Excuse me, your telephone is ringing," Frank said.

"Where?" the man said.

"Here, in your pocket," Frank said.

"No, it is not," the man said.

"Yes, it is," Frank said

"It is not mine," the man said.

"Then whose telephone is ringing in your pocket?" Frank asked.

"I do not know," the man answered.

"Let me see, please," Frank said and took the telephone out of the man's pocket.

a mobile telephone

"Oh, it is mine!" the woman cried.

"Take your telephone, madam," Frank said giving it to her.

"May I, sir?" Frank asked and put his hand in the man's pocket again. He took out another telephone, and then one more.

some cash

"Are they not yours either?" Frank asked the man.

The man shook his head looking away.

"What strange telephones!" Frank cried, "They ran away from their owners and jump into the pockets of this man! And now they are ringing in his pockets, aren't they?"

"Yes, they are," the man said.

"You know, my job is to protect people. And I will protect you from them. Get in my car and I will bring you to the place where no telephone can jump in your pocket. We go to the police station," the policeman said. Then he took the man by the arm and took him to the police car.

"I like silly criminals," Frank Strict smiled after they had taken the thief to the police station.

"Have you met smart ones?" Joseph asked.

"Yes, I have. But very seldom," the policeman answered, "Because it is very hard to catch a smart criminal."

Meanwhile two men came into the Express Bank. One of them took a place in a queue. Another one came up to the cash register and gave a paper to the cashier. The cashier took the paper and read:

"Dear Sir,
this is a robbery of the Express Bank. Give me all the cash. If you do not, then I will use my gun.
Thank you.
Sincerely yours,
Bob"

an alarm button

"I think I can help you," the cashier said pressing secretly the alarm button, "But the money had been locked by me in the safe yesterday. The safe has not been opened yet. I will ask somebody to open the safe and bring the money. Okay?"

"Okay. But do it quickly!" the robber answered.

"Shall I make you a cup of coffee while the money is being put in bags?" the cashier asked.

"No, thank you. Just money," the robber answered.

The radio in the police car P07 began to talk: “Attention all the patrols. We have got a robbery alarm from the Express Bank.”

“P07 got it,” sergeant Strict answered. He stepped on the gas up to the stop and the car started quickly.

When they drove up to the bank, there was no other police car yet.

a cup of coffee

“We will make an interesting report if we go inside,” Joseph said.

“You guys do what you need. And I will come inside through the back door,” sergeant Strict said. He took out his gun and went quickly to the back door of the bank. Joseph and Mark came into the bank through the central door. They saw a man standing near the cash register. He put one hand in his pocket and looked around. The man who came with him, stepped away from the queue and came up to him.

“Were is the money?” he asked Bob.

a cash register

“John, the cashier has said that it is being put in bags,” another robber answered.

“I am tired of waiting!” John said. He took out a gun and pointed it to the cashier, “Bring all the money now!” the robber cried at the cashier. Then he went to the middle of the room and cried: “Listen all! This is a robbery! Nobody move!” At this moment somebody near the cash register moved. The robber with the gun without looking shot at him. Another robber fell on the floor and cried: “John! You silly monkey! Damn it! You have shot me!”

“Oh, Bobby! I did not see that it was you!” John said. At this moment the cashier quickly ran out.

"The cashier has run away and the money has not been taken here yet!" John cried to Bob, "The police may arrive soon! What shall we do?"

"Take something big, break the glass and take the money. Quickly!" Bob cried. John took a metal chair and hit the glass of the cash register. It was of course not usual glass and it did not break. But the chair went back by ricochet and hit the robber on the head! He fell on the floor unconsciously. At this moment sergeant Strict ran inside and quickly put handcuffs on the robbers. He turned to Joseph and Mark.

the police

"I did say! Most criminals are just silly!" he said.

Полицейский патруль (часть 2)

На следующий день Марк и Джозеф снова сопровождали Фрэнка. Они стояли возле большого торгового центра, когда к ним подошла женщина.

«Пожалуйста, не могли бы вы мне помочь?» спросила она.

«Конечно же, мадам. Что случилось?» спросил Фрэнк.

«Мой мобильный телефон исчез. Я думаю, что его украли.»

«Его использовали сегодня?» спросил полисмен.

«Я использовала его перед тем, как вышла из торгового центра,» ответила она.

«Давайте зайдём вовнутрь,» сказал Фрэнк. Они зашли в торговый центр и осмотрелись. Там было очень много людей.

«Давайте попробуем старый трюк,» сказал Фрэнк, вытаскивая свой собственный телефон, «Какой номер Вашего телефона?» спросил он женщину. Она сказала и он набрал номер её телефона. Недалеко от них зазвонил мобильный телефон. Они пошли к тому месту, где он звонил. Там была очередь. Какой-то мужчина в очереди посмотрел на полисмена, и затем быстро отвернулся. Полисмен подошёл поближе внимательно слушая. Телефон звонил в кармане этого мужчины.

«Извините,» сказал Фрэнк. Мужчина посмотрел на него.

«Извините, Ваш телефон звонит,» сказал Фрэнк.

«Где?» сказал мужчина.

«Здесь, в Вашем кармане,» сказал Фрэнк.

«Нет,» сказал человек.

«Да,» сказал Фрэнк.

«Это не мой,» сказал мужчина.

«Тогда чей телефон звонит в Вашем кармане?» спросил Фрэнк.
«Я не знаю,» ответил человек.
«Разрешите посмотреть,» сказал Фрэнк и достал телефон из кармана мужчины.
«О-о, это мой!» воскликнула женщина.
«Возьмите свой телефон, мадам,» сказал Фрэнк отдавая его ей.
«Разрешите, сэр?» спросил Фрэнк и снова опустил руку в карман мужчины. Он извлёк другой телефон, потом еще один.
«Они тоже не Ваши?» спросил Фрэнк человека.
Человек помотал головой, глядя в сторону.
«Какие странные телефоны!» воскликнул Фрэнк, «Они убегают от своих хозяев и прыгают в карманы этого человека! А теперь они трезвонят в его карманах, не так ли?»
«Да,» сказал человек.
«Знаете, моя работа - защищать людей. И я буду защищать Вас от них. Садитесь в мою машину и я отвезу Вас в такое место, где ни один телефон не сможет прыгнуть в Ваш карман. Мы едем в полицейский участок,» сказал полисмен. Затем он взял человека под руку и отвёл его к полицейской машине.
«Люблю глупых преступников,» улыбнулся Фрэнк после того, как они доставили вора в полицейский участок.
«А приходилось ли Вам встречать умных?» спросил Джозеф.
«Да. Но очень редко,» ответил полисмен, «Потому что умного преступника очень трудно поймать.»

Тем временем два человека зашли в Экспресс Банк. Один из них занял место в очереди. Другой подошёл к кассе и передал какую-то бумажку кассиру. Кассир взял бумажку и прочитал:

«Дорогой сэр,
Это ограбление Экспресс Банка. Отдайте мне все наличные деньги. Если вы этого не сделаете, то я использую своё оружие. Спасибо.
Искренне ваш,
Боб»

robber is arrested

«Я думаю, что смогу помочь Вам,» сказал кассир, тайком нажимая кнопку тревоги, «Но я запер деньги вчера в сейфе. Сейф ещё не открыт. Я пошлю кого-нибудь открыть сейф и принести деньги. Хорошо?»
«Ладно. Но сделайте это быстро!» ответил грабитель.
«Сделать Вам чашку кофе пока деньги укладывают в сумки?»
«Нет, благодарю вас. Только деньги,» ответил грабитель.

Радио полицейской машины П07 заговорило: «Внимание всем патрулям. Мы получили тревогу из Экспресс Банка.»
«П07 принял,» ответил сержант Стрикт. Он нажал газ до упора и машина стремительно тронулась. Когда они подъехали к банку, там ещё не было других полицейских машин.
«Мы сделаем интересный репортаж если зайдём вовнутрь,» сказал Джозеф.
«Вы парни делайте то, что вам надо. А я зайду вовнутрь через заднюю дверь,» сказал сержант Стрикт. Он вытащил свой пистолет и быстро пошёл к задней двери банка. Джозеф и Марк вошли в банк через центральную дверь. Они увидели человека стоящего

возле кассы. Он засунул руку в карман и посмотрел вокруг. Человек, который пришёл с ним, отошёл от очереди к нему.

«Где деньги ?» спросил он Боба.

«Кассир сказал, что их укладывают в сумки,» ответил другой грабитель.

«Я устал ждать!» сказал Джон. Он достал пистолет и направил его на кассира, «Принеси все деньги сейчас-же!» крикнул грабитель кассиру. Затем он прошел в середину помещения и крикнул: «Послушайте все! Это ограбление! Никому не двигаться!» В этот момент кто-то возле кассы двинулся. Грабитель с пистолетом не глядя выстрелили в него. Второй грабитель упал на пол и крикнул: «Джон! Ты глупая обезьяна! Проклятье! Ты подстрелил меня!»

«О-о, Бобик! Я не видел, что это ты!» сказал Джон. В этот момент кассир быстро выбежал.

«Кассир убежал, а деньги сюда ещё не принесли!» крикнул Джон Бобу, «Полиция может скоро приехать! Что будем делать?»

«Возьми что-нибудь тяжёлое, разбей стекло и возьми деньги. Быстро!» крикнул Боб. Джон взял металлический стул и ударил по стеклу кассы. Это было, конечно, не обычное стекло и оно не разбилось. Но стул вернулся рикошетом и ударил грабителя по голове! Он без сознания упал на пол. В эту секунду вбежал сержант Стрикт и быстро одел наручники на грабителей. Он повернулся к Джозефу и Марку.

«Я же говорил! Большинство преступников просто глупцы!» сказал он.

Develop your speaking skill

Questions	Answer variants
a) Who were Mark and Joseph accompanying next day?	a) Mark and Joseph were accompanying sergeant Strict. Mark and Joseph were accompanying the speeder in the blue car.
b) What has happened to the woman?	b) Her mobile telephone has gone. Her aspirin has been stolen.
c) What trick did Frank Strict try?	c) He tried to call the woman's telephone. He tried to call the rescue service.
d) Where was the woman's telephone?	d) It was in a pocket of a man standing in a queue. It was in the woman's pocket.
e) Where did Frank Strict take the man?	e) He took the man to the police station. He took the man to the zoo.

f) Who came into the Express Bank? f) Two robbers came there. Mr. Kite came there.

g) What did the cashier press secretly? g) He secretly pressed the alarm button. He secretly pressed the lamp button.

h) What did John point to the cashier? h) He pointed his gun. He pointed his pen.

i) Whom did John shoot? i) He shot Bobby. He shot Frank Strict.

j) Why did John fall to the floor? j) Because he was tired of waiting. Because he was hit with a chair.

k) Who put handcuffs on the criminals? k) Frank. Cashier.

Time to play!

Время поиграть!

Поиграйте в следующие диалоговые игры:

☺ Guess a profession! Угадай профессию! Правила игры даются в главе 18

☺ Guess an action! Угадай действие! Правила в главе 25

☺ What thing have I moved? Какой предмет я передвинул? Правила игры даются в главе 26

Закрепление правил

Упражнение 64 к правилу 51:
Измените Continuous Active на Continuous Passive, употребляя в качестве подлежащего предмет, над которым выполняется действие.

a) I am cleaning the table. a) The table is being cleaned by me.

b) Mary is drinking the tea.	b) The tea is being drunk by Mary.
c) Dennis is writing the story.	c) The story is being ....
d) Is Joseph reading Dennis's story?	d) ....
e) The woman was not using the telephone.	e) ....
f) Were the guys washing the truck?	f) ....
g) They were not washing the truck.	g) ....
h) Was she cooking soup?	h) ....
i) She was not cooking soup.	i) ....
j) She was making coffee.	j) ....

Упражнение 65 к правилу 52:
Измените Present Perfect Active на Present Perfect Passive, употребляя в качестве подлежащего предмет, над которым выполняется действие.

a) I have cleaned the table.	a) The table has been cleaned by me.

b)	Has Dennis written this story?	b)	Has the story been written by Dennis?
c)	Mary has drunk this cup of tea.	c)	This cup of tea has been drunk….. …………………………………………
d)	Has Joseph read Dennis's story?	d)	………………………………………… …………………………………………
e)	Has the cat seen the dog?	e)	………………………………………… …………………………………………
f)	Have they washed the truck?	f)	………………………………………… …………………………………………
g)	They have not washed the truck.	g)	………………………………………… …………………………………………
h)	Has she cooked soup?	h)	………………………………………… …………………………………………
i)	She has not cooked soup.	i)	………………………………………… …………………………………………
j)	She has made this coffee.	j)	………………………………………… …………………………………………

Упражнение 66 к правилу 53:
Измените Past Perfect Active на Past Perfect Passive, употребляя в качестве подлежащего предмет, над которым выполняется действие.

a)	I had cleaned the table before she came.	a)	The table had been cleaned by me before she came.

b)	Dennis telephoned Mr. Fox after he had finished the story.	b)	Dennis telephoned Mr. Fox after the story had been finished by him.
c)	Mary came into the room and saw that mother had cooked soup.	c)	Mary came into the room and saw that soup ....
d)	Had Joseph read the story by the time Dennis came back?	d)	....
e)	The cat ran away after the dog had drunk all the water.	e)	....
f)	The truck floated away after the guys had washed it.	f)	....
g)	Dennis came to Linda and saw that she had cooked some soup.	g)	....
h)	Had she made the coffee before he came?	h)	....
i)	I had finished the work by seven o'clock.	i)	....
j)	She had written the letter by the evening.	j)	....

Музыкальная пауза

Geordie

The House Of The Rising Sun

Дом Восходящего солнца

There is a house in New Orleans	*В Новом Орлеане есть дом*
They call it the Risin' Sun	*Его называют Восходящее солнце*
And it's been the ruin of many a poor boy.	*И это гибель многих бедных мальчиков*
And God, I know I'm one.	*И Боже, я знаю, что я один из них*
Well, my mother was a tailor.	*Что же, моя мама была швея*
She sewed my new blue jeans.	*Она сшила мои новые синие джинсы*
And my father - he was a gamblin' man	*А мой отец - он был игрок на деньги*
There down in New Orleans.	*Там в Новом Орлеане*
And you, Mother, tell your children	*А ты, мама, скажи своим детям*
Not to do what I have done.	*Не делать того, что я наделал*
Not to spend your lives in sin and misery	*Не тратить свои жизни в грехе и несчастии*
In the house of the Risin' sun.	*В доме Восходящего солнца*
Well, I've got one foot on the platform.	*Я стою одной ногой на платформе*
the other foot on the train.	*Другой ногой на поезде*
I'm goin' back to New	*Я собираюсь назад в Новый*

Orleans	*Орлеан*
To wear that ball and chain.	*Носить эти кандалы*

Frequently Asked Questions (FAQ)
Часто Задаваемые Вопросы

Объясните выделенные слова:

1. **I did say**! – *Я же говорил!*

2. **They** call it the Risin' Sun - *Его называют Восходящее солнце*

3. And God, I know I'm **one.** - *И Боже, я знаю, что я один из них*

1. Do ставится между подлежащим и сказуемым для усиления и часто переводится *же.* Например:

I did know it! – *Я же это знал!*
She does study in USA! – *Она же учится в США!*

2. В русском языке мы не употребляем слово *они* в таких предложениях, как:

Говорят, умом Россию не понять.
Говорят, что завтра будет дождь.
Говорят, что этот политик недалёкий.

В английском же в таких предложениях употребляют they. Например:

They say this film is interesting. – *Говорят, этот фильм интересный.*
They say she writes poems. – *Говорят, что она пишет поэмы.*
They say he has a good job. – *Говорят, у него хорошая работа.*

3. Во избежание тавтологии, то есть частого повторения одного и того же слова, в английском применяют one в единственном и ones во множественном числе. Например:

I like these books. I will buy this one. – *Мне нравятся эти книги. Я куплю вот эту.*

I have some apples. Would you like one? – *У меня есть несколько яблок. Хотите?*
I would like some flowers. Show me those ones. – *Я хотел бы несколько цветов. Покажите мне вон те.*

? В чём разница между too и either?

Too [tuː] применяется в утвердительных предложениях, а either ['aiðə] – в отрицательных. Оба эти слова ставятся в конце предложения и переводятся *тоже, также.* Например:

I like apples too. – *Я люблю яблоки тоже.*
I do not like apples either. – *Я не люблю яблоки тоже.*
He lives in Rome too. – *Он живёт в Риме тоже.*
He does not live in Rome either. – *Он не живёт в Риме тоже.*

Words of wisdom
Слова мудрости

Some people think they are generous because they give away free advice. *Некоторые люди думают, что они щедры, потому что дают бесплатные советы.*

Money is a good servant, but a bad master. *Деньги хороший слуга, но плохой повелитель.*

You can drag a horse to water, but you can't make it drink. *Ты можешь притащить лошадь к воде, но ты не можешь заставить её пить.*

Proverbs and sayings
Пословицы и поговорки

To live from hand to mouth.
Жить из руки да в рот (что заработал, то и съел). Жить впроголодь. Еле сводить концы с концами

To lay by for a rainy day.
Откладывать на дождливый день. Отложить про черный день

To know what is what.
Знать что и как. Знать что к чему.

Jokes
Шутки

Dad: I do not understand your poor History grades. I always did well in History when I was a pupil.

Папа: Я не понимаю твои низкие оценки по истории. Я всегда хорошо отвечал историю, когда был учеником.

Fred: Dad, there is a lot more History now than when you were a schoolboy.

Фред: Папа, сейчас намного больше истории, чем когда ты был школьником.

Mother: What was the first thing you learned in class?
Daughter: How to talk without moving my lips!

Мама: Что было первым, что ты выучила в классе?

Дочь: Как разговаривать не шевеля губами!

Father: Did you see Father Christmas this year, son?
Son: No, it was too dark to see him. But I heard what he said when he stubbed his foot on the edge of my bed.

Папа: Ты видел деда Мороза в этом году, сынок?

Сын: Нет, было слишком темно чтобы увидеть его. Но я слышал что он сказал, когда ударился ногой о край моей кровати.

My girlfriend walked into a shop to buy curtains.
She went up to the salesman and said, "I want those curtains in pink, the size of my computer screen."
The salesman said, "Computers do not need curtains."
My girlfriend said, "Hellooo, I have windows!"

Моя девушка зашла в магазин, чтобы купить шторы.

Она подошла к продавцу и сказала, «Я хочу такие шторы розового цвета, размером как экран монитора.»
Продавец сказал, «Компьютерам не нужны шторы.»
Моя девушка сказала, «Привееет, у меня есть окна!»

Пользователи компьютера могут пройти занятия с автором книги в режиме on-line, а также использовать видеоуроки и другие ресурсы, имеющиеся на вебстранице «Английской практики».
Добро пожаловать на www.vadim-zubakhin.donetsk.ua

Chapter 29
Глава 29

FLEX and Au pair
ФЛЕКС и апэр

Для непринуждённого и результативного обучения пользуйтесь планировщиком, расположенным в начале книги.

54

Сокращённая форма обычно применяется в разговорном английском. Например:

I'm - I am, you've - you have, didn't - did not

Эти сокращенные формы используются также в неофициальном письменном английском, как, например, в письмах друзьям, в художественных книгах. Когда мы записываем сокращенные формы, то используем апостроф (') для пропущенных букв или буквы. Вот сокращенные формы вспомогательных глаголов am, is, are, have, has, had, will, shall, would:

’m = am, например I'm
’s = is или has, например he's, she's, it's
’re = are, например you're, we're, they're
’ll = will или shall,
например I'll, he'll, she'll, it'll, you'll, we'll

’d = would или had, например I'd, he'd, she'd, you'd, we'd
’s может быть is или has, например:
He's ill. = He is ill.
He's gone away. = He has gone away.

Некоторые из этих сокращённых форм применяются после вопросительных слов who/what/how и других и после that/there/here. Например:

who's what's where's that's there's
who'll what'll when's that'll there'll
who'd how's here's

Who's that woman? = Who is that woman? *- Кто эта женщина?*
What's happened? = What has happened? *- Что случилось?*

Иногда сокращённые формы используются после существительного:

Mark’s playing tennis now. = Mark is playing tennis now. - *Марк сейчас играет в теннис.*

Нельзя употреблять сокращённые формы в конце предложения. Например:

Yes, I am. *но не* Yes, I'm.
Do you know where Dennis is? *но не* Do you know where Dennis's?

Сокращенные формы глаголов и not:

isn't = is not, haven't = have not, wouldn't = would not
aren't = are not, hasn't = has not, shouldn't = should not
wasn't = was not, hadn't = had not, mightn't = might not
weren't = were not, can't = cannot, mustn't = must not
don't = do not, couldn't = could not, needn't = need not
doesn't = does not, won't = will not

didn't = did not, shan't = shall not

Сокращать также можно двумя способами. Например:

he's not или he isn't
she's not или she isn't
it's not или it isn't
you're not или you aren't
we're not или we aren't
they're not или they aren't

55

Have got имеет то же значение, что и have. В Великобритании в разговоре have got применяется гораздо чаще, чем have.

Утвердительное предложение:
I have got a bike. = I have a bike.
Вопросительное:
Has he got a bike? = Does he have a bike? = Has he a bike?
Отрицательное:
He has not got a bike. = He does not have a bike. = He has not a bike.

Have got не применяется в прошедшем времени.

Words

1. agreement [ə'griːmənt] - *соглашение, договор*
2. Alice ['ælis] - *Алиса (имя)*
3. also ['ɔːlsəu] - *также, тоже*
4. au pair [ˌəu'pɛə] - *апэр*
5. called [kɔːld] - *позвонил*
6. change [tʃeindʒ] - *менять, изменение*
7. chose [ʃəuz] - *выбрал*
8. competition [ˌkɔmpə'tiʃ(ə)n] – *конкурс, соревнование*
9. country ['kʌntri] - *страна; сельская местность*
10. course [kɔːs] - *курс*
11. date [deit] – *дата; свидание*
12. daughter ['dɔːtə] - *дочь*

13. elder ['eldə] – *старший*
14. e-mail ['i:meil] - *электронная почта*
15. Eurasia [juə'reiʒə] - *Евразия*
16. FLEX - *ФЛЕКС (аббревиатура, см. FAQ)*
17. hope [həup] - *надежда, надеяться*
18. host [həust] - *принимающий гостей, хозяин*
19. Internet site - *страница Интернета*
20. join [dʒɔin] - *присоединяться*
21. Kiev ['ki:ev , 'ki:ef] - *Киев*
22. learning ['lə:niŋ] - *обучение*
23. letter ['letə] - *письмо; буква*
24. lived [livd] - *жил*
25. nearest - *ближайший*
26. once [wʌns] - *один раз, однажды*
27. paid [peid] – *платил*
28. participant [pa:'tisipənt] – *участник*
29. passed - *прошёл*
30. person ['pə:s(ə)n] - *человек, персона, личность*
31. possibility [ˌpɔsə'biləti] - *возможность*
32. problem ['prɔbləm] - *проблема*
33. sent [sent] - *послал*
34. servant ['sə:v(ə)nt] - *слуга*
35. since [sin(t)s] - *с (какого-то момента в прошлом), так как*
36. standard ['stændəd] – *стандартный*
37. sunflower ['sʌnflauə] – *подсолнух;* Alice Sunflower – *Алиса Санфлауэр (имя)*
38. Sveta - *Света (имя)*
39. twice [twais] - *дважды*
40. unfair [ʌn'fɛə] - *несправедливый*
41. United States, USA - *США*
42. village ['vilidʒ] - *деревня*
43. visited ['vizitid] - *посетил*
44. written ['rit(ə)n] - *3-я форма глагола* write
45. wrote [rəut] - *писал*

FLEX and Au pair

Mark's sister, brother and parents lived in Ukraine. They lived in Kiev. The sister's name was Sveta. She was twenty years old. She had learned English since she was eleven years old. When Sveta was fifteen years old, she wanted to take part in the program FLEX. FLEX gives the possibility for some high school students from Eurasia to spend a year in the United States, living with a host family and studying in an American school. The program is free. Airplane tickets, living with a family, food, studying at American school are paid by the USA. But by the time when she got the information about the competition date from the Internet site http://www.americancouncilskyiv.org.ua/FLEX/, the competition day had passed.

Then she learned about the program au pair. This program gives its participants the possibility to spend a year or two in another country living with a host family, looking after children and learning at a language course. Since Mark was studying in Sydney, Sveta wrote him an e-mail. She asked him to find a host family for her in Australia. Mark looked through some newspapers and Internet sites with adverts. He found some host families from Australia on http://www.Aupair-World.net/ and on http://www.PlacementAuPair.com/. Then Mark visited an au pair agency in Sydney. He was consulted by a woman. Her name was Alice Sunflower.

a map of the United States

a problem

"My sister is from Ukraine. She would like to be an au pair with an Australian family. Can you help on this matter?" Mark asked Alice.

"I will be glad to help you. We place au pairs with families all over Australia. An au pair is a person who joins a host family to help around the house and look after children. The host family gives the au pair food, a room and pocket money. Pocket money may be from 400 to 600 dollars. The host family must pay for a

a sunflower

language course for the au pair as well," Alice said.

"Are there good and bad families?" Mark asked.

a village street

"There are two problems about choosing a family. First some families think that an au pair is a servant who must do everything in the house including cooking for all family members, cleaning, washing, working in the garden etc. But an au pair is not a servant. An au pair is like an elder daughter or son of the family who helps parents with younger children. To protect their rights au pairs must work out an agreement with the host family. Do not believe it when some au pair agencies or host families say that they use a "standard" agreement. There is no standard agreement. The au pair can change any part of the agreement if it is unfair. Everything that an au pair and host family will do must be written in an agreement.

a letter

The second problem is this: Some families live in small villages where there are no language courses and few places where an au pair can go in free time. In this situation it is necessary to include in the agreement that the host family must pay for two way tickets to the nearest big town when the au pair goes there. It may be once or twice a week."

"I see. My sister would like a family from Sydney. Can you find a good family in this city?" Mark asked.

"Well, there are about twenty families from Sydney now," Alice answered. She telephoned some of them. The host families were glad to have an au pair from Ukraine. Most of the families wanted to get a letter with a photograph from Sveta. Some of them also wanted to telephone her to be sure that she can speak English a little. So Mark gave them her telephone number.

Some host families called Sveta. Then she sent them letters. At last she chose a suitable family and with the help of Alice worked out an agreement with them. The family paid for the ticket from Ukraine to Australia. At last Sveta started for Australia full of hopes and dreams.

ФЛЕКС и апэр

Сестра, брат и родители Марка жили в Украине. Они жили в Киеве. Сестру звали Света. Ей было двадцать лет. Она учила английский с одиннадцати лет. Когда Свете было пятнадцать лет, она захотела принять участие в программе ФЛЕКС. Программа ФЛЕКС даёт возможность некоторым учащимся школ из Евразии провести год в Соединённых Штатах, проживая в семье и обучаясь в американской школе. Программа бесплатна. Авиабилеты, проживание в семье, питание, обучение в американской школе оплачиваются США. Но к тому времени, когда Света получила информацию о дате конкурса со страницы Интернет http://www.americancouncilskyiv.org.ua/FLEX/, день конкурса уже прошёл.

the centre of Kiev

Затем она узнала о программе апэр. Это программа даёт участникам возможность провести год или два в другой стране, проживая в принимающей семье, присматривая за детьми и обучаясь на языковых курсах. Так как Марк учился в Сиднее, Света написала ему письмо. Она попросила его найти для неё принимающую семью в Австралии. Марк просмотрел несколько газет и страниц с объявлениями в Интернете. Он нашёл несколько принимающих семей из Австралии на http://www.Aupair-World.net/ и на http://www.PlacementAuPair.com/ . Затем Марк посетил агентство апэр в Сиднее. Его

a swimming competition

консультировала женщина. Её звали Алиса Санфлауэр.

«Моя сестра из Украины. Она хотела бы быть апэр в австралийской семье. Можете ли Вы помочь в этом?» спросил Марк Алису.

«Я буду рада помочь Вам. Мы размещаем апэр в семьях по всей Австралии. Апэр - это человек, который вливается в принимающую семью, чтобы помогать по дому и присматривать за детьми. Принимающая семья предоставляет апэр питание, комнату и карманные деньги. Карманные деньги могут быть от 400 до 600 долларов. Принимающая семья должна заплатить также за языковый курс для апэр,» рассказала Алиса.

«Бывают ли хорошие и плохие семьи?» спросил Марк.

«Есть две проблемы при выборе семьи. Во-первых, некоторые семьи считают, что апэр - это служанка, которая должна делать всё по дому, включая готовку еды для всех членов семьи, уборку, стирку, работу в саду и так далее. Но апэр - это не слуга. Апэр - это как старшая дочь или сын в семье, который помогает родителям с младшими детьми. Чтобы защитить свои права, апэр должна проработать соглашение с принимающей семьёй. Не верьте, когда некоторые агентства апэр или принимающие семьи говорят, что они используют «стандартное» соглашение. Не бывает стандартных соглашений. Апэр может изменить любую часть соглашения, если она не справедлива. Всё, что апэр и семья будут делать, должно быть записано в соглашении.

Вторая проблема такая - некоторые семьи живут в маленьких деревнях, где нет языковых курсов и мало мест, куда апэр может пойти в своё свободное время. В такой ситуации необходимо включать в соглашение, что принимающая семья должна оплачивать билеты до ближайшего большого города и обратно, когда апэр едет туда. Это может быть раз или два раза в неделю.»

«Понятно. Моя сестра хотела бы семью из Сиднея. Можете ли Вы найти хорошую семью в этом городе?» спросил Марк.

«Ну что же, сейчас есть около двадцати семей из Сиднея,» ответила Алиса. Она позвонила нескольким из них. Принимающие семьи были рады иметь апэр из Украины. Большинство семей хотели бы получить от Светы письмо с фотографией. Некоторые из них хотели бы также позвонить ей, чтобы убедиться, что она может немного говорить по-английски. Поэтому Марк дал им её номер телефона.

Несколько принимающих семей позвонили Свете. Затем она отправила им письма. Наконец она выбрала подходящую семью и с помощью Алисы проработала с ней соглашение. Семья заплатила за билет из Украины в Австралию. Наконец Света полная мечтаний и надежд отправилась в Австралию.

a country road

Develop your speaking skill

Questions	Answer variants
a) Whose sister is Sveta?	a) She is Mark's sister. She is Dennis's sister.
b) Since when did Sveta learn English?	b) Since she was eleven years old. Since she was fifteen years old.
c) How much does it cost to take part in FLEX?	c) It costs about two thousand dollars. It is free.
d) Who pays for tickets, living in the family, food, learning?	d) The host family. The USA.
e) What is au pair?	e) Au pair is a language program. Au pair is a job program.
f) Who is Alice Sunflower?	f) She is an au pair agency consultant. She is a police officer.
g) Who must pay for a language course?	g) The host family must pay for it. The au pair must pay for it.
h) Are there good and bad families?	h) All families are bad. They are different.
i) Is an au pair a servant?	i) An au pair is not a servant. An au pair is a servant.
j) Can an au pair change any part of an agreement?	j) Yes, she can. No, she cannot.

Time to play!

Время поиграть!

Поиграйте в следующие диалоговые игры:

☺ Guess a profession! Угадай профессию! Правила игры даются в главе 18

☺ Guess an action! Угадай действие! Правила игры даются в главе 25

☺ What thing have I moved? Какой предмет я передвинул? Правила игры даются в главе 26

Закрепление правил

Упражнение 67 к правилу 54:
Расшифруйте сокращение, где необходимо, и переведите на русский язык.

a) She's going home by taxi.	a) She is going home by taxi. *Она едет домой на такси.*
b) She's gone home by taxi.	b) She has gone home by taxi. *Она уехала домой на такси.*
c) She goes home by taxi.	c) ....
d) The truck's swimming to the place of ceremony.	d) ....
e) The truck's swum to the place of ceremony.	e) ....
f) There's an apple on the table.	f) ....

g) Who's this woman?	g) ....
h) Who's speaking on the telephone?	h) ....
i) Who's taken the book?	i) ....
j) She can't swim well.	j) ....

Упражнение 68 к правилу 55:
Переведите на английский язык употребляя have got. Старайтесь сокращать.

a) У тебя есть друг?	a) Have you got a friend?
b) У меня нет друга.	b) I haven't got a friend.
c) У меня есть кот.	c) I have got ....
d) У неё есть книги?	d) ....
e) У неё нет книг.	e) ....
f) У неё есть телефон.	f) ....
g) У них есть машина?	g) ....
h) У них нет машины.	h) ....
i) У них есть дом.	i) ....
j) У меня есть всё, что мне нужно.	j) ....

Музыкальная пауза
Uriah Heep
July morning
Июльское утро

There I was on a July morning looking for love.	*Там, июльским утром я искал любовь*
With the strength of a new day dawning and the beautiful sun.	*С силой рассветающего нового дня и прекрасного солнца*
At the sound of the first bird singing I was leaving for home.	*Со звуками первой поющей птицы я отправился домой*
With the storm and the night behind me and a road of my own.	*Шторм и ночь остались позади и мой собственный путь*
With the day came the resolution	*С днём пришла решимость*
I'll be looking for you.	*Я буду искать тебя*
I was looking for love in the strangest places.	*Я искал любовь в самых странных местах*
There wasn't a stone that I left unturned.	*Не осталось камня, который бы я оставил неперевёрнутым*
I must have tried more than a thousand faces,	*Я должно быть перепробовал больше тысячи лиц*
but not one was aware of the fire that burned	*Но никто не догадывался об огне, что горел*
In my heart,	*В моём сердце,*
In my mind,	*В моём сознании,*
In my soul.	*В моей душе,*
In my heart,	*В моём сердце,*
In my mind,	*В моём сознании,*
In my soul.	*В моей душе*
There I was on a July morning - I was looking for love.	*Там, июльским утром - я искал любовь*

With the strength of a new day dawning and the beautiful sun.	*С силой рассвета нового дня и прекрасного солнца*
At the sound of the first bird singing I was leaving for home.	*Со звуками первой поющей птицы я отправился домой*
With the storm and the night behind me and a road of my own.	*Шторм и ночь остались позади и мой собственный путь*
With the day came the resolution	*С днём пришла решимость*
I'll be looking for you.	*Я буду искать тебя*

Frequently Asked Questions (FAQ)
Часто Задаваемые Вопросы

? Почему в упражнении 67 даётся разный перевод схожих предложений?

She is going home by taxi. *Она едет домой на такси.*	She has gone home by taxi. *Она уехала домой на такси.*

В первом примере применяется продолженный аспект (Continuous Tense), обозначающий процесс (правило 47), а во втором – совершенный аспект (Perfect Tense), обозначающий результат (правило 48).

? But not one **was aware** of the fire - *Но никто не догадывался об огне.* Объясните выделенные слова.

To be aware значит *осознавать, догадываться*. Например:

He is not aware of this situation. – *Он не осознаёт эту ситуацию.*
They are not aware of her plans.- *Они не догадываются о её планах.*

? Где можно подробнее узнать об au pair, FLEX и сертификатах английского языка?

Больше об этих программах можно узнать на вебстранице «Английской практики» *www.vadim-zubakhin.donetsk.ua*

Words of wisdom | Proverbs and sayings

Слова мудрости

The mind forgets, but the heart always remembers. *Ум забывает, но сердце всегда помнит.*

The universe rearranges itself to accommodate your picture of reality. *Мир меняется, чтобы подстроиться к вашему представлению о реальности.*

Time, like a snowflake, disappears while we're trying to decide what to do with it. *Время, как снежинка, исчезает, пока мы пытаемся решить что с ним делать.*

Пословицы и поговорки

To have rats in the attic. *Иметь крыс на чердаке. Винтиков не хватает. Не все дома.*

To have a finger in the pie. *Иметь палец в пироге (быть в чем-либо замешанным). Рыльце в пуху.*

To fit like a glove. *Подходить, словно перчатка. Как по мерке сшито.*

Jokes

Шутки

Teacher: If "can't" is short for "cannot," what is "don't" short for?

Pupil: Doughnut.

Учитель: Если can't - это сокращение от cannot, то сокращением чего является don't? Ученик: Донат (пончик).

Little Johnny wasn't getting good marks in school. One day he surprised the teacher with an announcement.

He tapped her on the shoulder and said, "I don't want to scare you, but my daddy says if I don't start getting better grades...somebody is going to get a spanking!"

Маленький Джонни не получал хороших оценок в школе. Однажды он удивил учительницу одним сообщением.

Он постучал её по плечу и сказал, «Я не хочу пугать Вас, но мой папа говорит, что если я не начну получать хорошие отметки... кто-то получит нагоняй!»

Fred: Mom, I don't want to go to school today.

Mom: Why? Have you got a

Фред: Мам, я не хочу идти в школу сегодня.

Мама: Почему? У тебя болит

stomachache? *живот?*
Fred: No. *Фред: Нет.*
Mom: Have you got a headache? *Мама: У тебя болит голова?*
Fred: No. *Фред: Нет.*
Mom: Have you got a sore throat? *Мама: У тебя воспалённое горло?*
Fred: No. *Фред: Нет.*
Mom: What have you got? *Мама: Что же у тебя?*
Fred: A test in History. *Фред: Контрольная по истории.*

Joe: Did you get many Christmas presents? *Джоу: Ты получил много рождественских подарков?*
Jack: I sure did. A lot more than my four brothers. *Джек: Конечно. Намного больше, чем мои четыре брата.*
Joe: Why was that? *Джоу: Почему так?*
Jack: On Christmas morning I got up two hours before them. *Джек: Рождественским утром я встал на два часа раньше них.*

Пользователи компьютера могут пройти занятия с автором книги в режиме on-line, а также использовать видеоуроки и другие ресурсы, имеющиеся на вебстранице «Английской практики».
Добро пожаловать на www.vadim-zubakhin.donetsk.ua

Appendix 1 Приложение 1

Таблица грамматических аспектов (времён)

Грамматическое время в этом учебнике называется аспектом. Имеется три аспекта:

- простой (неопределённый) аспект - Simple (Indefinite) Tense (правила 10, 31, 35, 36, 46)
- продолженный (прогрессивный) аспект – Continuous (Progressive) Tense (правило 47)
- совершенный аспект - Perfect Tense (правила 48, 49)

Обозначения: + - утвердительное предложение, ? - вопросительное, - - отрицательное, Ving – глагол с –ing, V3 – глагол в третьей форме

Аспект Время	Простой аспект (неопределённый) Simple (Indefinite) Tense Do/does, shall/will, did	Продолженный аспект, Continuous (Progressive) Tense (указывается время выполнения процесса) To be + Ving	Совершенный аспект Perfect Tense Have/has + V3 (Present Perfect) Had + V3 (Past Perfect)
настоящее	Применяется для действий повторяющихся периодически (часто, редко, ежедневно, иногда, регулярно, всегда, никогда): + I live in England. ? Do you live in Oxford? - I do not live in Oxford. + He works on a farm. ? Does he wash trucks? - He does not wash trucks. Do/does не применяется с can, may, must, be, have: + I can play tennis. ? Can you play well? - I cannot play well. + She is a doctor.	Применяется для действий-процессов происходящих во время разговора: + I am reading. ? Are you reading a book? - I am not reading a book. + They are playing. ? Are they playing tennis? - They are not playing tennis. Глаголы чувств (любить, полагать, верить и т.п.), а также be и have во всех временах употребляются не в продолженном, а в простом аспекте:	Применяется для действий актуальных в момент разговора: а) налицо имеется результат действия: + I have cleaned the cups. ? Have you cleaned the plates too? - I have not cleaned the plates. б) действие или период времени начался в прошлом и всё ещё продолжается: + I have lived in Donetsk for five years. ? Have you lived in a flat? - I have not lived in a flat. + I have drunk two cups

	? Is she a dentist? - She is not a dentist.	I hate working. ~~I am hating working.~~	of coffee today. ? Have you drunk tea today? - I have not drunk tea today.
будущее	Применяется для действий решение о которых принимаются во время разговора: + Her box is big. I will help her. ? Will you help me too? - I will not help you. + I think I will be a doctor. ? Will you be a dentist? - I will not be a dentist. Для запланированных действий применяется продолженный или простой аспект в настоящем времени. Смотри FAQ в главе 25	Применяется для действий-процессов, которые будут происходить в будущем: + I will be reading in the evening. ? Will you be reading a book? - I will not be reading a book. + They will be playing at 2.30. ? Will they be playing tennis? - They will not be playing tennis.	Применяется для действий, которые будут закончены или выполнены к определённому времени в будущем: + I will have finished this work by Friday. ? Will you have finished it by Friday morning. - I will not have finished it by morning. I will have finished it by evening
прошедшее	Применяется для действий совершённых в прошлом, о которых говорится как о фактах: + I worked on Sunday. ? Did you wash trucks? - I did not wash trucks. Did не применяется с can, may, must, be, have, will, shall: + I could speak German. ? Could you speak well? - I could not speak well. + I was a doctor. ? Were you a dentist? - I was not a dentist.	Применяется для действий, происходивших в прошлом, о которых говорится как о процессах: + I was reading in the evening. ? Were you reading a book? - I was not reading a book. + They were playing at 2.30. ? Were they playing tennis? - They were not playing tennis.	Применяется тогда, когда в прошлом одно действие произошло раньше другого: + Joseph had already washed the truck when Mark came. ? Had Joseph washed the truck when Mark came? - Joseph had not washed the truck when Mark came. Применяется также, когда действие было завершено к определенному моменту в прошлом: + I had finished this work by four o'clock. ? Had you finished this work by four o'clock? - I had not finished this work by four o'clock.

Продолженный и совершенный аспект могут сливаясь образовывать продолженно-совершенный аспект.

Продолженно-совершенный аспект в настоящем времени применяется:

а) чтобы показать результат процесса:

It is cold. It has been raining all night. *Холодно. Всю ночь шёл дождь.*

б) чтобы показать, что процесс начался в прошлом и всё ещё продолжается:

She has been learning English since August. *Она учит английский с августа.*

Продолженно-совершенный аспект в прошедшем времени применяется:

а) чтобы показать выполнение процесса до начала другого действия в прошлом:

It had been raining before it started to snow. *Прежде, чем пошёл снег, шёл дождь.*

Appendix 2 Приложение 2

Таблица неправильных глаголов

1я форма глагола: Неопр. форма Infinitive	Значение	2я форма глагола: Простое прошедшее Past simple	3я форма глагола: Причастие II Past participle
be	быть	was/were	been
bear	нести, рожать	bore	born
beat	бить	beat	beaten
become	становится	became	become
begin	начинать	began	begun
bend	гнуть	bent	bent
bet	держать пари	bet	bet
bid	предлагать цену	bade/bid	bidden/bid
bite	кусаться	bit	bitten
blow	дуть	blew	blown
break	ломать	broke	broken
bring	приносить	brought	brought
build	строить	built	built
burn	гореть, жечь	burnt (burned)	burnt (burned)
burst	взрываться	burst (bursted)	burst (bursted)
buy	покупать	bought	bought
cast	бросать, проводить кастинг	cast	cast
catch	ловить	caught	caught
choose	выбирать	chose	chosen
come	приходить	came	come
cost	стоить	cost	cost
creep	ползти	crept	crept
cut	резать	cut	cut
dare	(по)сметь	durst (dared)	dared
deal	вести дела	dealt	dealt
dig	копать	dug	dug
do	делать	did	done
draw	рисовать, тянуть	drew	drawn

drink	пить	drank	drunk
drive	водить автомобиль	drove	driven
dwell	обитать, останавливаться	dwelt	dwelt
eat	есть	ate	eaten
fall	падать	fell	fallen
feed	кормить	fed	fed
feel	чувствовать	felt	felt
fight	бороться	fought	fought
find	находить	found	found
flee	сбежать	fled	fled
fly	летать	flew	flown
forbid	запрещать	forbade	forbidden
forget	забывать	forgot	forgotten
forgive	простить	forgave	forgiven
freeze	замораживать	froze	frozen
get	получать	got	got (gotten)
give	давать	gave	given
go	идти	went	gone
grind	точить, молоть	ground	ground
grow	расти	grew	grown
hang	висеть	hung	hung
have	иметь	had	had
hear	слышать	heard	heard
hide	прятать	hid	hidden
hit	попадать, ударять	hit	hit
hold	держать	held	held
hurt	причинять боль	hurt	hurt
keep	содержать, поддерживать	kept	kept
know	знать	knew	known
lay	класть, стелить	laid	laid
lead	вести, лидировать	led	led
learn	учиться, узнавать	learnt (learned)	learnt (learned)
leave	покидать, оставлять	left	left
lend	давать в займы	lent	lent
let	позволять	let	let
lie	лежать	lay	lain
light	зажигать, освещать	lit	lit
lose	терять	lost	lost

make	делать, мастерить	made	made
mean	значить	meant	meant
meet	встречать, знакомиться	met	met
mow	косить	mowed	mown
pay	платить	paid	paid
put	класть, ставить	put	put
read	читать	read	read
ride	ездить верхом	rode	ridden
ring	звонить	rang	rung
rise	восходить, подниматься	rose	risen
run	бежать	ran	run
say	сказать	said	said
see	видеть	saw	seen
seek	искать	sought	sought
sell	продавать	sold	sold
send	посылать	sent	sent
set	сажать, устанавливать	set	set
sew	шить	sewed	sewn (sewed)
shake	трясти	shook	shaken
shed	проливать	shed	shed
shine	светить, сиять	shone	shone
shoot	стрелять	shot	shot
show	показывать	showed	shown
shrink	сжиматься	shrank	shrunk
shut	закрывать, затворять	shut	shut
sing	петь	sang	sung
sink	погружаться, опускаться	sank	sunk
sit	сидеть	sat	sat
sleep	спать	slept	slept
slide	скользить	slid	slid
smell	пахнуть, нюхать	smelt	smelt
speak	говорить	spoke	spoken
speed	мчаться	sped (speeded)	sped (speeded)
spell	читать по буквам	spelt (spelled)	spelt (spelled)
spend	тратить, проводить	spent	spent
spill	разлить	spilt (spilled)	spilt (spilled)

spin	крутить, прясть	spun	spun
spit	плевать	spat	spat
split	разделять, раскалывать	split	split
spoil	портить	spoilt (spoiled)	spoilt (spoiled)
spread	развернуть, распространять	spread	spread
spring	прыгать, скакать	sprang	sprung
stand	стоять	stood	stood
steal	воровать	stole	stolen
stick	втыкать, прилепить	stuck	stuck
sting	жалить	stung	stung
stink	вонять	stank	stunk
strike	бастовать, ударять	struck	struck
string	нанизать, натянуть	strung	strung
swear	клясться, ругаться	swore	sworn
sweep	подметать	swept	swept
swim	плавать	swam	swum
swing	качать	swung	swung
take	брать	took	taken
teach	обучать	taught	taught
tear	рвать	tore	torn
tell	рассказывать	told	told
think	думать	thought	thought
throw	бросать	threw	thrown
thrust	толкнуть, сунуть	thrust	thrust
understand	понимать	understood	understood
upset	опрокинуть, расстроиться	upset	upset
wake	будить	woke	woken
wear	носить, одевать	wore	worn
weave	ткать	wove	woven
weep	плакать, запотевать	wept	wept
win	побеждать	won	won
wind	заводить часы, наматывать	wound	wound
write	писать	wrote	written

Appendix 3 Приложение 3

Грамматические символы

Символ	Слово
.	full stop
,	comma
?	question mark
!	exclamation mark
:	colon
;	semi-colon
-	hyphen (dash)
&	ampersand
/	virgule (forward slash)
\	reversed virgule (backward slash)
@	at
#	hash
£	pound symbol
€	euro symbol
$	dollar symbol
'	apostrophe
~	tilde
*	asterisk
´	acute accent
`	grave accent
"	quotation mark
( )	left / right parentheses
[ ]	left / right square bracket
{ }	left / right brace
< >	left / right angle bracket

Appendix 4 Приложение 4

«Немые» буквы

«Немые» буквы – это те, которые не произносятся:

e в конце слова lake [leik]

w перед r write [rait]

k перед n knee [ni:]

gh в середине и часто в конце слов – high [hai], straight [streit]

g перед n gnaw [no:]

b перед t debt [det]

b перед m bomb [bom]

В сочетании wh "немой" является буква w, если после сочетания идет буква o - whole [houl]. В остальных случаях "немой" является буква h - why [wai].

Appendix 5 Приложение 5

Английские вывески и объявления

Английское название	Перевод
ATTENTION	внимание
ADMISSION BY TICKET ONLY	вход платный
ADMISSION FREE	вход бесплатный
BARBER'S SHOP	парикмахерская
BEWARE OF CARS!	берегись автомобиля
BEWARE OF THE DOG!	осторожно! злая собака!
BOOKING OFFICE	билетная касса

BOX OFFICE	театральная касса
BUS STOP	остановка автобуса
CAUTION	осторожно!
CAUTION: AUTOMOBILE TRAFFIC	берегись автомобиля
CHEMIST' S	аптека
CINEMA	кинотеатр
CLOSED	закрыто
DANGER!	опасность!
DEPARTMENT STORE	универсальный магазин
DETOUR	объезд
DRUGSTORE	аптека
EMERGENCY EXIT	запасной выход
ENTRANCE	вход
EXIT	выход
FASTEN SAFETY BELTS!	пристегните ремни!
FIRST AID	скорая помощь
FIRST AID POST	медпункт
FIRST FLOOR	второй этаж
GROUND FLOOR	первый этаж
HAIRDRESSER'S	парикмахерская
HOTEL	гостиница
HOURS: ...TO...	часы работы: с...по...
INFORMATION	справочное бюро
INQUIRY OFFICE	справочное бюро
KEEP OFF THE GRASS!	по газонам не ходить!
LOOK OUT!	внимание!

MEN	для мужчин
MOVIE THEATRE	кинотеатр
NO ADMISSION	вход запрещён
NO ENTRY	проход (вход) запрещён
NO PARKING	стоянка запрещена
NO PHOTOGRAPHING	фотографировать запрещено
NO SMOKING	не курить
NO STOPPING	стоянка запрещена
NO SWIMMING	купаться запрещено
OFF	выключено
ON	включено
ON SALE	имеется в продаже
OPEN	открыто
PARKING	стоянка
POST OFFICE	почта
PRIVATE BEACH	частный пляж
PRIVATE PROPERTY	частная собственность
PULL	к себе
PUSH	от себя
RESERVE	забронировано
REST ROOMS	комната отдыха, туалет
ROAD CLOSED	проезд закрыт
SECOND FLOOR	третий этаж
SERVICE ENTRANCE	служебный вход
SMOKING AREA	место для курения

SMOKING SECTION	место для курения
STOP! DON'T WALK	стойте
TAKEN	занято
TICKET-MACHINES	кассы-автоматы
TRAM STOP	трамвайная остановка
WALK!	идите!
WARNING!	внимание!
WC	туалет
WOMEN	для женщин
WET PAINT	осторожно! окрашено!

Ключи к упражнениям

Упражнение 1 к правилу 2

a) these books
эти книги

b) that pen
та ручка

c) this park
этот парк

d) those shops
те магазины

e) those/these streets
эти/те улицы

f) this/that notebook
эта/та тетрадь

g) this/that dog
эта/та собака

h) those/these bikes
эти/те велосипеды

i) those/these eyes
эти/те глаза

j) this/that star
эта/та звезда

k) those/these rooms
эти/те комнаты

l) this/that window
это/то окно

Упражнение 2 к правилу 2

a) these books эти книги

b) that pen та ручка

c) this street эта улица

d) that shop тот магазин

e) those women те женщины

f) these bikes эти велосипеды

g) this park этот парк

h) these children эти дети

i) this star эта звезда

j) those dogs те собаки

k) that cat та кошка

l) these beds эти кровати

Упражнение 3 к правилу 1

a) This student has a bike. У этого студента есть велосипед.

b) This student has a notebook. У этого студента есть тетрадь.

c) Mark has a dog. Марк имеет собаку.

d) That hotel has big rooms. Эта гостиница имеет большие комнаты.

e) I have a pen. Я имею ручку.

f) He has a dog. Он имеет собаку.

g) Sydney has many parks. Сидней имеет много парков.

h) Dennis has a cat. Деннис имеет кошку.

Упражнение 4 к правилам 1 и 2

a) I have a book.
b) He has a dog.
c) I have pens.
d) He has a cat.
e) Mark has a cat.
f) Dennis has a dream.
g) Joseph has a bike.
h) Those students have notebooks.
i) That room has many windows.
j) Sydney has many parks.

Упражнение 5 к правилу 3

a) I am a student. Я есть студент.
b) I am in Sydney. Я есть в Сиднее.
c) You are Australian. Ты есть австралиец.
d) You are not a student. Ты не студент.
e) You are in a supermarket. Ты в супермаркете.
f) I am in the room. Я в комнате.
g) He is not in the room. Он не в комнате.
h) He is in a shop. Он в магазине.
i) She is a student. Она студентка.
j) She is in Sydney. Она в Сиднее.
k) They are from Ukraine. Они из Украины.
l) They are in Sydney now. Они в Сиднее сейчас.
m) We are not Americans. Мы не американцы.
n) We are in the room. Мы в комнате.

Упражнение 6 к правилу 3

a) They are hungry. Они голодные.
b) This is Mark. Это Марк.
c) Mark is a student. Марк студент.
d) Sydney is in Australia. Сидней находится в Австралии.
e) Sydney is a big city. Сидней большой город.
f) Mark and Dennis are students. Марк и Деннис студенты.
g) They are in a supermarket now. Они в супермаркете сейчас.
h) This is Linda. Это Линда.
i) Linda is Australian. Линда австралийка.
j) She is not a student. Она не студентка.
k) I am a student. Я студент.
l) I am Ukrainian. Я украинец.
m) I am in Sydney now. Я сейчас в Сиднее.
n) You are a student. Ты студент.
o) You are American. Ты американец.
p) You are in Australia now. Ты в Австралии сейчас.

Упражнение 7 к правилу 4

a) I have a book. У меня есть книга. The book is new. (Эта) книга новая.

b) These are pens. Это авторучки. The pens are red. (Эти) авторучки красные.

c) She has a dog. Она имеет собаку. The dog is big. Собака большая.

d) This is a student. Это студент. The student is in a café. Студент в кафе.

e) These are shops. Это магазины. The shops are big. Магазины большие.

f) This is a bike. Это велосипед. The bike is blue. Велосипед синий.

g) I have a cat. У меня есть кошка. The cat is little. Кошка маленькая.

Упражнение 8 к правилу 4

a) This is a dog. The dog is black.

b) These are new shops. The shops are not big.

c) He has a notebook. The notebook is red.

d) She has a cat. The cat is big.

e) This is a bike. The bike is black.

f) This is a park. The park is big.

Упражнение 9 к правилу 5

a) Is this a dog? Это собака?

b) Is the dog black? Собака чёрная?

c) Are these shops big? Эти магазины ?

d) Has he a bike? У него есть велосипед?

e) Is the bike blue? Велосипед синий?

f) Is Mark a student? Марк студент?

g) Is he in Sydney? Он в Сиднее?

h) Is Sydney a big city? Сидней большой город?

i) Is Sydney in Australia? Сидней в Австралии?

j) Is Linda Australian? Линда австралийка?

Упражнение 10 к правилу 5

a) Велосипеды синие?
b) У него есть велосипед?
c) Магазин большой?
d) У Линды есть тетрадь?
e) Это собака?
f) У Марка есть ручка?
g) Сидней маленький город?
h) У Линды есть книга?
i) Сидней в Австралии?
j) Они голодные?

a) Are the bikes blue?
b) Has he a bike?
c) Is the shop big?
d) Has Linda a notebook?
e) Is this a dog?
f) Has Mark a pen?
g) Is Sydney a small city?
h) Has Linda a book?
i) Is Sydney in Australia?
j) Are they hungry?

Упражнение 11 к правилу 5

a) This is a book.
Это книга.
b) These bikes are black.
Эти велосипеды чёрные.
c) He has a bike.
У него есть велосипед.
d) These shops are big.
Эти магазины большие.
e) This bike is blue.
Этот велосипед синий.
f) Mark has a book.
У Марка есть книга.
g) He is in Sydney.
Он в Сиднее.
h) Sydney is a big city.
Сидней большой город.
i) They have pens.

a) This is not a book.
Это не книга.
b) These bikes are not black.
Эти велосипеды не чёрные.
c) He has not a bike.
У него нет велосипеда.
d) These shops are not big.
Эти магазины не большие.
e) This bike is not blue.
Этот велосипед не синий.
f) Mark has not a book.
У Марка нет книги.
g) He is not in Sydney.
Он не в Сиднее.
h) Sydney is not a big city.
Сидней не большой город.
i) They have not pens.

У них есть ручки.
j) Linda has a dream.
У Линды есть мечта.

У них нет ручек.
j) Linda has not a dream.
У Линды нет мечты.

Упражнение 12 к правилу 5

a)	У меня нет ручки.	a)	I have not a pen.
b)	Она не в Автсралии.	b)	She is not in Australia.
c)	У этих студентов нет книг.	c)	These students have not books.
d)	Эта собака не большая.	d)	This dog is not big.
e)	Эта комната не имеет окон.	e)	This room has not windows.
f)	Сидней не маленький город.	f)	Sydney is not a little city.
g)	Линда не украинка.	g)	Linda is not Ukrainian.
h)	Она не студентка.	h)	She is not a student.
i)	Марк не австралиец.	i)	Mark is not Australian.
j)	У него нет тетради.	j)	He has not a notebook.

Упражнение 13 к правилу 6

~~big~~ new little ~~red~~ blue ~~nice~~ hungry black nice green

a)	Это окно большое.	a)	This window is big.
b)	У него милая сестра.	b)	He has a nice sister.
c)	У неё красная ручка.	c)	She has a red pen.
d)	Эти велосипеды синие.	d)	These bikes are blue.
e)	Эта собака маленькая.	e)	This dog is little.
f)	Эта гостиница новая.	f)	This hotel is new.
g)	У неё зелёные глаза.	g)	She has green eyes.
h)	У студентов чёрные тетради.	h)	The students have black notebooks.
i)	Я голодна.	i)	I am hungry.
j)	Этот город красивый.	j)	This city is nice.

Упражнение 14 к правилу 7

a)	Это собака. Она большая.	a)	This is a dog. It is big.
b)	Это магазин. Он не новый.	b)	This is a shop. It is not new.

c) Это ручка. Она чёрная.

d) Это велосипед. Он красный.

e) Сидней в Австралии. Это большой город.

f) Это комната. Она не маленькая.

g) Это кот. Он голоден.

c) This is a pen. It is black.

d) This is a bike. It is red.

e) Sydney is in Australia. It is a big city.

f) This is a room. It is not little.

g) This is a cat. It is hungry.

Упражнение 15 к правилу 8

a) She can help. Она может помочь.

b) We must learn English.. Мы должны учить английский.

c) They can play tennis. Они умеют играть в теннис.

d) You can write English. Ты умеешь писать по-английски.

e) He can read. Он умеет читать.

f) I must go to the bank. Я должен идти в банк.

g) I must take the notebooks. Я должен взять тетради.

h) He can place the book on her bed. Он может положить книгу на её кровать.

i) She must go to the hotel. Она должна идти в гостиницу.

j) You must learn English. Ты должен учить английский.

a) Can she help? Может ли она помочь?

b) Must we learn English? Должны ли мы учить английский?

c) Can they play tennis? Умеют ли они играть в теннис?

d) Can you write English? Умеешь ли ты писать по-английски?

e) Can he read? Умеет ли он читать?

f) Must I go to the bank? Должен ли я идти в банк?

g) Must I take the notebooks? Должен ли я взять тетради?

h) Can he place the book on her bed? Может ли он положить книгу на её кровать?

i) Must she go to the hotel? Должна ли она идти в гостиницу?

j) Must you learn English? Должен ли ты учить английский?

Упражнение 16 к правилу 8

a) She can help.

b) We must learn English.

c) They can play tennis.

d) You can write English.

e) I can read English.

a) She cannot help.

b) We need not learn English.

c) They cannot play tennis.

d) You cannot write English.

e) I cannot read English.

f)	She must go to the bank.	f)	She need not go to the bank.
g)	You must take the notebooks.	g)	You need not take the notebooks.
h)	He can place the book on her bed.	h)	He cannot place the book on her bed.
i)	She must go to the hotel.	i)	She need not go to the hotel.
j)	You must learn English.	j)	You need not learn English.

Упражнение 17 к правилу 8

a)	Он не может помочь.	a)	He cannot help.
b)	Должны ли мы учить английский?	b)	Must we learn English?
c)	Я могу играть в теннис.	c)	I can play tennis.
d)	Она умеет говорить по-английски	d)	She can speak English.
e)	Они умеют читать по-английски.	e)	They can read English.
f)	Им не обязательно идти в банк.	f)	They need not go to the bank.
g)	Ему не обязательно брать книги.	g)	He need not take books.
h)	Ты можешь положить книги на её кровать.	h)	You can put the books on her bed.
i)	Он должен идти в гостиницу.	i)	He must go to the hotel.
j)	Мы можем идти в кафе.	j)	We may go to the café.
k)	Тебе нельзя брать эти книги.	k)	You must not take these books.
l)	Мне сейчас нельзя уходить.	l)	I must not go now.

Упражнение 18 к правилу 8

a)	Могу я взять эту ручку?	a)	Can I take this pen?
b)	Можно нам пойти в кафе?	b)	May we go to café?
c)	Можно ему идти в гостиницу?	c)	May he go to the hotel?
d)	Могу я почитать эту газету?	d)	Can I read this book?
e)	Могу я положить книги на кровать?	e)	May I put the books on the bed?

Упражнение 19 к правилу 8

a)	Он, наверное, читает.	a)	He may read.
b)	Они может быть в кафе.	b)	They may be in a café.

c) Она может быть в гостинице.
d) Они, наверное, учатся.
e) Книга может быть на столе.
f) Эта гостиница, наверное, новая.

c) She may be in the hotel.
d) They may study.
e) The book may be on the table.
f) This hotel may be new.

Упражнение 20 к правилу 9

a) Я хочу играть в теннис.
b) Мы хотим пойти в кафе.
c) Они учатся писать.
d) Она умеет говорить по-английски.
e) Ты учишься читать по-английски.
f) Я учусь говорить по-английски.
g) Он должен идти в банк.
h) Она может читать эту книгу.

a) I want to play tennis.
b) We want to go to a cafe.
c) They learn to write.
d) She can speak English.
e) You learn to read English.
f) I learn to speak English.
g) He must go to bank.
h) She may read this book.

Упражнение 21 к правилу 10

a) I play tennis. Я играю в теннис.
b) I learn to read English. Я учусь читать по-английски.
c) I have a CD player. Я имею сиди-плеер.
d) I can speak English. Я умею говорить по-английски.
e) I go to the park. Я хожу в парк.
f) I help Linda. Я помогаю Линде.
g) I read a book. Я читаю книгу.
h) I have a bike. Я имею велосипед.

a) He plays tennis. Он играет в теннис.
b) He learns to read English. Он учится читать по-английски.
c) He has a CD player. Он имеет сиди-плеер.
d) He can speak English. Он умеет говорить по-английски.
e) He goes to the park. Он ходит в парк.
f) He helps Linda. Он помогает Линде.
g) He reads a book. Он читает книгу.
h) He has a bike. Он имеет велосипед.

Упражнение 22 к правилу 11

a) There are many farms in Australia. Есть много ферм в Австралии.
b) There is a hotel in this street. Есть гостиница на этой улице.

a) Are there many farms in Australia? Много ли ферм в Австралии?
b) Is there a hotel in this street? Есть ли гостиница на этой улице?

c) There are some people in the park. Есть несколько людей в парке.

d) There is a bike at the cafe. Возле кафе есть велосипед.

e) There is a bank in this street. На этой улице есть банк.

f) There are some books on the table. Есть несколько книг на столе.

g) There is some furniture in the room. В комнате есть немного мебели.

h) There are two girls in the room. В комнате две девушки.

c) Are there any people in the park? Есть ли люди в парке?

d) Is there a bike at the café? Есть ли велосипед возле кафе?

e) Is there a bank in this street? Есть ли банк на этой улице?

f) Are there any books on the table? Есть ли какие-либо книги на столе?

g) Is there any furniture in the room? Есть ли какая-нибудь мебель в комнате?

h) Are there two girls in the room? В комнате есть две девушки?

Упражнение 23 к правилу 11

a) Возле кафе есть велосипед.
b) На столе нет никаких книг.
c) Есть ли люди в парке?
d) В Сиднее есть много гостиниц.
e) В комнате нет столов.
f) Есть ли на этой улице магазин?
g) В этой комнате есть мебель.
h) На столе нет тетрадей.

a) There is a bike at the cafe.
b) There are no books on the table.
c) Are there people in the park?
d) There are many hotels in Sydney.
e) There are no tables in the room.
f) Is there a shop in this street?
g) There is some furniture in this room.
h) There are no notebooks on the table.

Упражнение 24 к правилу 12

a) Whose book is this? Чья это книга?

b) Whose bikes are these? Чьи это велосипеды?

c) Whose friends are they? Чьи они друзья?

d) Whose dad has a car? Чей папа имеет автомобиль?

e) Whose cat is this? Чья эта кошка?

f) Whose mother is Linda? Чья мама Линда?

a) This is Mark's book. Это книга Марка.

b) These are the students' bikes. Это велосипеды студентов.

c) They are Linda's friends. Они друзья Линды.

d) Dennis's dad has a car. Папа Денниса имеет автомобиль.

e) This is Dennis’s cat. Это кошка Денниса.

f) Linda is Mary’s mother. Линда мама Мэри.

g) Whose rooms are those? Чьи те комнаты?

g) Those are the students' rooms. Те комнаты студентов.

h) Whose CD player is on the bed? Чей сиди-плеер на кровати?

h) Joseph's CD player is on the bed. Джозефа сиди-плеер на кровати.

Упражнение 25 к правилу 12

a) (the colour, this bike, is, nice)

b) (this, is, Joseph, pen)

c) (the windows, the room, are, big)

d) (that, is, Mary, mother)

e) (those, are, notebooks, the students)

f) (they, are, Mark, CDs)

g) (are, they, the students, books?)

h) (they, are, Linda, children)

a) The colour of this bike is nice. У этого велосипеда красивый цвет.

b) This is Joseph's pen. Это ручка Джозефа.

c) The windows of the room are big. Окна комнаты большие.

d) That is Mary's mother. Это мама Мэри.

e) Those are the students' notebooks. То тетради студентов.

f) They are Mark's CDs. Это диски Марка.

g) Are they the students' books? Это книги студентов?

h) They are Linda's children. Это дети Линды.

Упражнение 26 к правилу 13

a) У Марка много друзей.

b) У Джозефа много времени.

c) У Денниса мало книг.

d) У Джорджа мало работы.

e) Марк умеет немного говорить по-английски.

f) У студентов мало времени.

g) У Мэри много чая.

h) У них много тетрадей.

a) Mark has many friends.

b) Joseph has a lot of time.

c) Dennis has few books.

d) Joseph has little work.

e) Mark can speak English a little.

f) The students have little time.

g) Mary has a lot of tea.

h) They have many notebooks.

Упражнение 27 к правилу 14

a) Марк в книжном магазине.

b) На столе металлическая ручка.

c) Я в центре города.

a) Mark is in a book shop.

b) There is a metal pen on the table.

c) I am in the city centre.

d) Джозеф в магазине велосипедов.
d) Joseph is in the bike shop.

e) Студенты в городском парке.
e) The students are in the city park.

f) Мой воскресный завтрак не большой.
f) My Sunday breakfast is not big.

g) На столе кофеварка.
g) There is a coffee maker on the table.

h) У Джозефа есть спортивный велосипед.
h) Joseph has a sport bike.

Упражнение 28 к правилу 15

a) She speaks on TV. Она говорит на телевидении.
a) She is a speaker. Она ведущая.

b) He plans the work. Он планирует работу.
b) He is a planner. Он планировщик.

c) They build houses. Они строят дома.
c) They are builders. Они строители.

d) He drives a taxi. Он водит такси.
d) He is a taxi driver. Он водитель такси.

e) It prints documents. Он печатает документы.
e) It is a printer. Это принтер.

f) They decorate rooms. Они декорируют (украшают) комнаты.
f) They are decorators. Они декораторы.

g) She rides. Она ездит верхом.
g) She is a rider. Она наездница.

h) He teaches students. Он обучает студентов.
h) He is a teacher. Он учитель.

i) She writes books. Она пишет книги.
i) She is a writer. Она писатель.

j) They play tennis. Они играют в теннис.
j) They are tennis players. Они теннисисты.

k) It makes coffee. Это делает кофе.
k) It is a coffee maker. Это кофеварка.

l) It plays CDs. Это проигрывает диски.
l) It is a CD player. Это проигрыватель дисков.

Упражнение 29 к правилам 16 и 17

a) Эта комната больше.
a) This room is bigger.

b) Мэри моложе, чем Джозеф.
b) Mary is younger than Joseph.

c) Она самый младший ребёнок.
c) She is the youngest child.

d) Та гостиница больше.
d) That hotel is bigger.

e) Этот велосипед новее. e) This bike is newer.

f) Тот велосипед самый новый. f) That bike is the newest.

g) Эта книга интереснее. g) This book is more interesting.

h) Тот фильм самый интересный. h) That film is the most interesting.

i) Этот чай лучший. i) This tea is the best.

j) Он играет в теннис хуже. j) He plays tennis worse.

k) Эта кошка красивее. k) This cat is more beautiful.

l) Та гостиница менее красивая. l) That hotel is less beautiful.

m) Эта работа наименее тяжёлая. m) This work is the least hard.

n) Этот кофе хуже. n) This coffee is worse.

o) У него меньше работы. o) He has less work.

Упражнение 30 к правилу 18

a) Возле кафе есть велосипед. a) There is a bike at the cafe.

b) На столе две книги. b) There are two books on the table.

c) Есть ли люди в парке? c) Are there people in the park?

d) Под столом кошка. d) There is a cat under the table.

e) Над столом лампа. e) There is a lamp over the table.

f) Между гостиницей и кафе есть магазин. f) There is a shop between the hotel and the café.

g) Среди этих студентов есть один украинец. g) There is one Ukrainian among these students.

h) Слева находится парк. h) There is a park on the left.

i) Справа находится гостиница. i) There is a hotel on the right.

j) Позади этого кафе находится спортивный магазин. j) There is a sport shop behind this café.

k) Перед кафе находится магазин. k) There is a shop in front of the café.

l) В центре комнаты находится стол. l) There is a table in the middle of the room.

Упражнение 31 к правилу 20

a) Этот велосипед хороший. Я хочу купить его. a) This bike is good. I want to buy it.

b) Книги на столе. Можешь взять их.	b) The books are on the table. You can take them.
c) Покажите мне этот компакт-диск, пожалуйста.	c) Show me this CD, please.
d) Ты можешь спросить её об этой компьютерной программе.	d) You can ask her about this computer program.
e) Я знаю его.	e) I know him.
f) Она спрашивает меня о тебе.	f) She asks me about you.
g) Я хочу поиграть с ней в теннис.	g) I want to play tennis with her.
h) Дайте ему ручку, пожалуйста.	h) Give him a pen, please.
i) Позвони мне сегодня.	i) Telephone me today.
j) Он любит её.	j) He loves her.
k) Линда играет с нами в теннис.	k) Linda plays tennis with us.
l) Я знаю вас.	l) I know you.

Упражнение 32 к правилу 21

a) Возле кафе несколько велосипедов.	a) There are some bikes at the cafe.
b) Я хочу купить несколько компакт-дисков.	b) I want to buy some CDs.
c) Есть ли в коробке чай?	c) Is there any tea in the box?
d) У меня нет тетрадей.	d) I have not notebooks.
e) Есть ли у вас книги о компьютере?	e) Have you any books about computers?
f) Можно немного воды?	f) Can I have some water?
g) Ты можешь взять любую видеокассету.	g) You can take any videocassette.
h) Любой студент знает это.	h) Any student knows it.

Упражнение 33 к правилу 22

a) Возьми этот велосипед.	a) Take this bike.
b) Почитай мне эту книгу.	b) Read me this book.
c) Покажите нам этот компакт-диск, пожалуйста.	c) Show us this CD, please.

d)	Спроси её об этой компьютерной программе.	d)	Ask her about this computer program.
e)	Иди к ней.	e)	Go to her.
f)	Поиграй со мной в теннис.	f)	Play tennis with me.
g)	Дай ему ручку, пожалуйста.	g)	Give him a pen, please.
h)	Позвони мне сегодня.	h)	Telephone me today.
i)	Приходи сегодня ко мне.	i)	Come to me today.
j)	Помоги мне.	j)	Help me.
k)	Дай мне ручку, пожалуйста.	k)	Give me a pen, please.

Упражнение 34 к правилу 23

a)	Она играет в теннис хорошо.	a)	She plays tennis well.
b)	Он очень дружелюбный.	b)	He is very friendly.
c)	Я учу английский ежедневно.	c)	I learn English daily.
d)	Они должны приходить своевременно.	d)	They must come timely.
e)	Она, действительно, из Украины?	e)	Is she really from Ukraine?
f)	Деннис играет в теннис хорошо. Он хороший игрок.	f)	Dennis plays tennis well. He is a good player.

Упражнение 35 к правилу 24

a)	Этот читающий человек - мой друг.	a)	This reading man is my friend.
b)	Линда ходит на работу, разговаривая по телефону.	b)	Linda goes to work speaking on the telephone.
c)	Я знаю этих пишущих студентов.	c)	I know these writing students.
d)	Он пишет, сидя на стуле.	d)	He writes sitting on a chair.
e)	Посмотри на эту прыгающую девочку.	e)	Look at this jumping girl.
f)	Марк разговаривает с Деннисом, не очень хорошо понимая его.	f)	Mark speaks with Dennis understanding him not very well.
g)	Они пьют чай, разговаривая о книгах.	g)	They drink tea speaking about books.

Упражнение 36 к правилу 25

a) Mark goes to Dennis then he goes to a book shop.	a) Марк идёт к Деннису, потом он идёт в книжный магазин.
b) Linda goes speaking on the telephone.	b) Линда идёт, разговаривая по телефону.
c) Dennis takes his CD player then he goes to play tennis.	c) Деннис берёт свой сиди-плеер, потом идёт играть в теннис.
d) Carol, Joseph, Dennis, and Mark play tennis.	d) Кэрол, Джозеф, Деннис и Марк играют в теннис.
e) Mark speaks with Virginia understanding her not very well.	e) Марк разговаривает с Вирджинией, не очень хорошо её понимая.
f) They drink tea speaking about singers.	f) Они пьют чай, разговаривая о певцах.
g) I must buy a notebook, a pen, and a book.	g) Я должен купить тетрадь, ручку и книгу.

Упражнение 37 к правилу 26

a) Go to a book shop. Иди в книжный магазин.	a) Do not go to a book shop. Не иди в книжный магазин
b) Give this cup to Linda. Дай эту чашку Линде.	b) Do not give this cup to Linda. Не давай эту чашку Линде.
c) Take this CD player. Бери этот сиди-плеер.	c) Do not take this CD player. Не бери этот сиди-плеер.
d) Play tennis. Играй в теннис.	d) Do not play tennis. Не играй в теннис.
e) Speak with Virginia. Разговаривай с Вирджинией.	e) Do not speak with Virginia. Не разговаривай с Вирджинией.
f) Drink tea. Пейте чай.	f) Do not drink tea. Не пейте чай.
g) Buy a notebook and a pen. Покупай тетрадь и ручку.	g) Do not buy a notebook and a pen. Не покупай тетрадь и ручку.

Упражнение 38 к правилу 27

a) Я иду в книжный магазин.	a) I go to the book shop.
b) Они идут из парка.	b) They go from the park.
c) Деннис входит в комнату.	c) Dennis comes into the room.
d) Каспер выходит из гостиницы.	d) Kasper goes out of the hotel.

e) Лифт идёт вверх.
f) Мы идём вниз.
g) Лампа над столом.
h) Марк проходит под мостом.
i) Проходите к лифту через этот коридор.
j) Я хочу пройти вокруг озера.
k) Джозеф идет вдоль по улице.
l) Линда переходит через улицу.
m) Каспер проходит мимо зданий.

e) The lift goes up.
f) We go down.
g) The lamp is over the table.
h) Mark goes under the bridge.
i) Go to the lift through this corridor.
j) I want to go round the lake.
k) Joseph goes along the street.
l) Linda crosses the street.
m) Kasper goes past buildings.

Упражнение 39 к правилу 28

a) В комнате жарко.
b) Сегодня понедельник.
c) Холодно.
d) Это так просто!
e) Темно.
f) Трудно понять.
g) Сейчас май.
h) Сегодня воскресенье.
i) Сейчас апрель.
j) Тепло.
k) Говорят, что эта книга хорошая.
l) Говорят сейчас в США холодно.
m) Здесь можно купить еды.
n) Учить английский надо каждый день.
o) Её книги нельзя брать.

a) It is hot in the room.
b) It is Monday today.
c) It is cold today.
d) It is so simple.
e) It is dark.
f) It is hard to understand.
g) It is May now.
h) It is Sunday today.
i) It is April now.
j) It is warm.
k) They say this book is good.
l) They say it is cold in the USA now.
m) One can buy some food here.
n) One must learn English every day.
o) One must not take her books.

Упражнение 40 к правилу 29

a) Пять минут шестого.
b) Без двадцати десять.

a) It is five past five.
b) It is twenty to ten.

c) Десять минут девятого.	c) It is ten past eight.
d) Ровно десять.	d) It is ten sharp.
e) Без пяти четыре.	e) It is five to four.
f) Пол-второго.	f) It is half past one.
g) Ровно три.	g) It is three sharp.
h) Четверть седьмого.	h) It is quarter past six.
i) Без четверти два.	i) It is quarter to two.
j) Без двадцати три.	j) It is twenty to three.

Упражнение 41 к правилам 29-30

a) Автобус отходит через два часа.	a) The bus goes in two hours.
b) Я был в парке три часа назад.	b) I was in the park three hours ago.
c) Увидимся через час!	c) See you in an hour!
d) Фильм начинается через час.	d) The films begins in an hour.
e) Линда была в банке два часа назад.	e) Linda was in the bank two hours ago.
f) Каспер был в гостинице час назад	f) Kasper was in the hotel one hour ago.
g) Приходите через два часа.	g) Come in two hours.

Упражнение 42 к правилу 30

a) Приходи в пять часов.	a) Come at five o'clock.
b) Увидимся в воскресенье!	b) See you on Sunday!
c) День рождения Паши в январе.	c) Pasha's birthday is in January.
d) Автобус прибывает через пять минут.	d) The bus comes in five minutes.
e) Мы идём в парк через два часа.	e) We will go to the park in two hours.
f) Каспер живёт в гостинице два дня.	f) Kasper lives in the hotel for two days.
g) Линда играет в теннис с десяти часов.	g) Linda plays tennis since ten o’clock.
h) Деннис проживает в Сиднее с воскресенья.	h) Dennis lives in Sydney since Sunday.
i) Ждите в холле, пока не придёт Джозеф.	i) Wait in the hall until Joseph comes.

j)	Я хочу поиграть в теннис до семи часов.	j)	I want to play tennis till seven o'clock.
k)	Они хотят поиграть в теннис с пяти до шести часов.	k)	They want to play tennis from five to six o'clock.
l)	Марк читает перед завтраком.	l)	Mark reads before breakfast.
m)	Я хожу в парк после колледжа.	m)	I go to the park after college.
n)	Деннис читает во время завтрака.	n)	Dennis reads during breakfast.
o)	Мэри ждёт пока её мама покупает хлеб.	o)	Mary waits while her mother buys bread.

Упражнение 43 к правилу 31

a)	Я приду к тебе в пять часов.	a)	I will come to you at five o'clock.
b)	Пойдёшь ли ты в парк в воскресенье?	b)	Will you go to the park on Sunday?
c)	Они поедут на автобусе?	c)	Will they go by bus?
d)	Когда они будут играть в теннис?	d)	When will they play tennis?
e)	Пойдёт ли Мэри в зоопарк?	e)	Will Mary go to the zoo?
f)	Будет ли Каспер жить в гостинице два дня?	f)	Will Kasper live in the hotel for two days?
g)	Ты не будешь играть в теннис.	g)	You will not play tennis.
h)	Я не буду читать книгу.	h)	I will not read a book.
i)	Мы не придём.	i)	We will not come.
j)	Я не буду покупать велосипед сегодня.	j)	I will not buy a bike today.
k)	Мы будем пить чай через пять минут.	k)	We will drink tea in five minutes.

Упражнение 44 к правилу 32

a)	Хочешь, поиграем в теннис?	a)	Shall we play tennis?
b)	Хочешь, я почитаю тебе книгу?	b)	Shall I read you a book?
c)	Открыть окно?	c)	Shall I open a window?
d)	Купить кофе?	d)	Shall I buy some coffee?

e)	Сделать чаю?	e)	Shall I make some tea?
f)	Помочь тебе?	f)	Shall I help you?
g)	Пойдём парк в воскресенье?	g)	Shall we go to the park on Sunday?
h)	Показать Вам город?	h)	Shall I show you the city?
i)	Пойдём в зоопарк?	i)	Shall we go to the zoo?
j)	Позвонить тебе вечером?	j)	Shall I telephone you tonight?

Упражнение 45 к правилу 33

a)	Какие ты должен учить английские слова?	a)	What English words must you learn?
b)	Сколько у вас есть свободного времени?	b)	How much free time have you?
c)	Какие у них есть диски и видеокассеты?	c)	What CDs and videocassettes have they?
d)	Какой у него есть чай?	d)	What tea has he?
e)	Какой она должна купить диск?	e)	What CD must she buy?
f)	Сколько у тебя ручек?	f)	How many pens have you?
g)	Сколько в комнате столов?	g)	How many tables are there in the room?
h)	Какую ты будешь читать газету?	h)	What newspaper will you read?
i)	Сколько у тебя будет экзаменов?	i)	How many tests will you have?
j)	Какой у него сегодня экзамен?	j)	What test has he today?

Упражнение 46 к правилу 34

a)	115	a)	One hundred and fifteen
b)	3,743	b)	Three thousand seven hundred and forty-three
c)	756,961	c)	Seven hundred fifty-six thousand nine hundred and sixty-one
d)	45,274,377	d)	Forty-five million two hundred seventy-four thousand three hundred and seventy-seven.
e)	37,466	e)	Thirty seven thousand four hundred and sixty-six.
f)	477,621	f)	Four hundred seventy-seven thousand six hundred and twenty-one
g)	1,000,955	g)	One million nine hundred and fifty-five.
h)	57,003	h)	Fifty seven thousand and three.

i)	4,040	i)	Four thousand and forty.
j)	735	j)	Seven hundred and thirty-five.

Упражнение 47 к правилу 35

a)	I prepare breakfast.	a)	I do not prepare breakfast.
b)	Dennis sits at the table.	b)	Dennis does not sit at the table.
c)	It is very interesting.	c)	It is not very interesting.
d)	It begins at ten o'clock.	d)	It does not begin at ten o'clock.
e)	Mark answers.	e)	Mark does not answer.
f)	We need help.	f)	We do not need help.
g)	He is dressed like you.	g)	He is not dressed like you.
h)	Jack goes to the nearby café.	h)	Jack does not go to the nearby café.
i)	The boys push the stuffed parachutist.	i)	The boys do not push the stuffed parachutist.
j)	The parachutist in red falls inside of the café.	j)	The parachutist in red does not fall inside of the café.
k)	This man in red is Jack.	k)	This man in red is not Jack.
l)	He is well trained.	l)	He is not well trained.
m)	The fire can spread on the furniture.	m)	The fire cannot spread on the furniture.
n)	I must turn the gas off.	n)	I need not turn the gas off.
o)	I understand.	o)	I do not understand.
p)	I am hungry.	p)	I am not hungry.
q)	I want some tea.	q)	I do not want any tea.
r)	The telephone rings.	r)	The telephone does not ring.

Упражнение 48 к правилу 36

a)	They need help.	a)	Do they need help?
b)	He is at home.	b)	Is he at home?
c)	Jack goes to the next café.	c)	Does Jack go to the next café?
d)	The boys push the stuffed parachutist out.	d)	Do the boys push the stuffed parachutist out?
e)	The parachutist in red falls inside of	e)	Does the parachutist in red fall inside

	the café.		of the café?
f)	This man in red is Jack.	f)	Is this man in red Jack?
g)	He is well trained.	g)	Is he well trained?
h)	The fire can spread on the furniture.	h)	Can the fire spread on the furniture?
i)	I must turn the gas off.	i)	Must I turn the gas off?
j)	She understands.	j)	Does she understand?
k)	He is hungry.	k)	Is he hungry?
l)	They want some tea.	l)	Do they want some tea?
m)	The telephone rings.	m)	Does the telephone ring?
n)	Mark shakes.	n)	Does Mark shake?
o)	Joseph goes to a job agency.	o)	Does Joseph go to a job agency?
p)	His name is George Estimator.	p)	Is his name George Estimator?
q)	Mark can listen to George and to music at the same time.	q)	Can Mark listen to George and to music at the same time?
r)	They pay nine dollars per hour.	r)	Do they pay nine dollars per hour?
s)	Saturday and Sunday are free.	s)	Are Saturday and Sunday free?

Упражнение 49 к правилу 37

a)	Это второй урок.	a)	This is the second lesson.
b)	Поднимайтесь на пятый этаж.	b)	Go up to the fifth floor.
c)	Возьмите одиннадцатый ящик.	c)	Take the eleventh box.
d)	Мы встречаемся в первый раз.	d)	We meet the first time.
e)	Положите книги на шестой и на седьмой стол.	e)	Put/place the books on the sixth and seventh table.
f)	Я хочу примерить третью шляпку.	f)	I want to try on the third hat.
g)	Агентство на двадцать втором этаже.	g)	The agency is on the twenty-second floor.
h)	Подойдите в восьмую комнату.	h)	Go to the eighth room.
i)	Опуститесь на четырнадцатый этаж.	i)	Go down to the fourteenth floor.
j)	Сегодня двадцать восьмое января.	j)	It is the twenty eighth of January today.

k)	Сегодня первое июня.	k)	It is the first of June today.

Упражнение 50 к правилу 38

a)	Я хочу купить газет.	a)	I want to get some newspapers.
b)	Как добраться до станции?	b)	How can I get to the station?
c)	Садитесь на автобус номер пять.	c)	Get the bus number five.
d)	Я должен выйти из автомобиля.	d)	I must get out of the car.
e)	Она хочет выйти замуж.	e)	She wants to get married.
f)	Она хочет купить хлеба и чая.	f)	She wants to get some bread and tea.
g)	Как доехать до зоопарка?	g)	How can I get to the zoo?
h)	Садитесь на трамвай номер одиннадцать.	h)	Get on tram number eleven.
i)	Давайте сядем в автомобиль.	i)	Let us get in the car.
j)	Они хотят жениться?	j)	Do they want to get married?
k)	Где можно купить билет?	k)	Where can I get a ticket?

Упражнение 51 к правилу 39

a)	Я люблю читать газеты.	a)	I like reading books.
b)	Мы должны закончить игру в пять часов.	b)	We must finish playing at five o'clock.
c)	Перестаньте разговаривать!	c)	Stop speaking!
d)	Она любит играть в теннис.	d)	She likes playing tennis.
e)	Я обожаю готовить.	e)	I like cooking.
f)	Он ненавидит работать.	f)	He hates working.
g)	Они предлагают пойти домой.	g)	They suggest going home.
h)	Ты не против выпить чашку чая?	h)	Do you mind drinking a cup of tea?
i)	Мы любим пить кофе утром.	i)	We like drinking coffee in morning.
j)	Она предполагает закончить работу вечером.	j)	She suggests finishing work in the evening.
k)	Он не любит ждать.	k)	He does not like waiting.

Упражнение 52 к правилу 40

a)	Ты любишь смотреть фильмы в	a)	Do you like watching films in

	кинотеатре?		cinema?
b)	Кофе я пью перед работой дома.	b)	I drink coffee at home before work.
c)	По воскресеньям мы ходим в зоопарк.	c)	We go to the zoo on Sundays.
d)	По вечерам она ездит в парке на велосипеде.	d)	She rides a bike in the park in the evening.
e)	Давай сейчас поиграем на компьютере.	e)	Let us play computer now.
f)	Я читаю в автобусе книги, когда еду на работу.	f)	I read books in bus when I go to work.
g)	В теннис она играет по субботам в колледже.	g)	She plays tennis at college on Saturdays.
h)	Сейчас я хочу написать письмо своему другу.	h)	I want to write a letter to my friend now.
i)	Свою комнату она убирает два раза в неделю.	i)	She cleans her room two times a week.
j)	Он не любит читать газеты по утрам.	j)	He does not like reading newspapers in mornings.
k)	Сейчас я хочу съесть свой завтрак.	k)	I would like to eat my breakfast now.

Упражнение 53 к правилу 41 и 39

a)	Ты любишь читать газеты? Да.	a)	Do you like reading newspapers? Yes, I do.
b)	Мы должны закончить игру прямо сейчас? Нет.	b)	Must we finish playing right now? No, you must not.
c)	Вы говорите по-английски? Да.	c)	Do you speak English? Yes, I do.
d)	Она любит играть в теннис? Да.	d)	Does she like playing tennis? Yes, she does.
e)	Тебе нравится готовить? Да.	e)	Do you like cooking? Yes, I do.
f)	Он живёт в Австралии? Нет.	f)	Does he live in Australia? No, he does not.
g)	Они хотят пойти домой? Да.	g)	Do they want to go home? Yes, they do.
h)	Ты не против выпить чашку чая? Нет, не против.	h)	Do you mind drinking a cup of tea? No, I do not.
i)	Вы пьёте кофе утром? Да.	i)	Do you drink coffee in the morning? Yes, I do.

j) Они должны закончить работу сегодня? Нет — j) Must they finish the work today? No, they must not.

k) Вы читаете книги? Да. — k) Do you read books? Yes, I do.

Упражнение 54 к правилу 42

a)	Ты любишь смотреть фильмы, не так ли?	a)	You like watching films, don't you?
b)	Кофе она пьёт перед работой дома, не так ли?	b)	She drinks coffee at home before work, doesn't she?
c)	По воскресеньям они ходят в зоопарк, не так ли?	c)	They go to the zoo on Sundays, don't they?
d)	Вечером она ездит в парке на велосипеде, не так ли?	d)	She rides bike in park in evening, doesn't she?
e)	Деннис умеет играть на компьютере, не так ли?	e)	Dennis can play on the computer, can't he?
f)	Она не читает в автобусе, не так ли?	f)	She does not read in the bus, does she?
g)	Ты не умеешь играть в теннис, не так ли?	g)	You cannot play tennis, can you?
h)	Она не хочет писать письма, не так ли?	h)	She does not want to write letters, does she?
i)	Он не убирает свою комнату, не так ли?	i)	He does not clean his room, does he?
j)	Она не любит читать газеты, не так ли?	j)	She does not like reading books, does she?
k)	Они не хотят завтракать, не так ли?	k)	They do not want to have breakfast, do they?

Упражнение 55 к правилу 43

a)	Она никогда не играет в теннис.	a)	She never plays tennis.
b)	Никто из этих студентов не пьёт кофе.	b)	No one from these students drinks coffee.
c)	Они никогда не ходят в парк.	c)	They never go to the park.
d)	Этого никто не может сделать.	d)	Nobody can do it.
e)	Я нигде не могу найти своего кота.	e)	I can find my cat nowhere.
f)	Он никогда не читает в автобусе.	f)	He never reads in the bus.

g)	Никто из моих друзей не умеет играть в теннис.	g)	No one of my friends can play tennis.
h)	На столе ничего нет.	h)	There is nothing on the table.
i)	У меня нет никаких животных.	i)	I have no animals.
j)	У неё ничего нет.	j)	She has nothing.
k)	В этой комнате нет кровати.	k)	There is no bed in this room.

Упражнение 56 к правилу 44

a)	Он всегда усталый.	a)	He is always tired.
b)	Мои друзья редко играют в теннис.	b)	My friends seldom play tennis.
c)	Я никогда не делаю это.	c)	I never do it.
d)	Обычно она гуляет в парке.	d)	She usually walks in the park.
e)	Она также много читает.	e)	She also reads a lot.
f)	Я хочу лишь чашку воды.	f)	I just want a cup of tea.
g)	Эти ребята всегда пьют кофе в этом кафе.	g)	These guys always drink coffee in this café.
h)	Мы редко ходим в парк.	h)	We seldom go to the park.
i)	Марк всё ещё не знает многих английских слов.	i)	Mark still does not know many English words.
j)	Марк и Джозеф оба работают на ферме.	j)	Mark and Joseph both work on the farm.
k)	Обычно я завтракаю дома.	k)	I usually have breakfast at home.

Упражнение 57 к правилу 45

	1-я форма Инфинитив		2-я форма Прошедшее время Past Indefinite		3-я форма Причастие 2 Past Participle
a)	play играть	a)	played играл	a)	played сыгранный
b)	open открыть	b)	opened открыл	b)	opened открытый
c)	ask спрашивать	c)	asked спросил	c)	asked опрошенный

d) cook готовить (еду)	d) cooked готовил	d) cooked приготовленный
e) kiss целовать	e) kissed целовал	e) kissed целованная
f) compose составлять, сочинять	f) composed составлял, сочинял	f) composed составленный, сочинённый
g) develop развивать	g) developed развивал	g) developed развитый
h) produce производить	h) produced производил	h) produced произведённый
i) record записывать	i) recorded записывал	i) recorded записанный
j) remain оставаться (в остатке)	j) remained остался	j) remained оставшийся
k) test тестировать	k) tested тестировал	k) tested протестированный

Упражнение 58 к правилу 45

1-я форма Инфинитив	2-я форма Прошедшее время Past Indefinite	3-я форма Причастие 2 Past Participle
a) buy покупать	a) bought купил	a) bought купленный
b) bring приносить	b) brought принёс	b) brought принесенный
c) drive вести (авто)	c) drove вёл	c) driven ведомый
d) pay платить	d) paid платил	d) paid оплаченный
e) sing петь	e) sang пел	e) sung спетый
f) choose выбирать	f) chose выбрал	f) chosen выбранный
g) understand понимать	g) understood понял	g) understood понятый
h) meet встречать	h) met встретил	h) met встреченный

i) find находить	i) found нашёл	i) found найденный
j) think думать	j) thought думал	j) thought

Упражнение 59 к правилу 46

a) Где Марк работал?	a) Where did Mark work?
b) Вы делали эту работу?	b) Did you do this work?
c) Они играли в теннис?	c) Did they play tennis?
d) Она ходила в парк?	d) Did she go to the park?
e) Он много читал вчера?	e) Did he read much yesterday?
f) Вы пили кофе сегодня утром?	f) Did you drink coffee today morning?
g) Они ходили в кафе?	g) Did they go to a café?
h) Вы ходили в спортивный магазин?	h) Did you go to a sport shop?
i) Она говорила с Вами?	i) Did she speak with you?
j) Они работали на ферме?	j) Did they work on a farm?
k) Вы пили чай дома?	k) Did you drink tea at home?

Упражнение 60 к правилу 47

a) Марк разговаривает с Джозефом.	a) Mark is speaking with Joseph.
b) Деннис сидит за столом?	b) Is Dennis sitting at the table?
c) Мэри сейчас не пьёт чай.	c) Mary is not drinking tea now.
d) Джозеф убирает со стола?	d) Is Joseph cleaning the table?
e) Кошка смотрит на собаку.	e) The cat is looking at the dog.
f) Парни мыли грузовик вчера в три часа?	f) Were the guys washing the truck yesterday at three o’clock?
g) Они не мыли грузовик вчера в три часа.	g) They were not washing the truck yesterday at three o’clock.
h) Птицы плавают по морю.	h) The birds are swimming on the sea.
i) Она говорит по телефону?	i) Is she speaking on the telephone?
j) Миссис Шарп пишет что-то.	j) Miss Sharp is writing something.

k) Утром я не буду играть в теннис.	k) I will not be playing tennis in the morning.
l) Утром я буду работать.	l) I will be working in morning.

Упражнение 61 к правилу 48

a) Я убрал со стола.	a) I have cleaned the table.
b) Деннис написал историю.	b) Dennis has written a story.
c) Мэри выпила чашку чая.	c) Mary has drunk a cup of tea.
d) Джозеф прочитал историю Денниса?	d) Has Joseph read Dennis's story?
e) Кошка убежала от собаки?	e) Has the cat run away from the dog?
f) Парни помыли грузовик?	f) Have the guys washed the truck?
g) Они не помыли грузовик.	g) They have not washed the truck.
h) Она сварила суп?	h) Has she cooked soup?
i) Она не сварила суп.	i) She has not cooked soup.
j) Она сделала кофе.	j) She has made some coffee.
k) Я живу в Украине всю жизнь.	k) I have lived in Ukraine all my life.
l) Они уже два часа играют в теннис.	l) They have played tennis for two hours.

Упражнение 62 к правилу 49

a) Я убрал со стола перед тем, как она пришла.	a) I had cleaned the table before she came.
b) Деннис позвонил мистеру Фоксу, после того, как он закончил историю.	b) Dennis telephoned Mr. Fox after he had written a story.
c) Мэри зашла в комнату и увидела, что мама ушла.	c) Mary came into the room and saw that the mother had gone away.
d) Джозеф прочитал историю Денниса, к тому времени, когда Деннис вернулся?	d) Had Joseph read Dennis's story by the time Dennis came back?
e) Кошка убежала, после того как собака подбежала к ней.	e) The cat ran away after the dog had run to it.
f) Грузовик уплыл после того, как ребята помыли его.	f) The truck floated away after the guys had washed it.
g) Деннис пришел к Линде и увидел, что	g) Dennis came to Linda and saw

она сварила суп.	that she had cooked soup.
h) Она сделала кофе до того, как он пришёл?	h) Had she made coffee before he came?
i) Я закончил работу к семи часам.	i) I had finished the work by seven o'clock.
j) Они закончили играть в теннис к вечеру.	j) They had finished playing tennis by the evening.

Упражнение 63 к правилу 50

a) I clean the table every day.	a) The table is cleaned by me every day.
b) Mary drank all the tea.	b) All the tea was drunk by Mary.
c) Dennis writes many stories.	c) Many stories are written by Dennis.
d) Did Joseph read this story?	d) Was this story read by Joseph?
e) The cat did not see the dog.	e) The dog was not seen by the cat.
f) Do the guys wash the truck?	f) Was the truck washed by the guys?
g) They do not wash the truck.	g) The truck is not washed by them.
h) Did she cook soup?	h) Was soup cooked by her?
i) She cooked no soup.	i) No soup was cooked by her.
j) She made this coffee.	j) This coffee was made by her.

Упражнение 64 к правилу 51

a) I am cleaning the table.	a) The table is being cleaned by me.
b) Mary is drinking the tea.	b) The tea is being drunk by Mary.
c) Dennis is writing the story.	c) The story is being written by Dennis.
d) Is Joseph reading Dennis's story?	d) Is Dennis's story being read by Joseph?
e) The woman was not using the telephone.	e) The telephone was not being used by the woman.
f) Were the guys washing the truck?	f) Was the truck being washed by the guys?
g) They were not washing the truck.	g) The truck was not being washed by the guys.
h) Was she cooking soup?	h) Was soup being cooked by her?
i) She was not cooking soup.	i) Soup was not being cooked by her.
j) She was making coffee.	j) Coffee was being made by her.

Упражнение 65 к правилу 52

a) I have cleaned the table.	a) The table has been cleaned by me.
b) Has Dennis written this story?	b) Has the story been written by Dennis?
c) Mary has drunk this cup of tea.	c) This cup of tea has been drunk by Mary.
d) Has Joseph read Dennis's story?	d) Has Dennis's story been read by Joseph?
e) Has the cat seen the dog?	e) Has the dog been seen by the cat?
f) Have they washed the truck?	f) Has the truck been washed by them?
g) They have not washed the truck.	g) The truck has not been washed by them.
h) Has she cooked soup?	h) Has soup been cooked by her?
i) She has not cooked soup.	i) Soup has not been cooked by her.
j) She has made this coffee.	j) This coffee has been made by her.

Упражнение 66 к правилу 53

a) I had cleaned the table before she came.	a) The table had been cleaned by me before she came.
b) Dennis telephoned Mr. Fox after he had finished the story.	b) Dennis telephoned Mr. Fox after the story had been finished by him.
c) Mary came into the room and saw that mother had cooked soup.	c) Mary came into the room and saw that soup had been cooked by mother.
d) Had Joseph read the story by the time Dennis came back?	d) Had the story been read by Joseph by the time Dennis came back?
e) The cat ran away after the dog had drunk all the water.	e) The cat ran away after all the water had been drunk by the dog.
f) The truck floated away after the guys had washed it.	f) The truck floated away after it had been washed by the guys.
g) Dennis came to Linda and saw that she had cooked some soup.	g) Dennis came to Linda and saw that some soup had been cooked by her.
h) Had she made the coffee before he came?	h) Had the coffee been made by her before he came?
i) I had finished the work by seven o'clock.	i) The work had been finished by me by seven o'clock.

j) She had written the letter by the evening. — j) The letter had been written by her by the evening.

Упражнение 67 к правилу 54

a) She's going home by taxi. — a) She is going home by taxi. Она едет домой на такси.

b) She's gone home by taxi. — b) She has gone home by taxi. Она уехала домой на такси.

c) She goes home by taxi. — c) Она ездит домой на такси.

d) The truck's swimming to the place of ceremony. — d) The truck is swimming to the place of ceremony. Грузовик плывёт к месту церемонии.

e) The truck's swam to the place of ceremony. — e) The truck has swum to the place of ceremony. Грузовик приплыл к месту церемонии.

f) There's an apple on the table. — f) There is an apple on the table. На столе есть яблоко.

g) Who's this woman? — g) Who is this woman? Кто эта женщина?

h) Who's speaking on the telephone? — h) Who is speaking on the telephone? Кто говорит по телефону?

i) Who's taken the book? — i) Who has taken the book? Кто взял книгу?

j) She can't swim well. — j) She cannot swim well. Она не умеет хорошо плавать.

Упражнение 68 к правилу 55

a) У тебя есть друг? — a) Have you got a friend?

b) У меня нет друга. — b) I haven't got a friend.

c) У меня есть кот. — c) I've got a cat.

d) У неё есть книги? — d) Has she got a book?

e) У неё нет книг. — e) She's not got books.

f) У неё есть телефон. — f) She's got a telephone.

g) У них есть машина? — g) Have they got a car?

h) У них нет машины. — h) They've not got a car.

i) У них есть дом. — i) They've got a house.

j) У меня есть всё, что мне нужно.

j) I've got everything I need.

Русско-английский словарь
слов употреблённых в текстах и упражнениях

А а

абсолютный - total ['təut(ə)l]
авария - accident ['æksid(ə)nt]
авиашоу – airshow
австралиец - Australian [ɔs'treiliən]
австралийский - Australian [ɔs'treiliən]
Австралия - Australia [ɔs'treiliə]
автобус - bus [bʌs]
автоответчик - answering machine
авторучка - pen [pen]
агентство - agency ['eidʒənsi]
адрес - address [ə'dres]
адресовать - address [ə'dres]
аккуратно - carefully ['kɛəf(ə)li]
Алиса (имя)- Alice ['ælis]
американец - American [ə'merikən]
американский - American [ə'merikən]
английский язык, английский - English ['iŋgliʃ]
Анжела - Angela ['ændʒelæ]
анкета - questionnaire [kwestʃə'nɛə]
анкета, форма - form [fɔːm]
аптека - pharmacy ['faːməsi]
апэр - au pair [ˌəu'pɛə]
аспирин - aspirin ['æspərin]

Б б

банк - bank [bæŋk]
банка - jar [dʒaː]
бегущий; бег - running ['rʌniŋ]
бедный, несчастный - poor [pɔː, puə]
бежать; бег - run [rʌn]
без - without [wi'ðaut]
без сознания, невольно - unconscious [ʌn'kɔnʃəs]
безопасный; сейф - safe [seif]
белый - white [(h)wait]
бензин - gas [gæs]
берег - shore [ʃɔː]
берег моря - seashore ['siːʃɔː]
бесплатно; бесплатный - free [friː]
беспокоить, донимать - bother ['bɔðə]
беспокоиться, волноваться - worry ['wʌri]
билет - ticket ['tikit]
Билли Бриск (имя) - Billy Brisk
бить - hit [hit]
благодарить - thank [θæŋk]
бледный - pale [peil]
ближайший – nearest, next [nekst]
ближе - closer ['kləusə]
близко - close [kləuz]
блокнот, тетрадь - notebook ['nəutbuk]
Боб, Бобик (имя) - Bob, Bobby
более; больше - more [mɔː]
больше, больший - bigger ['bigə]
большой - big [big]
бороться на руках - arm [aːm]
брат - brother ['brʌðə]
брать участие - take part
брать, взять - take [teik]
брюки - trousers ['trauzəz]

буду, будем (глагол будущего времени для I *и* we*)* - shall [ʃæl]
буду, будем, будешь, будете, будет, будут - will [wil]
будущий, будущее - future ['fju:tʃə]
буква, письмо - letter ['letə]
бумага - paper ['peipə]
бутерброд - sandwich ['sæn(d)witʃ]
бы (условное накл.) - would [wəd]
был, была, было - was [wɔz]
были - were [wə]
быстро - quickly ['kwikli]
быстрый - quick [kwik] , rapid ['ræpid]
быть - be [bi:]

В в

в (внутри) - in [in]
в то время, как; во время - while [(h)wail]
в час, за час - per [pə:] hour
важный - important [im'pɔ:t(ə)nt]
ванна - bath [ba:θ]
ванная комната - bathroom ['ba:θru:m]
ванный столик - bathroom table
вдоль - along [ə'lɔŋ]
вдруг, неожиданно - suddenly ['sʌd(ə)nli]
ведро - pail [peil]
везти - carry ['kæri]
вёл (авто) - drove [drəuv]
великолепный; великий - great [greit]
велосипед, байк - bike [baik]
верить - believe [bi'li:v]
верно - correctly [kə'rektli]
ветер - wind [wind]
ветеринар - vet [vet]
вечер - evening ['i:vniŋ]
вещь, предмет - thing [θiŋ]
взял - took [tuk]
взять, брать - take [teik]
вид, разновидность - kind [kaind]
вид; смотреть - look [luk]
видел - saw [sɔ:]
видеодиск - DVD
видеокассета - videocassette [ˌvidiəukə'set]
видеомагазин - video-shop [ˌvidiəu'ʃɔp]
видеть - see [si:]
включать - turn on
включил - switched on
вкусный - tasty ['teisti]
владелец - owner ['əunə]
влево, левый - left [left]
вместе - together [tə'geðə]
вместо - instead [in'sted]
вниз - down [daun]
внимание - attention [ə'tenʃən]
внимательно - carefully ['kɛəf(ə)li]
внутри, внутрь - inside [ˌin'said]
во время - during ['djuəriŋ]
вовнутрь - into ['intə]
вокруг - around [ə'raund]
вода, поливать - water ['wɔ:tə]
водитель - driver ['draivə]
водительские права - driving license
водить (автомобиль и т.п.)- drive [draiv]
воздух - air [ɛə]
воздушный змей - kite [kait]

возле, рядом - near [niə], nearby [ˌniə'bai]
возможно; можно - may [mei]
возможность - possibility [ˌpɔsə'biləti]
возможный - possible ['pɔsəbl]
возражать (в отриц. и вопр. предл.) - mind [maind]
возраст - age [eidʒ]
война - war [wɔː]
вокруг, круглый - round [raund]
волна - wave [weiv]
волноваться, беспокоиться - worry ['wʌri]
волосы (всегда в ед. ч.) - hair [hɛə]
вонючий, зловонный - stinking ['stiŋkiŋ]
вор - thief [θiːf]
воры - thieves [θiːvz]
восемь - eight [eit]
воскресенье - Sunday ['sʌndei, 'sʌndi]
восстанавливать - rehabilitate [ˌriːhə'biliteit]
восстановление - rehabilitation [ˌriːhə'biliteiʃn]
восьмой - eighth [eitθ]
вот - here [hiə]
вправо, правый - right [rait]
врать, враньё; лежать - lie [lai]
врач - doctor ['dɔktə]
вращающийся, вращение - turning ['təːniŋ]
время на часах - o'clock [ə'klɔk]
время; раз - time [taim]
вручать, давать, передавать - hand [hænd]
все - all [ɔːl]
всё - all [ɔːl] , everything ['evriθiŋ]
всё подряд - all-round [ˌɔːl'raund]
всё равно, всё еще - still [stil]
всегда - always ['ɔːlweiz]
вслух - aloud [ə'laud]
вспомнил - remembered
вставать, подниматься - get up
встретил - met [met]
встречать, встречаться - meet [miːt]
второй - second ['sek(ə)nd]
вчера - yesterday ['jestədei]
выбирать - choose [tʃuːz]
выбрал - chose [ʃəuz]
выключать - turn off
высокий, высоко - high [hai]
выстрелил, подстрелил, выстрел - shot [ʃɔt]
высший; верх - top [tɔp]

Г г

газ - gas [gæs]
газета - newspaper ['njuːsˌpeipə]
где; куда - where [(h)wɛə]
глаз - eye [ai]
глупый - silly ['sili]
говорить, разговаривать - speak [spiːk]
год - year [jiə]
голова - head [hed]
голодный - hungry ['hʌŋgri]
голос - voice [vɔis]
город (небольшой) - town [taun]
гостиница - hotel [həu'tel]
гость - guest [gest]
готовка еды; готовящий - cooking ['kukiŋ]
готовый - ready ['redi]

грабитель - robber ['rɔbə]
графа - field [fi:ld]
грузить - load [ləud]
грузовик - truck [trʌk]
грузчик - loader ['ləudə]
грустный - sad [sæd]
грязный - dirty ['də:ti]
гулять; идти пешком - walk [wɔ:k]

Д д

да - yes [jes]
да (в разговоре) - yeah! [jeə]
давай, давайте - let us, let's
давить, нажать - press [pres]
дал - gave [geiv]
далеко - far [fa:]
дальше - further ['fə:ðə]
дата - date [deit]
дать, давать - give [giv]
два - two [tu:]
двадцать - twenty ['twenti]
двадцать один - twenty-one
двадцать пять - twenty-five
дважды - twice [twais]
двенадцать - twelve [twelv]
дверь - door [dɔ:]
двигался, подвинутый - moved
двигатель - engine ['endʒin]
двор - yard [ja:d]
девочка, девушка - girl [gə:l]
девятый - ninth [nainθ]
девять - nine [nain]
действительно, на самом деле - really ['riəli]
делал - did [did]
делать - do [du:]
делать - make [meik]
делать звонок; звонящий - calling ['kɔ:liŋ]
дело; предмет - matter ['mætə]
Деннис (имя) - Dennis ['denis]
Денниса (*чей?*) - Dennis's
день - day [dei]
деньги - money ['mʌni]
деревня - village ['vilidʒ]
десятый - tenth [tenθ]
десять - ten [ten]
деталь, часть - part [pa:t]
дети - children ['tʃildrən]
детсад - kindergarten ['kindəˌga:t(ə)n]
Джек (имя)- Jack [dʒæk]
Джозеф - Joseph ['dʒəuzif]
Джозефа (чей?)- Joseph's
Джон (имя) - John [dʒɔn]
Джордж (имя) - George [dʒɔ:dʒ]
длинный - long [lɔŋ]
длиться, продолжаться - last [la:st]
для - for [fə]
до (какого-либо момента) - until [(ə)n'til]
до свидания - goodbye [gud'bai]
добраться - get [get]
добрый - kind [kaind]
довольно таки - quite [kwait]
договор - agreement [ə'gri:mənt]
дождь; дождить - rain [rein]
доллар - dollar ['dɔlə]
дом - home [həum]
дом - house [haus]
домашняя работа - homework ['həumwə:k]
дорога - road [rəud]
дорогой - dear [diə]

дочь - daughter ['dɔːtə]
друг - boyfriend ['bɔifrend]
друг - friend [frend]
друг друга - each other ['iːtʃ'ʌðə]
другой - other ['ʌðə]
другой; ещё один - another [ə'nʌðə]
дружелюбный - friendly ['frendli]
думать, полагать - think [θiŋk]
думая - thinking ['θiŋkiŋ]
Дэниел (имя) - Daniel ['dænjəl]

Е е

Евразия - Eurasia [juə'reiʒə]
его (на вопрос чей? с неодуш. предметом) - its [its]
его (*чей?*) - his [hiz]
его, ему, им (косвенный падеж) - him [him]
еда - food [fuːd]
еда (трапеза) - eating ['iːtiŋ]
единственный; только - only ['əunli]
её (*чей?*)- her [həː]
ежедневно (-ый) - daily ['deili]
ежечасно (-ый) - hourly ['auəli]
ездить верхом на лошади, велосипеде, метле и т.п. - ride [raid]
если - if [if]
есть, кушать - eat [iːt]
ещё (в вопр. и отриц. предл.) - else [els]
ещё (в отриц. и вопр. предл.) - yet [jet]

Ж ж

ждал - waited
ждать - wait [weit]
железная дорога - railway ['reilwei]
жёлтый - yellow ['jeləu]
женский, женщина - female ['fiːmeil]
женщина - woman ['wumən]
женщины (*чей?*) - woman's
животное - animal ['ænim(ə)l]
животное домашн. - pet [pet]
жизнь - life [laif]
жил - lived [livd]
жить - live [liv]
журнал - magazine [ˌmægə'ziːn]
журналист - journalist ['dʒəːn(ə)list]

З з

за - behind [bi'haind]
забавный - funny ['fʌni]
заботиться, забота - care [kɛə]
заботливый - careful ['kɛəf(ə)l]
забыл - forgot [fə'gɔt]
забытый - forgotten [fə'gɔtən]
забыть - forget [fə'get]
завтра - tomorrow [tə'mɔrəu]
завтрак - breakfast ['brekfəst]
завтракать – have breakfast
завывая, вой - howling ['hauliŋ]
загадка - mystery ['mist(ə)ri]
загрязнять - pollute [pə'luːt]
задача - task [taːsk]
задняя часть, спина - back [bæk]
заказывать; заказ; приказ, приказывать - order ['ɔːdə]
закончил, оконченный - finished ['finiʃt]
закрывать - close [kləuz]

закрыл; закрытый - closed [kləuzd]
замереть; застыть - freeze [fri:z]
замерзать - freeze [fri:z]
записывающий мысли - thought-recording
запись, записывать - record ['rekɔ:d]
заполнять - fill up
зарабатывать - earn [ə:n]
зацепить(ся)- catch on
зачем; почему - why [(h)wai]
защищать - protect [prə'tekt]
заявление подавать - apply [ə'plai]
звать - call [kɔ:l]
звезда - star [stɑ:]
звёздочка - asterisk ['æst(ə)risk]
звонил - rang [ræŋ]
звонить по телефону; телефонный звонок - call [kɔ:l]
звонить, звонок; кольцо - ring [riŋ]
звонить, телефон - phone [fəun]
здесь - here [hiə]
здорово - cool [ku:l]
здоровье - health [helθ]
здравствуйте, привет - hello ['he'ləu]
зебра - zebra ['zi:brə]
зелёный - green [gri:n]
земля - earth [ə:θ]
земля, приземляться - land [lænd]
знал - knew [nju:]
знать - know [nəu]
значить - mean [mi:n]
зоопарк - zoo [zu:]
зрители - audience ['ɔ:diəns]

И и

и - and [ænd]
и так далее - etc. [it'set(ə)rə]
игра; играя - playing [pleiŋ]
играть - play [plei]
игрушка - toy [tɔi]
идея - idea [ai'diə]
идти (приближаться) - come [kʌm]
идти (удаляться); ехать - go [gəu]
идти пешком, прогуливаться - walk [wɔ:k]
из - from [frɔm]
из, наружу - out of
извинять - excuse [iks'kju:s]
издательство - publishing ['pʌbliʃiŋ]
изменение - change [tʃeindʒ]
или - or [ɔ:]
имеет - has [hæz]
имел - had [həd]
иметь - have [hæv]
индивидуально - individually [ˌindi'vidʒuəli]
инженер - engineer [ˌendʒi'niə]
иногда - sometimes ['sʌmtaimz]
инопланетянин - alien ['eiliən]
интересный - interesting ['intrəstiŋ]
информация - information [ˌinfə'meiʃ(ə)n]
искренне - sincerely [sin'siəli]
искренний - frank [fræŋk]
искусство - art [a:t]
использовал, использованный - used

использовать - use [juːz]
исправлять - correct [kə'rekt]
испуганный - afraid [ə'freid]
история - story ['stɔːri]
их - their [ðeə]
их, им, ими (косвенный падеж) - them [ðem]

К к

к, в, на - to [tə]
каждый - every ['evri]
как - as [əz]
как - how [hau]
какой; что - what [(h)wɔt]
камень - stone [stəun]
капитан - captain ['kæptin]
карман - pocket ['pɔkit]
карта - map [mæp]
картина, фотография - picture ['piktʃə]
Каспер (имя)- Kasper ['kaspə]
касса - cash register
кассир - cashier [kæ'ʃiə]
кафе - café ['kæfei]
качаясь - pitching
кенгуру - kangaroo [ˌkæŋg(ə)'ruː]
Киев - Kiev ['kiːev , 'kiːef]
километр - kilometer [ki'lɔmitə]
кит - whale [weil]
кит-убийца, касатка - killer whale
клавиатура - keyboard ['kiːbɔːd]
класс - class [klaːs]
классная комната - classroom ['klasrum]
клиент - customer ['kʌstəmə]
клуб - club [klʌb]
ключ - key [kiː]
книга - book [buk]
книжный шкаф - bookcase ['bukkeis]
кнопка - button ['bʌtn]
когда - when [(h)wen]
колесо - wheel [(h)wiːl]
коллега - colleague ['kɔliːg]
колледж - college ['kɔlidʒ]
команда, коллектив - team [tiːm]
комар - mosquito [mɔs'kiːtəu]
комната - room [ruːm]
компакт-диск - CD [ˌsiː'diː]
компания - company ['kʌmpəni]
композиция - composition [ˌkɔmpə'ziʃən]
компьютер - computer [kəm'pjuːtə]
конечно - of course
конкурс - competition [ˌkɔmpə'tiʃ(ə)n]
консультант - consultant [kən'sʌlt(ə)nt]
консультация - consultancy [kən'sʌltənsi]
консультировать - consult [kən'sʌlt]
контроль - control [kən'trəul]
координация - co-ordination [kəuˌɔːdi'neiʃən]
корабль - ship [ʃip]
кормить - feed [fiːd]
коробка - box [bɔks]
короткий - short [ʃɔːt]
коршун - kite [kait]
космический корабль - spaceship ['speisʃip]
космос - space [speis]
котёнок - kitten ['kit(ə)n]
который - which [witʃ]

который; кто - who [hu:]
кофе - coffee ['kɔfi]
кошечка - pussycat ['pusikæt]
кошка, кот - cat [kæt]
Кравченко - Kravchenko
кран; постукивать - tap [tæp]
красный - red [red]
красть - steal [sti:l]
крепкий - firm [fə:m]
крепкий, жёсткий; упрямый - tough [tʌf]
крикнул - cried
криминальный - criminal ['krimin(ə)l]
кристалл - crystal ['kristəl]
кричать - cry [krai]
кровать - bed [bed]
кроме - but [bət]
крупный город - city ['siti]
крыса - rat [ræt]
крыша - roof [ru:f]
кстати - by the way
кто; который - who [hu:]
кто-нибудь, кто-то - somebody ['sʌmbədi]
куда; где - where [(h)wɛə]
кукла - doll [dɔl]
курс - course [kɔ:s]
куртка - jacket ['dʒækit]
кусать - bite [bait]
кухня - kitchen ['kitʃin]
кухонная плита - cooker ['kukə]
Кэрол (имя) - Carol ['kær(ə)l]

Л л

лазер - laser ['leizə]
лаял - barked [ba:kt]
лгать, ложь; лежать - lie [lai]
лев - lion ['laiən]
левый, влево - left [left]
лёгкая еда - snack [snæk]
легко, плавно - fluently ['flu:əntli]
легковой автомобиль - car [ka:]
лежать; лгать, ложь - lie [lai]
лестница - stairs [stɛəz]
летать; муха - fly [flai]
лидер - leader ['li:də]
Линда (имя)- Linda ['lində]
лиса - fox [fɔks]
лист; простыня - sheet [ʃi:t]
лифт; поднимать - lift [lift]
лицо - face [feis]
личный - personal ['pə:sən(ə)l]
лишь - just [dʒʌst]
ловить - catch [kætʃ]
ложить, ставить, помещать - put [put]
лучше - better ['betə]
лучший - best [best]
любил - loved
любимый - favorite ['feiv(ə)rit]
любовь, любить - love [lʌv]
любой - any ['eni]
любой из двух - either ['aiðə]
любопытствовать; чудо - wonder ['wʌndə]
люди - people ['pi:pl]

М м

магазин - shop [ʃɔp]
мадам - madam ['mædəm]
маленький - little [litl]
маленький - small [smɔ:l]
мало - few [fju:]
мальчик - boy [bɔi]
мама - mom [mɔm]

мамин (*чей?*)- mother's
Марк (имя)- Mark [mɑːrk]
Марка (*чей?*)- Mark's
масло; намазывать маслом - butter ['bʌtə]
матрас - mattress ['mætrəs]
мать, мама - mother ['mʌðə]
машина - machine [mə'ʃiːn]
мебель - furniture ['fəːnitʃə]
медицинский - medical ['medik(ə)l]
медленно - slowly ['sləuli]
между - between [bi'twiːn]
между прочим - by the way
меньше, менее - less [les]
меня, мне, мной (косвенный падеж) - me [miː]
менять - change [tʃeindʒ]
место; помещать - place [pleis]
месяц - month [mʌnθ]
металл, металлический - metal ['met(ə)l]
метод - method ['meθəd]
метр - meter ['miːtə]
мечта, мечтать - dream [driːm]
микрофон - microphone ['maikrəfəun] , сокращ. mic [maik]
миллиард - billion ['biliən]
милый, красивый, хороший - nice [nais]
мимо; после; прошлое - past [paːst]
минимум - at least
минута - minute ['minit]
мир - world [wəːld]
мисс (незамужняя женщина); скучать (по ком-л.) - miss [mis]
мистер, господин (обращение к мужчине) - Mr. ['mistə]
много - lot [lɔt]
много - many ['meni]
много (для неисчисляемых предметов) - much [mʌtʃ]
мобильный - mobile ['məubail]
мог - could [kud]
можно; возможно - may [mei]
мой, моя, моё - my [mai]
мойка; моечный - washing ['wɔʃiŋ]
мокрый, влажный - wet [wet]
молодой - young [jʌŋ]
молча, в молчании - silently
молчаливый, молчащий - silent ['sailənt]
момент - moment ['məumənt]
монотонный - monotonous [mə'nɔtənəs]
море - sea [siː]
мороженое - ice-cream [ˌais'kriːm]
мост - bridge [bridʒ]
мужской, мужчина - male [meil]
мужчина - man [mæn]
мужчины - men [men]
мужчины (*чей?*)- man's
музыка - music ['mjuːzik]
мы - we [wi]
Мэри (имя) - Mary ['mɛəri]

Н н

на - on [ɔn]
на (транспорте) - by [bai]
на улице - outdoors [ˌaut'dɔːz], outside [ˌaut'said]
на улицу; наружу - out [aut]
набитый внутри (например ватой) - stuffed [stʌft]
навык, умение - skill [skil]
над, через; сверх, свыше - over ['əuvə]

надежда, надеяться - hope [həup]
надо, нужно - must [məst]
надо, нужно; нуждаться; нужда - need [ni:d]
нажал ногой - stepped [stept]
нажимая ногой - stepping ['stepiŋ]
назад - back [bæk]
название, имя; называть - name [neim]
называть; имя, название - name [neim]
наконец - at last
наличные деньги - cash [kæʃ]
нам, нас, нами (косвенный падеж) - us [əs]
написанный (3-я форма) - written ['rit(ə)n]
напиток - drink [driŋk]
наполнять - fill up
направил, направленный - pointed ['pɔintid]
направляться - head [hed]
например - for example
наружу, на улицу - out [aut]
наружу, снаружи (на улице) - outside [ˌaut'said], outdoors [ˌaut'dɔ:z]
наручники - handcuffs ['hændkʌfs]
нарушитель - speeder ['spi:də]
настоящий, реальный - real [riəl]
находить - find [faind]
находчивый, смекалистый - smart [sma:t]
национальность - nationality [ˌnæʃ(ə)'næləti]
начал - began [bi'gæn]
начал - started ['sta:tid]
начинать - begin [bi'gin]
начинать - start [sta:t]
наш - our ['auə]
нашёл - found [faund]
не - not [nɔt]
не уметь, не мочь - cannot ['kænɔt]
неверно - incorrectly [inkə'rektli]
неделя - week [wi:k]
неисправен, неисправный - out of order
немедленно - immediately [i'mi:diətli]
немецкий - German ['dʒə:mən]
немного, несколько - some [sʌm]
ненавидеть - hate [heit]
неожиданно - suddenly ['sʌd(ə)nli]
неправильно - incorrectly [inkə'rektli]
несколько, немного - some [sʌm]
несколько, немного (в отрицаниях) - any ['eni]
несправедливый - unfair [ʌn'fɛə]
нести - carry ['kæri]
несчастный случай - accident ['æksid(ə)nt]
нет - no [nəu]
нефть, масло - oil [ɔil]
никогда - never ['nevə]
никто - nobody ['nəubədi]
ничего - nothing ['nʌθiŋ]
но - but [bət]
новый - new [nju:]
нога - leg [leg]
номер; нумеровать - number ['nʌmbə]
нос - nose [nəuz]
ночь - night [nait]
нравиться, любить - like [laik]

О о

о - about [ə'baut]
О! (восклицание) - Oh! [əu]
о, об - about [ə'baut]
обезьяна - monkey ['mʌŋki]
обманывать, обман; лежать - lie [lai]
образование - education [ˌedju'keiʃ(ə)n]
обратно - back [bæk]
обслуживать - serve [səːv]
обслуживать; сервис, услуга - service ['səːvis]
обучение - learning ['ləːniŋ]
общежитие - dorms [dɔːmz]
объявление - ad [æd]
объявление - advert [əd'vəːt]
объяснять - explain [ik'splein]
обычно - usually ['juːʒ(ə)li]
обычный - usual ['juːʒ(ə)l]
огонь - fire ['faiə]
ограбление - robbery ['rɔb(ə)ri]
ограничение, ограничивать - limit ['limit]
одарённость - gift [gift]
одежда, платье; одевать - dress [dres]
один - one [wʌn]
один за другим - one by one
один раз, однажды - once [wʌns]
одиннадцать - eleven [i'lev(ə)n]
одинокий; один - single ['siŋgl]
однажды, один раз - once [wʌns]
озеро - lake [leik]
оканчивать - finish ['finiʃ]
окно - window ['windəu]
около - at [æt]
окончание, конец - finish ['finiʃ]
олимпийский - olympic [ə'limpik]
он - he [hiː]
она - she [ʃiː]
они - they [ðei]
оно (для обозначения всех предметов кроме людей) - it [it]
опр. арт., не переводится - the [ðə]
опыт - experience [ik'spiəriəns]
опять - again [ə'gen]
оружие - gun [gʌn]
освобождать - set free
особенно - especially [is'peʃəli]
оставаться (в остатке) - remain [ri'mein]
останавливать(ся) - stop [stɔp]
остановил, остановленный - stopped [stopt]
осторожный - careful ['kɛəf(ə)l]
от - from [frɔm]
ответ; отвечать - answer ['aːn(t)sə]
ответил; отвеченный - answered
отдел кадров - personnel department
отказывать(-ся), не соглашаться - refuse [ri'fjuːz]
открывать - open ['əupən]
открыл, открытый - opened
отчество - middle name
офис - office ['ɔfis]
офицер, сотрудник - officer ['ɔfisə]
оценивать - estimate ['estimeit]
оценил, оцененный - estimated
оценщик - estimator ['estimeitə]
очень; тот самый - very ['veri]
очередь - queue [kjuː]

П п

падать, падение - fall [fɔːl]
паниковать, паника - panic ['pænik]
папа - dad [dæd]
папочка - daddy ['dædi]
парашют - parachute ['pærəʃuːt]
парашютист - parachutist ['pærəˌʃuːtist]
парень - guy [gai]
парк - park [pɑːk]
патруль - patrol [pə'trəul]
певец, певица - singer ['siŋə]
первый - first [fəːst]
переводчик - translator [træns'leitə]
переговорный пункт - call centre
перед - before [bi'fɔː]
перед (в пространстве) - in front of
передний, лицевая сторона - front [frʌnt]
перерыв; прерывать, ломать - break [breik]
песок - sand [sænd]
петь - sing [siŋ]
пешком - on foot
пилот - pilot ['pailət]
писал - wrote [rəut]
писатель - writer ['raitə]
писательская работа - writing work
писать - write [rait]
письменный стол - desk [desk]
письмо; буква - letter ['letə]
пить - drink [driŋk]
плавать (о человеке) - swim [swim]
плакать - cry [krai]
план, планировать - plan [plæn]
планета - planet ['plænit]
платил, оплаченный - paid [peid]
платить - pay [pei]
плохой - bad [bæd]
площадь; квадрат - square [skwɛə]
плывущий - floating ['fləutiŋ]
плыть (о судне)- float [fləut]
повернул(-ся) - turned [təːnd]
поворачивать(-ся) - turn [təːn]
погода - weather ['weðə]
погоня - pursuit [pə'sjuːt]
погрузочный - loading ['ləudiŋ]
под, ниже - under ['ʌndə]
подарок - gift [gift]
поднимать; лифт - lift [lift]
подруга - girlfriend ['gəːlfrend]
подсолнух - sunflower ['sʌnflauə]
подходящий - suitable ['sjuːtəbl]
подчёркивать - underline ['ʌnd(ə)lain]
поезд; тренировать - train [trein]
пожалуйста; радовать - please [pliːz]
позволять, пускать - let [let]
позвонил - called [kɔːld]
Пока! (прощаясь) - bye [bai]
показал - showed [ʃəud]
показывать; показ, шоу - show [ʃəu]
покидать, оставлять; разрешение - leave [liːv]
покупать - buy [bai]
пол - sex [seks]
пол (в здании)- floor [flɔː]
полагать - believe [bi'liːv]
поле - field [fiːld]
поливать, вода - water ['wɔːtə]

полисмен, полицейский - policeman [pə'liːsmən]
полиция - police [pə'liːs]
полный - full [ful]
половина - half [haːf]
положение - status ['steitəs]
получать удовольствие - enjoy [in'dʒɔi]
получить - get [get]
помещать, ложить, ставить - put [put]
помещать; место - place [pleis]
помощник - helper ['helpə]
помощь; помогать - help [help]
понедельник - Monday ['mʌndei]
понимать - understand [ˌʌndə'stænd]
понял - understood [ˌʌndə'stud]
поперёк - across [ə'krɔs]
посетил, посещённый - visited ['vizitid]
посетитель - visitor ['vizitə]
посещать; посещение - call [kɔːl]
послал, посланный - sent [sent]
после - after ['aːftə]
после; мимо; прошлое - past [paːst]
последний, прошлый - last [laːst]
посмотрел - looked
постоянный - constant ['kɔn(t)stənt]
потом, после этого; тогда - then [ðen]
потому что - because [bi'kɔz]
поцелуй - kiss [kis]
почему, зачем - why [(h)wai]
почистил; почищенный - cleaned
пошёл, поехал - went [wɛnt]
поэтому; так - so [səu]
правило; управлять - rule [ruːl]
правильно - correctly [kə'rektli]
правильный - correct [kə'rekt]
правый, вправо - right [rait]
превышение скорости - speeding ['spidiŋ]
предмет, вещь - thing [θiŋ]
прекрасный - beautiful ['bjuːtəfəl]
прекрасный, изящный - fine [fain]
преподавать - teach [tiːtʃ]
приблизительно - about [ə'baut]
прибыл, приехал; прибывший - arrived
прибыть - arrive [ə'raiv]
привет - hi [hai]
привозить - bring [briŋ]
приготовить(ся) - prepare [pri'pɛə]
приём, трюк - trick [trik]
приехать - arrive [ə'raiv]
приказывать; заказывать; заказ; приказ - order ['ɔːdə]
приключение - adventure [əd'ventʃə]
пример - example [ig'zaːmpl]
примерно - about [ə'baut]
приносить - bring [briŋ]
природа - nature ['neitʃə]
присоединяться - join [dʒɔin]
пристёгивать - fasten ['faːsən]
пристыженная - ashamed
притворяться, симулировать - pretend [pri'tend]
приходить - come [kʌm]
причина, повод - reason ['riːz(ə)n]
пришёл - came [keim]
про - about [ə'baut]
проблема - problem ['prɔbləm]
пробовать, пытаться - try [trai]

проверять - check [tʃek]
провод, кабель - cable ['keibl]
проводить (время); тратить - spend [spend]
проворный - brisk [brisk]
проглотить, глоток - swallow ['swɔləu]
программа - program ['prəugrʌm]
программист - programmer ['prəugræmə]
прогулка - walking ['wɔːkiŋ]
продавать - sell [sel]
продавец магазина - shop assistant ['ʃɔpəˌsistənt]
продолжать - continue [kən'tinjuː]
продолжаться, длиться - last [laːst]
продолжил, продолженный - continued [kən'tinjuːd]
проигрыватель дисков - CD player [ˌsiː'diːˌpleiə]
производить - produce ['prɔdjuːs]
произошло - happened
происходить - happen ['hæp(ə)n]
проклятье - damn [dæm]
пронёсся - rushed [rʌʃt]
просить - ask [aːsk]
просто - just [dʒʌst]
простой - simple ['simpl]
простуда - cold [kəuld]
против - against [ə'gen(t)st]
профессия - profession [prə'feʃ(ə)n]
прохладный - cool [kuːl]
проходить; сдавать экзамен - pass [paːs]
прочь - away [ə'wei]
прошёл, прошедший - passed
прошлый, последний - last [laːst]
прыгать; прыжок - jump [dʒʌmp]
прятался - hid [hid]
прятать(-ся)- hide [haid]
прятки, прячущийся - hiding ['haidiŋ]
птица - bird [bəːd]
пуговица; застёгивать - button ['bʌtn]
пускать, позволять - let [let]
пустая (графа или поле ввода слов) - blank [blæŋk]
пустой - empty ['empti]
путь, направление; способ - way [wei]
пытался - tried [traid]
пытаться, пробовать - try [trai]
пятнадцать - fifteen [ˌfif'tiːn]
пятый - fifth [fifθ]
пять - five [faiv]

Р р

работа, должность - job [dʒɔb]
работа, работающий, работая - working ['wəːkiŋ]
работа; работать - work [wəːk]
работал - worked [wəːkt]
работодатель - employer [im'plɔiə]
рабочий - worker ['wəːkə]
рад - glad [glæd]
радар - radar ['reidaː]
радио - radio ['reidiəu]
радость - fun [fʌn]
раз; время - time [taim]
развивать - develop [di'veləp]
разговаривать - talk [tɔːk]
разгружать - unload [ʌn'ləud]
различный - different ['dif(ə)r(ə)nt]

разрушать - destroy [di'strɔi]
разъезжать - travel ['træv(ə)l]
распространяться - spread [spred]
ребёнок - child [tʃaild]
редактор - editor ['editə]
редко - seldom ['seldəm]
резина - rubber ['rʌbə]
реклама - advert [əd'vəːt]
рекомендация - recommendation [rekəmen'deiʃn]
рекомендовал, рекомендованный - recommended
рекомендовать - recommend [ˌrekə'mend]
ремни безопасности - seat belts
репортер - reporter [ri'pɔːtə]
речь - speech [spiːtʃ]
рикошет - ricochet ['rikəʃei]
родитель - parent ['pεər(ə)nt]
родной; уроженец - native ['neitiv]
Россия - Russia ['rʌʃə]
россиянин(-ка), российский - Russian ['rʌʃ(ə)n]
рубрика - rubric ['ruːbrik]
рука - arm [aːm]
рука - hand [hænd]
руководитель, глава - head [hed]
рядом, возле - near [niə], nearby [ˌniə'bai]

С с

с - from [frɔm]
с - with [wið]
с (какого-то момента в прошлом), так как - since [sin(t)s]
сад - garden ['gaːdn]
садиться - sit down
самолёт - airplane ['εəplein]
самый - most [məust]
Света (имя)- Sveta
свидание - date [deit]
свободно (о языке) - fluently ['fluːəntli]
свободный - free [friː]
свыше; через, над - over ['əuvə]
сдавать экзамен; проходить - pass [paːs]
сегодня - today [tə'dei]
седовласый - gray-headed
седьмой - seventh ['sev(ə)nθ]
сезон - season ['siːz(ə)n]
сейф; безопасный - safe [seif]
сейчас, теперь - now [nau]
секрет - secret ['siːkrət]
секретарь - secretary ['sekrət(ə)ri]
сельская местность - country ['kʌntri]
семейное положение - family status
семена, сеять - seed [siːd]
семнадцать - seventeen [ˌsev(ə)n'tiːn]
семь - seven ['sev(ə)n]
семья - family ['fæm(ə)li]
сервис, услуга; обслуживать - service ['səːvis]
сердито - angrily ['æŋgrili]
сердитый - angry ['æŋgri]
сержант - sergeant ['saːdʒənt]
сериал - serial ['siəriəl]
серый - grey [grei]
серьёзно - seriously ['siəriəsli]
сестра - sister ['sistə]
сзади - behind [bi'haind]

сигнал, сигналить - beep [biːp]
сиденье, место для сидения - seat [siːt]
сидеть - sit [sit]
Сидней (город в Австралии) - Sydney ['sidni]
сила - strength [streŋθ]
сильно - strongly ['strɔŋli]
сильный - strong [strɔŋ]
синий - blue [bluː]
сирена - siren ['saiərən]
ситуация - situation [ˌsitju'eiʃən]
сказал, сказанный - said [sed]
сказать - say [sei]
сконфуженный - confused [kən'fjuːzd]
скоро, вскоре - soon [suːn]
скорость - speed [spiːd]
скучать (по ком-л.); мисс (незамужняя женщина) - miss [mis]
слегка - slightly ['slaitli]
следующий; ближайший - next [nekst]
слишком (перед прилаг. и нареч.) - too [tuː]
слово - word [wəːd]
слуга - servant ['səːv(ə)nt]
служащий, офицер, сотрудник - officer ['ɔfisə]
слушать - listen ['lis(ə)n]
слышать - hear [həː]
слышал - heard [həːd]
смертельный - deadly ['dedli]
смеяться - laugh [laːf]
смотреть (фильм, шоу и т.п.) - watch [wɔtʃ]
смотреть; вид - look [luk]
сначала - at first
снег; снежить - snow [snəu]
снова - again [ə'gen]
собака, пёс - dog [dɔg]
собственный - own [əun]
соглашаться - agree [ə'griː]
соглашение - agreement [ə'griːmənt]
сожалеющий - sorry ['sɔri]
сон, видеть сон - dream [driːm]
сон; спящий - sleeping ['sliːpiŋ]
сообщать - inform [in'fɔːm], report [ri'pɔːt]
сообщил, проинформированный - informed [in'fɔːmd]
сопровождал - accompanied
сопровождать - accompany [ə'kʌmpəni]
соревнование - competition [ˌkɔmpə'tiʃ(ə)n]
сорок четыре - forty-four
сосед - neighbour ['neibə]
составлять - compose [kəm'pəuz]
сочинение - composition [ˌkɔmpə'ziʃən]
спаниель - spaniel ['spænjel]
спасательная служба - rescue service
спасать - rescue ['reskjuː]
спасать; сохранять; экономить - save [seiv]
спать - sleep [sliːp]
список; вносить в список - list [list]
спокойно; тихо, потихоньку - quietly ['kwaiətli]
спорт - sport [spɔːt]
способ; путь, направление - way [wei]

спросил, спрошенный - asked
спросить - ask [aːsk]
средний - middle ['midl]
ставить, ложить, помещать - put [put]
стакан - glass [glaːs]
стандартный - standard ['stændəd]
становиться - getting ['getiŋ]
станция - station ['steiʃ(ə)n]
старший - elder ['eldə]
старый - old [əuld]
стекло - glass [glaːs]
стиральная машина - washer ['wɔʃə]
сто - hundred ['hʌndrəd]
стоить; стоимость - cost [kɔst]
стол; таблица - table ['teibl]
стоять - stand [stænd]
страна - country ['kʌntri]
страница Интернета - Internet site
строгий - strict [strikt]
стройный - slim [slim]
студент - student ['stjuːd(ə)nt]
стул - chair [tʃɛə]
ступня - foot [fut]
суббота - Saturday ['sætədei]
суметь; управлять, руководить - manage ['mænidʒ]
сумка - bag [bæg]
супермаркет - supermarket ['supəˌmɑːkit]
сушить, сухой - dry [drai]
сходить с транспорта - get off
счастливый - happy ['hæpi]
счастье - happiness ['hæpinəs]
США - United States, USA
США (всегда с the) - USA
сын - son [sʌn]
сыпать, лить - pour [pɔː]
сэр (уважительное обращение) - sir [səː]
сюда - here [hiə]

Т т

таблетка - pill [pil]
тайком - secretly ['siːkrətli]
так как - as [əz]
так; поэтому - so [səu]
также - also ['ɔːlsəu]
также - as well [æzwel]
такси - taxi ['tæksi]
там; туда - there [ðɛə]
танкер - tanker ['tæŋkə]
танцевал - danced
танцевать - dance [daːns]
танцуя - dancing
тарелка - plate [pleit]
тащить, тянуть - pull [pul]
твёрдый - hard [haːd]
твой, Ваш, ваш - your [jə]
творческий - creative [kri'eitiv]
те - those [ðəuz]
текст - text [tekst]
телевидение - television ['teliviʒ(ə)n]
телевизор - TV-set [ˌtiː'viset]
телефон, звонить - phone [fəun]
телефон; звонить по тел. - telephone ['telifəun]
телефонная трубка; ДУ - handset ['hændset]
тем временем - meanwhile [ˌmiːn'wail]
тёмный - dark [daːk]
тёплый; нагревать - warm [wɔːm]

тереть(-ся) - rub [rʌb]
терять - loose [lu:s]
тест, контрольная; тестировать - test [test]
тетрадь, блокнот - notebook ['nəutbuk]
течение - current ['kʌr(ə)nt]
течение; течь - flow [fləu]
тигр - tiger ['taige]
тип , разновидность - kind [kaind]
тихо, потихоньку, спокойно - quietly ['kwaiətli]
тогда, затем, потом - then [ðen]
тоже - also ['ɔ:lsəu]
тоже - as well [æzwel]
тоже (в конце предложений) - too [tu:]
тоже (в отриц. предл.) - either ['aiðə]
ток - current ['kʌr(ə)nt]
толкать - push [puʃ]
только - just [dʒʌst]
только; единственный - only ['əunli]
тому назад (о времени) - ago [ə'gəu]
торговый центр - shopping center
тормоз, тормозить - brake [breik]
тот же самый - same [seim]
транспорт; транспортировать - transport [træn'spɔ:t]
тратить; проводить (время) - spend [spend]
тревога - alarm [ə'la:m]
тренировать; поезд - train [trein]
третий - third [θə:d]
три - three [θri:]
тридцать - thirty ['θə:ti]
трудный - difficult ['difik(ə)lt]
трудный - hard [ha:d]
трюк, приём - trick [trik]
тряс(-ся) - shook [ʃuk]
трясти(сь)- shake [ʃeik]
туалет - toilet ['tɔilət]
туда; там - there [ðɛə]
ты, Вы, вы - you [ju]
тысяча - thousand ['θauz(ə)nd]
тяжёлый - hard [ha:d]

У у

убежал - ran away
убийца - killer ['kilə]
убил, убитый - killed [kild]
уверенный - sure [ʃɔ: , ʃuə]
уволить - fire ['faiə]
ударить - hit [hit]
удивительный, чудесный - wonderful ['wʌndəf(ə)l]
удивление, удивлять - surprise [sə'praiz]
удовольствие - fun [fʌn]
уже - already [ɔ:l'redi]
узнал; учил - learned ['lə:nid]
узнать; учить(ся) - learn [lə:n]
Уитер (фамилия) - Weeter
украденный - stolen ['stəulən]
Украина - Ukraine [ju:'krein]
украинец(-ка), украинский - Ukrainian [ju:'kreiniən]
улетел - flew away
улица - street [stri:t]
улыбка, улыбаться - smile [smail]
улыбнулся - smiled
умение, навык - skill [skil]
умер - died
уметь, мочь - can [kən]

умирать - die [dai]
умный - clever ['klevə]
умственно - mentally ['ment(ə)li]
умственный - mental ['ment(ə)l]
умывать(-ся), мыть(-ся) - wash [wɔʃ]
упал - fell [fel]
управлять рулём - steer [stiə]
управлять, руководить; суметь - manage ['mænidʒ]
урок - lesson ['les(ə)n]
уставший - tired ['taiəd]
утро - morning ['mɔːniŋ]
ухо - ear [iə]
уходить, уезжать - leave [liːv]
участник, член - member ['membə]
учебник - textbook ['tekstbuk]
учитель, преподаватель - teacher ['tiːtʃə]
учить(-ся), изучение - study ['stʌdi]
учить(ся); узнать - learn [ləːn]

Ф ф

ферма - farm [faːm]
фермер - farmer ['faːmə]
физическая работа - manual work
фильм; фотоплёнка - film [film]
финансы - finance ['fainæns, fi'næns]
фирма - firm [fəːm]
Форд (марка машины) - Ford [fɔːd]
фотограф - photographer
фотографировать, фотография - photograph ['fəutəgraːf]
фраза - phrase [freiz]
Фрэнк (имя)- Frank [fræŋk]
Фрэнк Стрикт - Frank Strict

Х х

хватать - catch [kætʃ]
хвост - tail [teil]
химический; химическое вещество - chemical ['kemik(ə)l]
химия - chemistry ['kemistri]
хитро - slyly ['slaili]
хитрый - sly [slai]
хлеб - bread [bred]
хозяин принимающий гостей - host [həust]
холодный, холод - cold [kəuld]
хороший - good [gud]
хорошо - well [wel]
хорошо, ладно, согласен - okay [əu'kei], OK [əu'kei]
хотел - wanted ['wɔntid]
хотеть, желать - want [wɔnt]
хотя - although [ɔːl'ðəu]
художник, артист - artist ['aːtist]

Ц ц

цветок - flower ['flauə]
целовать - kiss [kis]
цена - price [prais]
центр - centre ['sentə]
центральный - central ['sentrl]
церемония - ceremony ['serimənі]

Ч ч

чай - tea [tiː]
чайник - kettle ['ketl]
час - hour [auə]
часто - often ['ɔf(t)ən]
часть; деталь - part [paːt]
часы (наручные) - watch [wɔtʃ]
чашка - cup [kʌp]
чей - whose [huːz]

человек, личность - person ['pə:s(ə)n]
человек, человеческий - human ['hju:mən]
чем - than [ðən]
через (о времени) - in [in]
через, над; сверх, свыше - over ['əuvə]
через, сквозь; посредством - through [θru:]
чёрный - black [blæk]
четвёртый - fourth [fɔ:θ]
чёткий; острый - sharp [ʃa:p]
четыре - four [fɔ:]
чистка, чистящий, очищая - cleaning ['kli:niŋ]
чистый; чистить - clean [kli:n]
читать - read [ri:d]
чтение, читающий - reading ['ri:diŋ]
что (союз); тот - that [ðæt]
что; какой - what [(h)wɔt]
что-нибудь - anything ['eniθiŋ]
что-то; кое-что - something ['sʌmθiŋ]
чувство; чувствуя - feeling ['fi:liŋ]
чужой, незнакомый; странный - strange [streindʒ]
чучело парашютиста - stuffed parachutist

Ш ш

шаг, ступать - step [step]
шанс, удобный случай; случайность - chance [tʃa:n(t)s]
шестой - sixth [siksθ]
шесть - six [siks]
шестьдесят - sixty ['siksti]
широкий; широко - wide [waid]
школа - school [sku:l]
шляпа - hat [hæt]

Щ щ

щенок - puppy ['pʌpi]

Э э

э.. (междометие) - ah.. [a:]
эй! - hey! [hei]
Экспресс Банк - Express Bank
электрический - electrical [i'lektrik(ə)l]
электронная почта - e-mail ['i:meil]
энергия - energy ['enədʒi]
эти - these [ði:z]
это (собирательный образ) - stuff [stʌf]
этот, эта, это - this [ðiz]

Я я

я - I [ai]
язык (разговорный) - language ['læŋgwidʒ]
ящик - box [bɔks]

Англо-русский словарь
слов употреблённых в текстах и упражнениях

A a

a – неопр. артикль, не переводится
about [ə'baut] - *о, об, про; приблизительно*
accident ['æksid(ə)nt] - *авария; несчастный случай*
accompanied - *сопровождал*
accompany [ə'kʌmpəni] – *сопровождать*
across [ə'krɔs] - *поперёк, через*
ad [æd] - *объявление*
address [ə'dres] - *адрес; адресовать*
adventure [əd'ventʃə] – *приключение*
advert [əd'vəːt] - *объявление, реклама*
afraid [ə'freid] - *испуганный*
after ['aːftə] - *после*
again [ə'gen] - *опять, снова*
against [ə'gen(t)st] - *против*
age [eidʒ] - *возраст*
agency ['eidʒənsi] – *агентство*
ago [ə'gəu] - *тому назад (о времени)*
agree [ə'griː] - *соглашаться*
agreement [ə'griːmənt] - *соглашение, договор*
ah.. [aː] - *э.. (междометие)*
air [ɛə] - *воздух*
airplane ['ɛəplein] – *самолёт*
airshow - *авиашоу*
alarm [ə'laːm] - *тревога*
Alice ['ælis] - *Алиса (имя)*
Alice Sunflower – *Алиса Санфлауэр (имя)*
alien ['eiliən] – *инопланетянин; чужестранец*
all [ɔːl] - *все, всё*
all-round [ˌɔːl'raund] - *всё подряд*
along [ə'lɔŋ] - *вдоль*
aloud [ə'laud] - *вслух*
already [ɔːl'redi] - *уже*
also ['ɔːlsəu] - *также, тоже*
although [ɔːl'ðəu] – *хотя*
always ['ɔːlweiz] - *всегда*
am [əm] - *есть, находиться* (глагол to be)
American [ə'merikən] - *американец, американский*
an [æn] – неопр. арт., не переводится
and [ænd] - *и; а*
Angela ['ændʒelæ] – *Анжела*
angrily ['æŋgrili] - *сердито*
angry ['æŋgri] - *сердитый*
animal ['ænim(ə)l] - *животное*
another [ə'nʌðə] - *другой, ещё один*
answer ['aːn(t)sə] - *ответ; отвечать*
answered – *ответил, отвеченный*
answering machine - *автоответчик*
any ['eni] - *несколько, немного; любой* (в утверд. предл.)
anything ['eniθiŋ] - *что-нибудь*
apply [ə'plai] - *подавать заявление (напр. на работу)*
are [ɑː] - *есть, находиться* (глагол to be)
arm [aːm] – *рука; бороться на руках*

around [ə'raund] - *вокруг*
arrive [ə'raiv] - *прибыть, приехать*
arrived – *прибыл, прибывший*
art [aːt] - *искусство*
artist ['aːtist] - *художник, артист*
as [əz] - *как; в качестве; так как; когда*
as well [æzwel] - *также, тоже*
ashamed - *пристыженная*
ask [aːsk] - *спросить; просить*
asked – *спросил, спрошенный*
aspirin ['æspərin] - *аспирин*
asterisk ['æst(ə)risk] - *звёздочка*
at [æt] - *у, около, в*
at first - *сначала*
at last - *наконец*
at least - *минимум, по крайней мере*
attention [ə'tenʃən] – *внимание*
au pair [ˌəu'pɛə] - *апэр*
audience ['ɔːdiəns] – *зрители*
Australia [ɔs'treiliə] - *Австралия*
Australian [ɔs'treiliən] - *австралиец, австралийский*
away [ə'wei] – *прочь*

B b

back [bæk] - *назад, обратно; задняя часть*
bad [bæd] - *плохой*
bag [bæg] - *сумка*
bank [bæŋk] – *банк*
barked [baːkt] – *(за)лаял*
bath [baːθ] - *ванна*
bathroom ['baːθruːm] - *ванная комната*
bathroom table - *ванный столик*
be [biː] - *быть*
beautiful ['bjuːtəfəl] - *прекрасный*
because [bi'kɔz] - *потому что*
bed [bed] - *кровать*
been [biːn] - *3-я форма глагола* быть
beep [biːp] – *сигнал, сигналить*
before [bi'fɔː] - *перед, прежде*
began [bi'gæn] - *начал*
begin [bi'gin] - *начинать*
behind [bi'haind] - *сзади, за*
believe [bi'liːv] - *верить, полагать*
best [best] - *лучший*
better ['betə] - *лучше*
between [bi'twiːn] - *между*
big [big] - *большой*
Big Pollutexxon – *Большой Загрязнитель (название)*
bigger ['bigə] - *больше, больший*
bike [baik] - *велосипед, байк*
billion ['biliən] - *миллиард*
Billy Brisk - *Билли Бриск (имя)*
bird [bəːd] - *птица*
bite [bait] - *кусать*
black [blæk] - *чёрный*
blank [blæŋk] - *пустая (графа или поле ввода слов)*
blue [bluː] - *синий*
Bob, Bobby – *Боб, Бобик (имя)*
book [buk] - *книга*
bookcase ['bukkeis] - *книжный шкаф*
bother ['bɔðə] – *беспокоить, донимать*
box [bɔks] - *ящик, коробка*
boy [bɔi] - *мальчик*
boyfriend ['bɔifrend] - *друг*
brake [breik] - *тормоз, тормозить*
bread [bred] - *хлеб*

break [breik] - *перерыв; прерывать, ломать*
breakfast ['brekfəst] - *завтрак*
bridge [bridʒ] - *мост*
bring [briŋ] - *привозить; приносить*
brisk [brisk] - *проворный*
brother ['brʌðə] – *брат*
bus [bʌs] - *автобус*
but [bət] - *но; кроме*
butter ['bʌtə] - *масло; намазывать маслом*
button ['bʌtn] - *кнопка; пуговица; застёгивать*
buy [bai] - *покупать*
by [bai] – *на (транспорте)*
by the way – *кстати, между прочим*
bye [bai] - *Пока! (прощаясь)*

C c

cable ['keibl] - *провод, кабель*
café ['kæfei] - *кафе*
call [kɔːl] - *звать; звонить по телефону; телефонный звонок; посещать; посещение*
call centre - *переговорный пункт*
called [kɔːld] - *позвонил*
calling ['kɔːliŋ] - *делать звонок; звонящий*
came [keim] - *пришёл*
can [kən] - *уметь, мочь*
cannot ['kænɔt] - *не уметь, не мочь*
captain ['kæptin] - *капитан*
car [kaː] - *легковой автомобиль*
care [kεə] - *заботиться, забота*
careful ['kεəf(ə)l] – *заботливый; осторожный*
carefully ['kεəf(ə)li] - *внимательно, аккуратно*
Carol ['kær(ə)l] – *Кэрол (имя)*
carry ['kæri] - *нести, везти*
cash [kæʃ] - *наличные деньги*
cash register - *касса*
cashier [kæ'ʃiə] – *кассир*
cat [kæt] - *кошка, кот*
catch [kætʃ] - *ловить, хватать*
catch on – *зацепить(ся)*
CD [ˌsiː'diː] - *компакт-диск*
CD player [ˌsiː'diːˌpleiə] - *проигрыватель дисков*
central ['sentrl] - *центральный*
centre ['sentə] – *центр*
ceremony ['seriməni] – *церемония*
chair [tʃεə] - *стул*
chance [tʃaːn(t)s] - *шанс, удобный случай; случайность*
change [tʃeindʒ] - *менять, изменение*
check [tʃek] - *проверять*
chemical ['kemik(ə)l] - *химический; химическое вещество*
chemistry ['kemistri] - *химия*
child [tʃaild] - *ребёнок*
children ['tʃildrən] - *дети*
choose [tʃuːz] - *выбирать*
chose [ʃəuz] - *выбрал*
city ['siti] - *крупный город*
class [klaːs] - *класс*
classroom ['klasrum] - *классная комната*
clean [kliːn] - *чистый; чистить*
cleaned – *почистил; почищенный*
cleaning ['kliːniŋ] – *очищая, чистка, чистящий*
clever ['klevə] - *умный*
close [kləuz] - *близко; закрывать*
closed [kləuzd] – *закрыл; закрытый*

closer ['kləusə] – *ближе*
club [klʌb] - *клуб*
coffee ['kɔfi] - *кофе*
cold [kəuld] - *холодный, холод; простуда*
colleague ['kɔli:g] - *коллега*
college ['kɔlidʒ] - *колледж*
come [kʌm] – *приходить, идти (приближаться)*
company ['kʌmpəni] – *компания*
competition [ˌkɔmpə'tiʃ(ə)n] – *конкурс, соревнование*
compose [kəm'pəuz] – *составлять*
composition [ˌkɔmpə'ziʃən] - *сочинение, композиция*
computer [kəm'pju:tə] – *компьютер*
confused [kən'fju:zd] – *сконфуженный*
constant ['kɔn(t)stənt] – *постоянный*
consult [kən'sʌlt] - *советовать, консультировать*
consultancy [kən'sʌltənsi] – *консультация*
consultant [kən'sʌlt(ə)nt] – *консультант*
continue [kən'tinju:] – *продолжать*
continued [kən'tinju:d] – *продолжил, продолженный*
control [kən'trəul] – *контроль*
cooker ['kukə] - *кухонная плита*
cooking ['kukiŋ] - *готовка еды; готовящий*
cool [ku:l] - *здорово; прохладный*
co-ordination [kəuˌɔ:di'neiʃən] - *координация*
correct [kə'rekt] - *правильный; исправлять*
correctly [kə'rektli] – *правильно, верно*
cost [kɔst] - *стоить; стоимость*
could [kud] - *мог*
country ['kʌntri] - *страна; сельская местность*
course [kɔ:s] - *курс*
creative [kri'eitiv] - *творческий*
cried - *крикнул*
criminal ['krimin(ə)l] - *криминальный*
cry [krai] - *кричать; плакать*
crystal ['kristəl] - *кристалл*
cup [kʌp] - *чашка*
current ['kʌr(ə)nt] - *ток; течение*
customer ['kʌstəmə] - *клиент*

D d

dad [dæd] - *папа*
daddy ['dædi] - *папочка*
daily ['deili] – *ежедневно (-ый)*
damn [dæm] - *проклятье*
dance [da:ns] – *танцевать*
danced – *танцевал*
dancing – *танцуя*
Daniel ['dænjəl] - *Дэниел* (имя)
Daniel Tough – *Дэниэл Таф (имя)*
dark [da:k] - *тёмный*
date [deit] – *дата; свидание*
daughter ['dɔ:tə] - *дочь*
day [dei] - *день*
deadly ['dedli] - *смертельный*
dear [diə] - *дорогой*
Dennis ['denis] - *Деннис (имя)*
Dennis's - *Денниса* (*чей?*)
desk [desk] - *письменный стол*
destroy [di'strɔi] - *разрушать*
develop [di'veləp] - *развивать*

did [did] - *делал*
die [dai] – *умирать*
died - *умер*
different ['dif(ə)r(ə)nt] – *различный*
difficult ['difik(ə)lt] – *трудный*
dirty ['dəːti] - *грязный*
do [duː] - *делать*
doctor ['dɔktə] - *врач*
dog [dɔg] - *собака, пёс*
doll [dɔl] - *кукла*
dollar ['dɔlə] - *доллар*
door [dɔː] - *дверь*
dorms [dɔːmz] - *общежитие*
down [daun] - *вниз*
dream [driːm] - *мечта, мечтать; сон, видеть сон*
dress [dres] – *платье, одежда; одевать*
drink [driŋk] - *пить; напиток*
drive [draiv] - *водить (автомобиль и т.п.)*
driver ['draivə] - *водитель*
driving license - *водительские права*
drove [drəuv] – *вёл (авто)*
dry [drai] - *сушить, сухой*
during ['djuəriŋ] - *во время*
DVD – *(цифровой) видеодиск*

E e

each other ['iːtʃ'ʌðə] - *друг друга*
ear [iə] - *ухо*
earn [əːn] - *зарабатывать, получать прибыль*
earth [əːθ] - *земля*
eat [iːt] - *есть, кушать*
eating ['iːtiŋ] - *еда (трапеза)*
editor ['editə] - *редактор*
education [ˌedju'keiʃ(ə)n] – *образование*
eight [eit] - *восемь*
eighth [eitθ] - *восьмой*
either ['aiðə] - *тоже (в отриц. предложениях); любой из двух*
elder ['eldə] – *старший*
electrical [i'lektrik(ə)l] – *электрический*
eleven [i'lev(ə)n] – *одиннадцать*
else [els] - *ещё* (в вопр. и отриц. предл.)
e-mail ['iːmeil] - *электронная почта*
employer [im'plɔiə] – *работодатель*
empty ['empti] – *пустой*
energy ['enədʒi] - *энергия*
engine ['endʒin] - *двигатель*
engineer [ˌendʒi'niə] – *инженер*
English ['iŋgliʃ] - *английский язык, английский*
enjoy [in'dʒɔi] - *получать удовольствие*
especially [is'peʃəli] - *особенно*
estimate ['estimeit] – *оценивать*
estimated – *оценил, оцененный*
estimator ['estimeitə] - *оценщик*
etc. [it'set(ə)rə] - *и так далее*
Eurasia [juə'reiʒə] - *Евразия*
evening ['iːvniŋ] - *вечер*
every ['evri] - *каждый*
everything ['evriθiŋ] - *всё*
example [ig'zaːmpl] – *пример*
excuse [iks'kjuːs] – *извинять*
experience [ik'spiəriəns] - *опыт*
explain [ik'splein] – *объяснять*
Express Bank - *Экспресс Банк*

eye [ai] - *глаз*

F f

face [feis] – *лицо*
fall [fɔːl] - *падать, падение*
family ['fæm(ə)li] - *семья*
family status - *семейное положение*
far [faː] - *далеко*
farm [faːm] - *ферма*
farmer ['faːmə] - *фермер*
fasten ['faːsən] - *пристёгивать*
favorite ['feiv(ə)rit] – *любимый*
feed [fiːd] - *кормить*
feeling ['fiːliŋ] - *чувство; чувствуя*
fell [fel] – *упал*
female ['fiːmeil] – *женский, женщина*
few [fjuː] - *мало*
field [fiːld] - *поле; графа*
fifteen [ˌfif'tiːn] – *пятнадцать*
fifth [fifθ] - *пятый*
fill up - *наполнять, заполнять*
film [film] - *фильм; фотоплёнка*
finance ['fainæns, fi'næns] – *финансы*
find [faind] - *находить*
fine [fain] - *изящный, прекрасный*
finish ['finiʃ] - *окончание; заканчивать*
finished ['finiʃt] – *закончил, оконченный*
fire ['faiə] – *уволить; огонь*
firm [fəːm] - *фирма; крепкий*
first [fəːst] - *первый*
five [faiv] - *пять*
flew away - *улетел*
FLEX - *ФЛЕКС (аббревиатура, см. FAQ главы 29)*
float [fləut] - *плыть (о судне)*
floating ['fləutiŋ] – *плывущий*
floor [flɔː] - *пол (в здании)*
flow [fləu] - *течение; течь*
flower ['flauə] - *цветок*
fluently ['fluːəntli] – *свободно (о языке); легко, плавно*
fly [flai] - *летать; муха*
food [fuːd] - *еда*
foot [fut] - *ступня;* on foot - *пешком*
for [fə] - *для, на, к, на протяжении*
for example - *например*
Ford [fɔːd] - *Форд (марка машины)*
forget [fə'get] - *забыть*
forgot [fə'gɔt] - *забыл*
forgotten [fə'gɔtən] – *забытый (3-я форма глагола* forget)
form [fɔːm] - *форма, анкета*
forty-four - *сорок четыре*
found [faund] - *нашёл*
four [fɔː] - *четыре*
fourth [fɔːθ] - *четвёртый*
fox [fɔks] – *лиса*
frank [fræŋk] - *искренний*
Frank [fræŋk] - *Фрэнк (имя)*
Frank Strict – *Фрэнк Стрикт (имя)*
free [friː] - *свободный; бесплатно; бесплатный*
freeze [friːz] - *замереть; застыть; замерзать*
friend [frend] - *друг*
friendly ['frendli] – *дружелюбный*
from [frɔm] - *из, с, от*
front [frʌnt] - *передний, лицевая сторона*
full [ful] - *полный*
fun [fʌn] - *радость, удовольствие*

funny ['fʌni] - *забавный*
furniture ['fəːnitʃə] - *мебель*
further ['fəːðə] - *дальше*
future ['fjuːtʃə] - *будущий, будущее*

G g

garden ['gaːdn] - *сад*
gas [gæs] - *газ; бензин*
gave [geiv] - *дал*
George [dʒɔːdʒ] - *Джордж* (имя)
German ['dʒəːmən] - *немецкий*
get [get] - *получить; добраться*
get off - *сходить с транспорта*
get up - *вставать, подниматься*
getting ['getiŋ] - *становиться*
gift [gift] - *одарённость; подарок*
girl [gəːl] - *девочка, девушка*
girlfriend ['gəːlfrend] – *подруга*
give [giv] - *дать, давать*
glad [glæd] - *рад*
glass [glaːs] - *стекло; стакан*
go [gəu] - *идти (удаляться); ехать*
gone [gɔn] - *3-я форма глагола* go
good [gud] - *хороший*
goodbye [gud'bai] – *до свидания*
got [gɔt] - *прошедшее от* get
gray-headed - *седовласый*
great [greit] - *великолепный; великий*
green [griːn] - *зелёный*
grey [grei] - *серый*
guest [gest] - *гость*
gun [gʌn] - *оружие*
guy [gai] - *парень*

H h

had [həd] - *имел*
hair [hɛə] - *волосы (всегда в ед. ч.)*
half [haːf] - *половина*
hand [hænd] - *рука; вручать, давать, передавать*
handcuffs ['hændkʌfs] – *наручники*
handset ['hændset] - *телефонная трубка; ДУ*
happen ['hæp(ə)n] - *происходить*
happened - *произошло*
happiness ['hæpinəs] – *счастье*
happy ['hæpi] - *счастливый*
hard [haːd] - *тяжёлый, трудный; твёрдый*
has [hæz] - *имеет*
hat [hæt] - *шляпа*
hate [heit] - *ненавидеть*
have [hæv] - *иметь*
he [hiː] – *он*
head [hed] - *голова; глава; направляться*
health [helθ] - *здоровье*
heard [həːd] - *слышал*
hello ['he'ləu] - *здравствуйте, привет*
help [help] - *помощь; помогать*
helper ['helpə] - *помощник*
her [həː] - *её (чей?)*
here [hiə] – *здесь, сюда, вот*
hey! [hei] - *эй!*
hi [hai] - *привет*
hid [hid] – *(с)прятался*
hide [haid] - *прятать(-ся)*
hiding ['haidiŋ] – *прятки, прячущийся*
high [hai] - *высокий, высоко*
him [him] - *его, ему, им (косвенный падеж)*
his [hiz] - *его (чей?)*
hit [hit] - *бить, ударить*
home [həum] – *дом*

homework ['həumwəːk] - *домашняя работа*
hope [həup] - *надежда, надеяться*
host [həust] - *хозяин принимающий гостей*
hotel [həu'tel] – *гостиница*
hour [auə] – *час*
hourly ['auəli] – *ежечасно (-ый)*
house [haus] - *дом*
how [hau] - *как*
howling ['hauliŋ] – *завывая, вой*
human ['hjuːmən] - *человек, человеческий*
hundred ['hʌndrəd] - *сто*
hungry ['hʌŋgri] - *голодный*

I i

I [ai] - *я*
ice-cream [ˌais'kriːm] – *мороженое*
idea [ai'diə] - *идея*
if [if] - *если*
immediately [i'miːdiətli] – *немедленно*
important [im'pɔːt(ə)nt] – *важный*
in [in] - *через (о времени); в*
in front of - *перед (в пространстве)*
incorrectly [inkə'rektli] – *неправильно, неверно*
individually [ˌindi'vidʒuəli] – *индивидуально*
inform [in'fɔːm] – *сообщать*
information [ˌinfə'meiʃ(ə)n] – *информация*
informed [in'fɔːmd] – *сообщил, проинформированный*
inside [ˌin'said] - *внутри, внутрь*
instead [in'sted] - *вместо*
interesting ['intrəstiŋ] – *интересный*
Internet site - *страница Интернета*
into ['intə] - *вовнутрь*
is [iz] - *есть, находиться* (глагол to be)
it [it] - *оно* (используется для обозначения всех предметов кроме людей)
its [its] - *его (на вопрос чей? с неодуш. предметом)*

J j

Jack [dʒæk] - *Джек (имя)*
jacket ['dʒækit] - *куртка*
jar [dʒaː] - *банка*
job [dʒɔb] - *работа, должность*
John [dʒɔn] - *Джон (имя)*
join [dʒɔin] - *присоединяться*
Joseph ['dʒəuzif] – *Джозеф*
Joseph's - *Джозефа* (чей?)
journalist ['dʒəːn(ə)list] - *журналист*
jump [dʒʌmp] - *прыгать; прыжок*
just [dʒʌst] - *только; просто; лишь*

K k

kangaroo [ˌkæŋg(ə)'ruː] – *кенгуру*
Kasper ['kaspə] - *Каспер (имя)*
kettle ['ketl] – *чайник*
key [kiː] - *ключ*
keyboard ['kiːbɔːd] – *клавиатура*
Kiev ['kiːev , 'kiːef] - *Киев*
killed [kild] – *убил, убитый*
killer ['kilə] - *убийца*
killer whale - *кит-убийца, касатка*
kilometer [ki'lɔmitə] – *километр*
kind [kaind] - *тип , вид, разновидность; добрый*

kindergarten ['kindəˌgaːt(ə)n] - *детсад*
kiss [kis] - *целовать, поцелуй*
kitchen ['kitʃin] - *кухня*
kite [kait] - *воздушный змей; коршун*
kitten ['kit(ə)n] - *котёнок*
knew [njuː] - *знал*
know [nəu] – *знать*
Kravchenko - *Кравченко*

L l

lake [leik] - *озеро*
land [lænd] - *земля, приземляться*
language ['læŋgwidʒ] - *язык (разговорный)*
laser ['leizə] - *лазер*
last [laːst] - *последний, прошлый; длиться, продолжаться*
laugh [laːf] - *смеяться*
leader ['liːdə] - *лидер*
learn [ləːn] – *учить(ся); познавать*
learned ['ləːnid] - *узнал; учил*
learning ['ləːniŋ] - *обучение*
leave [liːv] – *покидать, оставлять; разрешение*
left [left] - *влево, левый*
leg [leg] – *нога*
less [les] - *меньше, менее*
lesson ['les(ə)n] - *урок*
let [let] - *позволять, пускать*
let us, let's - *давай, давайте*
letter ['letə] - *письмо; буква*
lie [lai] - *лежать; лгать, ложь*
life [laif] - *жизнь*
lift [lift] – *лифт; поднимать*
like [laik] - *нравиться, любить*
limit ['limit] - *ограничение, ограничивать*
Linda ['lində] - *Линда* (имя)
lion ['laiən] - *лев*
list [list] - *список; вносить в список*
listen ['lis(ə)n] - *слушать*
little [litl] - *маленький*
live [liv] - *жить*
lived [livd] - *жил*
load [ləud] - *грузить*
loader ['ləudə] - *грузчик*
loading ['ləudiŋ] – *погрузочный*
long [lɔŋ] - *длинный*
look [luk] - *смотреть; вид*
looked - *посмотрел*
loose [luːs] - *терять*
lot [lɔt] - *много*
love [lʌv] - *любовь, любить*
loved - *любил*

M m

machine [mə'ʃiːn] - *машина*
madam ['mædəm] - *мадам*
made [meid] - *2-я и 3-я форма глагола* make - *делать*
magazine [ˌmægə'ziːn] – *журнал*
make [meik] - *делать*
male [meil] – *мужской, мужчина*
man [mæn] - *мужчина*
man's - *мужчины* (чей?)
manage ['mænidʒ] – *суметь; управлять, руководить*
manual work - *физическая работа*
many ['meni] - *много*
map [mæp] - *карта*
Mark [mɑːrk] - *Марк (имя)*
Mark's - *Марка* (чей?)
Mary ['mɛəri] - *Мэри (имя)*

matter ['mætə] – *дело; предмет*
mattress ['mætrəs] – *матрас*
may [mei] - *возможно; можно*
me [miː] - *меня, мне, мной (косвенный падеж)*
mean [miːn] - *значить*
meanwhile [ˌmiːn'wail] - *тем временем*
medical ['medik(ə)l] – *медицинский*
meet [miːt] - *встречать, встречаться*
member ['membə] - *участник, член*
men [men] - *мужчины*
mental ['ment(ə)l] - *умственный*
mentally ['ment(ə)li] – *умственно*
met [met] - *встретил*
metal ['met(ə)l] - *металл, металлический*
meter ['miːtə] - *метр*
method ['meθəd] - *метод*
microphone ['maikrəfəun] – *микрофон,* сокращ. mic [maik]
middle ['midl] - *средний*
middle name – *отчество*
mind [maind] - *возражать (в отриц. и вопр. предл.)*
mine [main] - *мой*
minute ['minit] - *минута*
miss [mis] – *мисс (незамужняя женщина); не хватать (кого-л., чего-л.), скучать (по ком-л.)*
mobile ['məubail] - *мобильный*
mom [mɔm] - *мама*
moment ['məumənt] – *момент*
Monday ['mʌndei] - *понедельник*
money ['mʌni] - *деньги*
monkey ['mʌŋki] – *обезьяна*
monotonous [mə'nɔtənəs] – *монотонный*
month [mʌnθ] - *месяц*
more [mɔː] – *более; больше*
morning ['mɔːniŋ] - *утро*
mosquito [mɔs'kiːtəu] – *комар*
most [məust] - *самый*
mother ['mʌðə] - *мать, мама*
mother's - *мамин* (*чей?*)
moved – *двигался, подвинутый*
Mr. ['mistə] – *мистер (обращение к мужчине; эквивалент слова господин)*
much [mʌtʃ] - *много (для неисчисляемых предметов)*
music ['mjuːzik] - *музыка*
must [məst] – *выражает необходимость*
my [mai] - *мой, моя, моё*
mystery ['mist(ə)ri] – *загадка*

N n

name [neim] – *имя, название; называть*
nationality [ˌnæʃ(ə)'næləti] – *национальность*
native ['neitiv] - *родной; уроженец*
nature ['neitʃə] - *природа*
near [niə] - *возле, рядом*
nearby [ˌniə'bai] – *рядом, поблизости, ближайший*
nearest - *ближайший*
need [niːd] - *надо, нужно; нуждаться; нужда*
neighbour ['neibə] - *сосед*
never ['nevə] - *никогда*
new [njuː] - *новый*
newspaper ['njuːsˌpeipə] – *газета*
next [nekst] - *ближайший; следующий*

nice [nais] - *милый, красивый, хороший*
night [nait] - *ночь*
nine [nain] - *девять*
ninth [nainθ] - *девятый*
no [nəu] - *нет*
nobody ['nəubədi] - *никто*
nose [nəuz] – *нос*
not [nɔt] - *не*
notebook ['nəutbuk] - *блокнот, тетрадь*
nothing ['nʌθiŋ] - *ничего*
now [nau] - *сейчас, теперь*
number ['nʌmbə] - *номер; нумеровать*

O o

o'clock [ə'klɔk] – *время на часах*
of [ɔv] - показывает принадлежность
of course - *конечно*
office ['ɔfis] - *офис*
officer ['ɔfisə] - *служащий; офицер; сотрудник*
often ['ɔf(t)ən] - *часто*
Oh! [əu] - *O! (восклицание)*
oil [ɔil] - *нефть, масло*
OK [əu'kei] - *всё в порядке, хорошо*
okay [əu'kei] - *хорошо, ладно, согласен*
old [əuld] - *старый*
olympic [ə'limpik] – *олимпийский*
on [ɔn] - *на*
once [wʌns] - *один раз, однажды*
one [wʌn] - *один*
one by one - *один за другим*
ones - *см. FAQ главы 28*
only ['əunli] - *только; единственный*
open ['əupən] - *открывать*
opened – *открыл, открытый*
or [ɔː] - *или*
order ['ɔːdə] - *приказывать; заказывать; заказ; приказ*
other ['ʌðə] - *другой*
our ['auə] - *наш*
out [aut] - *наружу, на улицу*
out of - *из, наружу*
out of order - *неисправен*
outdoors [ˌaut'dɔːz] - *на улице*
outside [ˌaut'said] - *наружу, снаружи (на улице)*
over ['əuvə] - *над, через; сверх, свыше*
own [əun] - *собственный*
owner ['əunə] - *владелец*

P p

P07, P11 - *номера патрульных машин*
paid [peid] – *платил, оплаченный*
pail [peil] - *ведро*
pale [peil] - *бледный*
panic ['pænik] - *паниковать, паника*
paper ['peipə] - *бумага*
parachute ['pærəʃuːt] – *парашют*
parachutist ['pærəˌʃuːtist] – *парашютист*
parent ['pɛər(ə)nt] - *родитель*
park [pɑːk] - *парк*
part [paːt] - *часть; деталь*
pass [paːs] – *проходить; сдавать экзамен*
passed – *прошёл, прошедший*
past [paːst] - *после; мимо; прошлое*
patrol [pə'trəul] - *патруль*
pay [pei] - *платить*
pen [pen] - *авторучка*

people ['pi:pl] - *люди*
per [pə:] - *в, за*
per hour - *в час, за час*
person ['pə:s(ə)n] - *человек, персона, личность*
personal ['pə:sən(ə)l] - *личный*
personnel department - *отдел кадров*
pet [pet] - *домашн. животное*
pharmacy ['fa:məsi] – *аптека*
phone [fəun] - *телефон, звонить*
photograph ['fəutəgra:f] - *фотографировать, фотография*
photographer - *фотограф*
phrase [freiz] - *фраза*
picture ['piktʃə] - *картина, фотография*
pill [pil] - *таблетка*
pilot ['pailət] - *пилот*
pitching [] - *качаясь*
place [pleis] - *место; помещать*
plan [plæn] - *план, планировать*
planet ['plænit] - *планета*
plate [pleit] - *тарелка*
play [plei] - *играть*
playing [pleiŋ] - *игра; играя*
please [pli:z] - *пожалуйста; радовать*
pocket ['pɔkit] - *карман*
pointed ['pɔintid] – *направил, направленный*
police [pə'li:s] - *полиция*
policeman [pə'li:smən] – *полисмен, полицейский*
pollute [pə'lu:t] – *загрязнять*
poor [pɔ: , puə] - *бедный, несчастный*
possibility [ˌpɔsə'biləti] - *возможность*
possible ['pɔsəbl] - *возможный*
pour [pɔ:] - *сыпать, лить*
prepare [pri'pɛə] - *приготовить(ся)*
press [pres] - *давить, нажать*
pretend [pri'tend] - *притворяться, симулировать*
price [prais] - *цена*
problem ['prɔbləm] - *проблема*
produce ['prɔdju:s] – *производить*
profession [prə'feʃ(ə)n] – *профессия*
program ['prəugrʌm] – *программа*
programmer ['prəugræmə] – *программист*
protect [prə'tekt] - *защищать*
publishing ['pʌbliʃiŋ] – *издательство*
pull [pul] - *тащить, тянуть*
puppy ['pʌpi] - *щенок*
pursuit [pə'sju:t] – *погоня*
push [puʃ] - *толкать*
pussycat ['pusikæt] – *кошечка*
put [put] - *класть, ставить, помещать*

Q q

questionnaire [kwestʃə'nɛə] - *анкета*
queue [kju:] - *очередь*
quick [kwik] - *быстрый*
quickly ['kwikli] - *быстро*
quietly ['kwaiətli] - *тихо, потихоньку, спокойно*
quite [kwait] - *довольно таки*

R r

radar ['reida:] - *радар*
radio ['reidiəu] - *радио*
railway ['reilwei] - *железная дорога*

rain [rein] - *дождь; дождить*
ran away - *убежал*
rang [ræŋ] - *звонил*
rapid ['ræpid] - *быстрый*
rat [ræt] - *крыса*
read [riːd] - *читать*
reading ['riːdiŋ] - *чтение, читающий*
ready ['redi] - *готовый*
real [riəl] - *настоящий, реальный*
really ['riəli] - *действительно, на самом деле*
reason ['riːz(ə)n] - *причина, повод*
recommend [ˌrekə'mend] – *рекомендовать*
recommendation [rekəmen'deiʃn] - *рекомендация*
recommended – *рекомендовал, рекомендованный*
record ['rekɔːd] - *запись, записывать*
red [red] - *красный*
refuse [ri'fjuːz] - *отказывать(-ся), не соглашаться*
rehabilitate [ˌriːhə'biliteit] – *восстанавливать*
rehabilitation [ˌriːhə'biliteiʃn] - *восстановление*
remain [ri'mein] – *оставаться (в остатке)*
remembered - *вспомнил*
report [ri'pɔːt] – *сообщать*
reporter [ri'pɔːtə] – *репортер*
rescue ['reskjuː] - *спасать*
rescue service - *спасательная служба*
ricochet ['rikəʃei] - *рикошет*
ride [raid] - *ездить верхом на лошади, велосипеде, метле и т.п.*
right [rait] - *правый, вправо*
ring [riŋ] - *звонить, звонок; кольцо*
road [rəud] - *дорога*
robber ['rɔbə] - *грабитель*
robbery ['rɔb(ə)ri] - *ограбление*
roof [ruːf] - *крыша*
room [ruːm] - *комната*
round [raund] - *вокруг, круглый*
rub [rʌb] - *тереть(-ся)*
rubber ['rʌbə] - *резина*
rubric ['ruːbrik] - *рубрика*
rule [ruːl] - *правило; управлять*
run [rʌn] - *бежать; бег*
running ['rʌniŋ] – *бегущий; бег*
rushed [rʌʃt] - *пронёсся*
Russia ['rʌʃə] - *Россия*
Russian ['rʌʃ(ə)n] - *россиянин(-ка), российский*

S s

sad [sæd] - *грустный*
safe [seif] - *сейф; безопасный*
said [sed] – *сказал, сказанный*
same [seim] - *тот же самый*
sand [sænd] - *песок*
sandwich ['sæn(d)witʃ] - *бутерброд*
Saturday ['sætədei] – *суббота*
save [seiv] - *спасать; сохранять; экономить*
saw [sɔː] - *видел*
say [sei] - *сказать*
school [skuːl] - *школа*
sea [siː] – *море*
seashore ['siːʃɔː] - *берег моря*
season ['siːz(ə)n] - *сезон*
seat [siːt] – *сиденье, место для сидения*
seat belts - *ремни безопасности*

second ['sek(ə)nd] - *второй*
secret ['siːkrət] - *секрет*
secretary ['sekrət(ə)ri] – *секретарь*
secretly ['siːkrətli] - *тайком*
see [siː] – *видеть*
seed [siːd] - *семена, сеять*
seldom ['seldəm] - *редко*
sell [sel] - *продавать*
sent [sent] – *послал, посланный*
sergeant ['saːdʒənt] - *сержант*
serial ['siəriəl] - *сериал*
seriously ['siəriəsli] – *серьёзно*
servant ['səːv(ə)nt] - *слуга*
serve [səːv] - *обслуживать*
service ['səːvis] - *сервис, услуга; обслуживать*
set free - *освобождать*
seven ['sev(ə)n] - *семь*
seventeen [ˌsev(ə)n'tiːn] - *семнадцать*
seventh ['sev(ə)nθ] - *седьмой*
sex [seks] - *пол*
shake [ʃeik] - *трясти(сь)*
shall [ʃæl] - *буду, будем (глагол будущего времени для* I *и* we*)*
sharp [ʃaːp] - *чёткий; острый*
she [ʃiː] - *она*
sheet [ʃiːt] - *лист; простыня*
ship [ʃip] - *корабль*
shook [ʃuk] - *тряс(-ся)*
shop [ʃɔp] - *магазин*
shop assistant ['ʃɔpəˌsistənt] - *продавец магазина*
shopping center - *торговый центр*
shore [ʃɔː] - *берег*
short [ʃɔːt] - *короткий*
shot [ʃɔt] - *выстрелил, подстрелил, выстрел*
show [ʃəu] - *показывать; показ, шоу*
showed [ʃəud] – *показал*
silent ['sailənt] - *молчаливый, молчащий*
silently - *молча, в молчании*
silly ['sili] - *глупый*
simple ['simpl] - *простой*
since [sin(t)s] - *с (какого-то момента в прошлом), так как*
sincerely [sin'siəli] - *искренне*
sing [siŋ] - *петь*
singer ['siŋə] - *певец, певица*
single ['siŋgl] – *одинокий; один*
sir [səː] - *сэр (уважительное обращение)*
siren ['saiərən] – *сирена*
sister ['sistə] - *сестра*
sit [sit] - *сидеть*
sit down - *садиться*
situation [ˌsitju'eiʃən] – *ситуация*
six [siks] - *шесть*
sixth [siksθ] - *шестой*
sixty ['siksti] - *шестьдесят*
skill [skil] - *умение, навык*
sleep [sliːp] - *спать*
sleeping ['sliːpiŋ] - *сон; спящий*
slightly ['slaitli] - *слегка*
slim [slim] - *стройный*
slowly ['sləuli] - *медленно*
sly [slai] - *хитрый*
slyly ['slaili] - *хитро*
small [smɔːl] - *маленький*
smart [smaːt] - *смекалистый, находчивый*
smile [smail] - *улыбка, улыбаться*
smiled - *улыбнулся*
snack [snæk] - *лёгкая еда*

snow [snəu] - *снег; снежить*
so [səu] - *так; поэтому*
some [sʌm] - *несколько, немного*
somebody ['sʌmbədi] - *кто-нибудь, кто-то*
something ['sʌmθiŋ] - *что-то; кое-что*
sometimes ['sʌmtaimz] – *иногда*
son [sʌn] - *сын*
soon [su:n] – *вскоре, скоро*
sorry ['sɔri] - *сожалеющий*
space [speis] - *космос*
spaceship ['speisʃip] - *космический корабль*
spaniel ['spænjel] - *спаниель*
speak [spi:k] - *говорить, разговаривать*
speech [spi:tʃ] - *речь*
speed [spi:d] - *скорость*
speeder ['spi:də] – *нарушитель*
speeding ['spidiŋ] - *превышение скорости*
spend [spend] - *проводить (время); тратить*
sport [spɔ:t] - *спорт*
spread [spred] - *распространяться*
square [skwεə] - *площадь; квадрат*
stairs [stεəz] - *лестница*
stand [stænd] - *стоять*
standard ['stændəd] – *стандартный*
star [stɑ:] - *звезда*
start [sta:t] - *начинать*
started ['sta:tid] – *завёл; поехал*
station ['steiʃ(ə)n] - *станция*
status ['steitəs] - *положение*
steal [sti:l] - *красть*
steer [stiə] - *управлять рулём*
step [step] - *шаг, ступать*
stepped [stept] - *нажал ногой*
stepping ['stepiŋ] - *нажимая ногой*
still [stil] - *всё равно, всё еще*
stinking ['stiŋkiŋ] - *вонючий, зловонный*
stolen ['stəulən] - *украденный*
stone [stəun] - *камень*
stop [stɔp] - *останавливать(ся)*
stopped [stopt] – *остановил, остановленный*
story ['stɔ:ri] - *история*
strange [streindʒ] - *чужой, незнакомый; странный*
street [stri:t] - *улица*
strength [streŋθ] - *сила*
strict [strikt] – *строгий*
strong [strɔŋ] - *сильный*
strongly ['strɔŋli] - *сильно*
student ['stju:d(ə)nt] – *студент*
study ['stʌdi] – *учить(-ся), изучение*
stuff [stʌf] - *это (собирательный образ)*
stuffed [stʌft] - *набитый внутри (например ватой)*
stuffed parachutist – *чучело парашютиста*
suddenly ['sʌd(ə)nli] – *неожиданно*
suitable ['sju:təbl] - *подходящий*
Sunday ['sʌndei, 'sʌndi] – *воскресенье*
sunflower ['sʌnflauə] – *подсолнух*
supermarket ['supəˌmɑ:kit] – *супермаркет*
sure [ʃɔ: , ʃuə] - *уверенный*
surprise [sə'praiz] - *удивление, удивлять*
Sveta - *Света (имя)*
swallow ['swɔləu] – *проглотить, глоток*

swim [swim] - *плавать (о человеке)*
switched on - *включил*
Sydney ['sidni] - *Сидней (город в Австралии)*

T t

table ['teibl] - *стол; таблица*
tail [teil] - *хвост*
take [teik] - *брать, взять*
take part - *брать участие*
taken ['teikən] - *3-я форма глагола take*
talk [tɔːk] - *разговаривать*
tanker ['tæŋkə] - *танкер*
tap [tæp] – *кран; постукивать*
task [taːsk] - *задача*
tasty ['teisti] - *вкусный*
taxi ['tæksi] – *такси*
tea [tiː] – *чай*
teach [tiːtʃ] - *преподавать*
teacher ['tiːtʃə] - *учитель, преподаватель*
team [tiːm] - *команда, коллектив*
telephone ['telifəun] - *телефон; звонить по тел.*
television ['teliviʒ(ə)n] – *телевидение*
ten [ten] - *десять*
tenth [tenθ] - *десятый*
test [test] - *тест, контрольная; тестировать*
text [tekst] - *текст*
textbook ['tekstbuk] - *учебник*
than [ðən] – *чем*
thank [θæŋk] - *благодарить*
that [ðæt] - *что (союз); тот*
the [ðə] – опр. арт., не переводится
their [ðeə] - *их*
them [ðem] - *их, им, ими (косвенный падеж)*
then [ðen] - *потом, после этого; тогда*
there [ðεə] - *там; туда*
these [ðiːz] - *эти*
they [ðei] - *они*
thief [θiːf] – *вор*
thieves [θiːvz] - *воры*
thing [θiŋ] - *вещь, предмет*
think [θiŋk] - *думать, полагать*
thinking ['θiŋkiŋ] - *думая*
third [θəːd] - *третий*
thirty ['θəːti] - *тридцать*
this [ðiz] - *этот, эта, это*
those [ðəuz] - *те*
thought-recording - *записывающий мысли*
thousand ['θauz(ə)nd] - *тысяча*
three [θriː] - *три*
through [θruː] - *через, сквозь; посредством*
ticket ['tikit] - *билет*
tiger ['taige] - *тигр*
time [taim] - *время; раз*
tired ['taiəd] - *уставший*
to [tə] - *к, в, на*
today [tə'dei] - *сегодня*
together [tə'geðə] - *вместе*
toilet ['tɔilət] - *туалет*
tomorrow [tə'mɔrəu] - *завтра*
too [tuː] - *тоже* (в конце предложений); *слишком* (перед прилаг. и нареч.)
took [tuk] - *взял*
top [tɔp] – *высший; верх*
total ['təut(ə)l] - *абсолютный*
tough [tʌf] – *крепкий, жёсткий; упрямый*

town [taun] - *небольшой городок*
toy [tɔi] - *игрушка*
train [trein] – *поезд; тренировать*
translator [træns'leitə] - *переводчик*
transport [træn'spɔːt] - *транспорт; транспортный; транспортировать*
travel ['træv(ə)l] - *разъезжать*
trick [trik] - *трюк, приём*
tried [traid] – *пытался*
trousers ['trauzəz] - *брюки*
truck [trʌk] - *грузовик*
try [trai] - *пробовать, пытаться*
turn [təːn] – *поворачивать(-ся)*
turn off - *выключать*
turn on – *включать*
turned [təːnd] - *повернул(-ся)*
turning ['təːniŋ] – *вращающийся, вращение*
TV-set [ˌtiː'viset] - *телевизор*
twelve [twelv] - *двенадцать*
twenty ['twenti] - *двадцать*
twenty-five - *двадцать пять*
twenty-one - *двадцать один*
twice [twais] - *дважды*
two [tuː] - *два*

U u

Ukraine [juː'krein] – *Украина*
Ukrainian [juː'kreiniən] - *украинец(-ка), украинский*
unconscious [ʌn'kɔnʃəs] - *без сознания, невольно*
under ['ʌndə] - *под, ниже*
underline ['ʌnd(ə)lain] – *подчёркивать*
understand [ˌʌndə'stænd] – *понимать*
understood [ˌʌndə'stud] - *понял*
unfair [ʌn'fɛə] - *несправедливый*
United States, USA - *США*
unload [ʌn'ləud] – *разгружать*
until [(ə)n'til] - *до (какого-либо момента)*
us [əs] - *нам, нас, нами (косвенный падеж)*
USA - *США* (всегда с the)
use [juːz] - *использовать*
used – *использовал, использованный*
usual ['juːʒ(ə)l] – *обычный*
usually ['juːʒ(ə)li] - *обычно*

V v

very ['veri] - *очень; тот самый*
vet [vet] - *ветеринар*
videocassette [ˌvidiəukə'set] – *видеокассета*
video-shop [ˌvidiəu'ʃɔp] – *видеомагазин*
village ['vilidʒ] - *деревня*
visited ['vizitid] – *посетил, посещённый*
visitor ['vizitə] – *посетитель*
voice [vɔis] - *голос*

W w

wait [weit] - *ждать*
waited - *ждал*
walk [wɔːk] - *идти пешком, прогуливаться*
walking ['wɔːkiŋ] - *прогулка*
want [wɔnt] - *хотеть, желать*
wanted ['wɔntid] - *хотел*
war [wɔː] - *война*
warm [wɔːm] - *тёплый; нагревать*

was [wɔz] - *был, была, было*
wash [wɔʃ] – *умывать(-ся), мыть(-ся)*
washer ['wɔʃə] - *стиральная машина*
washing ['wɔʃiŋ] - *мойка; моечный*
watch [wɔtʃ] - *часы (наручные); смотреть фильм, футбол, шоу и т.п.*
water ['wɔːtə] - *вода, поливать*
wave [weiv] – *волна*
way [wei] - *путь, направление; способ*
we [wi] – *мы*
weather ['weðə] - *погода*
week [wiːk] - *неделя*
Weeter - *Уитер (фамилия)*
well [wel] - *хорошо*
went [wɛnt] - *пошёл, поехал*
were [wə] - *были*
wet [wet] - *мокрый, влажный*
whale [weil] – *кит*
what [(h)wɔt] – *какой; что*
wheel [(h)wiːl] - *колесо*
when [(h)wen] - *когда*
where [(h)wɛə] - *где*
which [witʃ] - *который*
while [(h)wail] - *в то время как; во время*
white [(h)wait] - *белый*
who [huː] - *кто; который*
whose [huːz] – *чей*
why [(h)wai] – *почему, зачем*
wide [waid] - *широкий; широко*
will [wil] – *буду, будем, будешь, будете, будет, будут*
wind [wind] - *ветер*
window ['windəu] - *окно*
with [wið] - *с*
without [wi'ðaut] - *без*
woman ['wumən] – *женщина*
woman's - *женщины (чей?)*
wonder ['wʌndə] - *удивляться; любопытствовать; чудо*
wonderful ['wʌndəf(ə)l] – *удивительный, чудесный*
word [wəːd] - *слово*
work [wəːk] - *работа; работать*
worked [wəːkt] - *работал*
worker ['wəːkə] - *рабочий*
working ['wəːkiŋ] - *работа, работающий, работая*
world [wəːld] - *мир*
worry ['wʌri] - *беспокоиться, волноваться*
would [wəd] - *бы* (условное накл.); прошедшая форма глагола will
write [rait] - *писать*
writer ['raitə] - *писатель*
writing work - *писательская работа*
written ['rit(ə)n] – *написанный (3-я форма)*
wrote [rəut] - *писал*

Y y

yard [jaːd] – *двор*
yeah! [jeə] – *да (в разговоре)*
year [jiə] - *год*
yellow ['jeləu] - *жёлтый*
yes [jes] – *да*
yesterday ['jestədei] - *вчера*
yet [jet] - *ещё (в отриц. и вопр. предл.)*
you [ju] - *ты, Вы, вы*
young [jʌŋ] - *молодой*
your [jə] - *твой, Ваш, ваш*
yours [jɔːz , juəz] – *твой, Ваш, ваш*

Z z

zebra ['ziːbrə] - *зебра*
zoo [zuː] - *зоопарк*

Для заметок и домашних заданий

CPSIA information can be obtained
at www.ICGtesting.com
Printed in the USA
BVHW012028181220
596019BV00014B/321